Baldur R. Ebertin

Das ABC der Kosmobiologie

Baldur R. Ebertin

Das ABC
der Kosmobiologie

Ebertin Verlag
Freiburg im Breisgau

CIP-Titelaufnahme der Deutschen Bibliothek

Ebertin, Baldur R.:
Das ABC der Kosmobiologie / Baldur R. Ebertin. –
Freiburg im Breisgau : Ebertin, 1989
ISBN 3-87186-072-7

Mit 108 Abbildungen

1989
ISBN 3-87186-072-7
© 1989 by Ebertin Verlag, Freiburg im Breisgau.
Alle Rechte vorbehalten.
Schutzumschlag: Grafikdesign Wartenberg, Staufen.
Satz: Typobauer Filmsatz, Scharnhausen.
Druck und Bindung: Ueberreuter Buchproduktion, Korneuburg.
Printed in Austria.

Inhalt

Kapitel 12
Die Arbeit mit dem 90°-Kreis:
Aspektstrukturen und Halbsummen

Kapitel 13
Wieder etwas Technik – die Transite

Kaptiel 14
Die Graphischen 45°-Ephemeriden

Kapitel 15

Kapitel 16

Das ABC der Kosmobiologie – unser Weg

Die Kosmobiologie entstammt einem uralten Wissensgebiet, der Astrologie. Als kritische Disziplin, die das alte Weistum sichten, auf unsere heutigen natur- und geisteswissenschaftlichen Erkenntnisse hin prüfen, ergänzen und weiterentwickeln soll, ist die Kosmobiologie sehr jung. 1914 von dem Wiener Arzt Dr. Feerhow gefordert und in ersten Ansätzen geschaffen, kann man gerade von rund fünfundsiebzig Jahren des Bestehens sprechen.

Die vorliegende Arbeit soll in erster Linie ein einführendes Buch sein, aber auch vom Fortgeschrittenen noch gern zur Hand genommen werden. Mein Wunsch ist es, daß die Leserinnen und Leser mit Interesse nach diesem Buch greifen, gern in ihm blättern, lesen, nach ihm arbeiten und angeregt werden, sich mit dem vielseitigen Spektrum der modernen Kosmobiologie zu befassen.

Bevor aus einem Kosmogramm oder Geburtsbild Informationen im Sinne der Selbsterkenntnis, der bewußten Schicksalsgestaltung oder auch Lebensberatung entnommen werden können, muß man gelernt haben, zu sehen, zu vergleichen, zu strukturieren; man muß sich einerseits auf die Übersetzung der Symbolsprache im Geburtsbild in unser übliches Sprachverständnis, andererseits auf die Transformation unserer Erlebnisse und Erfahrungen in die Symbolik und Dynamik des Kosmogramms einstellen. Das geht nicht von heute auf morgen. Aber wie beim Erlernen einer Fremdsprache kann man kontinuierlich seine Kenntnisse erweitern. Die Strukturen eines Geburtsbildes werden zum Betrachter sprechen, und die »kosmische Sprache« wird sich zunehmend aufschließen lassen.

Der Mensch als Person, seine Lebensgeschichte, seine Geburtskonstellation und die sich aus ihr entwickelnde kosmische Dynamik gehören eng zusammen. Das wird besonders deutlich, wenn man sich mit der Biographie hervorragender Persönlichkeiten beschäftigt und die für sie geltende Symbolsprache aus deren Geburtsbild »erspürt«. Von da aus läßt sich ableiten, wie die bildhafte Sprache Ihres persönlichen Geburtsbildes für Sie zu verstehen ist. Stück für Stück sollen Sie im Verständnis kosmobiologischer Zusammenhänge weitergeführt werden. Dabei wird die Schulung des Auges eine große Rolle spielen.

Was Sie aus einem Geburtsbild erkennen, wird zunehmend zu Ihnen sprechen und sich zu einem bestimmten Charakterbild verdichten lassen. Dazu werden in diesem Buch Persönlichkeiten mit ihrem Kosmogramm und ihrer Lebensgeschichte vorgestellt. Mit einer Reihe von konzentrierten Schlüsselworten und Ableitungen daraus werden Sie erfahren, wie die kosmische Sprache und planetare Rhythmik in deren Leben eine Rolle gespielt hat. Diese Schlüsselworte im Deutungsteil dieses Buches sind so abgefaßt, daß Sie auch für sich selbst, wenn Sie Ihr eigenes Geburtsbild vorliegen haben, daraus Erkenntnisse über Ihren Charakter und Ihre Möglichkeiten der Schicksalsgestaltung gewinnen können.

Dem Anliegen des Buches entsprechend wird kein astrologisches Wissen vorausgesetzt. Es soll aber derjenige noch genügend Stoff finden, der schon das eine oder andere Buch mit astrologischen Themen gelesen hat. Das gilt vor allem für den Weg, ein Geburtsbild nicht nur statisch – im Sinne der Tierkreisbesetzung und der Aspekte (der Winkelbeziehungen der Deutungsfaktoren) – zu sehen, sondern auch unter dem dynamischen Gesichtspunkt, wann bestimmte Strukturen im Kosmogramm im Laufe des Lebens ausgelöst werden.

Die Lebens- und Krankengeschichte, bestimmte Lebensereignisse, Krisensituationen, aber auch das Verhalten, die Gestik und Sprechstimme spielen in der kosmobiologischen Sichtweise eine wesentliche Rolle. Die Psychodiagnostik wird gern ergänzend eingesetzt, vor allem der Tuanima- oder TUA-Test von Dr. Heinrich Reich, der zum Teil astrologische Elemente enthält (1).*

Die Symbolik des Geburtsbildes mit Tierkreis, Tierkreiszeichenbesetzung, Aspekten, Aspektstrukturen, Halbsummen- und Halbsummenstrukturen ist vielschichtig; sie kann von der körperlichen, der seelischgeistigen, der soziologischen, der psychosomatischen Seite aus bis hin zu den Neuroseformen betrachtet werden. Dieses ganze Kolorit können wir im Rahmen dieser einführenden Arbeit nur begrenzt erfassen, aber es soll versucht werden, an die Ganzheitlichkeit symbolischen Denkens heranzuführen.

Das Buch ist in einen Textteil, einen Berechnungsteil und einen Deutungsteil gegliedert. Es ist so aufgebaut, daß der Leser ausschließlich mit

---

* Die Ziffern in Klammern beziehen sich auf die Literaturhinweise ab Seite 347.

diesem Buch beginnen kann, kosmobiologisch zu arbeiten. In diesem Sinne findet der Leser auch eine kombinierte Rechenscheibe vor. Mit ihr ist es möglich, das kosmobiologische Vorgehen an den Beispiel-Kosmogrammen nachzuvollziehen. Die Rechenscheibe, das fundamentale Instrument für die kosmobiologische Technik, ist durchsichtig wie die Originale 360°/90°-Rechenscheibe auch, aber so verkleinert, daß sie auf die im Buch besprochenen Kosmogramme aufgelegt werden kann. Erst wenn sich der Leser entschlossen hat, noch mehr in das faszinierende Wissensgebiet der Kosmobiologie einzudringen, wird es sinnvoll sein, ergänzende Literatur und Arbeitsmittel heranzuziehen.

Wildbad, 21. Februar 1989 *Baldur R. Ebertin*

Kapitel 1

Einführung

1. Der Gegenstand

»Kosmobiologie?« – »Hat das mit dem Kosmos und der Biologie zu tun?« – »Gibt es denn Leben außerhalb der Erde im Kosmos?« – »Geht es vielleicht um den Stoffwechsel der Astronauten?« – »Oder will man sich da mit den menschenähnlichen Wesen aus den Ufos beschäftigen?« – »Hat es vielleicht sogar mit ›E. T.‹ in dem bekannten Film zu tun?«

So oder ähnlich mag mancher fragen, der noch nie von der Kosmobiologie gehört, geschweige denn sich damit beschäftigt hat.

Aber: »Astrologie, kennen Sie die?«

»Na klar, in der Frühstückspause lese ich immer das Tageshoroskop und tausche mit meinen Arbeitskollegen aus, wie denn der Tag ablaufen könnte – und abends, mit den Mädchen und so ...«

»Mal von astrologischer Beratung gehört?«

»Ja, ja, der Dings war mal bei so einem Astrologen. Was der dem gesagt hat ... nun ja, wie macht der das bloß? Irgendwas muß ja an der Sache dran sein ... oder ist der bloß ein guter Psychologe, der den Leuten erzählt, was sie hören wollen?«

Es gibt keinen Zweifel, der Begriff der Astrologie ist sehr populär; viele meinen, sofort zu wissen, worum es bei der Astrologie geht. Aber die Kosmobiologie? Als Weiterentwicklung der Astrologie mit dem Anspruch wissenschaftlicher Methodik ist sie weniger bekannt. Wir werden im Verlauf des vorliegenden Buches sehen, was es damit auf sich hat.

Wenn man den Statistiken trauen darf, beschäftigen sich in der Bundesrepublik Deutschland, aber auch in anderen Ländern Europas und Nordamerikas, mindestens zwei Drittel der Bevölkerung mit dem Tages- oder Wochenhoroskop in Zeitungen und Zeitschriften. Man sagt sogar, daß ohne die Astrospalte die Auflage eines Presseorgans gefährlich reduziert würde.

Auf jeden Fall wissen heute sehr viele Menschen, in welchem Tierkreiszeichen die Sonne stand, als sie geboren wurden. Wenn man auch davon ausgehen muß, daß sich das oben skizzierte Interesse breiter Bevölkerungsschichten an der populären Astrologie nicht mit ernster Beschäftigung gleichsetzen läßt, so kann doch wohl vermutet werden, daß eine Vielzahl von Menschen ganz gern wissen möchte, inwieweit sich Charakter und Schicksal in den Positionen der Gestirne im Tierkreis und deren Kräftespiel untereinander spiegeln.

2. Der Erfahrungsschatz der Astrologie

Astronomie und Astrologie waren ursprünglich nicht getrennt. Die Beobachtung der Natur und der Vorgänge am Himmel führten zwangsläufig dazu, die Jahreszeiten, Wetter und Klima, Erdbeben und Naturkatastrophen, Zeiten des Überflusses und der Dürre, Krieg und Frieden im Zusammenhang mit dem Lauf der Sonne, des Mondes und der Planeten zu sehen.

Wer von uns kennt nicht die Weihnachtsgeschichte des Neuen Testaments? Die drei Weisen aus dem Morgenland beobachteten und erlebten die Konjunktion von Jupiter und Saturn im Tierkreiszeichen Fische als Hinweis auf ein ganz besonderes Ereignis, das auf der Erde stattfinden müsse. Ihre Prognose – wenn dieser Begriff hier erlaubt ist – führte sie zum Geburtsort des Jesus von Nazareth, und wir alle wissen, daß diese drei Weisen aus dem Morgenland mit ihrer Überzeugung auch recht hatten.

Die Astrologie ist eine Erfahrungswissenschaft. Die über Jahrhunderte und Jahrtausende hinweg beobachteten Bewegungen der Gestirne und damit einhergehende Ereignisse auf der Erde wurden hautnah erlebt und schlugen sich im Gedächtnis und der Erinnerungsfähigkeit nieder. Dieses Erfahrungsgut, das zum uralten Weistum wurde, ist mindestens zehntausend Jahre alt. Alle Kulturen in allen Erdteilen erlebten die Sternbilder und die Bewegungen am Himmel, und großenteils bauten sie sich daraus ihren Erfahrungsschatz und ihre religiösen Vorstellungen auf. Das Stellen von Horoskopen – der Stundenschau – geht zurück auf die Zeit der Babylonier und Assyrer. Aufgestellt wurde das Königshoroskop, das nicht nur für den König, sondern auch für sein Volk maßgebend war. Aus dem Mittelalter wissen wir, daß Horoskope auch für dem König nachgeordnete Persönlichkeiten errechnet und gedeutet wurden, für Päpste, Kardinäle, Bischöfe, Minister, Kriegsherren, reiche Kaufleute.

Heute ist es möglich, daß sich jedermann sein individuelles Horoskop errechnen und interpretieren läßt. Das bedeutet natürlich auch, daß eine Vielzahl von Menschen, die am gleichen Tag oder innerhalb weniger Tage geboren sind, fast gleiche und ähnliche planetare Konstellationen neben individuellen Strukturen in ihrem Geburtsbild aufweisen. In gewisser Weise müssen wir von einem Gruppenhoroskop sprechen, das nur in Teilen als individuell angesehen werden kann.

Wenn das so ist, dann müssen wir gleichzeitig wissen, daß die Symbolsprache jedes Geburtsbildes bestimmte kollektive Aussagen zuläßt. Beispielsweise läßt die Position des Mars in einem der zwölf Tierkreiszeichen auf die Art des Willens und der Leistung schließen, und gegenüber einer anderen Person mit dem Mars an der gleichen Stelle seines Kosmogramms werden sich bestimmte Parallelen in der Willensartung feststellen lassen. Darüber hinaus wird jedoch jeder für sich eine individuelle Färbung seiner marsischen Kräfte haben.

Hierzu ein einfaches Beispiel aus dem Bereich der körperlichen Krankheiten. Viele Menschen haben heute rheumatische Schmerzen. Der Trost des Arztes, daß heute viele Menschen an Rheuma leiden – vielleicht noch der Hinweis auf statistische Ergebnisse – wird dem Kranken wenig Trost spenden. Natürlich gehört er zu einer Patientengruppe gleicher und ähnlicher Symptomatik. Aber jeder Patient hat darüber hinaus seine ganz individuellen Beschwerden, seine Art von Schmerz, seine ihm eigene Art der Krankheitsursache, des Umgangs mit seinen eingeschränkten körperlichen Funktionen und deren Einfluß auf sein Seelenleben.

Statistische Untersuchungen (2, 3) ergaben, daß es bestimmte Berufsgruppen wie zum Beispiel Schauspieler, Ärzte, Militärs, Schachmeister mit bestimmten Parallelen in ihrem Leben gibt, die an gleichen oder aufeinanderfolgenden Tagen geboren wurden. Wenn vor Jahrhunderten Horoskope für eine Minorität von Menschen gestellt wurden, die in bestimmter Weise aus der Masse der anderen herausragten, so waren die seinerzeitigen Deutungskriterien hierfür ausreichend.

Heute werden für Millionen von Menschen Horoskope und deren Ausdeutung erstellt. Jeder möchte sich in den aus der Geburtskonstellation entwickelten Interpretationen über seine Person und sein Schicksal wiederfinden, Bekanntes und noch Unbekanntes über sich hören oder lesen. Für den heutigen Menschen und sein höheres Maß an Differenzierung reicht das überkommene Deutungsgut jedoch bei weitem nicht mehr aus.

Wir wissen heute, daß das tradierte astrologische Wissen einen immensen geistigen Schatz darstellt, daß aber, wie bei jeder Tradition, neue Erfahrungen hinzukommen müssen. So entstand seit 1914 eine Weiterentwicklung der Astrologie, die den Namen Kosmobiologie erhielt.

3. Die Kosmobiologie

Doch zurück zu unserer Ausgangsfrage: Was ist denn nun die Kosmobiologie?

In der Zeit vor dem Ersten Weltkrieg entstanden Ansätze, das alte astrologische Wissen zu ergänzen und zu erweitern. Ein Wiener homöopathischer Arzt, der seine Abhandlungen unter dem Pseudonym Dr. Friedrich Feerhow schrieb, ist der Vater des Begriffes »Kosmobiologie«. In seiner *Medizinischen Astrologie* schreibt er unter anderem, daß er als erster den Versuch wage, »eine naturwissenschaftliche, kausale Deutung dieses kosmobiologischen Zusammenhangs zu unternehmen« (4). Im Vorwort ist zu lesen:

> »Verfasser ist... von der Tatsächlichkeit und naturwissenschaftlichen Notwendigkeit der makro-mikrokosmischen Zusammenhänge absolut überzeugt, und für ihn konnte es sich also in Hinsicht auf diesen Gegenstand nur mehr um die Frage handeln, ob die überlieferten Lehrsätze im wesentlichen mit den tatsächlichen Zusammenhängen übereinstimmen oder nicht. Diese Frage kann natürlich nur praktisch entschieden werden; sie ist empirischer Natur« (5).

Kosmobiologie bedeutete damit für Dr. Feerhow zusätzlich zur bisher gewohnten symbolorientierten Sichtweise die naturwissenschaftliche Absicherung astrologischer Phänomene. Aber er machte sich als Arzt auch Gedanken darüber, wie denn die Gestirne ein Einfallstor in den Menschen finden würden. Diese Gedanken sind auch heute noch als überaus zeitgemäß zu bezeichnen:

> »Bei der immensen Entfernung besonders der ›oberen‹ Planeten wird man annehmen müssen, daß die Mehrzahl der Gestirnwirkungen nicht von der Physis, sondern von unserer Psyche empfangen werden oder – um den fraglichen Punkt für unseren Gegenstand hier genauer

zu präzisieren – von dem ›vierten Aggregat‹ unseres Leibes, das vielfach ›Vitalseele‹ oder ›Lebensleib‹ genannt wird ...«

»Diesen Gedanken des makro-mikrokosmischen Zusammenhangs
durch das Mittel der menschlichen Vitalseele hat schon Parazelsus
ausgesprochen. Nur in diesem Gebrauch hat auch der Ausdruck
›Astralleib‹ überhaupt einen Sinn: derjenige Anteil des Organismus,
durch den der Mensch mit den Gestirnen in Zusammenhang steht ...«

»Aber auch ein großer Astrologe etwas jüngeren Datums, Johannes
Kepler, hat diesen Gedanken wiederholt in seinen Schriften vertreten.
In seinem *»Tertius interveniens‹* (Opera amn. Edit. Frisch, I. Thesis 59)
spricht er deutlich aus, daß er das (heute sogenannte) ›Unbewußte‹ im
Menschen als die Pforte für die sideralen Einflüsse betrachtet« (6).

Im *Jahrbuch für kosmobiologische Forschung*, Band 2, ist ein schon klassisch
zu nennender Aufsatz von M. Erich Winkel unter dem Titel »Kosmobiologie und Astrologie« (7) zu finden, aus dem eine Begründung für die
damals zunehmend deutlicher werdende »andere Sichtweise« als bisher
üblich zu finden ist. Folgen wir den Gedankengängen von Winkel:

»Die Idee der klassischen Astrologie ging dahin, daß das Schicksal des
Menschen, also der ganze Kranz äußerer Lebensresultate, durch sein
›Geburtshoroskop‹ von vornherein bestimmt und daraus ablesbar
wäre. Ich habe an anderer Stelle nachgewiesen, daß, soweit eine ent-
wicklungsmäßige Betrachtung in Frage steht, diesem Irrtum nicht
etwa ein billiger Aberglaube zugrunde liegt. Die ursprüngliche Ausdrucksform frühen ahnenden Erfassens kosmobiologischer Zusammenhänge war die eines symbolischen Umschreibens solcher Beziehungen
wie jeder anderen auch. Wir haben hier in den Überlieferungen eine
Ausdrucksform vor uns, die auf kosmische Beziehungen und ahnend
damit in Zusammenhang empfundene innerliche Wesenszustände des
Lebens mit Hilfe von Äußerlichkeiten dieses Lebens hindeutet.
Zugleich mit der Entwicklung des Denkens, bei seinem Umschlagen zu
rational-abstrahierender Tendenz, vollzog sich hier ein für den späteren Ausbau kosmobiologischer Erkenntnis grundlegendes Mißver-
ständnis; in dem Augenblick nämlich, wo derart umschreibende Überlieferungen fälschlich als begriffliche Definierungen aufgefaßt werden,

wie es hier geschah, mußten sie aus dem Zustand tastenden Suchens und halbverdeckten Vorfühlens treibender oder hemmender kosmischer Spannungen hinüberwechseln in den Charakter von Aussagen über festliegende Vorherbestimmung. Sie wurden notwendig zu Voraussagen äußerlicher Schicksalsbegebenheiten.

Unter diesem Eindruck, der den ganzen Gehalt frühen kosmobiologischen Denkens verfälschte, hat sich die Astrologie bis zu ihrer klassischen Form entwickelt, ein Eindruck, der am allerwenigsten von der wundergläubigen Menge aller Vergangenheiten angezweifelt wurde und der das System auf abgleitenden Wegen in das Gebiet der Wahrsagerei hineinführte. Das Streben der an diesen Dingen interessierten Köpfe ging dann durch dieses Mißverstehen einer anderssinnigen Fassungsform schließlich bis zum Mittelalter darauf hinaus, möglichst eindeutige ›Regeln‹ für die Aussagen über künftiges Geschick aufgrund der himmlischen Positionen aufzustellen. So entwickelte sich durch Jahrhunderte die Torheit, das Schicksal in die Sterne hineinzuverlegen. Damit war der Sinn der Astrologie als einer Wahrsagekunst festgelegt.«

Der naturwissenschaftliche Aspekt der früheren Kosmobiologie von der Zeit um den Ersten Weltkrieg bis in die Zeit nach dem Zweiten Weltkrieg hinein zeigt sich auch in der von Karl Ernst Krafft erarbeiteten *Kosmobiologischen Biographie* (8), in der wir zum Beispiel Themen finden wie: Über den Einfluß des Mondes auf den elektrischen Zustand der Erde; Magnetischer Charakter, Sonnentätigkeit und Planetenstand; Über die Veränderungen der Nervenerregbarkeit unter dem Einfluß der Perturbationen in der äußeren chemisch-physikalischen Umwelt (Versuch zum Studium der Kollektiv-Psychoneurologie); Über den Zusammenhang von kosmischen, biologischen und sozialen Krisen; Kosmobiologische Statistik. Betrachtungen über Anstellung von Massenbeobachtungen zum Nachweis von Gestirnwirkungen; Kosmische Einflüsse, die die Entstehung und Verbreitung von Massenpsychosen begünstigen.

Die Kosmobiologie hat sich vor allem in den Jahren vor und nach dem Zweiten Weltkrieg weiterentwickelt, ganz wesentlich auch durch die von Reinhold Ebertin seit 1939 herausgegebenen *Kosmobiologischen Jahrbücher* und die von ihm 1949 begründeten »Arbeitstagungen für kosmobiologische Forschung«, die seit den siebziger Jahren unter meiner Leitung stehen. Gerade auf diesen Tagungen finden Vorträge von und Begegnungen mit hervorragenden Vertretern der offiziellen Wissenschaft aus Medizin, Physik, Psychologie, Astronomie und Theologie statt.

Die von Reinhold Ebertin entwickelten Arbeitsmittel wie 90°-Arbeitsgerät, Graphische 45°-Ephemeriden, Lebensdiagramme und seine über sechzig Lehrbücher sind aus der kosmobiologischen Forschung und Praxis nicht mehr wegzudenken (9). Die naturwissenschaftliche Betrachtungsweise wurde vor allem durch Prof. Dr. Dr. Rudolf Tomaschek (10) und Dr. Theodor Landscheidt (11, 12) fortgesetzt. Auch die zahlreichen und fundierten statistischen Arbeiten von Dr. Michel Gauquelin (13, 14) gehören in den naturwissenschaftlichen Ansatz der Kosmobiologie.

Psychologie und Psychodiagnostik fanden seit den fünfziger Jahren zunehmend Eingang in die Untersuchung der kosmobiologischen Beziehungen, wobei vor allem die Allgemeine Psychologie, die Entwicklungspsychologie, die Tiefenpsychologie, die Neurosenlehre, die Ausdruckskunde, die Graphologie und Chirologie zu nennen sind. In diesem Zusammenhang sind Namen wie Dr. Heinrich Reich, der unter anderem den TUA-Test (15) schuf, und F. G. Goerner (16) zu nennen, denen ich viele Anregungen für meine eigene Arbeit verdanke. Durch mein Psychologiestudium sah ich mich seit den fünfziger Jahren zunehmend veranlaßt, die Psychologie in die kosmobiologische Arbeit zu integrieren (17, 18, 19). Damals entstand auch Reinhold Ebertins *Kosmopsychologie* (20).

Die Kosmobiologie versteht sich nach Auffassung des Verfassers als eine Erfahrungswissenschaft mit einem naturwissenschaftlichen und einem geisteswissenschaftlichen Zweig. Kosmobiologie geht dabei über die ausschließliche Betrachtung des Menschen hinaus. Es soll neben dem Menschen auch die ganze Natur gesehen werden, die in das kosmische Geschehen und seine Rhythmik einbezogen ist.

4. Das kosmobiologische Modell

Die Kosmobiologie hat sich in den letzten Jahren zunehmend weiterentwickelt. Deshalb ist es meines Erachtens nötig, sich einmal darüber Gedanken zu machen, wo wir heute stehen und welche Aussichten die Kosmobiologie im Laufe der nächsten Jahre haben wird. Vor einigen Jahren entwickelte ich deshalb das »Kosmobiologische Modell«, das ich in meinem Buch *Reinkarnation und neues Bewußtsein* (21) vorstellte. An dieser Stelle will ich es in unsere kosmobiologischen Überlegungen einflechtcn. Auf den Abbildungen 1, 2 und 3, die meinem Buch *Reinkarnation und neues Bewußtsein* entnommen sind, ist dieses Denkmodell dargestellt.

So können wir sagen, daß die Kosmobiologie sowohl mit den Geisteswissenschaften als auch mit den Naturwissenschaften verbunden ist. Wir können heute von einem »kosmischen Faktor« sprechen, der Mensch und Natur wesentlich, aber nicht ausschließlich *mit*prägt.

Das kosmobiologische Modell I

Die Kosmobiologie
ist mit den
Geisteswissenschaften und mit den Naturwissenschaften
verbunden

Die Kosmobiologie arbeitet mit einem
k o s m i s c h e n   F a k t o r,
der Mensch und Natur
wesentlich m i t prägt.

Dazu bezieht die Kosmobiologie auch andere Faktoren
mit prägender Kraft auf Entwicklung und Schicksal
in die Betrachtung mit ein, zum Beispiel:

Elternhaus	Religion	Krieg und Frieden
Geschlecht	Kultur	Veränderungen in Umwelt und Mitwelt
Rasse	Nationalität	Weltanschauung
Vererbung	Klima	Zeitgeist
Boden	Land	Schulbildung und individuelle Entwicklung

Abb. 1

22

Das kosmobiologische Modell II

Das Kosmogramm erfaßt die Zeitqualität in Form von

Vergangenheit	*Gegenwart*	*Zukunft*
Zeichen-besetzung	Kosmische Konstellationen	Kosmische Konstellationen
Aspekte	für Tage, Wochen und Monate	kommender Jahre
Aspekt-Strukturen	(Transite, Sonnen-bogen-Direktionen,	(Transite, Sonnenbogen-
Halbsummen und Halbs.-Strukturen	Progressionen)	Direktionen, Progressionen)

Die Deutungsfaktoren des Kosmogramms
werden mit individuellem Inhalt gefüllt
durch Wissen um

Vergangenheit	*Gegenwart*	*Zukunft*
Lebensge-schichte (Vita)	Reifungsstand	Motivationen Wünsche
Krankenge-schichte (Anamnese)	Aktuelle Konflikt-situation	Hoffnungen Sehnsüchte
Eltern und Familie	Ausdruck und Verhalten	Erwartungen Ängste
Geburtserlebnis	Sprechstimme	Zukunfts-perspektiven
Schwangerschafts-erlebnisse	Handschrift	
Konzeption	Partnerschaft, Ehe	Bewußte Schicksals-gestaltung
Reinkarnations-bewußtsein	Kinder	
	Beruf und soziale Stellung	

Abb. 2

23

Das kosmobiologische Modell III

Das Kosmogramm (Geburtsbild) zeigt Bezüge zu Vergangenheit, Gegenwart und Zukunft des Kosmogrammeigners.

Ein wichtiger Bestandteil der Kosmobiologie ist die Prognose. Die kosmobiologische Prognose muß in gleicher Weise ganzheitlich gesehen werden.

1. Prognose ist auf die Zukunft und Schicksalsgestaltung gerichtet. Sie muß die Vergangenheit und Gegenwart in ihre Betrachtung einbeziehen:
   Geburt ⟶ Gegenwärtiger Reifungsstand ⟶ Zukunft
2. Der gegenwärtige Reifungstand muß erfaßt werden. Dazu gehören Konfliktsituationen, Ausbildung, Beruf, Partnerschaft, soziales Umfeld usw.
3. Das kosmobiologische Arbeitsmaterial muß auf die Fragestellung hin aufbereitet werden.
4. Die Lebensgeschichte kann so gesehen werden:
   Bewußte Lebensgeschichte ⟶ Bewußte Lebenseinstellung und Schicksalsgestaltung
   Geburt ⟶ Tod
   Unbewußte Lebensgeschichte ⟶ Unbewußte Lebenseinstellung, Schicksals-Vermeidung durch Ängste, Frustrationen
5. Diese Sichtweise kann erweitert werden durch das Reinkarnationsbewußtsein (B. R. Ebertin) und durch das Konzeptions- und Schwangerschaftsbewußtsein.

Abb. 3

Die Kosmobiologie bezieht in ihre Betrachtungen eine Reihe den Menschen *mit* prägender Faktoren ein und betrachtet es als unbefriedigend, wenn man ihren Einfluß auf das Leben, den Charakter, das Schicksal unberücksichtigt lassen würde. Die sehr weitgehende Prägung durch das Elternhaus und seine Familienmitglieder ist hier zu nennen, aber auch das Geschlecht, die Rasse, die Vererbung und der Boden, auf dem man lebt.

Das ganze Umfeld der Religion und Kultur, der Nationalität, des Klimas und der wirtschaftspolitischen Situation eines Landes müssen in die Beurteilung der Gestirnkonstellation einbezogen werden. Hinzu kommen die Perioden des Zeitgeistes, der Mode, der Architektur, der Werte bis hin zur Schulbildung und individuellen Entwicklung innerhalb des finanziellen Rahmens.

Im Geburtsbild können Vergangenheit, Gegenwart und Zukunft erfaßt werden, wenn man daran denkt, welche Gestirne in den einzelnen Tierkreiszeichen stehen, welche Beziehungen diese untereinander bilden und wie im Laufe des Lebens bestimmte planetare Strukturen durch die Gestirnbewegungen angesprochen und ausgelöst werden. Wir müssen aber auch den Menschen selbst mit seiner individuellen Vergangenheit, seinem gegenwärtigen Entwicklungs- und Reifungsstand sehen und erfahren, was er mit seiner Zukunft anfangen will, ob er motiviert ist, seine Zukunft zu gestalten oder sich in eine Vermeidungshaltung zu flüchten und zu stagnieren.

Das Geburtsbild kann nicht nur statisch gesehen werden, so wie zur Zeit der Geburt die planetare Konstellation aussah und prägend wirkte. Es muß auch die Dynamik des Kosmogramms gesehen werden, denn die Gestirne sind ja in einem ständigen Bewegungsspiel, und die künftigen Bewegungen der Planeten werden im Laufe des Lebens zur Geburtskonstellation in Beziehung gesetzt. Diese statische und dynamische Sichtweise werden wir bei der späteren Betrachtung der Geburtsbilder markanter Persönlichkeiten finden und mit ihr umgehen lernen.

5. Die planetare Dynamik
am Beispiel des Planeten Uranus

Wir sind Zeitgenossen einiger markanter planetarer Konstellationen. Dazu gehört der Eintritt des Uranus in das Tierkreiszeichen Steinbock seit dem 2. Dezember 1988. In den Jahren 1986 und 1987 erlebten wir, wie die beiden Planeten Uranus und Pluto ein sogenanntes Halbquadrat – einen Winkel von 45° – zueinander bildeten. Die Bewegungen dieser beiden Planeten werden wir zum Ausgangspunkt unserer Beobachtungen machen und an ihnen erleben, wie wir alle in das kosmische Geschehen eingeflochten sind.

Kapitel 2

»Anschauung ist das Fundament der Erkenntnis«

Dieser Kernsatz aus der Arbeit des schweizerischen Pädagogen Pestalozzi soll uns eine Richtschnur sein, wenn wir uns zunehmend an die kosmobiologische Sichtweise herantasten. Wir wählen dazu nachvollziehbare aktuelle Beispiele und beginnen mit dem Dezember 1988.

1. Eintritt des Uranus in das Zeichen Steinbock

Am 2. Dezember 1988 trat der Planet Uranus, aus dem Tierkreiszeichen Schütze kommend, in das Zeichen Steinbock ein. »Na, und?« werden Sie vielleicht fragen, und »woher wissen Sie das?« Ihre erste Frage wird sich auf den nächsten Seiten beantworten lassen, und ich hoffe, daß Sie Interesse an den planetaren Rhythmen gewinnen. Die zweite Frage beantwortet sich schneller: »Da gibt es die sogenannten *Ephemeriden* mit den täglichen Positionen der Gestirne im Tierkreis.« Diese von den Astronomen berechneten Tabellenwerke sind die Voraussetzung dafür, daß überhaupt so etwas wie ein Kosmogramm oder Geburtsbild errechnet und gezeichnet werden kann.

Abbildung 4 zeigt eine Seite aus einer Ephemeride; es ist die *Rosenkreuzer-Ephemeride* (22) für den Zeitraum von 1900–2000. Die aus ihr entstammenden Informationen sind weitaus reichhaltiger als die, die wir zu diesem Zeitpunkt benötigen. Für den Augenblick wollen wir nur die Bewegung des Uranus aus ihr erfassen.

Am 2. Dezember 1988, 0 Uhr Greenwichzeit – eine Stunde weniger als die Mitteleuropäische Zeit – gibt uns die Ephemeride für den Uranus den Wert von 29°58′ Schütze an; am folgenden Tag befindet sich der Planet bereits auf 0°01′ Steinbock. Damit haben wir genau den Tag des Zeichenwechsels erfaßt. Konzentrieren wir uns einmal auf die Zahlenreihe aus der Ephemeride, die uns die Uranusbewegung darstellt. In der folgenden Tabelle sind die Positionen für die ersten Dezembertage herausgestellt.

27

DECEMBER 1988

LONGITUDE for 0h

Day Jour		S. T. (h m s)	☉ (° ′ ″)	☽ (° ′ ″)	☿ (° ′)	♀ (° ′)	♂ (° ′)	♃ (° ′)	♄ (° ′)	♅ (° ′)	♆ (° ′)	♇ (° ′)	☊ True (° ′)
Th	1	04 40 16	09 ♐ 00 48	05 ♍ 55 54	08 ♐ 48	09 ♏ 11	06 ♈ 29	29 ♉R 59	01 ♑ 59	29 ♐ 54	08 ♑ 47	13 ♏ 33	09 ♓R 32
F	2	04 44 13	10 01 38	17 44 12	10 22	10 25	06 51	29 51	02 05	29 58	08 49	13 35	09 32
Sa	3	04 48 10	11 02 29	29 31 59	11 56	11 40	07 13	29 43	02 12	00 ♑ 01	08 51	13 37	09 31
Su	4	04 52 06	12 03 22	11 ♎ 24 41	13 30	12 54	07 35	29 35	02 19	00 05	08 53	13 40	09 28
M	5	04 56 03	13 04 15	23 27 09	15 05	14 09	07 58	29 28	02 26	00 08	08 56	13 42	09 23
T	6	04 59 59	14 05 11	05 ♏ 43 22	16 39	15 23	08 21	29 20	02 33	00 12	08 58	13 44	09 15
W	7	05 03 56	15 06 07	18 16 09	18 13	16 38	08 45	29 12	02 40	00 15	09 00	13 46	09 04
Th	8	05 07 52	16 07 05	01 ♐ 06 53	19 47	17 52	09 08	29 05	02 46	00 19	09 02	13 48	08 51
F	9	05 11 49	17 08 04	14 15 25	21 21	19 07	09 33	28 57	02 53	00 22	09 04	13 50	08 38
Sa	10	05 15 45	18 09 03	27 40 08	22 55	20 21	09 57	28 50	03 00	00 26	09 06	13 52	08 24
Su	11	05 19 42	19 10 04	11 ♑ 18 22	24 30	21 36	10 22	28 43	03 07	00 29	09 08	13 55	08 13
M	12	05 23 39	20 11 05	25 06 52	26 04	22 51	10 48	28 36	03 14	00 33	09 10	13 57	08 04
T	13	05 27 35	21 12 07	09 ♒ 02 27	27 39	24 05	11 13	28 29	03 21	00 37	09 13	13 59	07 59
W	14	05 31 32	22 13 09	23 02 30	29 13	25 20	11 39	28 22	03 28	00 40	09 15	14 01	07 56
Th	15	05 35 28	23 14 12	07 ♓ 05 13	00 ♑ 48	26 35	12 05	28 15	03 35	00 44	09 17	14 03	07 55
F	16	05 39 25	24 15 15	21 09 30	02 22	27 49	12 32	28 08	03 42	00 47	09 19	14 05	07 D 55
Sa	17	05 43 21	25 16 19	05 ♈ 14 39	03 57	29 04	12 59	28 02	03 49	00 51	09 21	14 07	07 R 55
Su	18	05 47 18	26 17 22	19 19 53	05 32	00 ♐ 19	13 26	27 56	03 56	00 55	09 24	14 09	07 53
M	19	05 51 14	27 18 26	03 ♉ 23 54	07 07	01 34	13 54	27 49	04 03	00 58	09 26	14 11	07 48
T	20	05 55 11	28 19 31	17 24 30	08 42	02 48	14 21	27 43	04 10	01 02	09 28	14 12	07 41
W	21	05 59 08	29 20 36	01 ♊ 18 39	10 16	04 03	14 49	27 37	04 18	01 05	09 30	14 14	07 31
Th	22	06 03 04	00 ♑ 21 41	15 02 48	11 51	05 18	15 17	27 32	04 25	01 09	09 33	14 16	07 20
F	23	06 07 01	01 22 47	28 33 21	13 26	06 33	15 46	27 26	04 32	01 13	09 35	14 18	07 08
Sa	24	06 10 57	02 23 53	11 ♋ 47 24	15 01	07 48	16 15	27 21	04 39	01 16	09 37	14 20	06 57
Su	25	06 14 54	03 24 59	24 43 10	16 35	09 03	16 44	27 15	04 46	01 20	09 39	14 22	06 48
M	26	06 18 50	04 26 06	07 ♌ 20 25	18 09	10 18	17 13	27 10	04 53	01 24	09 42	14 23	06 41
T	27	06 22 47	05 27 14	19 40 26	19 43	11 33	17 42	27 05	05 00	01 27	09 44	14 25	06 37
W	28	06 26 44	06 28 21	01 ♍ 45 55	21 16	12 48	18 12	27 01	05 07	01 31	09 46	14 27	06 35
Th	29	06 30 40	07 29 29	13 40 43	22 49	14 03	18 42	26 56	05 14	01 34	09 48	14 28	06 D 36
F	30	06 34 37	08 30 38	25 29 34	24 21	15 18	19 12	26 52	05 21	01 38	09 51	14 30	06 36
Sa	31	06 38 33	09 ♑ 31 47	07 ♎ 17 42	25 ♑ 51	16 ♐ 33	19 ♈ 42	26 ♉R 48	05 ♑ 29	01 ♑ 42	09 ♑ 53	14 ♏ 32	06 ♓ 37

DECLINATION for 0h

Tag Dia		☉ (° ′)	☽ (° ′)	☿ (° ′)	♀ (° ′)	♂ (° ′)	♃ (° ′)	♄ (° ′)	♅ (° ′)	♆ (° ′)	♇ (° ′)
Th	1	21 S 48	09 N 38	22 S 32	12 S 54	02 N 12	19 N 10	22 S 40	23 S 39	22 S 15	01 S 08
F	2	21 57	04 11	22 53	13 18	02 23	19 08	22 40	23 40	22 14	01 09
Sa	3	22 06	01 S 24	23 12	13 42	02 34	19 07	22 40	23 40	22 14	01 09
Su	4	22 14	06 58	23 29	14 06	02 45	19 05	22 40	23 40	22 14	01 10
M	5	22 22	12 22	23 46	14 29	02 56	19 04	22 40	23 40	22 14	01 10
T	6	22 30	17 22	24 02	14 52	03 07	19 02	22 40	23 40	22 14	01 10
W	7	22 37	21 46	24 16	15 14	03 19	19 01	22 40	23 40	22 14	01 11
Th	8	22 43	25 14	24 29	15 37	03 30	18 59	22 40	23 40	22 14	01 11
F	9	22 49	27 27	24 41	15 58	03 42	18 58	22 40	23 40	22 14	01 12
Sa	10	22 55	28 09	24 51	16 20	03 53	18 56	22 40	23 39	22 13	01 12
Su	11	23 00	27 09	25 00	16 41	04 05	18 55	22 40	23 39	22 13	01 12
M	12	23 05	24 29	25 08	17 01	04 17	18 54	22 40	23 39	22 13	01 13
T	13	23 09	20 21	25 14	17 21	04 28	18 52	22 40	23 39	22 13	01 13
W	14	23 13	15 04	25 19	17 41	04 40	18 51	22 40	23 39	22 13	01 13
Th	15	23 16	08 59	25 22	18 00	04 52	18 50	22 39	23 39	22 13	01 13
F	16	23 19	02 26	25 24	18 19	05 04	18 49	22 39	23 39	22 13	01 14
Sa	17	23 21	04 N 13	25 25	18 37	05 17	18 47	22 39	23 39	22 13	01 14
Su	18	23 23	10 40	25 24	18 55	05 29	18 46	22 39	23 39	22 12	01 14
M	19	23 25	16 34	25 22	19 12	05 41	18 45	22 39	23 39	22 12	01 14
T	20	23 26	21 34	25 18	19 29	05 53	18 44	22 39	23 39	22 12	01 15
W	21	23 26	25 20	25 13	19 45	06 06	18 43	22 39	23 39	22 12	01 15
Th	22	23 27	27 34	25 06	20 00	06 18	18 42	22 38	23 39	22 12	01 15
F	23	23 26	28 08	24 57	20 15	06 31	18 41	22 38	23 39	22 12	01 15
Sa	24	23 25	27 03	24 47	20 30	06 43	18 40	22 38	23 39	22 12	01 15
Su	25	23 24	24 32	24 36	20 44	06 56	18 39	22 38	23 39	22 11	01 16
M	26	23 22	20 51	24 23	20 57	07 08	18 38	22 38	23 39	22 11	01 16
T	27	23 20	16 20	24 08	21 10	07 21	18 37	22 38	23 39	22 11	01 16
W	28	23 17	11 15	23 52	21 22	07 33	18 36	22 37	23 39	22 11	01 16
Th	29	23 14	05 50	23 35	21 33	07 46	18 35	22 37	23 39	22 11	01 16
F	30	23 10	00 16	23 16	21 44	07 59	18 35	22 37	23 39	22 11	01 16
Sa	31	23 S 06	05 S 18	22 S 56	21 S 54	08 N 11	18 N 34	22 S 37	23 S 39	22 S 10	01 S 16

● ☽ PHASES ○ ☾

DAY	h m	PHASE	LONG.
1	06:50	☾	09 ♍ 18
9	05:37	●	17 ♐ 22
16	05:41	☽	24 ♓ 30
23	05:30	○	01 ♋ 37
31	04:58	☾	09 ♎ 44

LAST ASPECT ☽ INGRESS

DAY	h m		DAY	h m
3	00:22	♎	3	00:57
4	04:50	♏	5	12:52
7	20:16	♐	7	21:56
9	14:27	♑	10	04:08
12	05:58	♒	12	08:26
14	11:54	♓	14	11:54
16	12:28	♈	16	15:04
18	12:47	♉	18	18:12
20	17:39	♊	20	21:44
22	00:27	♋	23	02:36
25	04:45	♌	25	09:58
27	14:35	♍	27	20:28
30	02:46	♎	30	09:10

DATA for 0h
1 DECEMBER 1988

JULIAN DAY	=	2447496.5
☽ ☊ MEAN	=	09° ♓ 26′
SVP	=	05° ♓ 24′ 47″
AYANAMSA	=	23° 42′ 12″
ECLIPTIC OBL.	=	23° 26′ 35″
NUTATION	=	05″.15

ASPECTARIAN

DAY	h m	
1	05:49	☽ △ ♆
	06:42	☽ □ ☿
	06:50	☉ □ ☽
	07:22	☽ * ♀
	09:15	☿ ∥ ♄
	09:24	☉ ☌ ☿
	15:31	☽ * ♇
2	07:31	☽ ∥ ♂
	13:03	☽ ∥ ♇
	15:34	♅ ♑
	22:56	☽ ∥ ♇
3	00:22	☽ △ ♃
	01:00	☽ □ ♅
	05:10	☽ ∥ ♂
	05:28	☽ □ ♄
	16:03	☽ ☍ ♂
	18:55	☽ □ ♆
	23:22	☉ ∥ ♆
4	01:25	☉ * ☽
	04:50	☽ * ☿
	14:14	☿ ∥ ♅
	15:05	♀ ☌ ♇
5	10:42	☽ ∥ ♀
	13:12	☽ * ♅
	17:46	☽ * ♄
6	06:16	☽ * ♆
	08:33	☽ ∥ ♃
	15:26	☽ ☌ ♇
	20:33	☽ ☌ ♀
7	02:50	☽ ∥ ♆
	05:23	☉ ∥ ☽
	05:35	☽ ∥ ♄
	12:09	☽ ∥ ♅
	12:18	☉ ∥ ♄
	16:48	♂ □ ♆
	17:39	☽ ∥ ☿
	20:16	☽ ☍ ♃
8	15:11	☽ △ ♂
9	05:37	☉ ☌ ☽
	14:27	☽ ☌ ☿
10	04:55	☽ ☌ ♅
	09:31	☽ ☌ ♄
	20:12	☽ ☌ ♆
	22:19	☽ □ ♂
11	04:33	☽ * ♇
	19:29	☽ ∥ ☿
	19:41	☽ * ♀
12	05:30	☽ ∥ ♅
	05:58	☽ △ ♃
	08:54	☉ ∥ ☽
	11:33	☽ ∥ ♄
	14:05	☽ ∥ ♆
13	03:52	☽ * ♂
	07:14	☽ ∥ ♃
	08:30	☽ □ ♇
	13:20	☽ ∥ ♀
	22:29	☉ * ☽
14	04:18	☽ □ ♀
	09:02	☽ □ ♃
	11:54	☽ * ☿
	11:54	☿ ♑
	13:08	☽ * ♅
	17:59	☽ * ♄
	22:58	☿ ☌ ♅
15	03:46	☽ * ♆
	11:54	☽ △ ♇
	14:44	☽ ∥ ♂
16	04:21	☽ ∥ ♇
	05:37	♀ ☍ ♃
	05:41	☉ □ ☽
	11:48	☽ * ♃
	12:28	☽ △ ♀
	13:12	☽ ∥ ♇
	16:29	☽ □ ♅
	21:31	☽ □ ☿
	21:33	☽ □ ♄
	21:53	☿ ☌ ♄
17	03:58	☽ ∥ ♂
	07:02	☽ □ ♆
	13:00	♀ ∥ ♃
	13:37	☽ ☌ ♂
	17:56	♀ ♐
18	12:47	☉ △ ☽
	19:50	☽ △ ♅
19	01:08	☽ △ ♄
	07:09	☽ △ ☿
	09:50	☽ ∥ ♃
	10:21	☽ △ ♆
	12:43	☽ ∥ ♀
	18:30	☽ ☍ ♇
20	03:32	☽ ∥ ♆
	06:05	☽ ∥ ♄
	10:52	☉ ∥ ☽
	12:04	☿ ☌ ♆
	12:15	☽ ∥ ♅
	17:39	☽ ☌ ♃
	23:08	☽ ∥ ☿
21	05:15	☽ ☍ ♀
	15:29	☉ ♑
22	00:27	☽ * ♂
	19:48	☉ ☌ ♅
23	04:48	☽ ☍ ♅
	05:30	☉ ☍ ☽
	10:52	☽ ☍ ♄
	13:27	☿ * ♇
	20:01	☽ ☍ ♆
24	04:41	☽ △ ♇
	06:45	☽ ☍ ☿
	08:31	☽ □ ♂
	23:24	☽ ∥ ☿
25	03:07	☿ □ ♂
	04:45	☽ * ♃
	06:21	☽ ∥ ♅
	08:10	☉ ∥ ☽
	13:10	☽ ∥ ♄
	15:58	☽ ∥ ♆
	23:26	☽ ∥ ♀
26	06:21	☽ △ ♀
	11:58	☉ ☌ ♄
	12:18	☽ ∥ ♃
	13:41	☽ □ ♇
	19:58	☽ △ ♂
27	14:35	☽ □ ♃
	23:30	☽ △ ♅
28	06:48	☽ △ ♄
	10:20	☉ △ ☽
	15:52	☽ ∥ ♂
	16:09	☽ △ ♆
	18:32	☿ ∥ ♅
29	00:50	☽ □ ♀
	01:37	☽ * ♇
	19:42	☽ ∥ ♇
	21:19	☽ △ ☿
30	02:46	☽ △ ♃
	06:36	☽ ∥ ♇
	08:59	☉ ∥ ☿
	12:34	☽ □ ♅
	20:16	☽ □ ♄
31	04:58	☉ □ ☽
	05:16	☽ □ ♆
	08:40	☉ ☌ ♆
	13:11	☽ ∥ ♂
	14:21	☿ △ ♃
	20:54	☽ * ♀
	21:31	☿ ∥ ♄

Abb. 4

Angaben für 0 Uhr Greenwich-Zeit Dezember 1988

			Uranus ♅ ↑		
Th	1	_____	29	♐ 54′	Schütze _____
F	2	_____	29	58′	_____
SA	3	_____	0	♑ 01′	Steinbock _____
SU	4	_____	0	05′	_____

In dieser internationalen Ephemeride wird das englische Herschel-Zeichen ♅ für den Uranus verwendet. Im deutschen Sprachraum erscheint das Uranuszeichen mit Kreis und Punkt in der Mitte, über dem Kreis ein senkrechter Pfeil ⛢. Links sind die Wochentage genannt.

Aus dieser Aufstellung ersehen wir, daß die Bewegung des Uranus innerhalb von vierundzwanzig Stunden nur drei bis vier Bogenminuten beträgt. Dieser Planet gehört neben Jupiter, Saturn, Neptun und Pluto zu den sogenannten Langsamläufern, im Gegensatz zu den Schnelläufern Mond, Merkur, Venus und Sonne. Wenn wir das Ephemeridenblatt noch etwas genauer studieren, können wir anhand der Aufzeichnungen die Tagesbewegung der Gestirne erfassen und gewinnen daraus ein Gefühl für die unterschiedliche Geschwindigkeit. Die folgende Tabelle gibt uns einen Vergleich.

Tagesbewegung der Gestirne vom ersten zum zweiten Dezember 1988

Sonne	1°00′50″	Saturn	0°06′
Mond	11°48′18″	Uranus	4′
Merkur	1°34′	Neptun	2′
Venus	1°14′	Pluto	2′
Mars	22′	Mond-	
Jupiter	8′R	knoten*	0′

* Mondknoten ist die kontinuierliche Schnittlinie zwischen der Sonnen- und der Mondbahn. In der *Rosenkreuzer-Ephemeride* ist der »wahre Mondknoten« angegeben, der eine schwankende Bewegung hat. Die durchschnittliche Bewegung ist jedoch 3′ pro Tag und rückläufig. R beim Jupiter ist geozentrisch rückläufig.

Damit ein noch besserer Überblick über die Bewegungen von Sonne, Mond und Planeten entstehen kann, sind in der folgenden Tabelle die Umlaufzeiten durch den Tierkreis angegeben. Daraus wird erkennbar, daß ganze Jahrgänge Langsamläufer wie Pluto und Neptun in gleichen oder benachbarten Tierkreisgraden ihres Geburtsbildes stehen haben, während die Schnelläufer ihre Positionen in Stunden und Tagen wesentlich ändern. Der Mond braucht beispielsweise nur rund zwei Tage, um ein Tierkreiszeichen zu durchlaufen; Uranus benötigt für die gleiche Entfernung sieben bis acht Jahre!

Die Gestirnbewegungen duch den Tierkreis (geozentrisch)

Um sich einmal durch den Tierkreis von 360° zu bewegen, benötigen

Sonne	365,25 Tage
Mond	27 Tage, 7 Stunden, 43 Minuten, 11,5 Sekunden
	(Siderischer Monat: Bewegung des Mondes, um wieder an dieselbe Stelle des Tierkreises wie am Ausgangspunkt zu kommen.)
	29 Tage, 12 Stunden, 44 Minuten, 3 Sekunden
	(Synodischer Monat: Die Zeit zwischen zwei Neumonden.)
Merkur	88,0 Tage
Venus	255,0 Tage
Erde	365,0 Tage
Mars	687,0 Tage
Jupiter	11,9 Jahre
Saturn	29,5 Jahre
Uranus	84,0 Jahre
Neptun	164,8 Jahre
Pluto	247,7 Jahre
Transpluto	685,6 Jahre

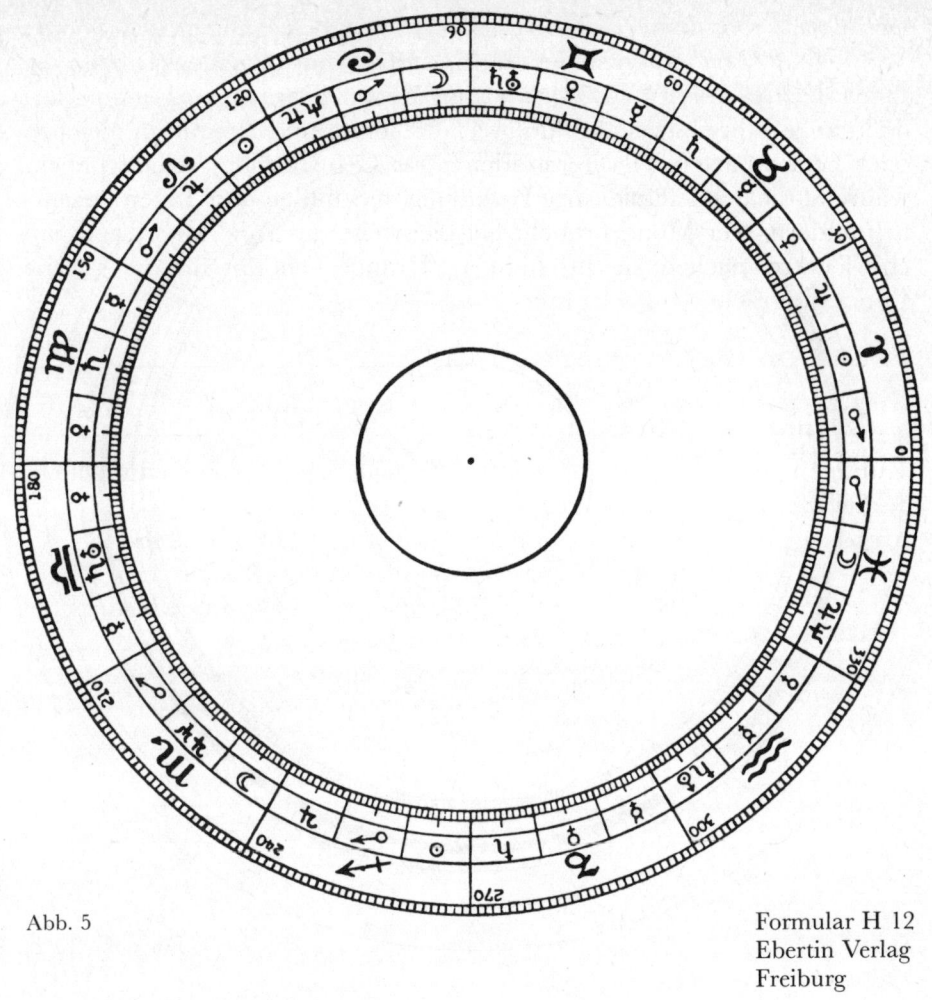

Abb. 5

Formular H 12
Ebertin Verlag
Freiburg

Die Abbildungen 5, 6 und 7 zeigen uns Tierkreisformulare mit den zwölf Tierkreiszeichen Widder, Stier, Zwillinge, Krebs, Löwe, Jungfrau, Waage, Skorpion, Schütze, Steinbock, Wassermann und Fische. Diese zwölf Tierkreiszeichen sind nicht zu verwechseln mit den zwölf gleichnamigen Sternbildern. Die Tierkreiszeichen haben alle die gleiche Größe

31

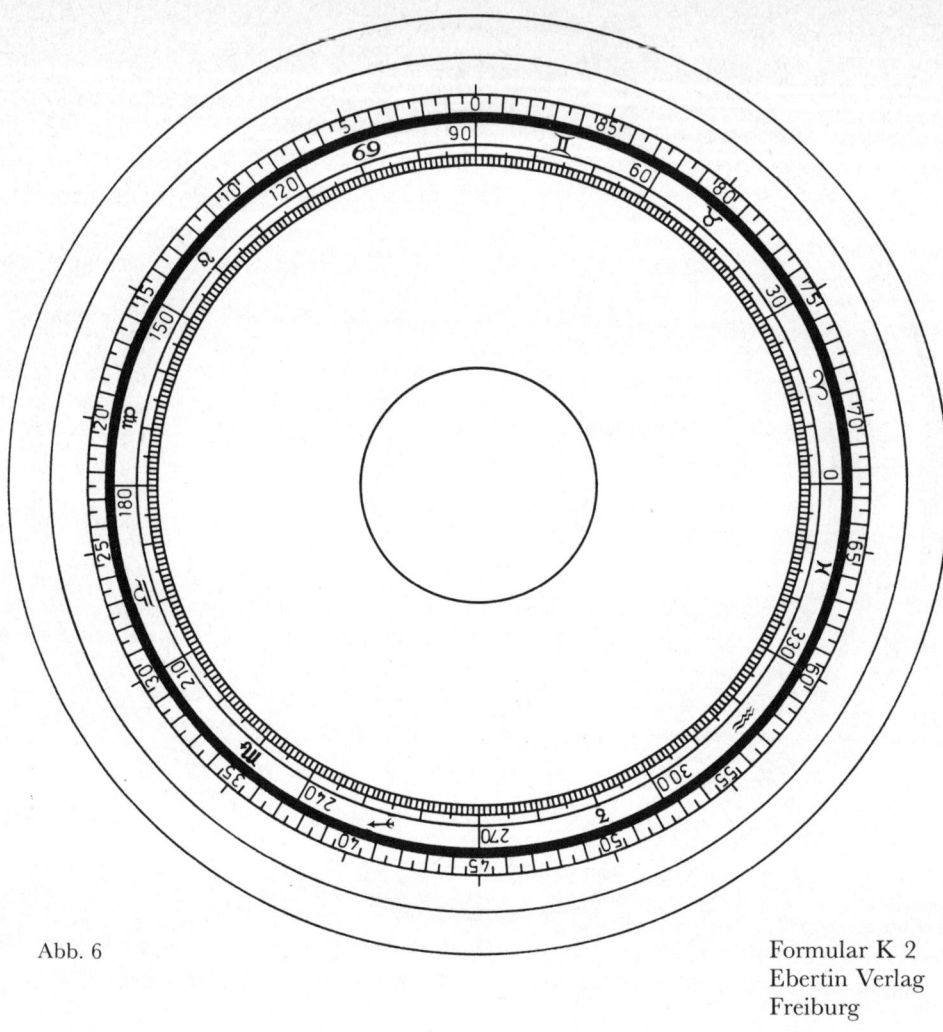

Abb. 6

Formular K 2
Ebertin Verlag
Freiburg

von 30° und bezeichnen die zwölf Abschnitte der Sonnenbahn, der Ekliptik, gerechnet von 0° Widder, dem Schnittpunkt zwischen der Sonnenbahn und dem Himmelsäquator.

Für die kosmobiologische Betrachtungsweise verwenden wir Formulare, die um den Tierkreis noch einen weiteren Kreis haben, den 90°-

32

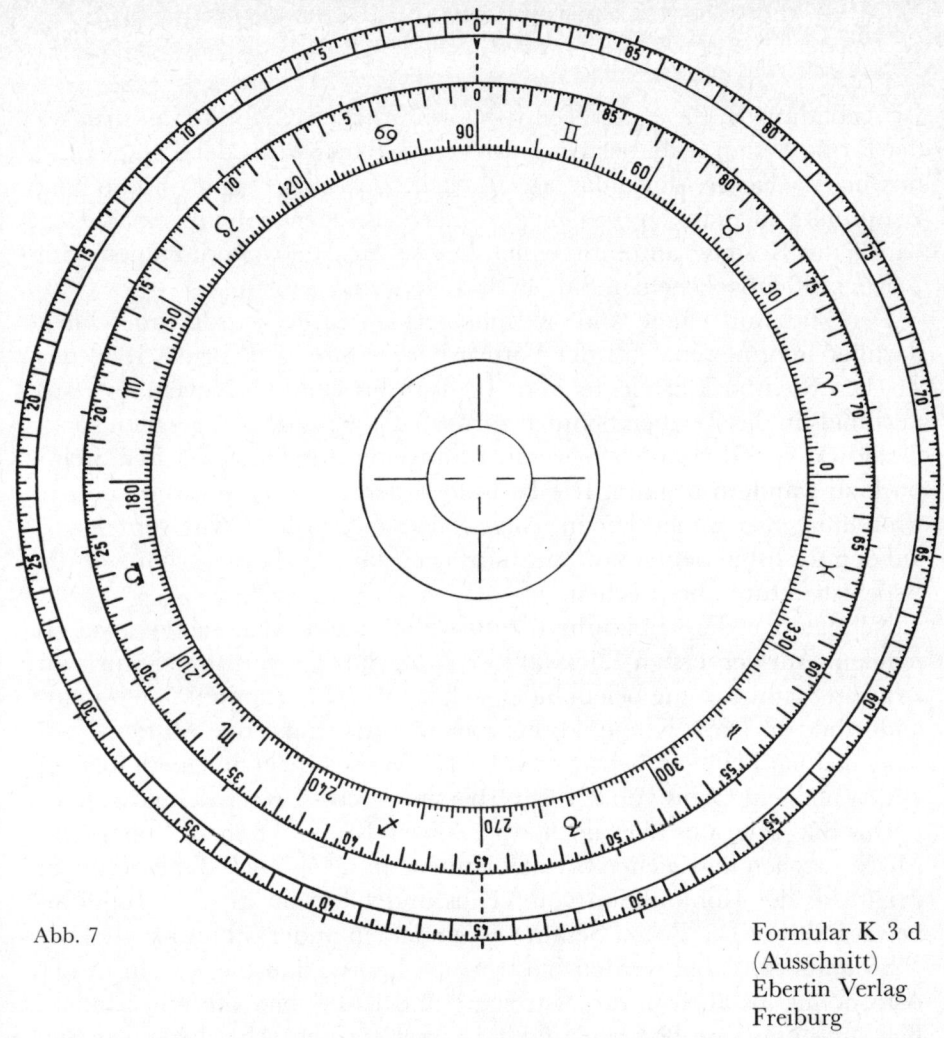

Abb. 7

Formular K 3 d
(Ausschnitt)
Ebertin Verlag
Freiburg

Kreis; er stellt eine Art Vergrößerungsglas dar und läßt die Dominanten eines Geburtsbildes sowie die Halbsummen schnell erkennen (vgl. Abbildungen 6 und 7). Wir werden auf den 90°-Kreis im Verlauf unserer Untersuchungen ausführlich zu sprechen kommen (vgl. Kapitel 11: »Der 90°-Kreis – das ›Vergrößerungsglas‹ der Kosmobiologie«. Seite 178ff)

33

2. Die Gestirnkonstellation am 2. Dezember 1988

In Abbildung 8, die einen Teil des ausführlichen Computerausdruckes der Firma Sesam, Inhaber Gerhard Vehns, darstellt, ist der Planet Uranus in ein Tierkreisformular auf 0° Steinbock eingetragen. Für diesen Zeitpunkt, zu dem Uranus in das Tierkreiszeichen Steinbock eintrat, wurde das Kosmogramm errechnet. Wir sehen zwei weitere Planeten im Zeichen Steinbock stehen, Saturn und Neptun.

Der Blick auf einige andere Ephemeridenblätter würde uns schnell darüber informieren, daß der Saturn bereits am 14. Februar 1988 das Zeichen Steinbock erreichte, vom 10. Juni bis zum 12. November 1988 nochmals in das Zeichen Schütze zurücklief – geozentrisch gesehen rückläufig war – und vom 12. November an weiter durch das Zeichen Steinbock zu wandern begann. Die Positionen der anderen Gestirne und des Mondknotens nehmen wir im Augenblick einfach hin. Wir werden uns auf den nächsten Seiten noch ausführlicher damit befassen, wenn wir die Aspektstrukturen besprechen.

Nehmen wir die Abbildung 8 zum Anlaß, unser Auge schon etwas zu schulen. Auf den ersten Blick fällt uns auf, daß Uranus und Saturn im Zeichen Steinbock eng beieinander stehen, also eine Konjunktion miteinander bilden. Diese Konjunktion ist nicht ganz exakt; der Abstand zwischen beiden Planeten beträgt rund 2°10'. Wir sprechen in einem solchen Fall von einem Orbis von 2°10' (Orbis lateinisch = Kreis, Umkreis).

Das Bild zeigt uns aber noch zwei weitere Konjunktionen: Sonne und Merkur stehen im Zeichen Schütze mit einem Orbis von 38' beisammen; der Orbis der Konjunktion von Venus und Pluto im Zeichen Jungfrau beträgt 2°31'. (Die Firma Sesam verwendet ein anderes Plutosymbol.)

So ganz nebenbei werden Sie bemerkt haben, daß Sie sowohl in der Astronomie als auch in der Astrologie und Kosmobiologie mit Graden, Bogenminuten und Bogensekunden rechnen müssen. Aber bedenken Sie, daß Sie ja im täglichen Umgang mit Ihrer Uhr auch gewöhnt sind, im Sechzigersystem zu rechnen.

Wir haben mit der Konstellation am 2. Dezember 1988 den Aspekt (lateinisch = Anblick) der Konjunktion kennengelernt. Es gibt natürlich noch andere Aspekte (vgl. folgende Tabelle), mit denen wir in der kosmobiologischen Betrachtungsweise arbeiten. Gegenüber der traditionellen Astrologie ist das Spektrum der Aspekte größer, aber die Orben sind

34

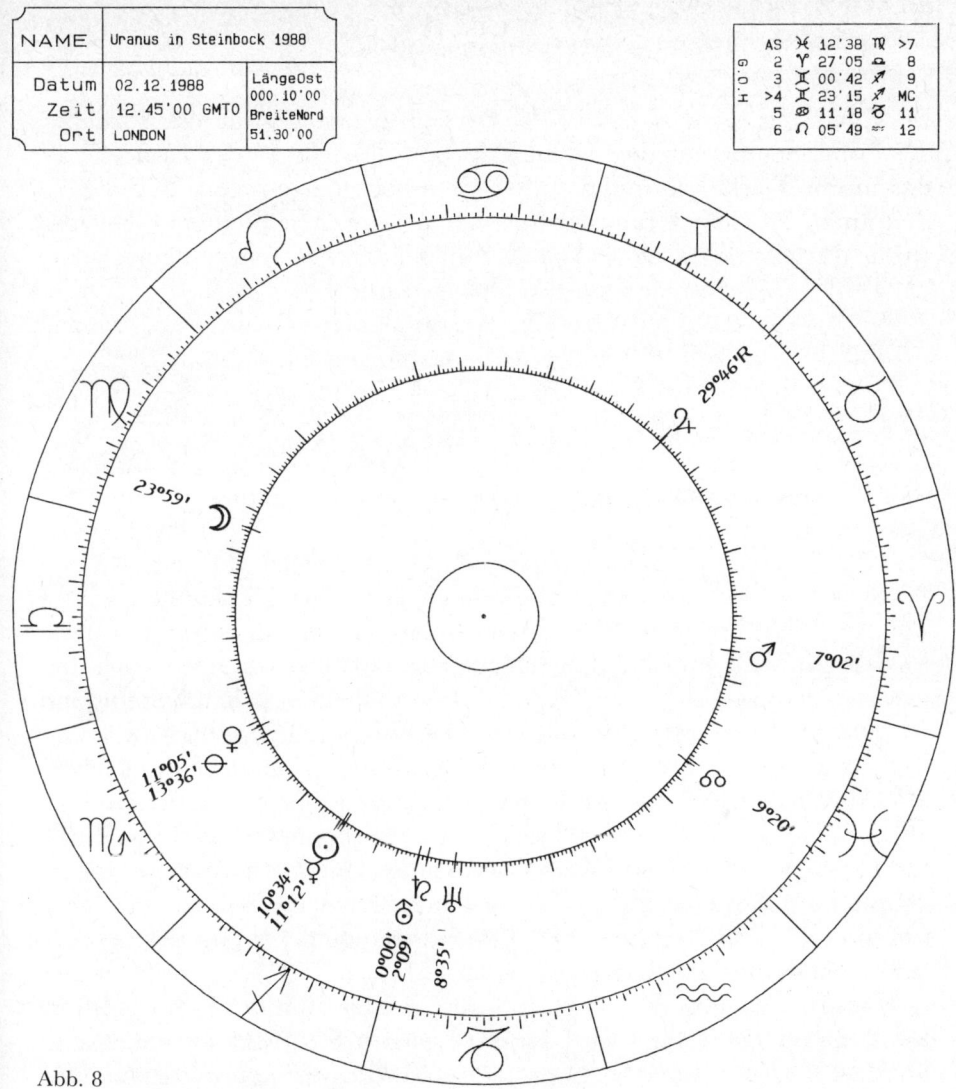

NAME	Uranus in Steinbock 1988	
Datum	02.12.1988	LängeOst 000.10'00
Zeit	12.45'00 GMTO	BreiteNord
Ort	LONDON	51.30'00

	AS	♓	12'38	♏	>7
☊	2	♈	27'05	♎	8
G.O.H	3	♊	00'42	♐	9
	>4	♊	23'15	♐	MC
	5	♋	11'18	♉	11
	6	♌	05'49	♒	12

Abb. 8

enger. Ein besonderes Gewicht haben bei der kosmobiologischen Betrachtungsweise die Aspektstrukturen, wenn also mehr als zwei Faktoren
in einer Aspektreihe miteinander verbunden sind. Im Kapitel 5 (Seite
82ff) und den nachfolgenden Kapiteln werden wir darauf zu sprechen
kommen.

Die in der Kosmobiologie verwendeten Aspekte und Aspektreihen

45°-Reihe			30°-Reihe			72°-Reihe		
Konjunktion	=	0°	Halbsextil	=	30°	Quintil	=	72°
Halbquadrat	=	45°	Sextil	=	60°	Biquintil	=	144°
Quadrat	=	90°	Trigon	=	120°			
Anderthalb-			Quincunx	=	150°			
quadrat	=	135°						
Opposition	=	180°						

Die Orben betragen, wenn persönliche Punkte wie Sonne, Mond, Aszendent, Medium Coeli am Aspekt beteiligt sind, im allgemeinen 5°; wenn Merkur, Venus, Mars beteiligt sind, 4°; wenn die Aspekte unter Langsamläufern wie Jupiter, Saturn, Uranus, Neptun, Pluto beteiligt sind, 3°. Orben mit Transpluto maximal 1°.

Nachdem wir jetzt die Aspekte kennengelernt haben, können wir in unserer Betrachtung der Gestirnkonstellation vom 2. Dezember 1988 fortfahren. Mars und Neptun bilden einen Winkel von 90° zueinander, also ein Quadrat, Orbis 1°33′, während der Aspekt zwischen Neptun und Mondknoten ein Sextil (60°) darstellt, Orbis 45′ (Abbildung 8).

Solche Aspekte wie Konjunktion, Quadrat, Sextil sind relativ leicht erfaßbar; gleiches gilt für das Trigon (120°), das Quincunx (150°) und die Opposition (180°). Es gibt jedoch noch andere Aspekte, die ohne Hilfsmittel wie eine Rechenscheibe schwer oder gar nicht erfaßbar sind. Dazu gehören das Halbquadrat (45°) und das Anderthalbquadrat (135°), das Quintil (72°) und das Bi-Quintil (144°). Vorläufig geben wir uns mit dem Erkennen der einfachen Aspekte zufrieden.

Erinnern wir uns: Wir begannen mit der Position des Uranus, als er am 2. Dezember 1988 in das Tierkreiszeichen Steinbock eintrat. Wenn wir jetzt noch den Lauf des Neptun etwas zurückverfolgen wollten, müßten wir in der Ephemeride bis zum Januar 1984 zurückblättern, denn am 19. Januar 1984 erreichte der Neptun aus dem Zeichen Schütze das Zeichen Steinbock. In seiner Rückläufigkeit kehrte er vom 13. Mai 1984 an in das davorliegende Zeichen zurück, um am 21. November 1984 seinen Lauf durch das Zeichen Steinbock fortzusetzen.

Bis zu diesem Zeitpunkt unserer Beobachtung der Planetenbewegungen und der von ihnen gebildeten Aspekte befinden wir uns auf rein astronomischem und damit naturwissenschaftlichem Boden. Dabei gehört es heute zum Allgemeinwissen, daß aus geozentrischer Sicht – von der Erde aus gesehen – Sonne, Mond und Planeten sich durch den Tierkreis und um die Erde bewegen; in Wirklichkeit bewegen sich Planeten und Erde heliozentrisch – von der Sonne aus gesehen – um das Zentralgestirn Sonne.

Die Astrologie sowie die kosmobiologische Sichtweise werden von Naturwissenschaftlern gern deshalb angegriffen, weil sie für ihre Berechnungen, Beobachtungen und Deutungen die geozentrische Sichtweise beibehalten haben. Darauf kann man nur antworten, daß wir uns auf der Erde und nicht auf der Sonne befinden und deshalb auch die Erde als das Zentrum unseres Lebens, Denkens und Beobachtens nehmen. Es gibt jedoch kosmobiologische Untersuchungen aus heliozentrischer Sicht (23), die wir im Rahmen dieser einführenden Arbeit nicht besprechen werden. Die Erfahrung zeigt, daß bei Ereignissen, die die ganze Erde betreffen, heliozentrische Konstellationen mitwirken.

Eine berechtigte Frage ist, ob die oben angesprochenen Bewegungen und Positionen der Planeten im Tierkreis für uns mehr sind als nur eine mathematisch-astronomische Feststellung. An dieser Stelle scheiden sich die Geister. Die Mehrzahl der Astronomen lehnt es bis heute ab, anzuerkennen, daß die planetaren Bewegungen irgendeinen Einfluß auf die Erde und die ganze belebte Natur hätten, mit Ausnahme der Sonnen- und Mondbewegungen. Schließlich hat die Sonne mit den Jahreszeiten und dem Jahresrhythmus auf der Erde zu tun, während der Zusammenhang zwischen den Gezeiten und dem Mond unumstritten ist.

Wir können uns fragen, ob es einen planetaren Rhythmus, ein Bewegungsspiel der Gestirne mit irgendwelchen Beziehungen und/oder Einflüssen auf die Erde und den Menschen gibt, ob gewisse Parallelen zwischen dem Geschehen am Himmel und dem Leben auf der Erde feststellbar sind oder ob es Entsprechungen gibt »Wie oben, so unten«, »Makrokosmos und Mikrokosmos«. Seit C.G. Jung kennen wir den Begriff der Synchronizität. Gemeint ist damit, daß es bestimmte Abläufe auf der Erde gibt, die eine Parallele irgendwo anders auf der Erde haben (24).

Zur naturwissenschaftlichen und wissenschaftlichen Betrachtungsweise überhaupt gehören Methoden wie Materialsammlung, Dokumentation, Vergleich, Statistik. Auf unser Beispiel Uranus im Zeichen Steinbock angewendet, könnten wir uns fragen, wann denn der Uranus schon einmal in das Zeichen Steinbock eintrat und ob es für solche Zeiten irgendwelche Entsprechungen auf der Erde gab. Wenn wir diesen Gedanken verfolgen wollen, kommen wir zu folgenden Überlegungen:

Der Planet Uranus braucht ungefähr 84 Jahre, um einmal durch den ganzen Tierkreis mit seinen zwölf Tierkreiszeichen von je 30° zu wandern. Demnach müßte der Uranus um das Jahr 1904 ebenfalls in das Zeichen Steinbock eingetreten sein. Das ist auch so: Am 20. Dezember 1904 erreichte der Uranus 0° Steinbock und blieb in diesem Zeichen bis in das Jahr 1912 hinein. Fragen wir uns, welche Entwicklungen sich seinerzeit ergaben. Vielleicht gewinnen wir dann eine Idee, wie sich das internationale Leben in den nächsten Jahren abspielen könnte.

3. Die Jahre um 1904 – Uranus in Steinbock

Abbildung 9 zeigt die Gestirnpositionen am 20. Dezember 1904. Außer der Position des Uranus auf 0° Steinbock gibt es natürlich auch noch die Positionen der anderen Gestirne und des Mondknotens.

Nehmen wir auch diese Eintragungen vom 20. Dezember 1904 zum Anlaß, unsere Augen an die Beziehungen der Gestirne untereinander zu gewöhnen, und beginnen wir wieder mit dem Uranus. Er war gerade in das Zeichen Steinbock eingetreten und hatte zur Sonne am Ende des Zeichens Schütze eine Konjunktion, und zwar auf 1°52′ genau. Der Merkur im Zeichen Steinbock bildete ein Quadrat zu Mars im Zeichen Waage und ein anderes Quadrat zu Jupiter im Zeichen Widder, während Mars und Jupiter in Opposition (180°) zueinander getreten waren. Bei einer solchen Struktur spricht man auch von einem T-Quadrat, wobei der obere T-Balken die Opposition symbolisiert und der senkrechte T-Balken das Quadrat darstellt.

Das ganze Bild ist aber noch komplexer. Beispielsweise läßt sich ein geschlossenes Trigon zwischen Mars in Waage, Saturn in Wassermann und Pluto in Zwillinge wahrnehmen. Noch eine Struktur dreier Faktoren läßt sich erfassen: Jupiter in Widder steht in einer sextilischen Beziehung. Nach oben im Bild besteht ein 60°-Aspekt zu Pluto in Zwillinge und nach unten zu Saturn in Wassermann. Wir greifen an dieser Stelle nur die auf einen Blick erkennbaren Aspekte heraus. In der Abbildung 9 sind die Aspekte durch Linien miteinander verbunden.

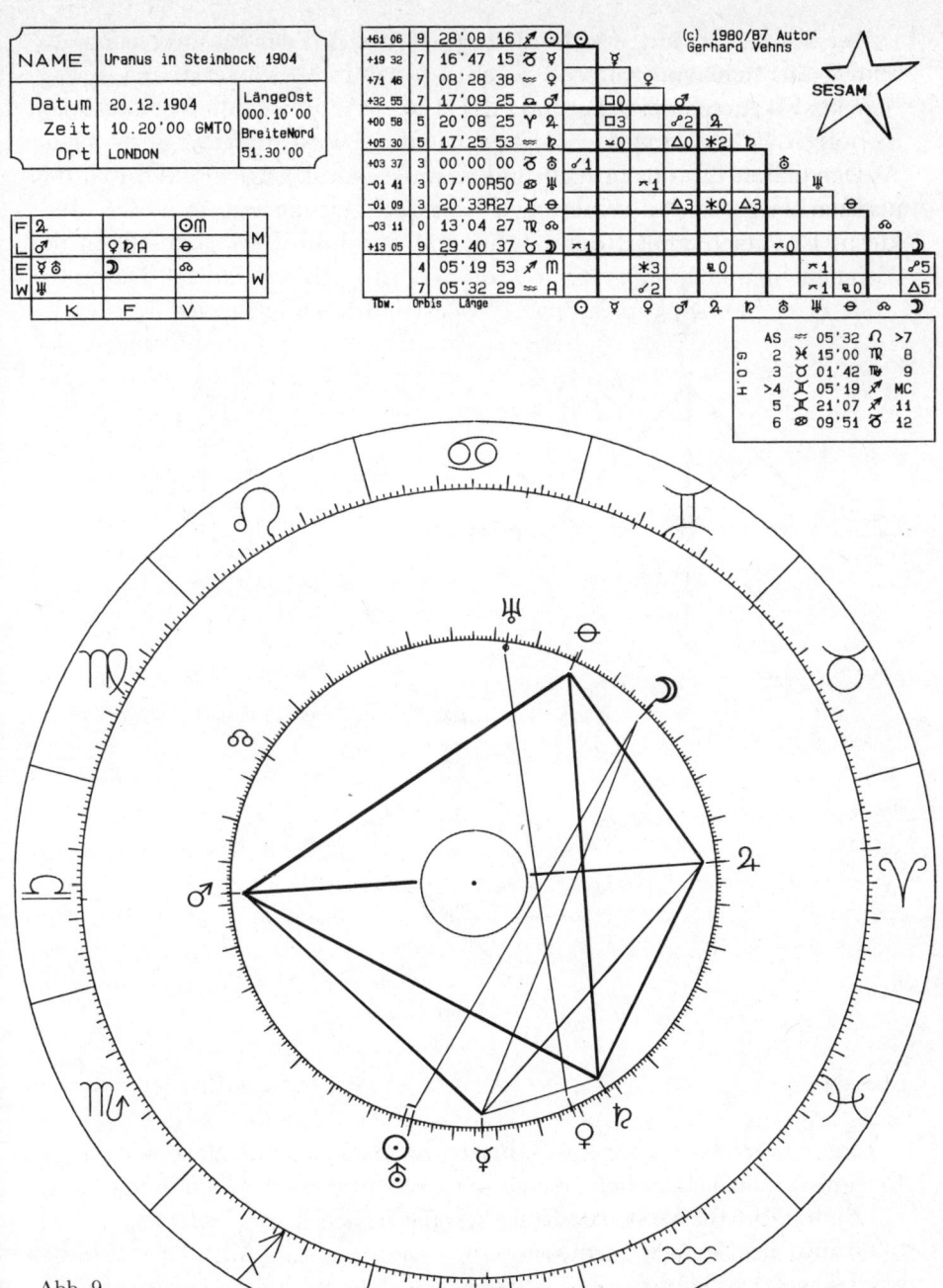

NAME	Uranus in Steinbock 1904	
Datum	20.12.1904	LängeOst 000.10'00
Zeit	10.20'00 GMTO	BreiteNord
Ort	LONDON	51.30'00

Abb. 9

Zur Verdeutlichung und Ergänzung verwenden wir einmal einen Ausschnitt aus dem von mir entwickelten Formular zum Einzeichnen von Aspektstrukturen (AST/1a und AST/1b). Dieses Formular hat sich seit mehreren Jahren bestens bewährt. Es dient dazu, die Gesamtheit der Aspektstrukturen – der besser und weniger gut sichtbaren – zu erfassen und zu bewerten. In Abbildung 10 sind die Aspektstrukturen des Merkur, des Mars und des Jupiter erfaßt.

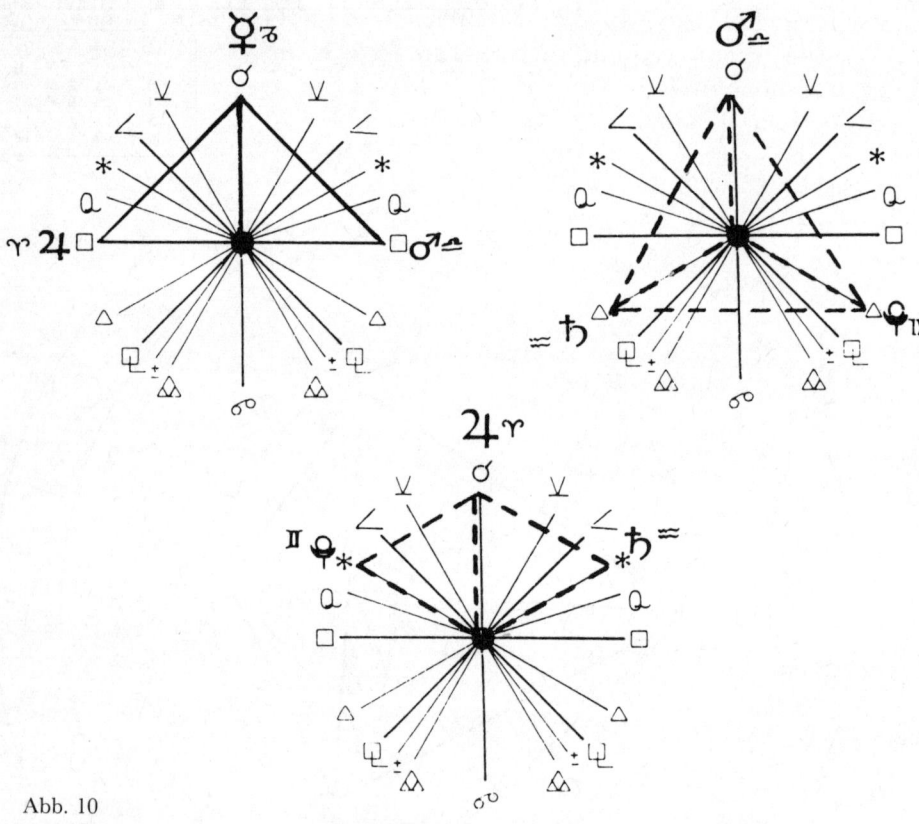

Abb. 10

Eine Frage ist, ob in den Jahren um 1904 irgendwelche wichtigen Ereignisse, die sich in den obengenannten Strukturen der Planeten ankündigten, für die Welt eine Rolle gespielt haben.

Uranus im Zeichen Steinbock läßt vermuten, daß Anstöße (Uranus) gesetzt wurden, traditionelle Formen, Gesetze, Verhaltensweisen (Stein-

40

bock) im Laufe der Jahre zu verändern. Merkur im Zeichen Steinbock, verbunden mit Mars in Waage und Jupiter in Widder, läßt erwarten, daß eine Spannung entstand zwischen konservativem Denken (Merkur/ Steinbock) einerseits, dem Wunsch nach Expansion und Erfolg (Jupiter/ Widder) und seiner Ausbalancierung (Mars/Waage) andererseits.

Der Mars im geschlossenen Trigon zu Saturn und Pluto könnte darauf schließen lassen, daß weltweite Kommunikation (Pluto/Zwillinge) einerseits mit bedachten Schritten in die Zukunft (Saturn/Wassermann) andererseits sinnvoll zu verbinden war. Wir lassen hierbei einmal unberücksichtigt, daß Pluto erst im Jahre 1930 entdeckt wurde. Die Aspekt-Struktur zwischen Jupiter, Saturn und Pluto könnte es nahelegen, daß Bewährtes und Neues in erfolgversprechender Weise miteinander vereinigt werden will.

Anfangs ist es nicht leicht, solche oben besprochenen Aspektstrukturen festzustellen. Eine große Hilfe zum Erfassen der Aspekte und Aspektstrukturen ist die kombinierte und durchsichtige 360°/90°-Rechenscheibe (Abbildung 11).

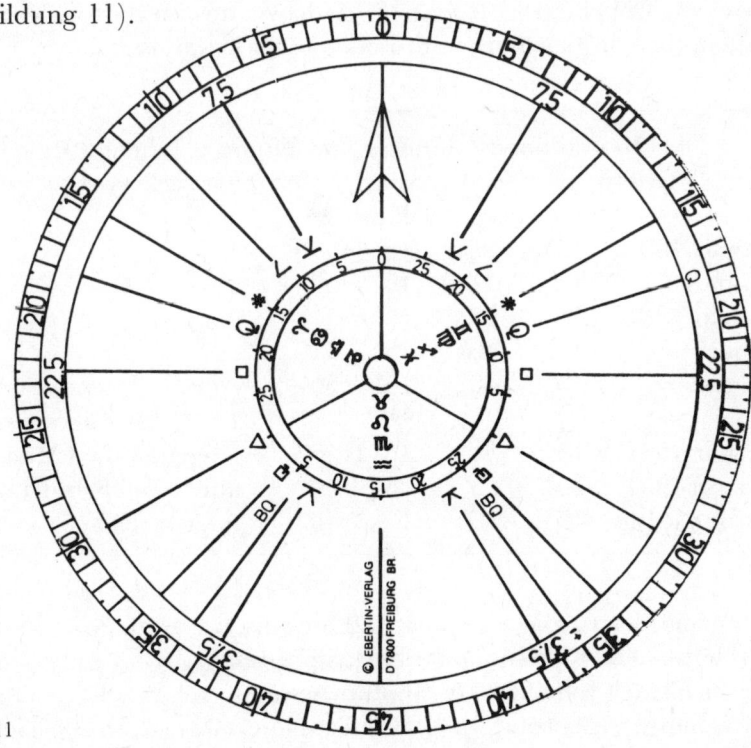

Abb. 11

Sie kann sowohl für grundlegende Arbeiten im Tierkreis als auch im 90°-Kreis eingesetzt werden. Diese Rechenscheibe ist auch das Herzstück des von Reinhold Ebertin entwickelten 90°-Arbeitsgerätes, mit dessen Funktionen Sie in den nächsten Kapiteln vertraut gemacht werden.

Wer sein Auge für Planetenbewegungen schon geschult hat, wird nachvollziehen können, daß Uranus einige Jahre vor 1904 in Opposition zu Pluto im Zeichen Zwillinge stand und sich nach 1904 auf die Opposition zum Neptun im Zeichen Krebs zubewegte. Wie kommen wir auf einen solchen Schluß? Uranus bewegt sich schneller als Pluto. Uranus benötigt »nur« rund vierundachtzig Jahre, um den Tierkreis zu durchwandern, Pluto fast zweihundertfünfzig Jahre. Uranus wird sich also auch durch ein Tierkreiszeichen schneller bewegen als Pluto.

Wer sich im Ephemeriden-Lesen schon etwas auskennt und eine Ephemeride besitzt, kann einmal die Monate des Jahres 1901 aufschlagen. Er wird dann feststellen, daß um die Monatswende Januar/Februar 1901 Uranus in Opposition zu Pluto stand. Wie sieht das aus? Erstellen wir wieder einen Ephemeriden-Auszug, damit wir uns an die Zahlenreihen gewöhnen, die wir gleichsam zum Leben erwecken müssen.

Die Opposition von Uranus und Pluto im Jahre 1901

	Uranus ♅	Pluto ♇	
27. Januar 1901	15° ♅ 38′	15° II53′R	
28. Januar	15° 41 ′	15° 52′	
29. Januar	15° 43′	15° 51′	
30. Januar	15° 46′	15° 51′	
31. Januar	15° 48 ′	15° 50′	Am 31. Januar wird im
	♅	♇	Laufe des Tages minu-
1. Februar 1901	15° 51′	15° II50′	tengenau die Opposition
2. Februar 1901	15° 53′	15° 49′	auf 15°50′ Schütze-Zwil-
3. Februar 1901	15° 56′	15° 48′	linge erreicht

Der Ephemeridenauszug zeigt uns, daß Uranus, als er knapp 16° Schütze erreicht hatte, eine Opposition zu Pluto im Zeichen Zwillinge bildete. Da Uranus sich auch schneller als Neptun bewegt – dieser Planet hat eine Geschwindigkeit von rund 165 Jahren für die 360 Grade des Tierkreises –, hatte Uranus nach einigen Jahren bei knapp 8° Steinbock die Oppositionsstelle zu Neptun im Zeichen Krebs erreicht. Wer es anhand der Ephemeride selbst nachprüfen will, wird auf die Zeit um den 1. März 1906 und um den 1. Februar 1907 stoßen.

Halten wir nochmals fest: Am 20. Dezember 1904 überschritt Uranus die Zeichengrenze von Schütze nach Steinbock. Einige Jahre vorher bildete Uranus vom Zeichen Schütze aus eine Opposition zu Pluto im Zeichen Zwillinge; das war die Zeit ab Januar 1901.

Wir erkennen damit zwei markante kosmische Signale, die auch in der Gegenwart eine Rolle spielten und spielen. Zwischen März 1986 und Dezember 1987 bildeten Uranus in Schütze und Pluto in Skorpion viermal ein Halbquadrat – einen Winkel von 45° – zueinander. 1901 standen Uranus und Pluto zueinander in Opposition. Im Dezember 1988 trat Uranus in das Zeichen Steinbock ein, und die gleiche Situation hatten wir ab Dezember 1904. Diese kosmischen Phänomene werden wir versuchen zu verstehen.

4. Die großen Veränderungen des zwanzigsten Jahrhunderts

Der Vergleich zwischen den Planetenbewegungen und wichtigen Ereignissen auf der Erde ist für den historisch Interessierten immer wieder faszinierend. Wir wollen deshalb einmal feststellen, was um das Jahr 1904 in irgendwelcher Weise weltweite Bedeutung hatte. Das mag uns dann anregen zu Überlegungen, was die Uranusposition der Gegenwart für uns bedeuten könnte. Orientieren wir uns beispielsweise in einem großen bibliographischen Werk wie der *»Encyclopedia Americana«* (25). Wir lesen dort auszugsweise, aus dem Englischen ins Deutsche übersetzt:

»Das zwanzigste Jahrhundert brachte Veränderungen in einer gegenüber früheren Jahrhunderten beispiellosen Geschwindigkeit und Größe... Wandlungen im Leben der Nationen; plötzliche und spannungsgeladene Ereignisse, die in früheren Zeiten örtlich begrenzt waren, hatten immer größere Auswirkungen.

Nach 1900 war jeglicher Transport beschleunigt, und die internationale Kommunikation erfolgte innerhalb von Augenblicken. Die Ereignisse des zwanzigsten Jahrhunderts zeigten von nun an, daß es für kein Volk mehr möglich war, sich aus dem Weltgeschehen zurückzuziehen oder sich ganz zu isolieren. Die großen bewaffneten Konflikte mußten als Weltkriege bezeichnet werden. Internationale Vereinigungen bildeten sich von nun an, um solche Konflikte von weltweitem Ausmaß zu vermeiden...

Die Industrie, die sich im achtzehnten und neunzehnten Jahrhundert entwickelt hatte, gewann nach 1900 neuen Auftrieb durch die aus Elektrizität, Dampf und Wasser gewonnenen Energien... Massenproduktion und Fließbandtechniken entwickelten sich...

Das zwanzigste Jahrhundert begann mit einer Periode von relativer Stabilität zwischen den Völkern. Zwischen 1871 und 1914 ergab sich keinerlei Zusammenstoß der großen europäischen Mächte; es gab jedoch kleinere Kolonialkriege... In Europa hatte sich die Tripelallianz zwischen Deutschland und Österreich-Ungarn gebildet, und Italien hatte Frankreich und Rußland angeregt, eine Gegenallianz zu bilden... 1904 entstand zwischen Frankreich und Großbritannien die freundschaftliche Entente, aus der 1907 die Tripelentente zwischen Frankreich, England und Rußland wurde...

Religiöse Konflikte, die in der Vergangenheit zu Kriegen und Massakern geführt hatten, konnten nach 1900 begrenzt werden...

Der alte Traum der Alchemisten, Materie zu verändern, wurde Realität. Mehr als das: Es schien möglich, daß Materie in Energie verwandelt werden konnte. Albert Einstein drückte die Gleichwertigkeit von Materie und Energie 1905 in seiner berühmten Formel $E = mc^2$ aus.

Lesen sich die vorstehenden Zeilen nicht aufregend, wenn wir an die Gegenwart denken? Da hörten wir in den letzten zwei Jahren die Worte »Perestroika« und »Glasnost« des sowjetischen Generalsekretärs Michail Gorbatschow mit den nachfolgenden Veränderungen in der Sowjetunion. Der ehemalige amerikanische Präsident Ronald Reagan gewann ein freundschaftliches Verhältnis zum früher als »Macht des Bösen« angesehenen Russen. Die Nachrichten über Abrüstung überschlagen sich; die Initiativen der Sowjets in dieser Richtung führen in den westlichen Regierungen regelrecht zur Konfusion, obwohl Ost und West sich einig darüber sind, daß abgerüstet werden muß und ein erneuter Weltkrieg keinen Gewinner mehr erwarten ließe. Bis Mitte Februar 1989 hatten die sowjetischen Truppen Afghanistan verlassen. Obwohl Erich Honecker, der Staatsratsvorsitzende der DDR, meinte, daß die von ihm 1963 gebaute Mauer auch noch in fünfzig und einhundert Jahren vorhanden sei, plädierte auch er im Januar 1988 für Abrüstung. Auch die polnische Regierung will die Zahl ihrer Soldaten reduzieren, und mit der verbotenen Gewerkschaft »Solidarität« ergaben sich wieder Gespräche über deren Zulassung. Allem Anschein nach beginnt ein neues Denken, so etwas wie ein Aufbruch zu neuen Ufern.

Wer Michail Gorbatschows Buch *Perestroika – Die zweite russische Revolution* (26) liest, kann ein Gefühl dafür bekommen, was Uranus im Zeichen Schütze im Halbquadrat zu Pluto im Zeichen Skorpion auslöste und was sich in den nächsten Jahren fortsetzen wird, wenn Uranus nun durch das Zeichen Steinbock läuft. Lassen wir den sowjetischen Generalsekretär einmal selbst sprechen:

»Perestroika ist eine unumgängliche Notwendigkeit, die aus den tieferliegenden Entwicklungsprozessen in unserer sozialistischen Gesellschaft hervorgegangen ist. Diese Gesellschaft ist reif für eine Veränderung. Sie hat sich lange danach gesehnt...« (27)

»Wir sind zu einem wichtigen Schluß gelangt: Wenn wir den Faktor Mensch nicht aktivieren, das heißt, wenn wir die mannigfaltigen Interessen des Menschen, der Arbeitskollektive, der öffentlichen Organe und der diversen sozialen Gruppen nicht berücksichtigen, und wenn wir nicht auf die Menschen bauen und sie zur aktiven, konstruktiven Mitarbeit bewegen, dann wird es uns niemals gelingen, auch nur eine der gestellten Aufgaben zu erfüllen, geschweige denn die Situation im Land zu verändern...« (28)

»Menschen in all ihrer kreativen Unterschiedlichkeit machen die Geschichte. Deshalb ist es die erste Aufgabe der Umgestaltung – eine unverzichtbare Bedingung und ein Pfand auf den Erfolg –, diejenigen Menschen ›wachzurütteln‹, die ›eingeschlafen‹ sind, sie zu aktivieren, zu interessieren und dahin zu bringen, daß jeder einzelne das Gefühl hat, er sei der Herr im Haus, in seinem Betrieb, Büro oder Institut. Das ist ganz wesentlich...« (29)

»Um etwas besser zu machen, muß man immer eine Spur härter arbeiten. Mir gefällt dieser Ausdruck: eine Spur härter arbeiten. Für mich ist er nicht ein Schlagwort, sondern eine Grundeinstellung, eine Disposition. Jede Aufgabe, die man angeht, muß man mit dem Herzen erfassen und mit dem Verstand begreifen. Nur dann wird man eine Spur härter arbeiten.« (30)

In der Kosmobiologie verbinden wir mit dem Planeten Uranus Begriffe wie Anstoß, Initiative, Veränderung, Neuerung, gegebenenfalls Umsturz und Revolution. Mit dem Zeichen Steinbock assoziieren wir Inhalte wie gewachsene Form, Tradition, Erbe, Kultur, aber auch Versteinerung, Dogmatismus. Uranus einerseits, Steinbock andererseits sind demnach so etwas wie Gegensätze. Es spricht viel dafür, daß in den nächsten Jahren »alte Zöpfe abgeschnitten«, Trümmer des Alten beseitigt, neue Ideen geboren werden, und das wird sicher nicht ohne Unruhe und Störungen ablaufen.

Ich denke, Gorbatschows Ausführungen sind in ausgezeichneter Weise dazu geeignet, die planetare Symbolik der Gegenwart zu erklären, auch wenn er wahrscheinlich nicht daran dachte, eine Erklärung für kosmische Rhythmen zu finden.

5. Uranus in Steinbock 1904/1905: Einsteins Relativitätstheorie Eine neue Schau in die Welt

Kehren wir nochmals zum Eintritt des Uranus in das Zeichen Steinbock am 20. Dezember 1904 zurück, wobei auch die Position anderer Langsamläufer nicht vernachlässigt werden sollte, wie zum Beispiel Pluto im Zeichen Zwillinge. An dieser Stelle sollen einige Bemerkungen zu der oben zitierten Angabe über die Veröffentlichung von Einsteins Relativitäts-Theorie angefügt werden.

1905 wurde Einsteins *Spezielle Relativitätstheorie* (Elektrodynamik bewegter Körper) veröffentlicht. Die entscheidende Idee der *Allgemeinen Relativitätstheorie* erfolgte 1911 (»Einfluß der Schwerkraft auf die Ausbreitung des Lichtes«). 1913 erschien der *Entwurf einer Verallgemeinerten Relativitätstheorie und eine Theorie der Gravitation*, zusammen mit Marcel Großmann. Wer sich nicht ausführlich mit Einsteins Arbeiten zur Theoretischen Physik beschäftigt hat, kann schwer einschätzen, was sie für unser Weltbild bedeutet. Deshalb seien einige kompetente Stimmen zitiert, die der Arbeit von Einstein Gewicht geben können (31):

Der Physiker Max Born:
»Die Leistung der Einsteinschen Theorie ist ... die Relativierung und

46

Objektivierung der Begriffe von Raum und Zeit. Sie krönt heute das Gebäude des naturwissenschaftlichen Weltbildes.«
(Aus der Einleitung zu *Die Relativitätstheorie Einsteins* 1921).

Der Physiker Max Planck:
»Ihre Bedeutung erstreckt sich auf alle Vorgänge der kleinen und großen Natur, von den radioaktiven, Wellen und Korpuskeln ausstrahlenden Atomen angefangen bis zu den Bewegungen der Millionen von Lichtjahren entfernten Himmelskörper.«
(Aus *Das Weltbild der neuen Physik*. Leipzig 1947).

Der Philosoph Gaston Bachelard:
»Die philosophischen Antriebe der Einsteinschen Revolution könnten im Vergleich zu den philosophischen Metaphern der kopernikanischen Wende in ganz anderer Weise wirksam werden, wenn die Philosophen nur bereit wären, alle in der Relativitätswissenschaft enthaltenen Lehren zu ziehen. Eine systematische Revolution der Grundbegriffe beginnt mit der Einsteinschen Wissenschaft... In der Wissenschaft vollzieht sich nun das, was Nietzsche eine ›Umwertung der Begriffe‹ genannt hat.«
(Aus *Albert Einstein als Philosoph und Naturforscher*. Stuttgart 1951).

Wie sehr die Erkenntnisse von Einstein das naturwissenschaftliche Weltbild, aber auch die Stellung des Menschen in der Welt beeinflußt haben, zeigt sich auch in dem Werk des Philosophen Jean Gebser, *Abendländische Wandlung* (32). Darin schrieb er:

»Das Neue, das Revolutionierende, dasjenige, das den Grundcharakter aller heutigen wissenschaftlichen Ergebnisse ausmacht, ist nun die Tatsache, daß seit Einstein in die räumliche Weltanschauung die Zeit hereingenommen wurde. Sie wurde zu der berühmten und schwer verständlichen vierten Dimension. Dies war der Anfang. Was aber wichtiger ist: Die konsequente Weiterführung dieses Gedankens bringt eine Sprengung, und nicht nur eine Sprengung, sondern eine Überwindung des Zeitbegriffs mit sich. Und weiter: Da erst einmal wissenschaftlich eines der altehrwürdigen Gegensatzpaare (Zeit und Raum) vereinigt und damit aufgelöst worden war, begannen auch alle anderen Gegensätze sich in ein neues Verhältnis zueinander zu bringen.

Halten wir jedoch die Leitidee fest, jene, die allen Folgerungen und Erforschungen auf den verschiedensten Wissensgebieten gemeinsam ist. Mir scheint, diese vielleicht unbewußte Leitidee läßt sich in zwei Worten zusammenfassen: Es ist die Überwindung des Zeitbegriffs!

So, wie um das Jahr 1500 der europäische Mensch sein Weltbild durch die Überwindung des Raumbegriffs erweiterte und damit eine ganz neue Epoche einleitete, in demselben Maße begann um das Jahr 1900 zufolge der Überwindung des Zeitbegriffs eine vollständige, tiefgreifende Umwandlung und Umgestaltung innerhalb der abendländischen Kultur, die noch lange nicht abgeschlossen ist, deren Zeugen wir sind und unter deren Folgen wir vorerst alle zu leiden haben.«

Wenn der seinerzeitige Eintritt des Uranus in das Zeichen Steinbock eine weltweite Phase des Umbruchs mit sich gebracht haben sollte – sicher auch noch mit einigen anderen planetaren Rhythmen verbunden –, so wird es sich lohnen, den Blick noch etwas differenzierter in unsere Vergangenheit zu lenken. Wir könnten sagen, daß wir es bei unserer Rückschau auf das Jahr 1904 und die folgenden Jahre, in denen ja der Uranus durch das Zeichen Steinbock lief, bewenden lassen. Aber gehen wir doch noch ein Stück weiter zurück. Wenn wir den Uranus-Rhythmus zurückverfolgen und uns fragen, wann denn der Uranus vor 1904 im Zeichen Steinbock stand, dann stoßen wir auf die Jahreswende 1820/1821. Informieren wir uns einmal über diese Zeit und blättern nochmals in der schon zitierten amerikanischen Enzyklopädie (33):

»Von 1825 an erwies sich das Gaslicht in den Straßen der Großstädte als effektiv, und bald wurde es in den Haushalten zur zusätzlichen Beleuchtung gegenüber Kerzen und Öllampen... Über Kanäle und ausgebaute Straßen wurden Menschen und Waren schneller und weiter transportiert...

Die größte Energie, um Entfernungen zu überwinden, war die Dampfkraft geworden. Das in New York gebaute Schiff ›Savannah‹ überquerte 1819 innerhalb von fünfundzwanzig Tagen den Atlantik...

Die Geschichte der Eisenbahnen wurde vorwiegend eine amerikanische Geschichte. George Stephensons ›Rakete‹ (1829) und die Fertigstellung der Strecke Liverpool–Manchester (1830) lagen zeitlich nur kurz vor Peter Coopers ›Thom Thumb‹ und dem Ausbau der Strecken von Baltimore und Ohio (1830–1831)...

1820 forderten Aufständische in Spanien und in Neapel Verfassungen, wurden jedoch mit Waffengewalt niedergeschlagen...

1830, als die Franzosen Charles X. durch Louis Philippe ersetzten, erreichten sie einige Reformen; die Belgier hatten 1831 mehr Glück, als sie eine Verfassung für ihr neues Königreich erhielten. Das ›große Jahr der Revolutionen‹ war dagegen erst 1848...

Weiter östlich regierten die Zaren weiter, während Revolutionäre aufstanden und fielen... (1825), Aufstände in Polen (1830–1831)...

Gesetzliche Reformen, vor allem in England, veränderten das Leben von Sklaven, Frauen und Kriminellen. Der Kampf gegen die Sklaverei, vor allem von William Wilberforce geführt, erhielt starke Unterstützung aus dem Volk. Das führte dazu, daß 1833 durch Gesetz alle Sklaven innerhalb des Britischen Empire frei wurden...

Ein sehr positiver Beitrag zu religiösen Fragen war die Entwicklung einer modernen Theologie durch Gedanken, die Friedrich Schleiermacher in seinem Buch *Christlicher Glaube* (1821–1822) vortrug...

Daniel Webster ruft nach Freiheit und Gemeinsamkeit, jetzt und für immer (1830)...

1824 wird Beethovens IX. Symphonie erstmals aufgeführt...«

Die Beleuchtung, die weitere Eroberung des Landes und der Meere, die zunehmende Beweglichkeit der Menschen, das Fahren, Wandern, Reisen, Siedeln und Arbeiten in unbekannter Landschaft, die Gedanken der Freiheit, der Unabhängigkeit und der Emanzipation, das alles zeichnet die Jahre um 1824 und danach aus. Noch etwas kommt hinzu: Die Musik. Vor einigen Jahren stieß ich auf das Buch *Musik – ihr geheimer Einfluß durch die Jahrhunderte* (34) aus der Feder des englischen Komponisten und Dirigenten Cyril Scott (1879–1971). Scott schrieb in seinem außergewöhnlich faszinierenden Buch unter anderem,

»...daß jede spezifische Gattung von Musik einen deutlichen Einfluß auf Geschichte, Ethik und Kultur ausgeübt hat und daß die Musik – wie erschreckend diese Aussage für den Strenggläubigen auch klingen mag – eine stärker wirksame Kraft bei der Charakterbildung als religiöse Glaubensbekenntnisse, moralische Vorschriften oder Sittenlehren ist; denn obwohl die letzteren aufzeigen, daß bestimmte Qualitäten erstrebenswert sind, so werden diese doch leichter mit Hilfe der Musik erworben.« (35)

Scott erwähnt an anderer Stelle (36), daß Herrscher und sonstige führende Köpfe in der Geschichte »fast immer in Verbindung zu irgendeiner Form von Musik gestanden haben; Könige, Herzöge, Päpste und Fürsten hatten ihre ›Hofmusiker‹, Feudalherren und Barone ihre Barden, während die breite Masse zumindest ihre Volksmusik hatte.« Für unser Thema der kosmo-biologischen Beziehungen ist ein anderer Hinweis aufschlußreich, in dem Scott formuliert:

»Stets ist auf eine Neuerung im musikalischen Stil eine Neuerung in Politik und Ethik gefolgt...« (37)

Oben wurde schon erwähnt, daß 1824 erstmals die IX. Symphonie von Beethoven mit dem Schlußchor »Freude, schöner Götterfunken...« aufgeführt wurde. Beethoven brach unter anderem deshalb mit der bisherigen musikalischen Tradition, als er es sich in Werken mit Vier-Viertel-Takt erlaubte, nicht nur die übliche Betonung auf das erste und dritte Viertel zu setzen, sondern auch auf das zweite und vierte Viertel. Gegenüber der bisherigen Tradition in der Musik war das wie eine Revolution! Man denke im Gegensatz dazu an den strengen polyphonen Satz in den Werken von Johann Sebastian Bach! Darüber hinaus mag interessant sein, daß vor und nach 1824 neue Formen der Komposition entstanden, vor allem durch Komponisten, die der Romantik zugerechnet werden. Denken wir dabei an Namen wie Carl Maria von Weber, Giacomo Rossini, Franz Schubert, Johann Strauß Vater und Sohn, Frédéric Chopin, Robert Schumann, Franz Liszt.

Wer sich die Musik dieser Komponisten anhört, wird sich emotional mehr angesprochen fühlen als beispielsweise durch die Barockmusik. Starre Regeln und Formen der bisherigen Musik wurden verlassen; die Komponisten wurden offener gegenüber der Gefühlswelt und der Irrationalität. Das gilt in besonderer Weise für Robert Schumann, den »Tondichter« und Schöpfer der *Kinderszenen* und der *Träumerei*.

Wir wollen uns dabei erinnern, daß Uranus zum Durchlaufen des ganzen Tierkreises rund vierundachtzig Jahre benötigt, im allgemeinen ungefähr sieben Jahre lang in einem Zeichen bleibt. In etwas mehr als sieben Jahren hat der Planet Saturn übrigens den dreifachen Weg des Uranus zurückgelegt. Nachdem er rund neunundzwanzig Jahre braucht, um alle Tierkreiszeichen zu durchwandern, hält er sich in einem Tierkreiszeichen demnach nur rund zweieinhalb Jahre auf.

Die Uranusqualität wirkt, dem vorstehenden Beispiel entsprechend, rund sieben bis acht Jahre, je nach dem Charakter des Tierkreiszeichens, in dem er sich befindet. Man kann nicht davon sprechen, daß Entwicklungen auf den Tag genau beginnen und enden; vielmehr gibt es fließende Übergänge. So hatte auch Reinhold Ebertin bei seinen Untersuchungen zu Revolutionsperioden unter Uranus-Pluto-Konstellationen festgestellt, daß solche Phasen schon vor der exakten Fälligkeit anliefen und bei der endgültigen Aspektierung zum Abschluß kamen (38).

Nachdem wir Zeitgenossen der Uranusbewegung durch das Zeichen Steinbock sein werden, wird es uns in den nächsten Jahren möglich sein, ein Gefühl für die kommenden Entwicklungen zu bekommen, zumal wir täglich nicht nur über das Geschehen bei uns, sondern auch in anderen Ländern und Kontinenten informiert werden. Neben allen weltpolitischen Vorgängen wollen wir dabei bedenken, daß sich gerade in den letzten Jahren eine neue Art von Musik entwickelt hat, für die der Begriff »New Age-Musik« eingeführt wurde, eine Musik, die nicht nur als angenehm und entspannend erlebt wird, sondern auch einen Zugang in die tiefsten Schichten unserer Seele ermöglicht, so daß sie als Meditationsmusik angesehen und erlebt wird. Sie kann sogar helfen, frühere Inkarnationen nacherleben zu lassen.

Wir wollen nicht übersehen, daß wir nur einen Planeten in einem Tierkreiszeichen herausgegriffen haben. In Wirklichkeit ist es so, daß gegenwärtig und in den folgenden Jahren drei langsam laufende Planeten durch das Zeichen Steinbock wandern, Saturn, Uranus und Neptun. Hinzu kommen die Bewegung des Planeten Pluto durch das Zeichen Skorpion und des Planeten Jupiter durch die Zeichen Stier, Zwillinge und Krebs, ferner die Winkelbeziehungen der einzelnen Planeten zueinander. Aber an einer Stelle müssen wir unseren Weg beginnen, und da fiel die Entscheidung auf Uranus auf seiner Wanderung durch das Zeichen Steinbock.

Wir könnten noch den Lauf des Planeten Neptun durch das Zeichen Steinbock während der letzten Jahrhunderte verfolgen. Neptun braucht knapp 165 Jahre, um durch den Tierkreis zu wandern. Das bedeutet, daß er im zwanzigsten Jahrhundert das Zeichen Steinbock erst in den letzten Jahren erreichte. Davor befand er sich in diesem Zeichen um das Jahr 1830. Die Neptunqualität dürfte sich seinerzeit unter anderem so ausgewirkt haben, daß die Menschen empfindsamer wurden und aus bisher gewohnten konservativen Verhaltensweisen flüchten wollten.

6. Der Uranus-Pluto-Zyklus im zwanzigsten Jahrhundert

Wenn wir in unserer Erinnerung einige Jahre zurückgehen, dann ist es für uns naheliegend, das Zusammenspiel der zwei schon erwähnten langsam laufenden Planeten Uranus und Pluto zu untersuchen. Zwischen März 1986 und Dezember 1987 bildeten diese zwei Planeten viermal ein Halbquadrat zueinander. Wir wollen zurückverfolgen, wann Uranus-Pluto-Konstellationen innerhalb des zwanzigsten Jahrhunderts auftraten und welche Zusammenhänge sich daraus für das Leben auf der Erde ableiten lassen. Nachdem Ereignisse im allgemeinen mit harten Winkeln – Konjunktion, Halbquadrat, Quadrat, Anderthalbquadrat, Opposition – verbunden sind, werden diese Aspekte zwischen Uranus und Pluto in einer Übersicht zusammengefaßt und anschließend mit dem Geschehen auf der Erde verglichen.

Für den Pluto wurden in den letzten Jahrzehnten ebenfalls eine Reihe von Schlüsselworten entwickelt. Wir wollen sie deshalb vorstellen, bevor wir die Übersicht über die Uranus-Pluto-Konstellationen vorlegen.

Pluto-Bewegungen durch den Tierkreis
im zwanzigsten Jahrhundert

Tierkreiszeichen	Planet Pluto	Kombination
Zwillinge Beweglichkeit, Vielfalt, Variation, Lehren und Lernen, Kommunikation (ab 1885)	Langfristig ablaufende Entwicklungsprozesse. Die Masse, das Kollektiv, die Staatsgewalt, die »Höhere Gewalt«.	International und in großem Maßstab ablaufende Entwicklungen. Weltweite Kontakte, Informationen; Massenkommunikation.
Krebs Geborgenheit, Reifung, Schutz, Familie, Heimat (ab 1914)		Die Vielzahl der Familien. Gravierende Veränderungen in den Völkerfamilien. Die ›Höhere Gewalt‹ in der Familie.

Tierkreiszeichen	Planet Pluto	Kombination
Löwe Öffnung, Darstellung, Anspruch, Räumlichkeit (ab 1938)	Gleiche Deutung wie oben	Das Ansteigen der Ansprüche vieler Menschen, die Suche nach Prestige-Objekten, Wohlstand, mehr Raum. Der Kampf um die Vormacht
Jungfrau Sammlung, Ernte, Ordnung, Verwendung (ab 1957)		Kollektive Ordnungssysteme, Informatik, Computerzeitalter, Die kollektive Verwaltung
Waage Einklang, Ausgleich, Vorläufigkeit, Unentschiedenheit (ab (1971)		Weltweites Streben nach sozialer und machtpolitischer Ausgeglichenheit. Sozialstaaten
Skorpion Vertiefung, Durchdringung, Verarbeitung, Eigenschöpfung (ab 1983)		Streben nach Überwindung bestehender Lebensformen, höheres Maß an Eigeninitiative vieler Menschen
Schütze Ideal, »Höhere Macht«, Humanität, »die gute Sache« (ab 1995)		Weltweites Aufbrechen humanistischer Ideen. Neue Ideale, Ideologien, Religionen

Nachdem jetzt eine Reihe von Schlüsselworten vorgestellt wurde, können wir einen Schritt weiter gehen. Nachfolgend eine Übersicht über die Uranus-Pluto-Konstellationen im 20. Jahrhundert. Sie umfaßt die Zeiten und die jeweiligen Aspekte, wie sie sich in einem Kosmogramm darstellen würden. Danach werden wir uns über deren Bedeutung Gedanken machen.

Die Weltkonstellationen Uranus-Pluto
im zwanzigsten Jahrhundert

Uranus/Schütze
Januar 1901–November 1902
Aspekt –180–
Pluto/Zwillinge

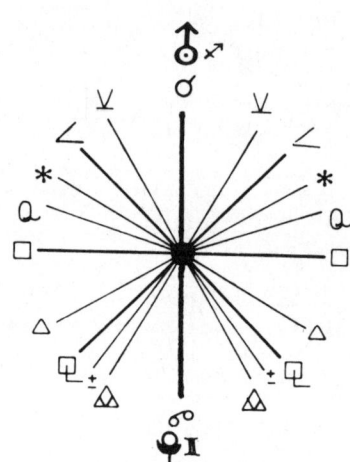

Abb. 12

Uranus/Wassermann
Mai 1915–November 1917
Aspekt –135–
Pluto/Krebs

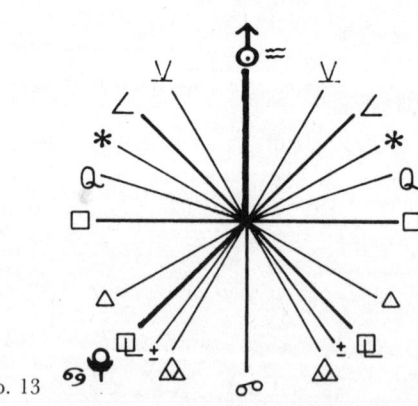

Abb. 13

54

Uranus/Widder
April 1932–Januar 1934
Aspekt –90–
Pluto/Krebs

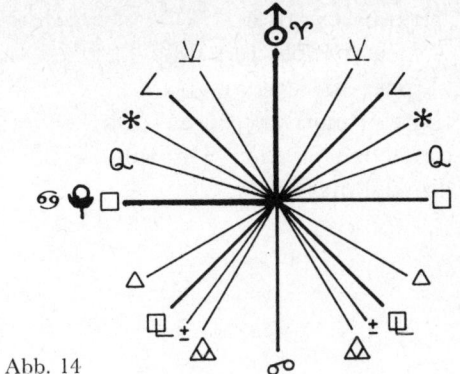

Abb. 14

Uranus/Stier
April 1938 – März 1939
Aspekt –45–
Pluto/Krebs

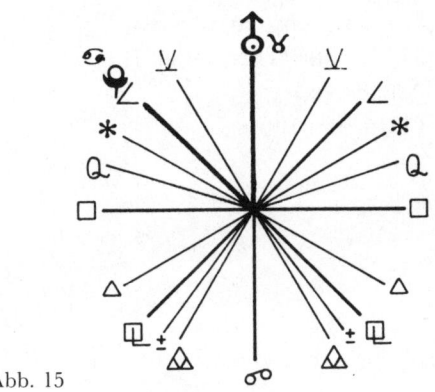

Abb. 15

Uranus/Zwillinge
September 1948 nur auf 16′ exakt,
Mai 1949–März 1950
Aspekt –45–
Pluto/Löwe

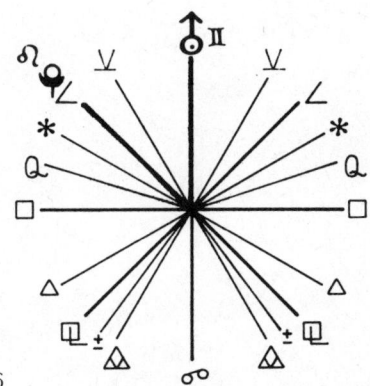

Abb. 16

55

Uranus/Jungfrau
Oktober 1965–Juli 1966
Aspekt –0–
Pluto/Jungfrau

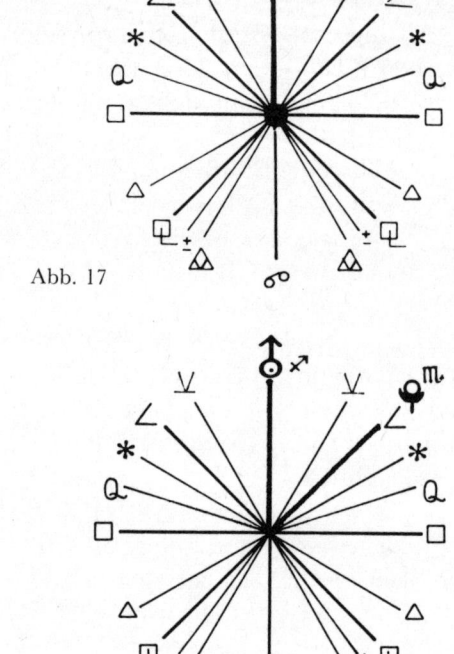

Abb. 17

Uranus/Schütze
März 1986–Dezember 1987
Aspekt –45–
Pluto/Skorpion

Abb. 18

56

7. Gedanken zum Verständnis der Uranus-Pluto-Konstellationen

Als die Opposition von Uranus im Zeichen Schütze und Pluto im Zeichen Zwillinge in den Jahren 1901/1902 fällig war, konnte man auf der Erde folgende Entwicklungen verzeichnen:

Weltweites Streben nach Freiheit, Unabhängigkeit, internationaler Information und Kommunikation. Zunehmender Einsatz von Telefon, Radio, Überseekabel. Ansteigender Welthandel. Hinzu kamen in der westlichen Welt intensive Verstädterung und Bevölkerungswachstum.

In den Jahren 1915 bis 1917 stand der Uranus im Zeichen Wassermann und bildete ein Anderthalbquadrat, einen Winkel von 135°, zu Pluto im Zeichen Krebs. Das war die Zeit des Ersten Weltkriegs sowie der russischen Revolution. Man kann diese Konstellation in den beiden Tierkreiszeichen wie folgt interpretieren:

Neue und zukunftsweisende Ideen und Gedanken beeinflussen die Völker und deren Familien. In die heimatliche Geborgenheit kann ein hohes Maß an Unruhe hineingetragen werden. Kollektivstörungen.

1932 bis 1934 stand der Uranus im Zeichen Widder und bildete ein Quadrat, einen Winkel von 90°, zu Pluto in Krebs. Es bestanden noch die Nachwirkungen vom Ersten Weltkrieg, der Weltwirtschaftskrise 1929 mit dem »Schwarzen Freitag« vom 24. Oktober 1929. Bei uns in Deutschland waren die Jahre 1932 bis 1934 vor allem durch die zunehmende Gewalt im Dritten Reich gekennzeichnet. Die kosmische Sprache dieser Konstellation kann man übersetzen als:

Starke Antriebe, Impulse, Initiativen bis hin zu unüberlegten Aggressionen tragen ein hohes Maß an Belastung, Unruhe, Ungeborgenheit in die Familien der Völker hinein.

In den Monaten vor Beginn des Zweiten Weltkriegs, 1938/1939, erlebten wir den Uranus im Zeichen Stier im Halbquadrat zu Pluto, der sich noch im Zeichen Krebs befand. Besitz, Lebensfreude, Geselligkeit wurden durch die Kriegsvorbereitungen und den Krieg selbst in außerordentlichem Maße gestört. Die kosmische Sprache dieser Konstellation kann lauten:

Beunruhigende Veränderungen in den Besitzverhältnissen. Aufgescheucht werden, seine Ruhe, Geselligkeit, Nachbarschaft verlieren, Bodenständigkeit aufgeben müssen.

In der Zeit nach dem Zweiten Weltkrieg ergab sich wieder eine Uranus-Pluto-Konstellation. Uranus im Zeichen Zwillinge bildete in den Jahren 1948 bis 1950 wieder ein Halbquadrat zu Pluto, jetzt im Zeichen Löwe. Wenn wir uns in der Welt umschauen, stellen wir fest, daß in den Jahren 1946 bis 1948 die Länder Polen, Tschechoslowakei, Ungarn, Rumänien und Bulgarien zunehmend zu sowjetischen Satelliten wurden. Die Sowjetunion selbst wurde Großmacht mit einer bisher nicht gekannten Ausdehnung nach Westen. Zwischen 1947 und 1949 wurden Indien, Pakistan, Burma, Ceylon und Indonesien unabhängig. 1949 gewannen die kommunistischen Chinesen die Kontrolle über ganz China. Die Bundesrepublik Deutschland und die Deutsche Demokratische Republik wurden 1955 gegründet. Die Russen testeten die von ihnen entwickelte Atombombe, und die Nordatlantische Verteidigungsgemeinschaft wurde aufgebaut.

Denken wir wieder daran, die kosmische Sprache von Uranus im Zeichen Zwillinge im Halbquadrat zu Pluto im Zeichen Löwe in unsere Realität auf der Erde zu übersetzen:

Vieles auf einmal tun und dabei zeigen wollen, wer man ist und was man kann. Anstöße zur weltweiten Kommunikation geben. Prestigeerhöhende Akzente setzen. Vormacht gewinnen wollen, außergewöhnliche Energien freisetzen. Freiheitsdrang.

Uranus erreichte in den Jahren 1965/1966 die Position des Tierkreiszeichens, in dem Pluto stand. Erstmals in diesem Jahrhundert war die Konjunktion dieser beiden Planeten im Zeichen Jungfrau erreicht. In dieser Zeit war zu erwarten, daß Unruhe entstand, die sich störend auf geordnete Verhältnisse und vielleicht sogar alles, was mit dem Informieren, Sammeln und Ernten zu tun hat, auswirken konnte.

Es ist zu vermuten, daß die Konjunktion von Uranus und Pluto im

Zeichen Jungfrau schon ein Jahr bis zwei Jahre vor ihrer Fälligkeit Auswirkungen zeigte. Schließlich wurde die bisherige Weltordnung insofern gesprengt, als 1961 der erste Mensch, ein sowjetischer Astronaut, in einer Weltraumkapsel die Erde umkreiste. Der UN-Generalsekretär Dag Hammarskjöld kam durch einen Flugzeugunfall ums Leben. 1962 umkreiste der erste amerikanische Astronaut die Erde. Algerien wurde nach einem über siebenjährigen unerbittlichen Krieg unabhängig. Die Russen zogen ihre für Cuba bestimmten Raketen zurück, womit möglicherweise eine amerikanisch-sowjetische kriegerische Konfrontation vermieden wurde. Das Zweite Vatikanische Konzil wurde in Rom eröffnet. Schließlich überschritten chinesische Truppen die indische Grenze.

1963 unterschrieben die USA, die Sowjetunion und Großbritannien den Vertrag zur Begrenzung der Atomwaffen, der nachfolgend von mehr als einhundert Staaten unterzeichnet wurde. Am 22. November 1963 wurde Präsident Kennedy ermordet. Von 1964 an verstärkte sich der Guerillakrieg in Vietnam, und 1965 engagierten sich die USA noch mehr in dem zunehmend aussichtsloser gewordenen Vietnamkrieg. Die Ernten wurden zerstört, die Wälder mit Pflanzengiften entlaubt.

Gehen wir in unserer Aufzählung noch etwas weiter, dann erinnern wir uns, daß die Israelis im Sechs-Tage-Krieg gegen die arabischen Staaten Territorien in Ägypten, Jordanien und Syrien eroberten und besetzten. 1968 wurden Martin Luther King und Robert Kennedy in den USA ermordet. Weltweit kam es Mitte der sechziger Jahre und danach zu Unruhen unter den Studenten, in der Bundesrepublik Deutschland ebenso wie in Frankreich, Großbritannien und den USA.

Aber nicht nur kriegerische Auseinandersetzungen und Unruhen unter den Menschen spielten eine Rolle; vielmehr gewann die Computertechnik in den sechziger Jahren zunehmend an Boden, vor allem auch durch das immer größer werdende Angebot an Personalcomputern für jedermann. Das Zeichen Jungfrau wird auch gern mit dem Sammeln von Informationen und dem Lernen in Beziehung gebracht. Uranus Konjunktion Pluto im Zeichen Jungfrau kann deswegen auch übersetzt werden mit neuen Anstößen zum Lernen für eine Vielzahl von Menschen.

Wir kommen in die Jahre 1986/1987, als Uranus im Zeichen Schütze das Halbquadrat zu Pluto im Zeichen Skorpion erreichte. Erinnern wir uns daran, daß in der oben schon besprochenen Zeit 1901/1902 der Uranus ebenso im Zeichen Schütze stand wie 1986/1987. So konnte in den letzten Jahren erwartet werden, daß, dem Zeichen Schütze entsprechend, neue humanitäre Ideen auftauchen, die Gedanken an Freiheit, Unabhängigkeit und Selbständigkeit mit sich bringen. Die Vorgänge in der Sowjetunion und in den baltischen Staaten sowie in dem Vielvölkerstaat Jugoslawien sprechen deutlich dafür, daß in den Völkern eine zunehmende Sehnsucht nach Selbstverantwortung und Freiheit entsteht. 1985 wurde Michail Gorbatschow zum Generalsekretär der KPdSU gewählt, und es ist in der Tat erstaunlich, was er inzwischen an Denkanstößen setzen konnte.

In diesem Zusammenhang sei auch an die Entwicklung der »künstlichen Intelligenz« erinnert, einem Zweig der Computerwissenschaft (Informatik). Es geht dabei um die Erforschung menschlicher Denkstrukturen und die Simulation menschlicher Intelligenz. So wurde beispielsweise im Juli 1988 in Kaiserslautern und Saarbrücken das »Deutsche Forschungszentrum für Künstliche Intelligenz« eingerichtet (39). Die Bürokommunikation hat in den letzten Jahren außergewöhnliche Fortschritte gemacht. Seit 1986 gibt es den Biochip aus künstlich hergestellten Proteinen (Eiweißstoffen), dessen Kapazität wesentlich höher sein soll als die bisherigen Siliziumchips. Im Juni 1988 stellte die Firma Siemens als erstes nicht-japanisches Unternehmen das Muster eines Vier-Megabit-Chips mit einer Speicherkapazität von 250 bis 300 Schreibmaschinenseiten vor (40). Da wir schon bei den Computern sind: Der »Schwarze Montag« vom 19. Oktober 1987 entstand großenteils durch spekulativen Zwecken dienende Computerprogramme, die zu immer schneller wirkenden Kursstürzen führten, bis die Börsen vorzeitig geschlossen werden mußten.

Als Fazit aus den oben erwähnten Fakten können wir sagen, daß unter Uranus-Pluto-Konstellationen außergewöhnliche und weitreichende Ereignisse auftraten, die eine Vielzahl von Menschen, auch international, betrafen. So mag beim Leser ein Gefühl dafür entstehen, daß sich planetare Konstellationen kollektiv spiegeln. Nun wollen wir Stück für Stück weiter in das kosmobiologische Wissensgebiet eindringen.

Kapitel 3

Kosmos – Bios – Mensch

1. Die Natur- und Geisteswissenschaften

Eingangs haben wir uns mit dem uralten Wissen der Astrologie befaßt und den kosmobiologischen Ansatz besprochen. Wir schritten fort mit einem Blick auf die planetaren Konstellationen der Gegenwart und Vergangenheit dieses und des letzten Jahrhunderts und suchten uns sensibel zu machen für die mögliche Bedeutung der Gestirnbewegungen durch den Tierkreis. Wir besprachen schon, daß die Kosmobiologie sowohl mit den Geisteswissenschaften als auch mit den Naturwissenschaften verbunden ist; mit den Naturwissenschaften insofern, als die Kosmobiologie einen Teil ihrer Grundlagen aus Astronomie und Mathematik bezieht: Tierkreis, Ekliptik, Längen, Breiten, Deklinationen der Gestirne, Umlaufzeiten der Planeten, Ephemeriden mit den Positionen der Gestirne, Tabellenwerke mit geographischen Längen und Breiten der Geburtsorte; mit den Geisteswissenschaften insofern, als Charakter, Lebensgeschichte, Lebensphilosophie und Schicksal, individuelle Entwicklungsphasen als Gegenstand der Betrachtung, Beurteilung, Lebens- und Entscheidungshilfe anzusehen sind.

In die aspektaren Verflechtungen in einem Geburtsbild oder Kosmogramm fließen geisteswissenschaftliche Überlegungen ein und konzentrieren sich in der Symbolsprache. Die Naturwissenschaften dienen dazu, die kosmobiologischen Zusammenhänge zu erfassen; die Geisteswissenschaften ermöglichen Verständnis und Zusammenschau.

2. Der kosmische Faktor

Nach kosmobiologischer Auffassung können wir von einem »kosmischen Faktor« sprechen, der neben anderen Faktoren Mensch und Natur wesentlich *mit*prägt. Einer der führenden Pioniere für die Weiterentwicklung der Astrologie zur Kosmobiologie war Reinhold Ebertin (verstorben

1988). In einem grundlegenden Beitrag im *Kosmobiologischen Jahrbuch 1939* (41) schrieb er unter anderem:

»Alles Geschehen im Kosmos, auf der Erde und im Menschenleben kann nur dann richtig erkannt und beurteilt werden, wenn von der *Einheit und Ganzheit* der Natur ausgegangen wird, wenn eine Gesamt- oder Zusammenschau die *Grundlage der Erkenntnis* bildet . . .

Das ursprüngliche Sternweistum, das Wissenschaft und Religion zu einer Einheit verschmolz, hatte mit der späteren Sterndeutung nichts gemeinsam, sondern ihm entsprach ein universales Wissen von den vielseitigen Zusammenhängen zwischen Kosmos, Erde und Mensch. Aber diese Erkenntnis mußte immer mehr verlorengehen, je mehr der Mensch die Sterndeutung dazu benutzte, um Glück oder Unglück voraussehen zu wollen. Abgesehen von ganz wenigen überragenden Persönlichkeiten wie Parazelsus oder Kepler, die die ›Harmonie der Welt‹ klar erkannten, für die Astrologie und Religion *ein* Begriff waren, wurden die großen Zusammenhänge immer mehr aus den Augen verloren, bis man sich schließlich in dem Irrtum befand, aus dem Horoskop alles herauslesen und die Welt nur von seinem eigenen Horoskop aus betrachten zu wollen, anstatt sich als ein Glied des Ganzen zu fühlen . . .

Eine ganz falsche Erkenntnis, die im materialistischen Zeitalter besonders genährt wurde, führte zu der Annahme, daß der Einfluß der Gestirne als Ursache für alles Geschehen in der Welt wie im Menschenleben angesehen wurde . . .

Das Bestreben, einen ursächlichen Zusammenhang zwischen den Gestirnen und den Menschen zu konstruieren, äußerte sich schließlich darin, daß man bestimmten Konstellationen eindeutige Regeln gleichsetzte. Man kann nicht sagen, daß ein Mensch heiratet oder stirbt, wenn diese oder jene Konstellation fällig ist, denn die eine Konstellation ist nicht die Ursache der Heirat oder des Todes; die Ursachen hierzu liegen ganz woanders. *Der Gestirneinfluß ist höchstens ein Faktor von vielen* . . .

Wenn zum Beispiel eine Heirat zustande kommen soll, muß der betreffende Mensch ein gewisses Alter erreicht haben, er muß eine Existenz nachweisen können, er muß gesund sein, muß die Möglichkeit zu Verbindungen mit dem anderen Geschlecht haben, er muß eine Neigung verspüren, er muß auch lieben und wieder geliebt werden; und dann kann sich schließlich ein Zustand ergeben, der auch einer bestimmten Gestirnkonstellation entspricht und zur Ehe führt...«

Reinhold Ebertin beschäftigte sich auch mit damals erschienenen Schriften, die den kosmobiologischen Standpunkt ergänzten; dazu gehörten zum Beispiel das hochinteressante Buch von Professor Hellpach *Geopsyche* (42), der Artikel des Astronomen Bruno H. Bürgel *Astrologie und Höhenstrahlung* (43), das Werk von André Missenard *Der Mensch und seine klimatische Umwelt* (44).

Der Begriff »kosmischer Faktor« wurde von meinem Vater, Reinhold Ebertin, und mir 1955 in unseren beiden Büchern *Die kosmischen Grundlagen unseres Lebens* (45) eingeführt. Wir schrieben seinerzeit, daß die Kosmobiologie »einen kosmischen Faktor anerkennt, der *mit*bestimmend für die Wesensstruktur und die Entwicklungsmöglichkeiten ist, aber auch andere Bildekräfte anerkennt«. Genannt wurden Erbmasse, Elternhaus, Umwelt, Klima, Landschaft, Wetter. Seinerzeit war man in Fachkreisen durchaus noch der Meinung, daß man aus dem Geburtsbild »alles« erkennen könne, sogar das Geschlecht des Horoskopeigners. Wir standen mit unserer Haltung deshalb damals noch ziemlich allein.

Heute dagegen wird der kosmobiologische Ansatz auch in anderen Fachrichtungen, die sich mit seriöser Astrologie beschäftigen, vertreten. Zu nennen sind zum Beispiel die *Revidierte Astrologie* von Thomas Ring, die *Astrologische Psychologie* von Bruno und Louise Huber, die *Psychologische Astrologie* von Bernd A. Mertz, die *Holistische Astrologie* von Noel Tyl, die *Esoterische Astrologie* von Thorwald Dethlefsen.

Wenn man die Kosmobiologie in die heilkundliche und psychotherapeutische Praxis einbezieht, wird dem Kosmobiologen zunehmend bewußt, in welch' hohem Maße zur Betrachtung des Geburtsbildes auch andere Wissensgebiete einbezogen werden müssen. Man kann sogar überrascht feststellen, daß die Aussagemöglichkeiten aus dem Geburtsbild begrenzt sind, wenn beispielsweise eine psychogene Intelligenzhemmung oder eine neurotische Charakter-Struktur vorliegen. In solchen und ähnlichen Fällen ist die seelisch-geistige Entwicklung eines Menschen so blockiert, daß die im Geburtsbild angelegten Begabungen nicht oder nur ungenügend gelebt und entfaltet werden können.

Aus dem Kosmogramm lassen sich nach meiner Auffassung mindestens zehn Persönlichkeitsbereiche herausarbeiten. In meiner *Kosmobiologischen Diagnostik* (46) werden deshalb folgende Aussagebereiche erfaßt: Konstitution, Ausdruck und Verhalten, Psychosomatik, Tiefenpsychologie, Intelligenz, Wille und Leistung, Emotionalität, Kommunikation, Erotik und Sexualität, Interessen und Beruf. In den Abbildungen 12, 13 und 14 wird dieser zehnteilige Grundraster gezeigt, wobei natürlich nicht aus jeder Konstellation alle zehn Dimensionen Aussagen erlauben.

So kann aus der Position des Merkur beispielsweise nichts über die Emotionalität, die Gefühlswelt, ausgesagt werden, dagegen über Ausdruck und Verhalten, die Art der Intelligenz, der Kommunikation. Differenzierter wird die Aussagemöglichkeit, wenn die Qualität des einen Faktors durch die eines anderen »gefärbt« wird oder sogar drei und mehr Faktoren sich zu einer Struktur zusammenfinden. Weitere Möglichkeiten ergeben sich aus der Dynamik der Gestirne, wenn, um beim Beispiel zu bleiben, der am gestirnten Himmel sich bewegende Planet Merkur auf irgendeinen Faktor des Kosmogramms zuläuft und damit eine bestimmte Anlage aus der Latenz hebt.

In diesem einführenden »ABC« werden Schlüsselworte verwendet, die noch konzentrierter sind als in der *Kosmobiologischen Diagnostik* und schneller zu ersten Erfolgen in der Deutung führen können. Wer intensiver in die Kosmobiologie eindringen will, wird sich wahrscheinlich veranlaßt sehen, sich der »Diagnostik« zuzuwenden, vor allem dann, wenn er tiefenpsychologisch und psychosomatisch interessiert ist.

3. Das Elternhaus

Es wird wohl keinem Zweifel unterliegen, daß die Eltern beziehungsweise Pflegeeltern einen großen Einfluß auf das Gedeihen eines Kindes haben. So schrieb F. Schottlaender in seinem Buch *Die Mutter als Schicksal* (47) unter anderem über das Mutter-Kind-Verhältnis:

>»Für das Kleinkind ist die Mutter die Welt. Erst im Spielalter beginnt allmählich die Außenwelt ihre Anziehungskraft auf das Kleinkind auszuüben, was nicht hindert, daß die Rückverbindung zur Mutter für das Kind noch lange Schutz, Halt und Sicherheit gewährleistet.
>Langjährige Beschäftigung mit Lebens-, Liebes- und Arbeitsschwierigkeiten bei Kindern und Erwachsenen erweist immer deutlicher, daß zwischen Mutter und Kind eine enge Beziehung besteht, daß Stimmungsschwankungen der Mutter, Schwierigkeiten ihres Seelenlebens

DER MERKUR IM TIERKREISZEICHEN WIDDER

Konstitution: Zentralnervensystem, Gehirn. Kopf- und Gesichtsnerven

Ausdruck und Verhalten: „Intellektueller", „Kopfmensch", Denkerstirn, klare Artikulation

Psychosomatik:

Tiefenpsychologie:

Intelligenz: Denkanstöße setzen, initiativ, umsichtig

Wille und Leistung:

Emotionalität:

Kommunikation: Als progressiv gelten, klare Zielvorstellungen geben; andere „vor den Kopf stoßen", laute Unterhaltungen

Erotik und Sexualität:

Interessen und Beruf: Geistig-intellektuelles Dominanzstreben, Planungsaufgaben

DER MERKUR IM TIERKREISZEICHEN STIER

Konstitution: Zentralnervensystem, verläng. Mark. Nerven f. Hals, Nase, Ohren, Rachen, Mandeln, Mundschleimhäute, Zunge, Speicheldrüsen, Schilddrüse

Ausdruck und Verhalten: Sonore Stimme, genußvoll schmatzen, gutes „Sitzfleisch"

Psychosomatik:

Tiefenpsychologie:

Intelligenz: Bedächtiges, ruhiges, ausdauerndes Denken, „Sicherheitsdenken"

Wille und Leistung:

Emotionalität:

Kommunikation: Freude an genußvoller Geselligkeit, sich nicht trennen können, Gesprächsthemen „auswalzen"

Erotik und Sexualität:

Interessen und Beruf: Hotel- und Gaststättengewerbe, Streben nach Grund und Boden, Maklertätigkeit

Abb. 12

65

Dynamischer Faktor: Merkur (T/Sbg/Pr)

Der dynamische Faktor wird zu den nachfolgenden Radixfaktoren in prognostischen Zusammenhang gebracht.

= **Sonne:** Seine Vitalität erkennen. Seine körperlichen Kräfte bewußt einsetzen.

= **Mond:** Seine Emotionalität erkennen und durchleuchten wollen. Intellektuellen Zugang zu seinen Gefühlen finden wollen.

= **Merkur:** Die Begegnung mit der eigenen Intelligenz und dem eigenen Denken. Sich seines Verstandes bewußt sein.

= **Venus:** Sich intellektuell mit seiner Erotik und Sexualität beschäftigen. Über seine Faszinationskraft nachdenken. Kunstverständnis.

= **Mars:** Verstandesgesteuerter Wille. Sprachlich orientierte Aufgaben finden.

= **Jupiter:** Bewußt programmierter Erfolg. Intellektuell gesteuerte Expansion.

= **Saturn:** Sich mit Tradition und/oder Konservativismus beschäftigen. Durch Nachdenken Widerstände überwinden wollen.

= **Uranus:** Seinen eigenen individuellen Lebensrhythmus erkennen. Startschüsse geben. Veränderungen, Reformen durchdenken.

= **Neptun:** Phantasie und Kreativität auf eine intellektuelle Stufe heben wollen. Intensives Traumleben. Bewußte Entspannung. Meditation.

= **Pluto:** Langfristig ablaufende Wandlungsphasen. Sich von kollektiven Normen lösen wollen.

= **Mondknoten:** Auf Mitmenschen, Gruppen, Gemeinschaften zugehen, Gedankenaustausch und Begegnung suchen.

= **Aszendent:** Steuerung der Persönlichkeit. Seinen Verstand gebrauchen.

= **Medium Coeli:** Sich über seine Motivationen und Ziele klar werden. Entscheidungen treffen.

DER ASPEKT MERKUR – MARS

Konstitution: Die Nerven der Muskulatur.

Ausdruck und Verhalten:

Psychosomatik:

Tiefenpsychologie:

Interessen und Beruf: Pointiert sprechen, treffend formulieren können.

Wille und Leistung: Durchdachter Einsatz, verstandeskontrollierte Arbeit.

Emotionalität:

Kommunikation: Kritisch und kritisierend, urteilend und verurteilend.

Erotik und Sexualität:

Interessen und Beruf: Sprachlehrer, Jurist. „Die Kunst der Sprache"

Abb. 13

Abb. 14

DREIERSTRUKTUREN

**Merkur–Mars–Jupiter
Mars–Jupiter–Merkur
Jupiter–Merkur–Mars**

Konstitution:	
Ausdruck und Verhalten:	Mit klarer Stimme sprechen.
Psychosomatik:	
Tiefenpsychologie:	Frühzeitige Förderung von Denken, Spiel, Wille und Leistung.
Intelligenz:	Sich auf Erfolg programmieren. Konstruktives Denken.
Wille und Leistung	Kaufmännisch geschickt vorgehen. Guten Gewinn machen wollen.
Emotionalität:	
Kommunikation:	Geschickt eingesetzter Wortschwall. Schwer ein Ende finden.
Erotik und Sexualität:	
Interessen und Beruf:	Kaufmännische Tätigkeiten. Export-Import-Geschäfte. Bankentätigkeit.

DREIERSTRUKTUREN

**Merkur–Mars–Saturn
Mars–Saturn–Merkur
Saturn–Merkur–Mars**

Konstitution:	
Ausdruck und Verhalten:	Mit gequetschter Stimme sprechen.
Psychosomatik:	Sprechängste können sich als Stottern oder Mutismus niederschlagen.
Tiefenpsychologie:	Verspätetes Sprechenlernen, retardierte Entwicklung.
Intelligenz:	Seinen Verstand unterschätzen. Sich schwerfällig ausdrücken. Sich zur Konzentration zwingen.
Wille und Leistung:	Sich in Kleinigkeiten verlieren. Sich auf geringe Effektivität „programmieren"
Emotionalität:	
Kommunikation:	„Sein Licht unter den Scheffel stellen." Wenig zu sagen haben. Traurige Themen bevorzugen.
Erotik und Sexualität:	
Interessen und Beruf:	Gebrauchtwarenhandel. Trödler. Tantologie (Fragen um den Tod).

67

in ähnlichem Sinne auf das Kind ausstrahlen, sein Gleichgewicht stören und beeinflussen können, als ob es geradezu körperlich mit der Mutter in Verbindung stünde.

Wenn erste seelische Erkrankungen in späteren Jahren ursächlich auf Schwierigkeiten und Störungen in der Mutter-Kind-Beziehung zurückgeführt werden können, so ergibt sich daraus die Last der Verantwortung der Mutter...

Der Glaube des Erwachsenen, daß die Welt gut ist, liebevoll, ermutigend, schützend, verlockend zu Tat und Abenteuer, zu Mut und Sieg, hängt sehr davon ab, wie dem Kind von einst die Persönlichkeit der Mutter erschien: ob sie kraftvoll, natürlich und gütig ins Leben schaute, dem Kind seine Daseinsberechtigung gewährte, sein Eigenleben bejahte, ihm Vertrauen und Zukunftsglauben schenkte. Wer in seiner Kindheit das Glück genossen hat, eine solche Mutter zu haben, wird den Schwierigkeiten und Anforderungen, die später an ihn herantreten, ganz anders gewachsen sein als jemand, der in der Begegnung mit dem ersten Menschen Dunkelheit und Freudlosigkeit antraf.«

Das Geburtsbild eines Menschen läßt Rückschlüsse auf die Mutter-Kind-Situation zu. Aspekte zwischen Mond oder Venus einerseits, Jupiter, Saturn, Uranus, Neptun oder Pluto andererseits können darauf schließen lassen, ob die Mutter liebevoll und zärtlich oder mehr kühl und zurückhaltend, nachgiebig oder fordernd erlebt wurde. Stets sollte man jedoch die Lebensgeschichte einer Person mit einbeziehen, bevor man sich zu weitreichenden Vermutungen verleiten läßt, denn die kosmische Symbolik ist vielschichtig, und deshalb kann im individuellen Fall mehr der eine oder andere Symbolgehalt stärker hervortreten oder auch ganz unterdrückt werden.

Je mehr ein Klient oder Patient über sich berichtet, desto stärker beginnt die im Kosmogramm erfaßte Symbolik der Gestirne und anderen Deutungsfaktoren zu leben und zur Selbsterkenntnis und Lebenshilfe beizutragen. Nicht nur die Mutter wirkt prägend auf Charakter und Schicksal des Kindes. Auch die Person des Vaters kann nicht hoch genug eingeschätzt werden. Beispiele dafür gibt C.G. Jung in seiner Schrift *Die Bedeutung des Vaters für das Schicksal des Einzelnen* (48). Der Vater wirkt im allgemeinen als die sich durchsetzende Person, die sich zu behaupten weiß, sich gegen andere Menschen abgrenzt und unerschütterlich gegenüber den Unbilden des Lebens dasteht.

Mitscherlich weist darauf hin, daß ein Kind den Vater bewundern, sich bei ihm geborgen fühlen, ihn fürchten, aber auch mißachten kann; aber es kann von ihm auch lernen (49). Dieser Bezug zwischen Vater und Kind über das Lernen ging in den letzten Jahrzehnten großenteils verloren. Mitscherlich führt dazu aus:

»Je vielfältiger sich eine Zivilisation entfaltet, in desto mehr Situationen übernehmen andere die Lehraufgabe des Vaters – bis es schließlich den Lehrer als selbständigen Beruf gibt. Lehrer verkörpern dabei genau genommen Aspekte des fehlenden Vaters.« (50)

Erleben wir es nicht täglich selbst, daß die Kinder meistens wenig Ahnung davon haben, was denn der Vater täglich arbeitet, weil sich ja seine Arbeitsstelle oft fern der Wohnung der Familie befindet? Aber wer kann und will schon das Rad der Entwicklung zurückdrehen? Wir können nicht mehr alle Bauern oder Handwerker werden, nur damit unsere Kinder einen besseren Einblick in die väterliche Arbeit haben!

Von der kosmobiologischen Seite aus gesehen zeigen im Geburtsbild Aspekte zwischen Sonne oder Mars einerseits, Saturn, Uranus, Neptun, Pluto andererseits, ob der Vater stabilisierend, aktivierend, fördernd, hemmend, beherrschend, unterdrückend erlebt wurde.

4. Formen der Erziehung

Wie sehr Vater und Mutter den Charakter und späteren Lebensweg eines Kindes prägen können, zeigt sich positiv wie negativ in dem Buch von Alice Miller *Das Drama des begabten Kindes* (51). Sie zeigt darin auch, wie sich Kinder schon in ganz jungen Jahren auf die Erwartungshaltungen der Eltern einstellen, dabei aber ihr eigenes Ich verleugnen. Dieselbe Autorin bespricht in ihrem Buch *Am Anfang war Erziehung* (52) unter anderem die »Schwarze Pädagogik«. Sie führt darin aus, daß bis zum heutigen Tage bestimmte Erziehungsformen gewählt werden, die »Mittel der Unterdrückung des Lebendigen« sind:

»Fallen stellen, Lügen, Verschleierung, Manipulation, Ängstigung, Liebesentzug, Isolierung, Mißtrauen, Demütigung, Verachtung, Spott, Beschämung, Gewaltanwendung bis zur Folter.« (53)

Anschließend führt die Verfasserin aus, daß dem Kind auch »falsche Informationen und Meinungen« vermittelt werden, die von einer Generation zur nächsten übernommen und weitergegeben werden. Dazu gehören »Meinungen« wie:

»... daß das Pflichtgefühl Liebe erzeuge, daß man den Haß mit Verboten töten könne, daß Eltern a priori Achtung verdienen, daß Kinder a priori keine Achtung verdienen, daß Gehorsam stark mache, daß eine hohe Selbsteinschätzung schädlich sei, daß eine niedere Selbsteinschätzung zur Menschenfreundlichkeit führe, daß Zärtlichkeiten schädlich seien (Affenliebe), daß das Eingehen auf kindliche Bedürfnisse schlecht sei, daß Härte und Kälte eine gute Vorbereitung fürs Leben bedeuten, daß vorgespielte Dankbarkeit besser sei als ehrliche Undankbarkeit, daß das Verhalten wichtiger sei als das Sein, daß die Eltern und Gott keine Kränkung überleben würden, daß der Körper etwas Schmutziges und Ekelhaftes sei, daß die Heftigkeit der Gefühle schädlich sei, daß die Eltern triebfreie und schuldlose Wesen seien, daß die Eltern immer recht hätten.« (54)

Wir können aus bestimmten Aspektstrukturen und Halbsummen eines Kosmogramms vermuten, daß solche und ähnliche Formen der Erziehung eine Rolle gespielt haben könnten, aber nur durch die Anhörung der Lebensgeschichte und intensive Gespräche mit dem Kosmogrammeigner können wir herausfinden, in welchem Maße er in der einen oder anderen Weise gefördert oder geschädigt wurde. In welch' hohem Maße das ganze Milieu des Elternhauses prägend auf die Begabungen der heranwachsenden Generation wirkt, wird aus einer statistischen Untersuchung an Zwillingen deutlich, die von Alexander Mitscherlich in seinem Buch *Auf dem Weg zur vaterlosen Gesellschaft* zitiert wird:

»Wieweit sogar Begabungen, die uns so schnell als eine unabänderliche, erbbedingte Mitgift erscheinen, durch die Umwelt gefördert oder gehemmt werden können, zeigt eine Untersuchung von Freeman und dessen Mitarbeitern an 125 Geschwisterpaaren, die im Durchschnittsalter von fünfeinhalb Jahren getrennt wurden. Eines der Geschwister wuchs in einer anderen Familie als Adoptivkind auf. Zum Zeitpunkt der Untersuchung hatte die Trennung fünf, zehn oder mehr Jahre gedauert. Die ›Ähnlichkeit‹ der Geschwister hatte nur eine Korrelation von 0,25 gegenüber dem sonst unter Geschwistern anzutreffenden Wert von 0,5; dies ›zeigt das Ausmaß, in dem Umweltunterschiede die Begabung beeinflussen können‹.« (55)

Das ist eine wichtige Erkenntnis in bezug auf die Kosmogramme von Zwillingen und anderen Menschen, die am selben Tag geboren wurden, den »kosmischen Zwillingen«. Hier wie da haben wir fast gleiche Kosmogramme. Es würde die kosmobiologische Methode überfordern, wenn man lediglich aus einigen Minuten Differenz zwischen den Geburtszeiten und damit möglichen Abweichungen in Aszendent und Medium Coeli auf ein gravierend verschiedenes Schicksal schließen wollte. Dabei bin ich mir bewußt, daß es entsprechende Untersuchungen gibt, in denen der in gewisser Weise andere Charakter und Schicksalsablauf aus der Geburtskonstellation allein erklärt wurde. Interessant ist für unser Thema auch ein Hinweis auf neurotische Verhaltensweisen und psychosomatische Erkrankungen. Mitscherlich schreibt dazu:

»Die Einbettung in die nähere soziale Umwelt formt aber nicht nur Lebensentscheidungen, Wertorientierung und Verhalten, sie spielt auch in den Formen des Versagens vor sozialen Ansprüchen eine Rolle. Viele Krankheiten zum Beispiel sind offenbar nicht nur von der Konstitution und von Einwirkungen der Natur allein hervorgerufen, sondern werden vom sozialen Milieu mit beeinflußt. Das gilt vor allem von neurotischen und psychosomatischen Leiden, in denen wir den Versuch einer wenn auch gescheiterten Konfliktlösung durch das Individuum zu erkennen gelernt haben.« (56)

Erziehung – aber wie? So könnten wir uns fragen. Ein Grundprinzip scheint mir zu sein, daß so etwas wie Urvertrauen in die Eltern entstehen kann, daß sie Zuwendung, Zärtlichkeit, Liebe spenden, Zeit zum Spiel und Gespräch haben, ermuntern, ermutigen, Erfolgserlebnisse entstehen lassen, zum Beispiel durch gutes und altersgemäßes Spielzeug, Selbstvertrauen, Selbstsicherheit, Zutrauen zu sich selbst aufbauen helfen, einen nicht zu engen, aber letztlich notwendigen Rahmen setzen, der Halt geben kann.

5. Gewissensbildung und Religion

Der schweizerische Pädagoge und Psychologe Hans Zullinger hat in seinem Buch *Vom Umgang mit dem kindlichen Gewissen* (57) darauf hingewiesen, daß bis in das zweite Trotzalter – um das zwölfte/dreizehnte Lebensjahr – die »innere Stimme« als die Stimme von Autoritätspersonen erkannt wird. Erst nach dieser Zeit wird diese Stimme zur Forderung des eigenen Gewissens. Das heißt mit anderen Worten: Das Verhalten, die Ethik, die Moral, Verantwortung und Pflichtgefühl der Eltern übertragen sich auf die junge Generation.

Die tiefenpsychologisch orientierte Theologie hat herausgefunden, daß die Gottesvorstellung des Menschen in hohem Maße mit dem Bild, das wir vom eigenen Vater haben, zusammenhängt. Der evangelische Theologe Prof. Haendler führte zu diesem Thema in einem Beitrag unter dem Titel »Unbewußte Projektionen auf das christliche Gottvater-Bild und ihre seelsorgerliche Behandlung« (58) aus, daß man von einer Despotenprojektion und einer Patriarchenprojektion sprechen müsse. Die Despotenprojektion läßt folgende Verhaltensweisen zu:

1. Gott als Tyrann
   Dieses Gottesbild beengt, nimmt die persönliche Freiheit, mißgönnt, übt Gewalt und knebelt.
2. Gott als Richter
   Der heilige Gott in reiner, aber grausiger Heiligkeit, straft streng und unerbittlich, vernichtet, zürnt.
3. Gott als (starrer) Gesetzgeber
   Der unerbittliche Vertreter des Rechts. Das Urbild der Rechtschaffenheit und Untadeligkeit, dessen Forderungen vollkommen zu erfüllen sind.
   Der gläubige Mensch erlebt sich dann als Typ des Pharisäers gegenüber sich selbst und vor anderen, seine Fehler vor sich und anderen verbergend.

Die Patriarchen-Projektion bedeutet nach Haendler:

1. Gott als Majestät
   Gott wird erlebt als auf einem fast unnahbaren Thron sitzend, und

man kann ihn nur ganz von ferne anbeten. Es muß schuldige Ehrerbietung erwiesen werden. Gott ist dann der zu respektierende Repräsentant aller Würde. Der projizierende Gläubige bejaht monarchistisch und gibt sich gefügig, oder er wehrt sich revolutionär und gibt sich ungefügig.

2. Gott als Großvater

Gott wird dann so erlebt, daß er gegen die Unbilden des Lebens schützt, Nachsicht für alles Unrecht und alle Lauheit hat und auch da noch verzeiht, wo Geschehenes unverzeihlich ist. Der projizierende Gläubige kann klagend oder schmollend zu diesem Gottvater-Bild aus der Realität fliehen. Gott wird erlebt als lächelnd, gütig, nachsichtig – und schwach.

Soweit die theologisch-tiefenpsychologische Sichtweise von Haendler. Von da aus mag es uns auch verständlich erscheinen, daß es keineswegs gleichgültig ist, welche Form der Konfession oder Religion das Elternhaus hat. Die Gewissensbildung ist davon in hohem Maße abhängig. Im Katholizismus spielt die Marienverehrung eine große Rolle. Man kann davon ausgehen, daß das Bild und Erleben der Mutter Maria und ihre Verehrung davon abhängig sind, wie die eigene Mutter erlebt wurde. Damit haben die Mütter ebenfalls eine hohe Verantwortung für die Gewissensbildung und die religiösen Vorstellungen ihrer Kinder.

Zusammenfassend können wir sagen, daß der Charakter und das Verhalten der Eltern, ihre Lebensgrundstimmung – heiter, optimistisch, traurig, pessimistisch und so weiter –, ihr Verhalten, ihre Bekannten und Freunde, das gesamte Milieu und geistige Niveau, das Einkommen, die Wohnmöglichkeiten, die gesellschaftliche Stellung, um nur einige Bereiche zu nennen, sich ganz wesentlich auf die Charakterartung, die körperliche und seelisch-geistige Reife des Kindes und seiner vielleicht vorhandenen Geschwister auswirken.

6. Kosmobiologie und Tiefenpsychologie

Das Geburtsbild eines Menschen kann unter tiefenpsychologischen Gesichtspunkten interpretiert werden, wobei man sich stets darüber im klaren sein muß, daß kosmische Symbolik vielschichtig ist und nicht ausschließlich unter tiefenseelischen Aspekten gesehen werden kann. Um

einen Eindruck von den Möglichkeiten zu geben, wie man auf frühkind-
liche Erfahrungen schließen kann, sollen ausschnittweise die unter der
Dimension »Tiefenpsychologie« gegebenen Interpretationen aus meiner
Kosmobiologischen Diagnostik (59) vorgestellt werden. Ich wähle dabei nur
die Stellung von Saturn und Jupiter im Geburtsbild aus, ohne an dieser
Stelle noch weiter nach Aspekten, Aspektstrukturen und so weiter zu
differenzieren.

Tiefenpsychologische Gesichtspunkte
zur Stellung von Saturn und Jupiter im Kosmogramm

Tierkreiszeichen	Saturn	Jupiter
Widder	Unter starkem autoritärem Druck stehen, in engen Grenzen leben. Gehorsam verlangen oder erzwingen.	»High-society-Erziehung«, frühzeitiger Raum- und Machtanspruch.
Stier	Seinen Besitz verteidigen. Alte und verbrauchte Gegenstände nicht hergeben können.	Erziehung zur Zufriedenheit. Neigung zur Bequemlichkeit.
Zwillinge	Suche nach geschützten Räumen, Platzangst.	Streben nach viel Auslauf, Bewegung, Abwechslung.
Krebs	Isoliertes Familienmitglied. Einzelgänger. Beengende und autoritätsgebundene Erziehung.	Verwöhnende Familie. »Pummeliges Kind«.
Löwe	»Alte Klamotten« tragen. »Aschenputtel«.	»Vorzeigekind«. Immer gut angezogen. Ansprüche an die Mitwelt.
Jungfrau	Frühzeitige Einengung der Entwicklung durch Autorität, Pedanterie und Sauberkeit. Überwachungsangst.	Gute Versorgung mit Lern- und Spielmaterial. Frühzeitige Freude an der Ordnung.

Tierkreiszeichen	Saturn	Jupiter
Waage	Hohe Bewertung von Wahrhaftigkeit, Gewissen, Moral, Treue.	Gewährende Erziehung. »Laisser-faire-Stil«.
Skorpion	Verzögern und/oder Vermeiden von erotisch-sexuellen Kontakten. Stark wirkende Tabus.	Freude an Erotik und Sexualität. Intensives Eintreten für die ungeschminkte Wahrheit. »Tod der Lüge!«
Schütze	Seine Wünsche den Idealen unterordnen. Starke Gewissenszensur.	Idealistisches Elternhaus. Gefahr des Realitätsverlustes.
Steinbock	Mangel an Wärme, Zuwendung, Kontakt, Liebe. Verknöcherte Erziehung.	Konservative Familie. Antiquierter Erziehungsstil.
Wassermann	Zwiespalt zwischen Alt und Jung, der älteren und jüngeren Generation. Konflikte zwischen Elternhaus und Familie.	Risikobereite Erziehung. Förderung von Selbstvertrauen, Mut und Zuversicht.
Fische	Frühzeitig an das Alleinsein gewöhnt werden. Sich aufopfern. »Totstell-Reflex«.	Märchenhafte, realitätsferne Erziehung. Verborgenes Glück. Idylle.

Saturn und Jupiter in den Tierkreiszeichen sind nur Ausschnitte aus der tiefenpsychologischen Sichtweise. Wenn man bestimmte Aspekte und Aspektstrukturen, in denen Aszendent und/oder Medium Coeli enthalten sind, beachtet, lassen sich sehr gut auch Rückschlüsse auf das Geburtserlebnis ziehen.

Kapitel 4

Panta Rhei – Alles bewegt sich

Unser Weltall befindet sich in ewiger Bewegung, in seinen Teilen jedoch mit unterschiedlicher Geschwindigkeit. Seit Jahrtausenden haben die Astronomen beobachtet und berechnet, wie sich die Sonne, der Mond, die Planeten, die Kometen durch den Tierkreis bewegen, während die Fixsterne und Sternbilder ihren Ort beibehielten, wenn man von der minimalen Bewegung durch die Präzession einmal absieht. Diese Bewegungen können aus der Sicht der Erde – geozentrisch – oder aus der Sicht der Sonne – heliozentrisch – berechnet werden. Im Rahmen dieser Abhandlung werden wir nur gelegentlich auf astronomische Fragen zu sprechen kommen, da unser Interesse ja vor allem dem Hintergrund der planetaren Bewegungen gilt. Wir wollen Zusammenhänge zwischen dieser kosmischen Dynamik und dem Leben auf der Erde feststellen.

Jedes Gestirn zieht seine eigene, individuelle Bahn durch den Tierkreis. Von der Erde aus – geozentrisch gesehen – benötigt die Sonne rund einen Tag, um durch einen Grad des Tierkreises zu wandern; innerhalb eines Monats hat sie ein ganzes Tierkreiszeichen durchlaufen. Der Mond bewältigt diese Strecke in rund zwei Tagen, Merkur braucht rund drei Monate, die Venus sieben bis acht Monate für den Tierkreiszyklus. Sichtlich längere Zeit vergeht, bis der Mars seinen Umlauf vollzogen hat, eindreiviertel Jahre. Für die Langsamläufer gelten viel größere zeitliche Perioden; sie scheinen deshalb dem Geschehen der Zeit einen stärkeren Stempel aufzudrücken, so daß sich langfristige Perioden menschheitsgeschichtlicher Entwicklung intensiver abzeichnen, als es durch die schnellen Bewegungen der obengenannten Gestirne möglich ist.

Die Prinzipien, die archetypischen Kräfte der Langsamläufer Jupiter, Saturn, Uranus, Neptun und Pluto lassen sich in Völkerschicksalen, geistigen, religiösen, wirtschaftlichen, politischen, modischen, zeitgeistigen Rhythmen immer wieder verblüffend belegen. Wolfgang Angermeyer beispielsweise konnte in seinen Vorträgen auf den »Arbeitstagungen für kosmobiologische Forschung« in Stuttgart und Wildbad illustrieren, wie sich Mode, Architektur, Kirchenbaustile, Musik in den planetaren

Rhythmen widerspiegeln, so daß sogar eine Prognose für kommende Modetrends möglich erscheint (61).

Unsere Aufgabe auf den folgenden Seiten wird es vor allem sein, Beziehungen zu knüpfen zwischen planetaren Rhythmen und dem menschlichen Lebenslauf. Die Bewegung des Saturn durch den Tierkreis zeigt deutliche Parallelen zu bestimmten Perioden menschlicher Persönlichkeitsreifung. Ganz deutlich ist zur Zeit der Lebenswende um das fünfundvierzigste Lebensjahr die Überschneidung mehrerer Planetenrhythmen zu erkennen.

Der Saturn benötigt rund neunundzwanzig Jahre, um einmal seinen Zyklus zu vollenden. Nimmt man die Position des Saturn zur Zeit der Geburt eines Menschen zum Ausgangspunkt der Beobachtung, dann hat der sich weiter bewegende Saturn um das siebente Lebensjahr das Quadrat zu seiner Geburtsposition erreicht; um das vierzehnte/fünfzehnte Lebensjahr steht er in Opposition zum ursprünglichen Ort; um das einundzwanzigste Lebensjahr hat er das zweite Quadrat erreicht, während um das neunundzwanzigste Jahr der Kreis geschlossen und eine Konjunktion mit der Ausgangsposition erreicht ist. Die folgende Übersicht zeigt die Beziehungen zwischen diesem Planetenlauf und der menschlichen Entwicklung.

Jupiters Rhythmik mit zwölf, des Saturns mit neunundzwanzig, des Uranus' mit vierundachtzig und des Neptuns mit hundertfünfundsechzig Jahren überschneiden sich zur Zeit der Lebenswende, die um das fünfundvierzigste Lebensjahr liegt, jedoch im individuellen Fall eine Spielbreite zwischen zweiundvierzig und neunundvierzig Jahren hat. Dieses Zusammentreffen mehrerer Planetenrhythmen dürfte einer der Gründe dafür sein, daß es um die Lebenswende eine Midlife-crisis geben kann und viele Menschen in ausgesprochene Zerreißproben geraten.

Der Umlauf des Saturn durch den Tierkreis im Zusammenspiel mit dem menschlichen Lebenslauf

Ausgehend vom Stand des Saturn im Tierkreis zur Zeit der Geburt erreicht er im Laufe der Jahre folgende Aspekte zu seiner ursprünglichen Position am Geburtstag:

Ursprüngliche Position	»Konjunktion«	Geburt, Abnabelung
Nach 3 bis 4 Jahren	Halbquadrat	Erstes Trotzalter, Ich- und Willensbildung. Beginn Kindergartenalter. »Zweite Abnabelung«
Nach 6 ½ bis 7 Jahren	Erstes Quadrat	Schulalter, konzentriertes Lernen, »Dritte Abnabelung«
Nach 10 bis 11 Jahren	Anderthalbquadrat	Vorpubertät, intensivere Ausbildung in weiterführenden Schulen
Nach 14 bis 15 Jahren	Opposition	Flegeljahre, Pubertät. Lehre. Trennung der Geschlechter und Generationen. Zunehmende Selbständigkeit, eigene Gewissensbildung
Nach 18 bis 19 Jahren	Zweites Anderthalbquadrat	Mündigkeit, Ende des Jugend-Strafrechts. Wehrpflicht, Studium, Wohnungswechsel.

Nach 21 bis 22 Jahren	Zweites Quadrat	Ende Adoleszenz, früher Mündigkeit. Teilweise Ausbildungsende. Wanderschaft.
Nach 24 bis 25 Jahren	Zweites Halbquadrat	Berufs- oder Karrierebeginn, Meister.
Nach 28 bis 29 Jahren	Ursprüngliche Position des Saturn wieder erreicht. »Zweite Konjunktion«	Häufigstes Heiratsalter. Erste berufliche Sicherheit erreicht.
Nach 35 Jahren	Zweites Mal das erste Quadrat	Wichtiges Plateau der beruflichen Karriere. Junge Familie, Kinder zwischen Geburt und Kindergartenalter.
Nach ca. 45 Jahren	Zweites Mal die Opposition, anderthalb Saturnumläufe	Lebenswende, Midlifecrisis. Einbrüche in der Leistung, auch »Zweiter Frühling«.
Nach ca. 58–59 Jahren	Zwei Saturnumläufe beendet	Vorbereitung auf Pension und/oder zweite Karriere. Hobbypflege.

Überschneidungen der planetaren Rhythmen um die Lebenswende
ca. 42. bis 49. Lebensjahr

Jupiter um das 48. Lebensjahr (vierte Konjunktion)	vier Durchläufe durch den Tierkreis
Saturn um das 45. Lebensjahr (zweite Opposition)	anderthalb Durchläufe
Uranus um das 42. Lebensjahr (erste Opposition)	ein halber Durchlauf
Neptun um das 42. Lebensjahr (erstes Quadrat)	ein viertel Durchlauf

Diese planetaren Rhythmen treffen für jeden Menschen zu, jedoch sind die Ausgangspunkte anders. Hinzu kommt, daß durch geozentrische Rückläufigkeiten sich da und dort Verschiebungen zeigen. Es können deshalb nur ungefähre Perioden angegeben werden. Wir wissen auch, daß die Menschen unterschiedlich leben und altern. Ernährung, Genußmittel, Lebensgrundstimmung, das Leben allein, zu zweit oder in der Familie sind nur einige Faktoren, die variabel sind und zu individuellen Unterschieden im Erleben und im Einschwingen auf die kosmischen Rhythmen führen.

Es mag für Sie interessant sein, einmal Ihre eigene Lebensgeschichte aufzuschreiben und sich Gedanken zu machen, wie Sie erzogen wurden, wie das Verhalten und der Charakter Ihrer Eltern auf Sie gewirkt hat, ob Sie mehr ermutigt und gelobt wurden oder mehr auf Tadel und Strafe stießen. Lassen Sie sich auch einmal die Zeit des Kindergartens, des Schuleintritts, der Ausbildung, der Kameradschaft, Freundschaft, Partnerschaft und Ehe durch den Kopf gehen. Wenn Sie das gemacht haben, überlegen Sie sich, wie die Planetenkräfte bisher in Ihrem Leben eine Rolle gespielt haben.

Weniger für solche oben gezeigten individuellen Rhythmen, sondern mehr für große kollektive Perioden ist der Lauf des Pluto durch die einzelnen Zeichen sehr aufschlußreich. Wirtschaftspolitische Zyklen, vor allem aber das, was man als Zeitgeist ansieht, erhält durch den Blick auf die Plutorhythmik ein markantes Gesicht. Pluto braucht einen Zeitraum von rund 248 Jahren, um den ganzen Tierkreis zu durchwandern. Jeder Mensch erlebt deshalb nur einen relativ kleinen Ausschnitt aus der Bewegung des Pluto durch den Tierkreis. Wenn jedoch durch den Pluto der eine oder andere Faktor eines Geburtsbildes angesprochen wird, ergeben sich erfahrungsgemäß gravierende Reifungsphasen, Krisenzeiten, Durchbrüche der individuellen Fähigkeiten. Auf die Qualität der Plutokräfte wird im Deutungsteil (vergleiche Seite 321 ff) ausführlich eingegangen.

Über Transpluto ist noch nicht genügend Forschungsmaterial bekannt, so daß seine zeitgeschichtliche Bedeutung noch nicht ausreichend belegt werden kann. Wir werden jedoch im Rahmen dieser Arbeit eine Reihe von Deutungen für diesen Planeten, der sich noch vor den Teleskopen der Astronomen versteckt, zu erkennen suchen. Seine Bahn durch den Tierkreis soll über 685 Jahre Zeit beanspruchen.

Im folgenden Kapitel werden wir uns wieder ein Stück weiter in die Kosmobiologie einarbeiten. Nicht mehr die Tierkreisposition eines Faktors allein, sondern das Zusammenspiel und das Entstehen von Strukturen aspektarer Art werden uns beschäftigen.

Kapitel 5

Vergangenheit, Gegenwart und Zukunft im Kosmogramm

Wir umkreisen das kosmobiologische Thema auf einem spiraligen Weg, um uns immer mehr dem Zentrum dieses Gedankengebäudes zu nähern. Von Zeit zu Zeit knüpfen wir Fäden zu dem schon behandelten Stoff und schreiten dann wieder ein Stück weiter. Stellen wir uns eine Bergwanderung vor. Immer wieder sucht das Auge einen Aussichtspunkt, von dem aus das Panorama der Landschaft erfaßt werden kann. Da sind dann das Tal, aus dem man aufgestiegen ist, das erreichte Plateau, auf dem man etwas verschnaufen und sich orientieren kann; und dann ist da noch vor dem Wanderer der Berg, den es zu bezwingen gilt. Unsere kosmobiologische Route sieht ähnlich aus. Wir wenden uns auf unserem Weg zunehmend ganzheitlicher Betrachtung zu, nachdem wir bisher mehr schlaglichtartig die kosmobiologische »Landschaft« ins Auge faßten.

1. Aspekte und Aspektstrukturen

Wer einmal einen Stein ins Wasser geworfen hat, weiß, daß an der Stelle des Eintauchens ein Bewegungsspiel entstand. Vom Berührungspunkt aus bildeten sich kreisrunde Wellen, die nach außen hin wieder nach einem Augenblick abebbten. Kleinste Wellenberge und Wellentäler entstanden, und nach Sekunden war alles wieder wie vorher. Was sich hier im kleinen abspielte, zeigt sich im großen am Himmel. Die Gestirne ziehen auf ihrer ewigen Bahn; da und dort berühren sich ihre Schwingungen. Sie treffen sich im Sinne der Konjunktion, trennen sich wieder, bis sie zueinander im Extrem eine Opposition bilden, und zwischen Konjunktion und Opposition verändern sie ihre »Anblicke« – ihre Aspekte – zueinander, sei es, daß sie ein Quadrat, ein Trigon oder einen sonstigen Winkel zueinander bilden. Die Aspekte und Aspektstrukturen, die wir jetzt besprechen werden, sind Augenblicke im kosmischen Geschehen, die wir gleichsam auf eine fotografische Platte bannen beziehungsweise zeichnerisch abbilden.

2. Dynamik und Struktur

Die nachfolgenden Eintragungen und Erläuterungen wurden ausgewählt, um diese »kosmischen Augenblicke« zu entdecken. Das Grundschema für unsere Aufzeichnungen sind Tierkreisformulare, wie wir sie schon in den Abbildungen 5, 6, 7 und 8 kennengelernt haben. Das eine Formular ist das der traditionellen Astrologie mit der Bezeichnung H 12; die anderen beiden Formulare (K 2 und K 3d) dienen speziell der kosmobiologischen Betrachtungsweise, denn sie haben um den Tierkreis noch einen 90°-Kreis herumgelegt, dessen Wert wir in den nächsten Kapiteln kennenlernen werden. Das Formular für Abbildung 8 wurde speziell für die Erfordernisse der Computerausrechnung entwickelt. Nachfolgend wollen wir uns zwei Berechnungsbeispiele vornehmen und an ihnen erkennen, wie innerhalb von einer Woche sich Aspekte ändern oder auch erhalten bleiben.

Abbildung 15 zeigt uns die Positionen von Sonne, Mond, Planeten und Mondknoten für den 1. Januar 1986, 0 Uhr Greenwichzeit; in Abbildung 16 sind die entsprechenden Positionen für den 8. Januar 1986, 0 Uhr Greenwichzeit, eingetragen. Die beiden Daten liegen genau eine Woche auseinander. Wir wollen sehen, was sich in dieser kurzen Zeit änderte oder auch bestehen blieb. In Abbildung 15 für den 1. Januar 1986 sehen wir, wie Sonne, Venus und Neptun im Zeichen Steinbock standen und dabei Sonne und Venus eine auf rund 4 ½°, Venus und Neptun eine auf rund 2° genaue Konjunktion bildeten.

Der Vergleich dieser drei Faktoren mit Abbildung 16 und der Berechnung für den 8. Januar 1986 zeigt uns, daß Sonne und Venus damals in einer engeren Konjunktion zueinander standen, natürlich um einige Grad verschoben, und die Konjunktion von Venus und Neptun hatte sich aufgelöst; dafür finden wir Neptun jetzt in Konjunktion mit dem Merkur, der sich innerhalb einer Woche aus dem Zeichen Schütze in das Zeichen Steinbock auf den Neptun zubewegt hatte.

Die auf etwas mehr als 3° exakte Konjunktion von Merkur mit Uranus am 1. Januar 1986 löste sich innerhalb der genannten Woche auf. Mars hatte sich im Zeichen Jungfrau weiter von Pluto entfernt. Die Opposition zwischen Pluto und Mondknoten vom 1. Januar 1986, auf 1°05′ genau, hatte einen größeren Orbis von 1°37′ bekommen.

NAME	
Datum	01.01.1986
Zeit	00.00'00 GMT0
Ort	LONDON

LängeOst	000.10'00
BreiteNord	51.30'00

		Tbw. Orb.s Länge	☉	☿	♀	♂	♃	♄	⚷	♅	⚹	☊	☽
+61 09	9	10'16 06 ♐ ☉	☉										
+86 47	7	22'53 18 ♐ ☿		☿									
+75 34	7	05'48 53 ♐ ♀	∠4		♀								
+26 40	7	10'34 36 ♏ ♂	*0		*4	♂							
+12 48	5	18'15 33 ⚹ ♃		*4			♃						
+06 15	5	05'09 53 ♐ ♄					⚹0	♄					
+02 29	3	19'30 19 ♐ ⚷		⚹3			*1		⚷				
+02 15	3	03'35 35 ♉ ♅			⚹2		⚹0	⚹1		♅			
+01 18	3	06'54 54 ♏ ⚹	*3	⚹0	*1	⚹3		⚹1			⚹		
-02 11	0	05'49 12 ♉ ☊			△0				⚹0			☊	
+13 16	9	05'03 32 ♍ ☽	△5		△0	*5		□0		△1	*1	△0	☽
	4	09'21 38 ♒ M	⚹0		⚹⚹		△1			△2			*4
	7	07'08 29 ♎ A	□⚹		□1			*1		□⚹	⚹0	⚹1	⚹2

AS	♎ 07'08	♈ >7
2	♏ 05'48	♉ 8
G.O.H	3	♐ 04'45	♊ 9
>4	♑ 09'21	♋ M.
5	♒ 09'52	♌ 11
6	♓ 08'26	♍ 12

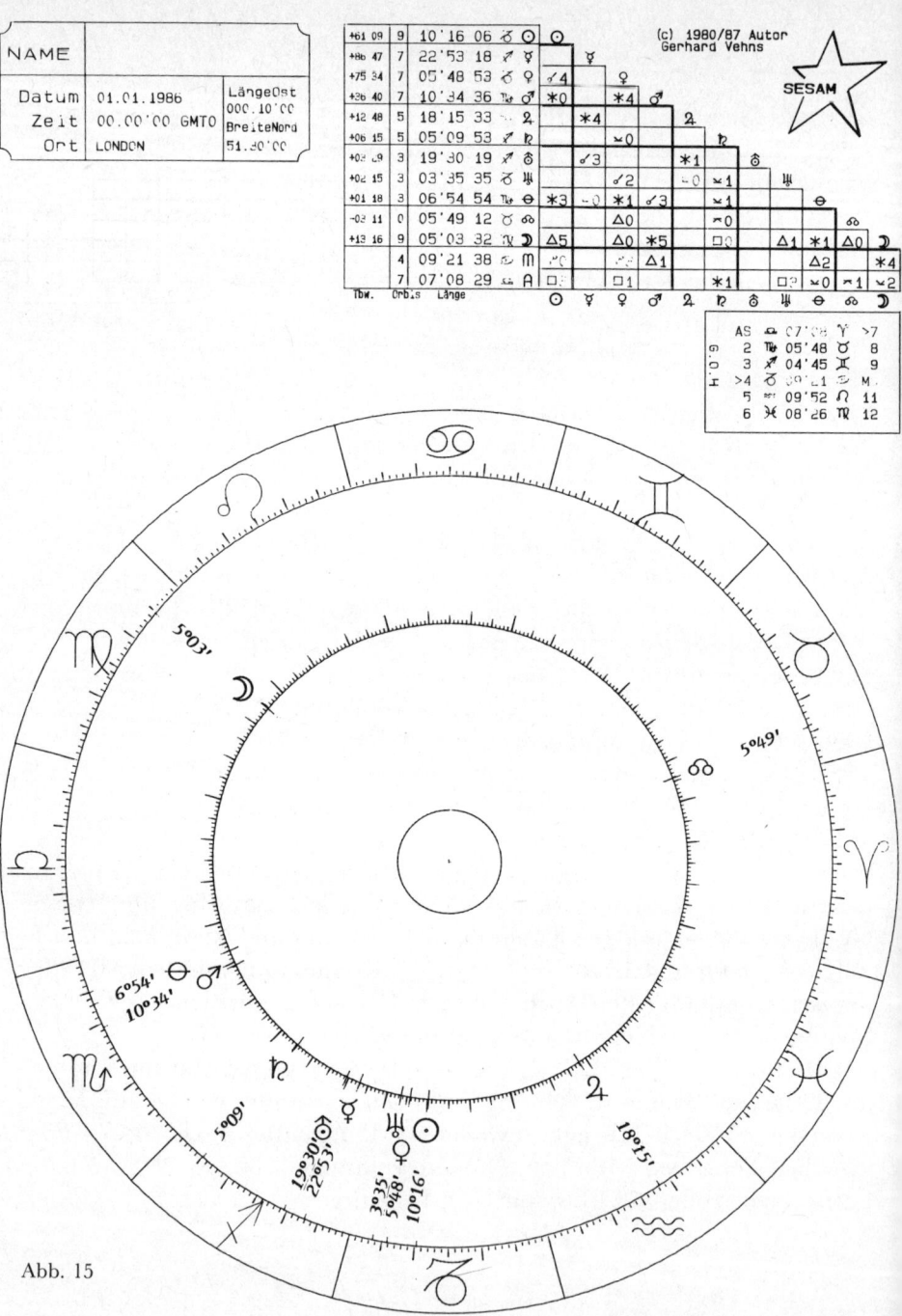

Abb. 15

84

NAME		
Datum	08.01.1986	LängeOst 000.10'00
Zeit	00.00'00 GMTO	BreiteNord 51.30'00
Ort	LONDON	

(c) 1980/87 Autor Gerhard Vehns

SESAM

Tbw.	Orbis	Länge				☉	☿	♀	♂	♃	♄	♅	♆	⊖	☊	☽
+61 09	9	17'24	12	♑	☉											
+90 30	7	03'12	23	♑	☿											
+75 33	7	14'37	23	♑	♀	☌2										
+36 28	7	14'50	31	♏	♂	⚹2		⚹0								
+13 15	5	19'46	47	♒	♃	⚺2	∠1		□4							
+05 54	5	05'52	37	♐	♄		⚺2									
+03 21	3	19'54	17	♐	♅	⚺2				⚹0						
+02 13	3	03'51	18	♑	♆		☌0			∠0	⚺2					
+01 05	3	07'03	34	♏	⊖		⚹3				⚺1					
-03 11	0	05'26	57	♉	☊		△2				⚻0	⚼0				
+14 45	9	12'58	36	♐	☽			⚺1	⚺1	⚹6						
	4	15'45	53	♋	M	☍1		☍1	△0							
	7	12'01	15	♎	A	□5		□2	⚺2							⚹0

AS	♎	12'01	♈	>7
2	♏	10'22	♉	8
3	♐	09'23	♊	9
>4	♑	15'44	♋	MC
5	♒	15'12	♌	11
6	♓	13'31	♍	12

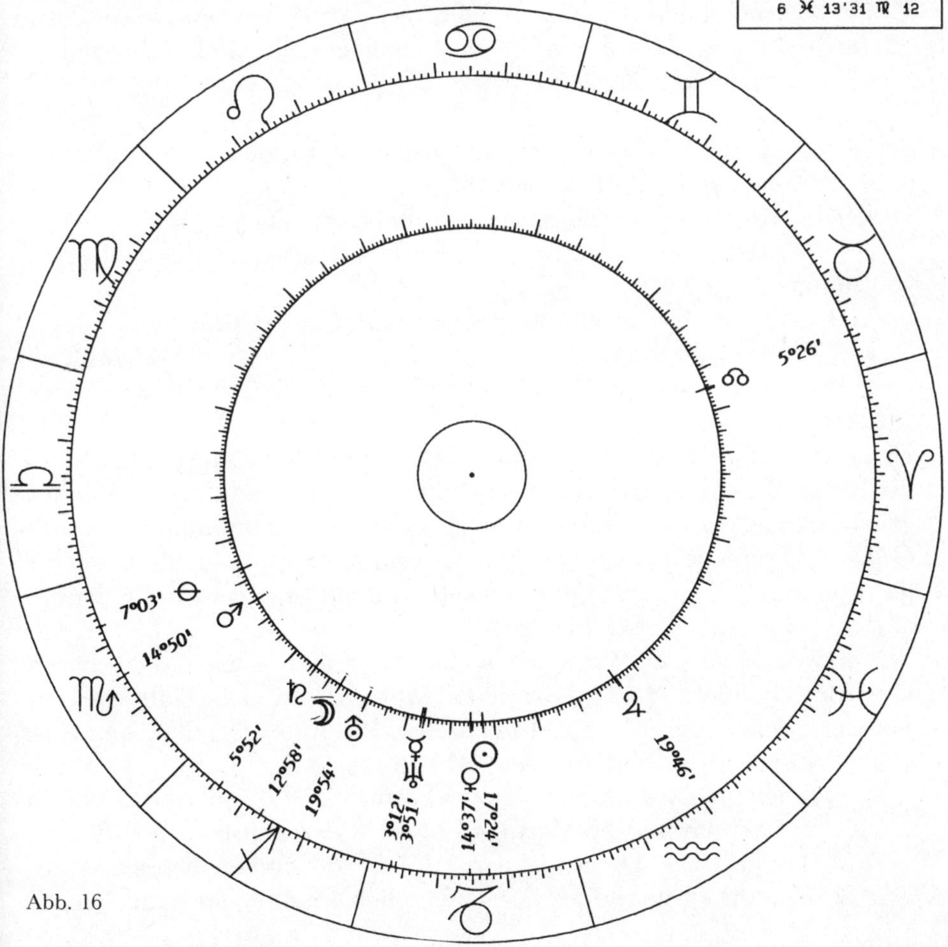

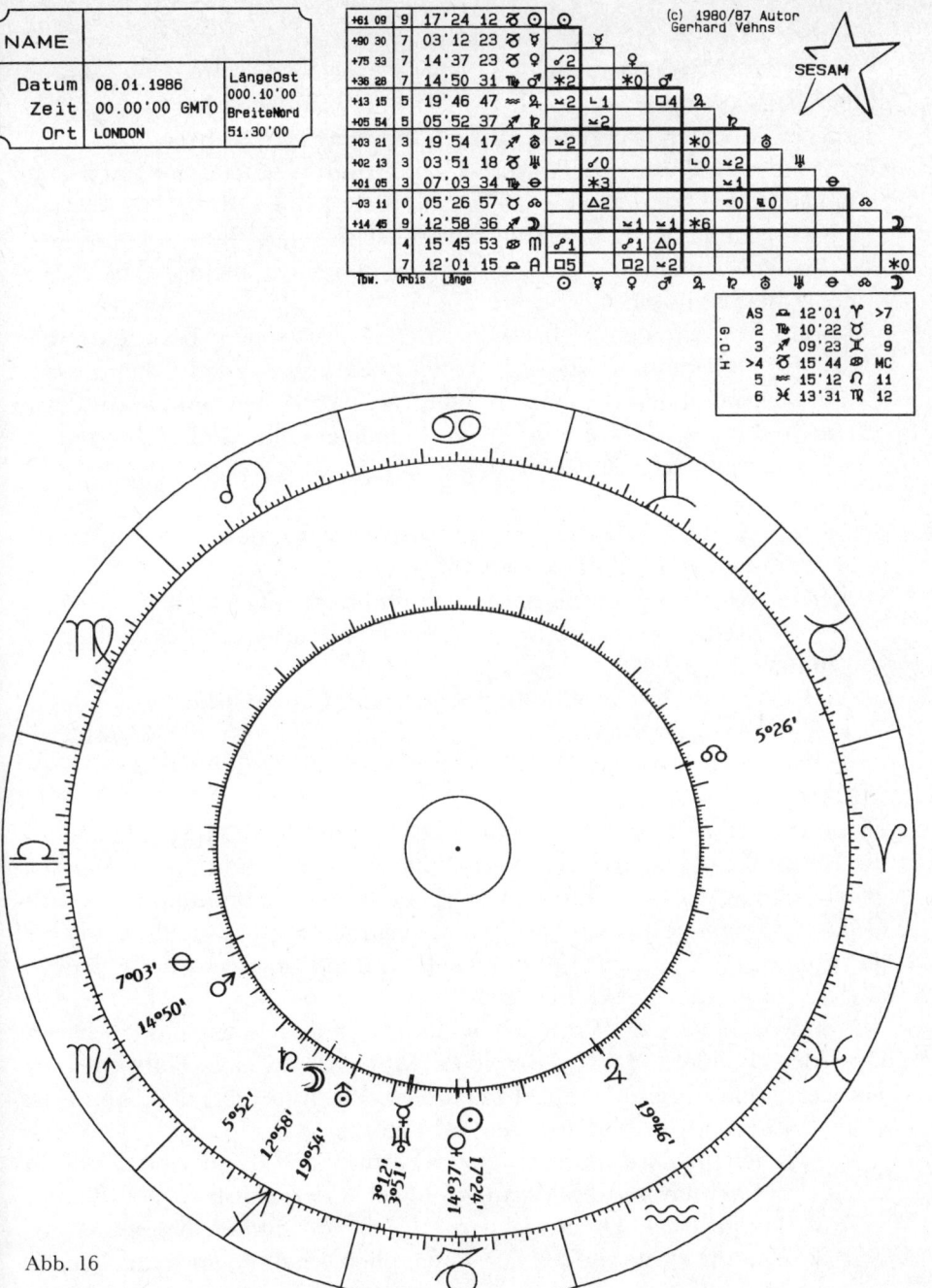

Abb. 16

Beachten wir jetzt eine Aspektstruktur, aus Mond, Pluto, Saturn, Venus, Neptun und Mondknoten bestehend, am 1. Januar 1986 (Abbildung 17). Das Quadrat zwischen Mond und Saturn gehört zu der 45°-Reihe an Aspekten (vergleiche Tabelle auf Seite 36), während das Sextil des Mondes zu Pluto, das Trigon zu Venus und Neptun so wie das zweite Trigon zum Mondknoten der 30°-Reihe zuzurechnen ist. Wir werden bei der Besprechung der Kosmogrammbeispiele sehen, daß die Aspektreihen verschiedene Qualitäten haben und deshalb nach meiner Auffassung voneinander zu unterscheiden sind.

In den Abbildungen 17 bis 23 wurden Teile aus dem Formular AST verwendet, mit dessen Hilfe sich Aspektstrukturen verdeutlichen lassen. Es hat sich im Laufe der letzten Jahre gezeigt, daß es sinnvoll ist, wie schon in der Tabelle auf Seite 36 zusammengestellt, drei Aspektreihen voneinander zu unterscheiden:

1. Die 45°-Reihe, bestehend aus den Aspekten Konjunktion, Halbquadrat, Quadrat, Opposition.
   Zeichnerisch: durchgezogene Linien und/oder rote Farbe.
2. Die 30°-Reihe, bestehend aus den Aspekten Halbsextil, Sextil, Trigon, Quincunx.
   Zeichnerisch: Gestrichelte Linien und/oder blaue Farbe.
3. Die 72°-Reihe, bestehend aus den Aspekten Quintil und Biquintil.
   Zeichnerisch: Strichpunktierte Linien und/oder grüne Farbe.

Diese Differenzierung fällt optisch sofort auf und ist praktisch, nachdem die Kosmobiologie heute mit mehr Winkeln als die traditionelle Astrologie arbeitet. Aus der Tradition sind die Winkel Konjunktion, Sextil, Quadrat, Trigon, Opposition bekannt, eventuell noch das Halbsextil und das Quincunx. Auch das Quintil spielte da und dort eine Rolle, wurde aber meistens ganz vernachlässigt.

Nun wollen wir sehen, was sich bis zum 8. Januar 1986 geändert hatte. Der Mond bildete ein Halbsextil zu Mars, ein zweites Halbsextil zu Venus und ein Biquintil zum Mondknoten. Wir haben für den Mond ein völlig anderes Aspektbild erhalten (Abbildung 18)!

Wir greifen die Aspektstrukturen des Saturn, des Uranus und des Pluto heraus und achten auf die Veränderungen in der Zeit zwischen dem 1. und 8. Januar 1986. Die Aspektstruktur der 30°-Reihe, bestehend aus dem Saturn mit Pluto und Mondknoten, blieb erhalten; auch das Quintil

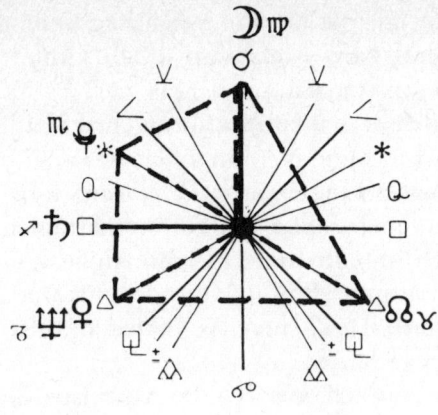

Abb. 17

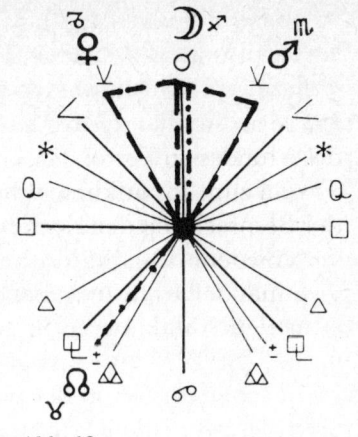

Abb. 18

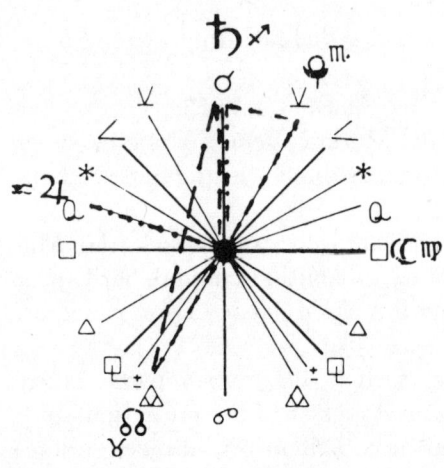

Abb. 19

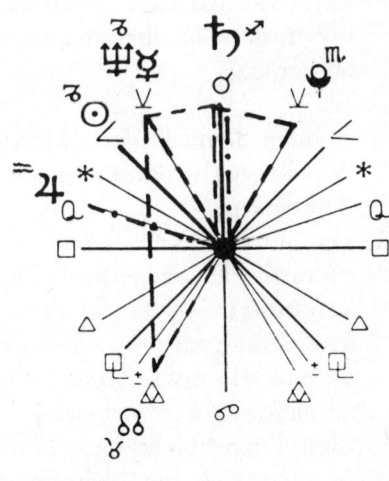

Abb. 20

zwischen Saturn und Jupiter; das Quadrat zwischen Saturn und Mond
hatte sich dagegen aufgelöst. Neue Aspekte entstanden zu Sonne, Merkur
und Neptun (vgl. Abbildung 19 mit Abbildung 20).

Die Abbildungen 21 und 22 zeigen uns die beiden Aspektstrukturen des Uranus an den beiden Tagen. Sowohl am 1. als auch am 8. Januar entstand eine Struktur der 45°-Reihe zwischen Uranus, Merkur, Pluto und Mondknoten. Hinzu kam an beiden Tagen ein Sextil zwischen Uranus und Jupiter.

Wir gehen zu den Aspektstrukturen des Pluto in den Abbildungen 23 und 24. Wir finden an beiden Tagen die 45°-Reihe von Pluto zu Uranus und Mondknoten. Verändert hat sich die 30°-Reihe. Während sie am 1. Januar 1986 aus insgesamt vier Faktoren (Pluto, Mond, Venus und Saturn) bestand, blieb nur das Halbsextil zwischen Pluto und Saturn übrig.

Wir sehen an diesen Beispielen sehr deutlich, wie sich die Aspektstrukturen der schnellaufenden Faktoren wie Sonne, Mond, Merkur, Venus und Mars von einem Tag zum anderen ändern können, während Aspektstrukturen unter Langsamläufern wie Jupiter, Saturn, Neptun, Pluto sowie dem Mondknoten über Tage, Wochen oder sogar auch Monate hinweg erhalten bleiben können. Als Orbis wurden bei den besprochenen Strukturen maximal 2° eingesetzt.

Vier Ergebnisse kristallisieren sich aus der Beobachtung dieser Strukturen heraus:

1. Je mehr Schnelläufer – Mond, Sonne, Merkur, Venus, Mars – in einer Aspektstruktur enthalten sind, desto individueller ist die entsprechende Struktur.
2. Die feinste Differenzierung erhalten wir, wenn Aszendent und Medium Coeli, die persönlichen Punkte, mit enthalten sind, weil diese sich innerhalb von vier Zeitminuten um einen ganzen Grad des Tierkreises ändern.
3. Je mehr Langsamläufer – Jupiter, Saturn, Uranus, Neptun, Pluto, Mondknoten, Transpluto – in einer Aspektstruktur enthalten sind, desto länger bleibt sie erhalten und desto kollektiver, also zeitgeistgebundener ist eine solche Struktur zu interpretieren; denn sie trifft für viele Menschen zu.
4. Aspektstrukturen sind in einem Kosmogramm höher zu bewerten als einzelne Aspekte. Eine Aspektstruktur ist individueller als ein einzelner Aspekt.

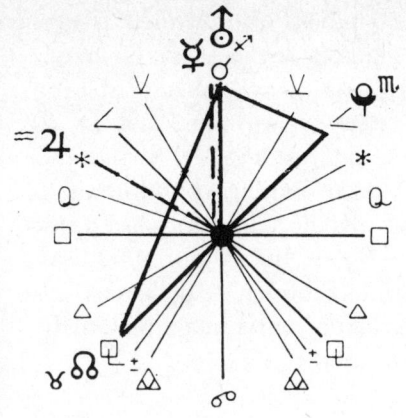

Abb. 21

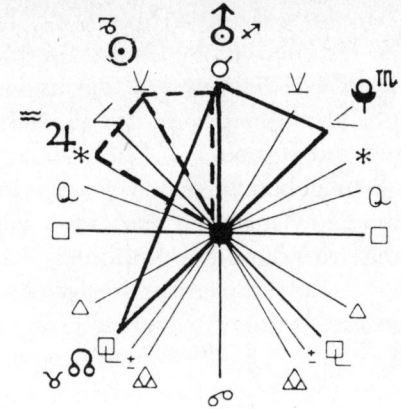

Abb. 22

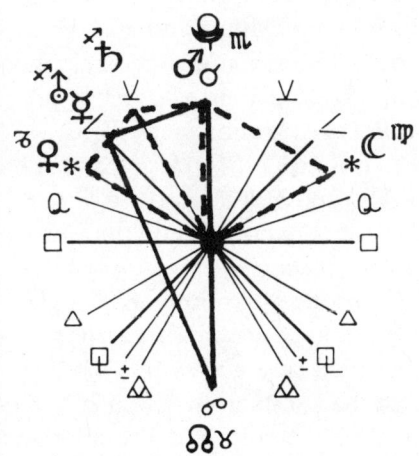

Abb. 23

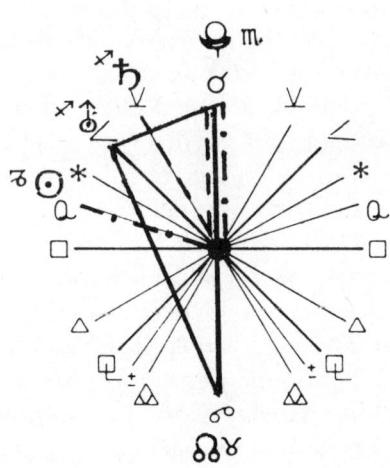

Abb. 24

Durch die *Hamburger Schule* von Alfred Witte (61) wurden die Halb- und Anderthalbquadrate in die Beobachtung einbezogen. Die kosmobiologische Richtung hat diese Winkel ebenfalls als sehr wichtig erkannt; sie gehören deshalb auch zum kosmobiologischen Instrumentarium.

Durch die Forschungen von Hans-Jörg Walter, die er in seinem Buch

89

Entschlüsselte Aspektfiguren (62) niederlegte, wurde die Aufmerksamkeit der Kosmobiologen auf weitere Aspekte gelenkt, die sich aus einer noch weiteren Teilung des Tierkreises ergeben, als es den oben genannten Winkeln entspricht. So entstehen beispielsweise aus der Teilung der 360 Grade durch 7, 9, 11 oder 13 Aspekte, die aus diesen Kreisteilungen entstehen; sie gehören gegenwärtig noch in den Bereich der kosmobiologischen Forschung. Ihre praktische Bedeutung ist meines Erachtens noch nicht genügend erkannt.

Nachdem wir unseren Blick auf die verschiedenen Aspektstrukturen gelenkt haben, wollen wir unsere Augen einer weiteren ganzheitlichen Betrachtungsweise zuwenden, den Mondphasen.

3. Die Mondphasen

Abbildung 25 zeigt, wie aus dem Stand von Sonne und Mond die Mondphasen erkannt werden können. Stehen Sonne und Mond miteinander in Konjunktion, haben wir Neumond; bei der Opposition zwischen Sonne und Mond ist der Vollmond erreicht. Hat sich der Mond von der Sonne weg um 90° weiterbewegt, haben wir das erste Mondviertel. Entsprechend ist das dritte Mondviertel erreicht, wenn der Mond sich auf die Sonne zubewegt und von ihr noch einen Abstand von 90° hat.

Nachdem eine Konjunktion zwischen Sonne und Mond, der Neumond, häufig als Zeichen für eine Vitalitätsschwäche einerseits, hochgradige Empfindlichkeit andererseits gesehen wird, ist es sinnvoll, bei der Aufstellung von Kosmogrammen auf solche Konjunktionen zu achten.

Bei Sonne Opposition Mond haben wir nicht nur Vollmond, sondern diese Aspektverbindung wird auch als ein Kräftespiel zwischen männlichen und weiblichen Eigenschaften und als die Vitalität erhöhendes kosmisches Bild interpretiert. Im klinischen Bereich wurde schon vor mehreren Jahrzehnten die Erfahrung gemacht, daß bei Operationen zwischen drei Tagen vor dem Vollmond und dem Vollmond selbst das Nachblutungsrisiko nach den Eingriffen wesentlich höher ist als zu anderer Zeit (63).

Die beiden Quadratmöglichkeiten zwischen Sonne und Mond weisen oft auf Spannungen zwischen dem männlichen und weiblichen Seelenteil in sich selbst oder zwischen zwei Menschen, Mann und Frau, hin. Zum richtigen Verständnis spielt die Zeichenqualität eine große Rolle. Das

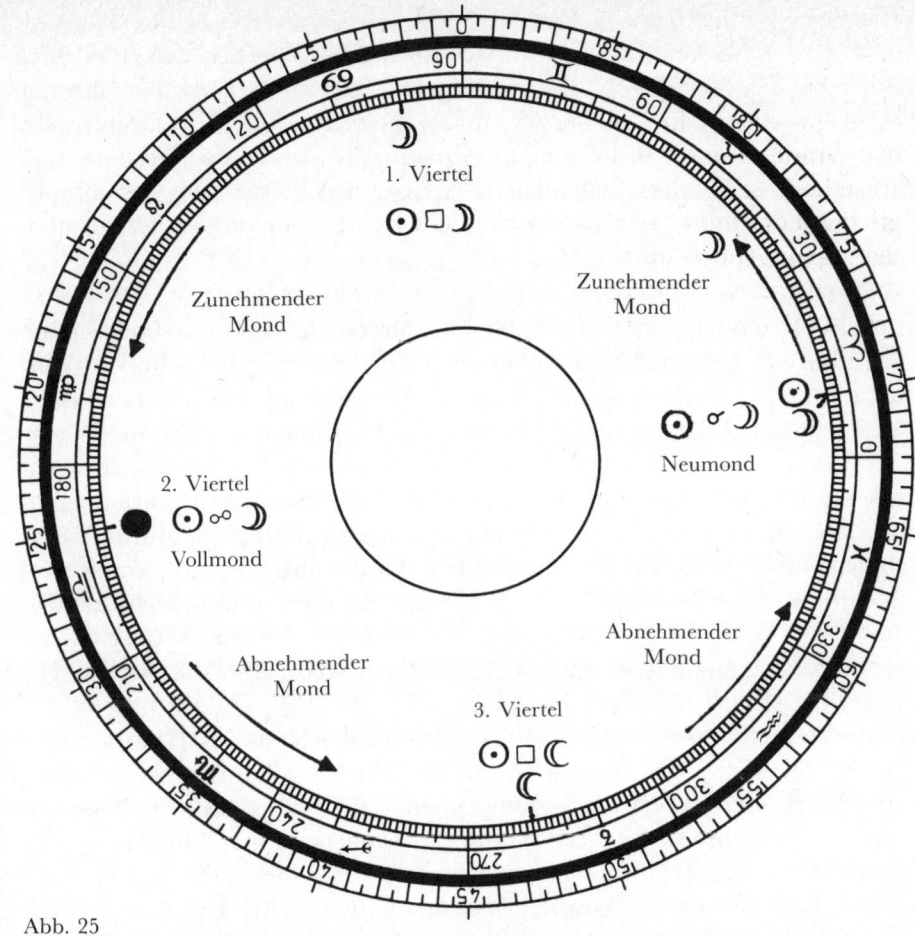

1. Viertel

⊙ □ ☽

Zunehmender
Mond

Zunehmender
Mond

⊙ ☌ ☽

Neumond

2. Viertel

● ⊙ ☍ ☽

Vollmond

Abnehmender
Mond

Abnehmender
Mond

3. Viertel

⊙ □ ☾
☾

Abb. 25

wird deutlich, wenn man im Deutungsteil die gewünschten Sonnen- und Mondpositionen heraussucht.

Jährlich entstehen Sonnen- und Mondfinsternisse, partiell oder total. Der Laie kann diese Finsternisse ohne astronomische Kenntnisse nicht im voraus feststellen, aber er kann die entsprechenden Angaben aus guten Ephemeriden wie der *Rosenkreuzer-Ephemeride* (19) oder den *Graphischen Ephemeriden* (64) des Ebertin Verlags entnehmen. Das, was man gern einen »black-out« nennt, eine reduzierte Reaktionsfähigkeit, tritt oft unter Finsternissen auf.

4. Der Tagesrhythmus

Allein aus einem berechneten Kosmogramm können wir auf die Tageszeit schließen, zu der jemand geboren wurde. Hierzu benötigen wir den Stand der Sonne und die beiden Achsen Aszendent-Deszendent und Medium Coeli-Imum Coeli. Um das zu veranschaulichen, verwenden wir nochmals die beiden Kosmogramme vom 1. und 8. Januar 1986, müssen diese jedoch ergänzen. Warum?

Beide Kosmogramme sind auf 0 Uhr Greenwichzeit errechnet, jedoch nicht auf einen bestimmten Geburtsort. Wir haben deshalb die Weltkonstellationen für diese beiden Tage erfaßt, jedoch keinen Ort, auf den diese Konstellationen bezogen werden könnten. Was machen wir nun?

Wir nehmen als Geburtsort für den 1. Januar 1986, 0 Uhr Greenwichzeit einmal die Stadt London und einmal die Stadt Stuttgart an und beobachten, was an weiteren Informationen in die Kosmogramme hineingegeben werden muß, und was wir daraus entnehmen können. Auf Abbildung 26 sehen wir das Ergebnis der Kosmogrammberechnung für die Stadt London. Eingetragen sind die AS-DS-Achse, die MC-IC-Achse und die Zwischenhäuser nach dem GOH-System, also die Achsen II–VIII, III–IX, V–XI und VI-XII.

Wo steht die Sonne? Sie steht am Imum Coeli, in der Himmelstiefe. Das ist der Mitternachtsstand der Sonne! Hätten wir unsere Berechnung für 12 Uhr Greenwichzeit vorgenommen, würde die Sonne am Medium Coeli stehen, ihren höchsten Tagesstand erreicht haben, den sie mittags einnimmt.

Wie ist es, wenn die Sonne am Aszendenten steht? Dann haben wir eine Geburt bei Sonnenaufgang! Eine Geburt bei Sonnenuntergang hätten wir angezeigt, wenn die Sonne am Deszendenten steht, also am Untergangspunkt.

Wo stünde die Sonne, wenn jemand vormittags, nachmittags, vor Mitternacht, nach Mitternacht geboren ist?

Ein Blick auf Abbildung 27 mit dem Verhältnis des Sonnenstands zu den Achsen AS-DS und MC-IC läßt uns wahrnehmen, daß sich bei Geburten am Vormittag die Sonne zwischen Aszendent und Medium Coeli befindet; nachmittags wäre sie zwischen Medium Coeli und Deszendent zu finden. Bei Geburten zwischen Sonnenuntergang und Mitternacht hätten wir die Sonne zwischen Deszendent und Imum Coeli ste-

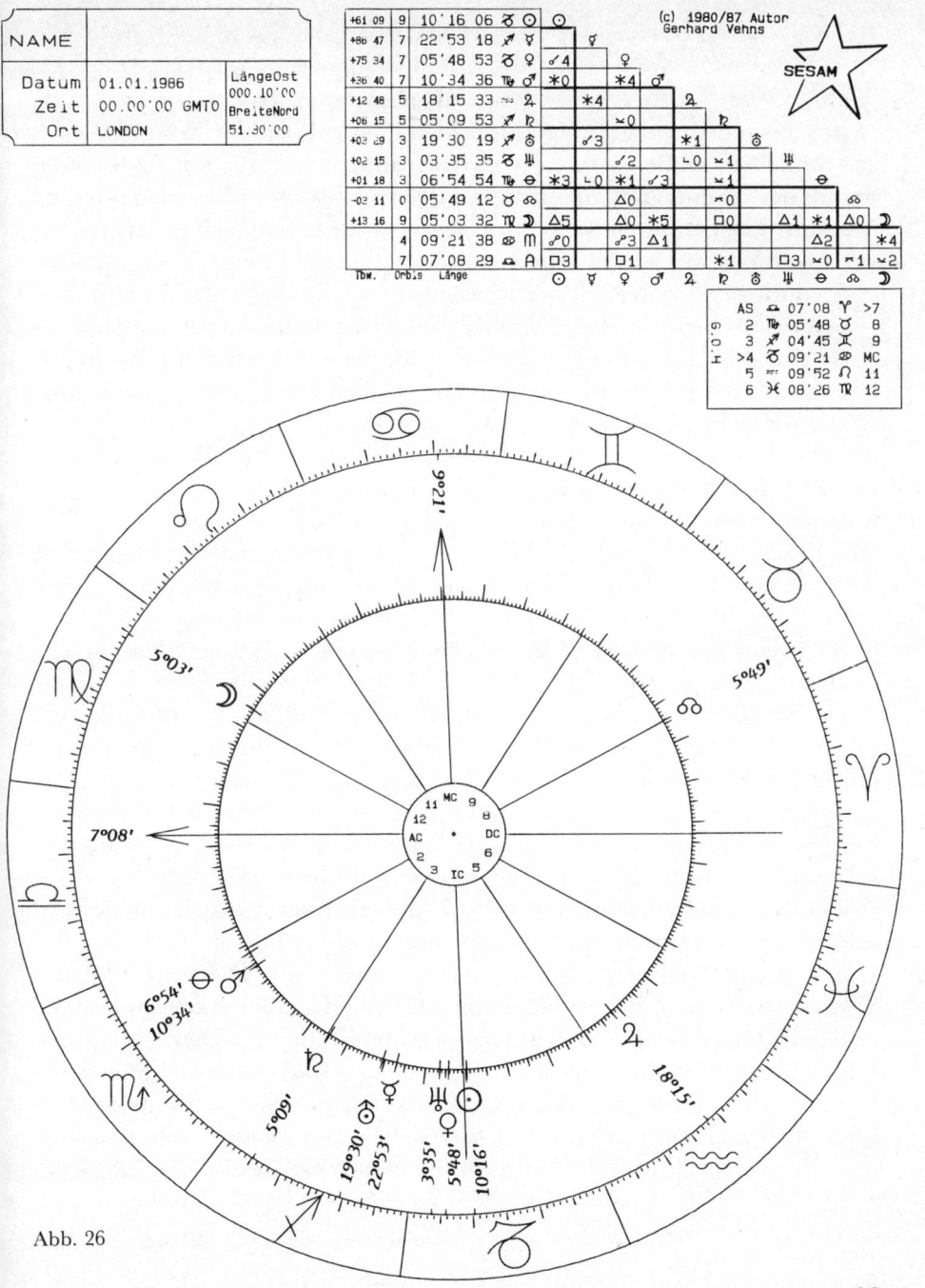

NAME		
Datum	01.01.1986	LängeOst 000.10'00
Zeit	00.00'00 GMT0	BreiteNord
Ort	LONDON	51.30'00

(c) 1980/87 Autor Gerhard Vehns

SESAM

Tbw.		Orbis	Länge			☉	☿	♀	♂	♃	♄	♅	♆	⊖	☊	☽
+61	09	9	10'16 06	♑	☉	☉										
+86	47	7	22'53 18	♐	☿		☿									
+75	34	7	05'48 53	♑	♀	☌4		♀								
+36	40	7	10'34 36	♏	♂	⚹0		⚹4	♂							
+12	48	5	18'15 33	♒	♃		⚹4			♃						
+06	15	5	05'09 53	♐	♄			⚺0			♄					
+03	29	3	19'30 19	♐	♅		☌3			⚹1		♅				
+02	15	3	03'35 35	♑	♆			☌2		∠0	⚺1		♆			
+01	18	3	06'54 54	♏	⊖	⚹3	∠0	⚹1	☌3		⚺1			⊖		
-03	11	0	05'49 12	♉	☊			△0			⚻0				☊	
+13	16	9	05'03 32	♍	☽	△5		△0	⚹5		□0		△1	⚹1	△0	☽
		4	09'21 38	♋	M	☍0		☍3	△1					△2		⚹4
		7	07'08 29	♎	A	□3		□1			⚹1		□3	⚺0	⚻1	⚺2

AS	♎	07'08	♈	>7
2	♏	05'48	♉	8
3	♐	04'45	♊	9
>4	♑	09'21	♋	MC
5	♒	09'52	♌	11
6	♓	08'26	♍	12

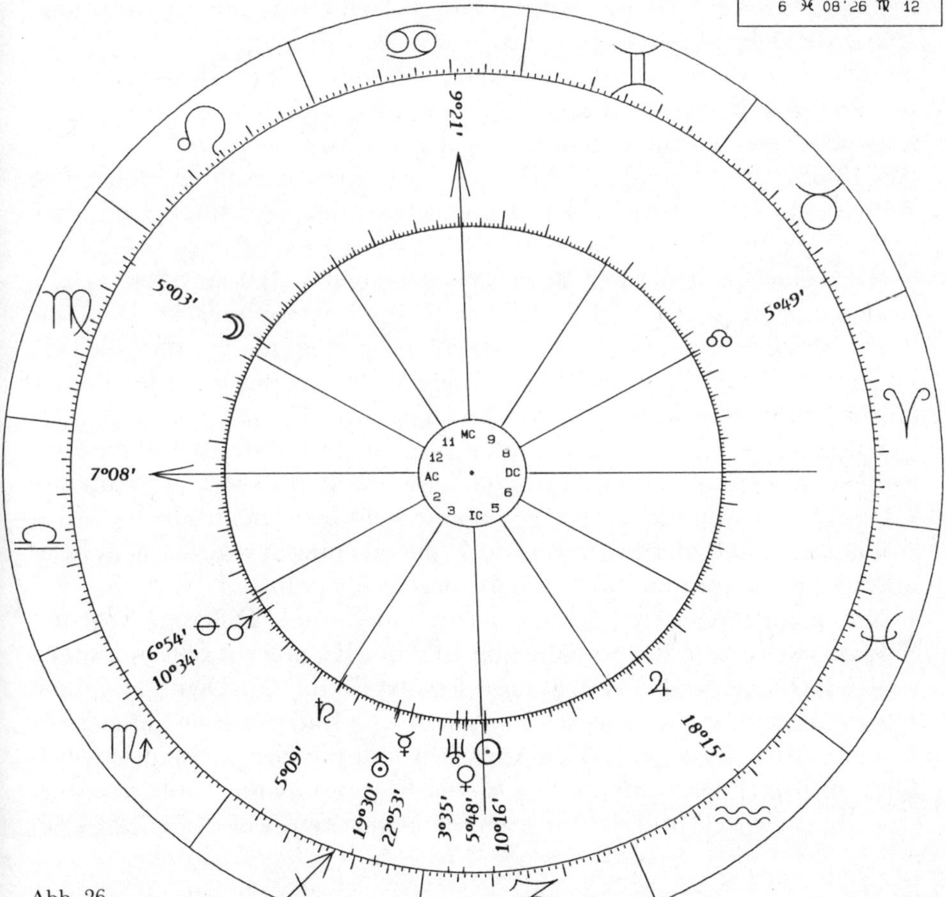

Abb. 26

hen, und bei Geburten zwischen Mitternacht und Sonnenaufgang hätte die Sonne ihre Stellung zwischen Imum Coeli und Aszendent.

Sind diese Beobachtungen wichtig? Zumindest dienen sie der Kontrolle, ob unsere Berechnungen stimmen oder nicht. So wäre ein Kosmogramm absolut falsch, wenn jemand vormittags geboren wäre und seine Sonne zwischen Deszendent und Imum Coeli stünde. Bei einer Geburt am Vormittag muß die Sonne, wie wir eben feststellten, zwischen Aszendent und Medium Coeli stehen.

An dieser Stelle wollen wir noch nicht so weit gehen, gleich genau wissen zu wollen, um welche Stunde die Geburt stattfand, wenn beispielsweise der Abstand zwischen Sonne und Aszendent, beispielsweise 20° betragen würde. Für die weiter Fortgeschrittenen unter den Lesern würde sich folgende Rechnung ergeben:

Alle vier Zeitminuten bewegt sich der Aszendent um 1° des Tierkreises. Befindet sich die Sonne über der AS-DS-Achse und beträgt der Abstand zwischen Aszendent und Sonne 20°, dann wäre die Geburt 4 × 20 = 80 Minuten = 1 Stunde 20 Minuten nach Sonnenaufgang erfolgt. Die Berechnung eines ganzen Geburtsbildes wird im Berechnungsteil (Seite 275 ff) vorgeführt.

Wie sieht es mit unserer Berechnung für den 1. Januar 1986, 0 Uhr Greenwichzeit in Stuttgart aus? Betrachten wir Abbildung 28: Die Positionen der Gestirne und des Mondknotens sind identisch, aber die AS-DS-Achse, die MC-IC-Achse und die Positionen der Zwischenhäuser haben andere Stellungen. Wie ist das zu erklären?

Stuttgart liegt östlich von London, folglich geht dort auch die Sonne früher auf als in London. 0 Uhr Greenwichzeit bedeutet für Stuttgart 1 Uhr mitteleuropäische Zeit. Die Sonne steht nicht mehr am IC wie in Abbildung 26, sondern bereits rund 7° davon entfernt. Mitternacht ist in unserem Kosmogramm für Stuttgart bereits überschritten.

Nun kommt aber eine Schwierigkeit: Eine Stunde Differenz bedeutet normalerweise, daß die Sonne schon 15° vom IC entfernt sein müßte. Es sind jedoch nur rund 7°. Des Rätsels Lösung ist, daß für Deutschland die mitteleuropäische Zeit, die sich nach dem 15. Grad östlicher Länge richtet, gilt, aber Aszendent, Medium Coeli und die Zwischenhäuser nach Ortszeit berechnet werden. Die Ortszeit liegt in unserem Falle zwischen der Greenwichzeit und der mitteleuropäischen Zeit.

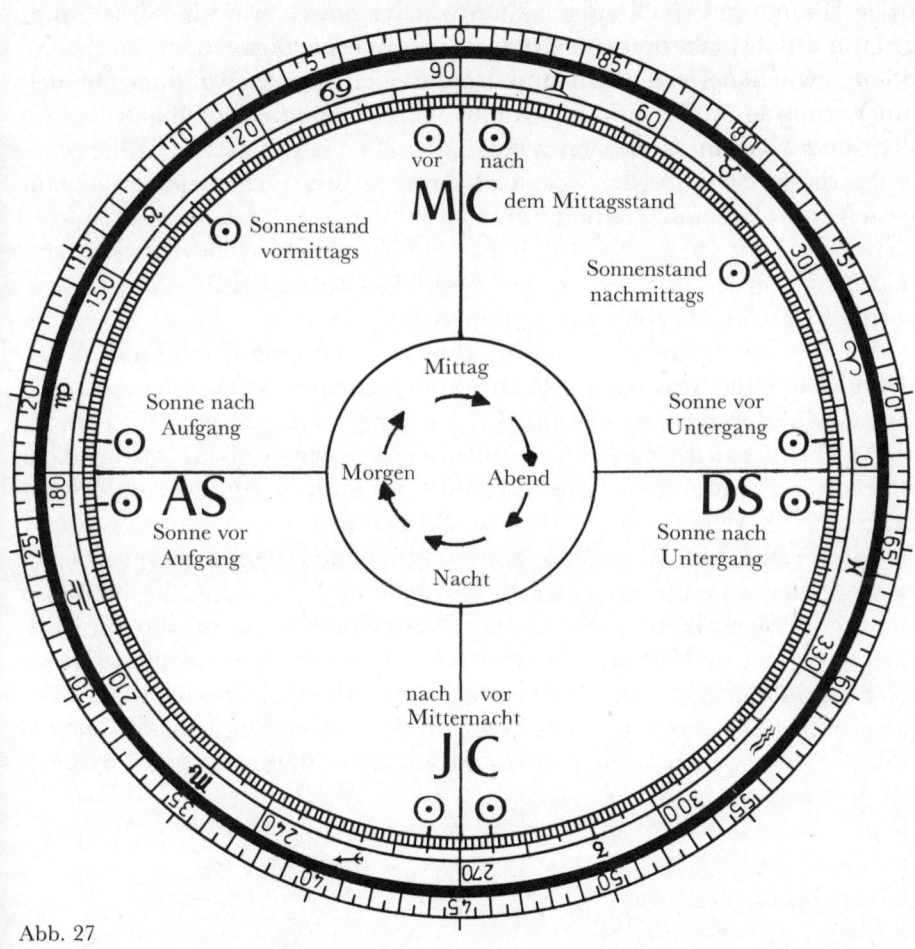

Abb. 27

95

Für die weiter Fortgeschrittenen unter den Lesern die rechnerische Aufklärung zu dieser Situation:

GMT 0 Uhr und MEZ 1 Uhr bedeutet für Stuttgart mit 9°10′ östlicher Länge, daß die Ortszeit für Stuttgart zwischen 0 Uhr GMT und 1 Uhr MEZ liegen muß. Von 0° Greenwich aus gerechnet, ergibt dies: 9° × 4 Zeitminuten = 36 Zeitminuten, für 10 Bogenminuten ergibt sich noch rund eine Zeitminute, so daß wir 37 Zeitminuten hätten. Diese 37 Minuten sind in unserem Fall zu 0 Uhr GMT hinzuzuzählen; so würde sich für Stuttgart eine Ortszeit von 0 h 37 m ergeben. Damit hätten wir folgendes Zeitbild:

$$GMT = 0 \text{ Uhr} - OZ \text{ (Stuttgart)} = 0 \text{ Uhr } 37 \text{ m} - MEZ = 1 \text{ Uhr}$$

Die Differenz der beiden MC in Abbildung 26 und Abbildung 28 beträgt etwa 6°09′, was rund 25 Zeitminuten entspricht. Die Sonne ist, wie wir aus dem Vergleich der beiden Zeichnungen ersehen können, vom IC rund 7° entfernt. In Zeit umgerechnet bedeutet das, daß die Mitternacht überschritten ist und die Sonne sich an einer Position rund 7 × 4 Zeitminuten = 28 Minuten nach Mitternacht befindet.

Wir finden hier eine Differenz zwischen den beiden besprochenen Rechnungen, die uns an dieser Stelle nicht zu interessieren braucht. Bei unserem obigen Beispiel kommt es nur auf Ihr Verständnis für die Sonnenbewegung im Verhältnis zu Aszendent und Medium Coeli und deren Gegenpunkten an. Solche Überlegungen haben nicht nur wegen des astronomisch-mathematischen Verständnisses einen Sinn, sondern helfen auch, Fehlerquellen zu beseitigen, die bei Berechnungen immer möglich sind.

NAME	
Datum	01.01.1986
Zeit	00.00'00 MEZ1
Ort	STUTTGART

	LängeOst 009.10'30
	BreiteNord 48.46'30

+61 09	9	10'13 33	♍	☉
+86 46	7	22'49 42	♐	☿
+75 34	7	05'45 44	♉	♀
+36 40	7	10'33 05	♏	♂
+12 48	5	18'13 40	♒	♃
+06 15	5	05'09 37	♐	♄
+03 29	3	19'30 10	♐	♅
+02 15	3	03'35 30	♉	♆
+01 18	3	06'54 50	♏	♇
-03 11	0	05'49 19	♉	☊
+13 15	9	04'31 37	♍	☽
	4	03'12 45	♋	MC
	7	02'32 31		A

Tbw. Orbis Länge   ☉ ☿ ♀ ♂ ♃ ♄ ♅ ♆ ♇ ☊ ☽

AS	♎ 02'32	♈	>7
2	♏ 01'29	♉	8
3	♐ 00'28	♊	9
>4	♑ 03'12		MC
5	♒ 04'41	♌	11
6	♓ 03'33	♍	12

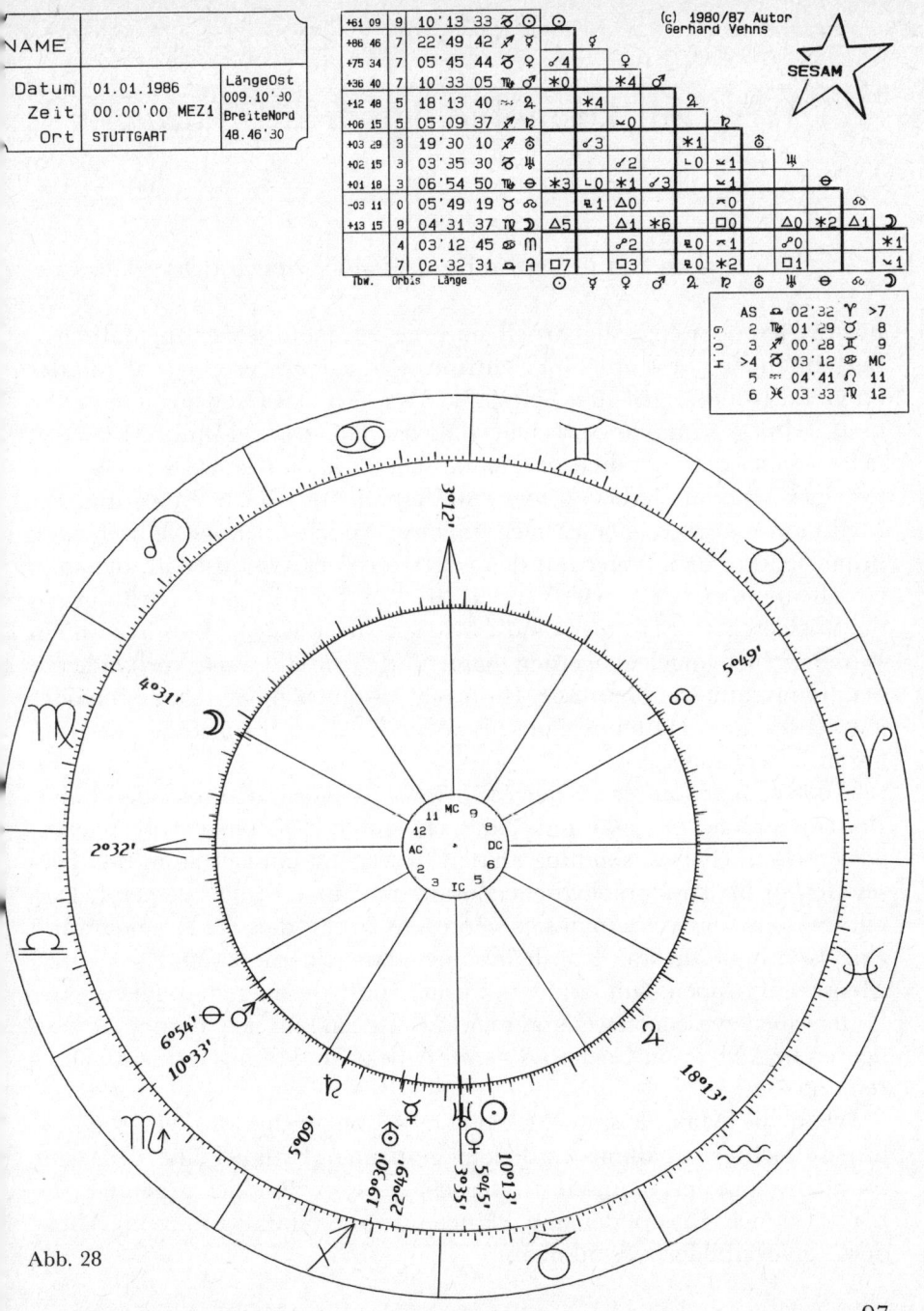

Abb. 28

97

Kapitel 6

Wege zur kosmobiologischen Deutung

1. Die Symbolsprache und ihr Verständnis

Für die kosmobiologische Arbeit sind die astronomisch-mathematischen Berechnungen notwendig; im Zentrum steht jedoch der Umgang mit der im Geburtsbild angelegten Symbolik. Wer sich den Grenzgebieten nahe fühlt, wird gern davon sprechen, daß das Geburtsbild eines Menschen neben seiner astronomisch-mathematischen Qualität auch den Charakter eines Mandala haben könne und deshalb zum Nachdenken und zur Meditation anrege. Diese nach meiner Ansicht richtige Überlegung bringt jedoch auch Ärger mit den Vertretern der Wissenschaft, denen es vor allem um exakte Werte, Vergleichbarkeit, Statistik geht. Nichts gegen die Wissenschaft! Selbstverständlich sollen zuverlässige Maßstäbe an ein Wissensgebiet angelegt werden, man darf aber die auch vorhandenen anderen Kräfte wie Phantasie, Intuition, Inspiration nicht vergessen oder gar verdrängen. Halten wir uns also offen für die nur spirituell übertragbaren Erkenntnisse.

Einer meiner Lehrer an der Münchner Universität, Professor Philipp Lersch, sprach vom »Gespür«, das ein guter Psychologe neben seiner wissenschaftlichen Ausbildung an der Universität entwickeln müsse. Dieses Gespür für kosmobiologische Zusammenhänge ist hier gemeint. Dies gilt um so mehr, wenn man sich vergegenwärtigt, daß ein Kosmogramm eine Kombination aus Konstellationen darstellt, die einmal für ganze Menschengruppen, zum anderen für ein Individuum gelten. Nicht jeder Unterschied zwischen zwei und mehr Menschen läßt sich aus dem Aszendenten und Medium Coeli und deren Aspekt- und Halbsummenstrukturen erklären!

Wenn die Makrokosmos-Mikrokosmos-Entsprechung »Wie oben, so unten« richtig ist, dann muß dem gestirnten Himmel über uns eine Sternenwelt in uns, in unserer Innerlichkeit, spiegelbildlich gegenüberstehen. Himmel, Sternbilder und Planeten werden damit in uns zu Abbildern, Spiegelbildern, Symbolen.

98

Wer sich einmal mit Traumdeutung befaßt hat, weiß, daß es eine Reihe von Traumsymbolen gibt, die für viele Menschen eine gleiche oder ähnliche Bedeutung haben können. Die Bücher über Traumsymbolik legen darüber ein beredtes Zeugnis ab. Andererseits wissen wir aus der modernen Traumpsychologie, daß ein Traum, ohne daß man den Träumer und seine gegenwärtige Situation kennt, nicht adäquat und personenbezogen verstanden werden kann. Dafür ein Beispiel: Die amerikanische Jung'sche Psychotherapeutin Frances Wickes besprach in ihrem höchst lesenswerten Buch *Die innere Welt des Menschen* (65) folgenden Traum:

> »Eine Patientin befindet sich im ersten Stock ihres Hauses. Unten auf der Straße hört sie zahlreiche Stimmen. Sie geht zum Fenster und sieht einen Menschenauflauf. Sie will ihre Schuhe holen und anziehen, um die Treppe hinunter und auf die Straße zu gehen. Als sie in ihre Schuhe schlüpfen will, sieht sie in einem davon eine zusammengeringelte Schlange. Sie fühlt sich deshalb daran gehindert, die Schuhe anzuziehen und nach unten zu gehen.«

Der Traum würde es nahelegen, an eine erotisch-sexuelle Problematik zu denken mit der Schlange als Penissymbol und dem Schuh als Vaginasymbol. Eine Erklärung für den Trauminhalt hätte die Angst vor sexuellen Begegnungen sein können. Mag sein, daß es so war, aber eine andere Version bot sich ebenfalls an:

Die Patientin stammte aus Adelskreisen und war sehr distinguiert erzogen worden. Im Familienwappen befindet sich eine Schlange. Der Traum ist nach Auffassung der Therapeutin, der die Anamnese der Träumerin bestens bekannt ist, so zu sehen, daß die Patientin so lange nicht »nach unten«, »unter die Leute« gehen kann, als sie nicht von der auf Distanz zu anderen Menschen hin anerzogenen Haltung abläßt. Die Schlange als Teil des adligen Familienwappens symbolisierte in diesem Fall die nur für die Patientin zutreffende »Angst vor dem Volk«.

Friedrich von Schiller läßt im *Wallenstein* Piccolomini sagen: »In deiner Brust sind deines Schicksals Sterne.« Das ist ein nachdenkenswertes Wort über die Kraft der Gestirnbilder in unserer Seele und in unserem Körper.

Liliane Frey-Rohn schreibt in ihrem Buch *Von Freud zu Jung* (66) über C. G. Jungs Auffassung über das Symbol:

»Zu den bemerkenswertesten Erkenntnissen Jungs gehörte die Auffassung des Symbols als eines Mittlers, in dem sich die Gegensätze von bewußt und unbewußt einten. In seiner Eigenschaft eines rational noch nicht gestalteten Bildes und einer Manifestation des urtümlichen Seelenhintergrundes hatte es zugleich teil an der bewußten Wirklichkeit. Jung sah in ihm einen paradoxen Ausdruck, der auf die Vereinigung von Ja und Nein abzielte, ebensosehr das eine wie das andere einbezog.«

Bei C. G. Jung selbst (67) finden wir den Satz:

»Das Symbol, vom Standpunkt des Realismus aus betrachtet, ist keine äußere Wahrheit, aber es ist psychologisch wahr, denn es war und ist die Brücke zu allen größeren Errungenschaften der Menschheit.«

Bei Goethe ist zu lesen (68):

»Die Symbolik verwandelt die Erscheinung in Idee, die Idee in ein Bild, und so, daß die Idee im Bild immer unendlich wirksam und unerreichbar bleibt.«

Ein Symbol wird wohl meist so erlebt, daß sein Inhalt wesentlich umfangreicher ist, als in Sprache ausgedrückt und beschrieben werden kann. Das bedeutet für die Kosmobiologie, daß die Symbolik im Geburtsbild in Worten immer nur annäherungsweise sprachlich dargestellt werden kann, unsere Ausdrucksmöglichkeiten gegenüber der Symbolik stets zurückbleiben.

Im Deutungsteil finden Sie eine Reihe von Deutungen zur Symbolsprache des Kosmogramms in Form von Schlüsselworten, die Sie sich einprägen und damit schneller die »kosmische Sprache« verstehen lernen können. Ein Ausschnitt aus diesem »Vokabular« wird in der Tabelle auf Seite 101 gegeben.

Schlüsselworte für die Gestirne, Aszendent,
Medium Coeli und Mondknoten

Sonne	Körper, Vitalität, Leben
Mond	Seele, Emotionalität
Merkur	Denken, Verstand, Intelligenz
Venus	Zuneigung und Abneigung, Ästhetik
Mars	Wille, Handlung, Leistung
Jupiter	Extraversion und Expansion
Saturn	Introversion und Stabilität
Uranus	Antrieb und Lebensdynamik
Neptun	Sensibilität und Imagination
Pluto	Kollektive Kräfte, Regeneration
Mondknoten	Bindung und Lösung, Kontakt
Aszendent	Persönlichkeit, Haltung, Darstellung
Medium Coeli	Motivation, Beruf, Berufung

Diese Schlüsselworte geben natürlich nur einen kleinen Ausschnitt aus dem Kolorit des gesamten Symbolgehaltes, aber ich denke, daß sie gut im Gedächtnis haften bleiben können, so daß im Laufe der Zeit zunehmend eigene Ableitungen vorgenommen werden können. In der folgenden Tabelle wird ein ergänzender Weg beschritten: es wird eine Dreigliederung des Symbolgehaltes einiger Gestirne gezeigt: Somatisch, psychisch, soziologisch. Die vollständige Aufstellung ist im Deutungsteil auf Seite 308ff zu finden.

Einige kosmische Symbole und ihre Grundbedeutung

Symbol	Somatisch	Psychisch	Soziologisch
Sonne	Körper Konstitution Herz/Kreislauf	Vitalität Geist	Vater Mann Partner
Mond	Lymphsystem Flüssigkeitshaus- halt	Seele Gefühlswelt Emotionalität	Mutter Frau Partnerin
Jupiter	Stoffwechsel Verdauungs- säfte, Leber und Galle	Extraversion Sittlichkeit Ethik	Vertreter religiö- ser und der Wohlfahrt die- nender Einrich- tungen
Saturn	Knochen Skelett Knorpel	Introversion Stabilität Pflicht	Autorität Alter Moral

Aus den vorgestellten Übersichten wird erkennbar, daß die kosmische Symbolik mehrdeutig und vielschichtig ist. Der für den individuellen Fall zutreffende Inhalt kann meines Erachtens nur gefunden werden, wenn man bereit ist, mosaiksteinchenartig kleine und kleinste Details zu einem möglichst ganzen Bild zusammenzufügen. Das bedeutet einerseits Fachwissen, andererseits auch »Gespür«, wie oben schon ausgedrückt wurde.

Bei der Symbolsprache sind wir keineswegs in irgendwelchen nicht faßbaren Bereichen. Denken Sie nur, wie oft Sie im täglichen Leben mit dem Auslegen eines Wortes, eines Satzes, einer Handlung konfrontiert werden, dem Auslegen eines Bibeltextes, eines Gesetzes, eines Kommentars. Wie oft werden Gesten und Verhaltensweisen mißverstanden! Der Umgang mit Symbolen geht nicht außerhalb der Welt vor sich; man kann ihn lernen; aber »das gewisse Etwas« kommt sicher noch hinzu! Für diese Lernprozesse wollen wir uns einer Reihe von Zeichnungen bedienen, weil auch sie als »Zeichen für etwas« einen Weg des Verstehens darstellen können.

102

2. Symbolkombinationen

Symbole können ganz für sich selbst bewertet werden. Sonne steht für den Körper, das Leben, die Vitalität, die Männlichkeit. Der Mond wird mit der Seele, dem Gefühl, der Weiblichkeit in Zusammenhang gebracht. Für den Mars bilden sich Assoziationen wie Wille, Handlung, Leistung. Diese volle Symbolkraft ist in der Abbildung 29 ausgedrückt.

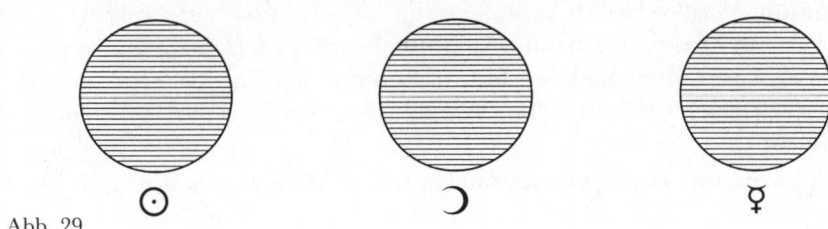

Abb. 29

Man kann die Qualität der Symbole abstrahieren, ganz für sich allein nehmen. In der Wirklichkeit stehen aber die Gestirne stets an einer bestimmten Stelle im Tierkreis und nehmen daraus eine gewisse Färbung an. Mars im Zeichen Löwe läßt deshalb eine Übersetzung zu wie: »Arbeit in der Öffentlichkeit. Prestigeträchtige Objekte«. Befindet sich Mars im Zeichen Jungfrau, neigen wir zu Deutungen wie: »Klare, überschaubare, methodische Arbeit. Arbeitsvorbereitung, Arbeitskontrolle«. Steht der Mars im Zeichen Wassermann, erhalten wir wieder eine andere Qualität für die Art des Willens, der Handlungen, der Leistung: »Freude an neuen Konzepten, Methoden, Aufgaben, Experimenten.« Diese Kurzdeutungen wurden aus dem Deutungsteil des Buches ab Seite 312ff entnommen.

Wie ist es aber, wenn zwei Symbole miteinander verbunden sind? Ändert sich die Qualität in bestimmter Weise? In solchen Fällen haben wir zuerst, wie Abbildung 30 zeigt, die Symbole A und B für sich zu

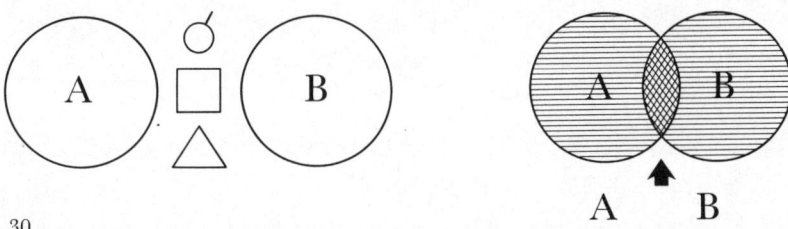

Abb. 30

bewerten. Darüber hinaus erhalten wir aber etwas Neues. Teile von A und B können eine Beziehung zueinander eingehen; nennen wir sie AB. Dann haben wir herauszufinden, wie neben Qualität A und Qualität B die Kombination AB aussehen kann. Nimmt A mehr von B oder B mehr von A in sich auf? Diese Vorgänge sind Erfahrungen vergleichbar, die wir alle schon mehr oder weniger gewonnen haben.

Man stelle sich ein Glas Wasser und einen Löffel Honig vor. Die Verbindung Wasser-Honig kann so sein, daß der unverrührte Honig als Bodensatz im Wasser bleibt und sich nur begrenzt mit dem Wasser vermischt. Es kann aber auch so sein, daß der Honig im Wasser verquirlt wird. Er wird sich dann mit dem Wasser vermischen, so daß »Honigwasser« entsteht.

Geben wir statt Honig Kandiszucker in das Wasserglas, wird es relativ lange dauern, bis er sich auflöst. Aber wir erhalten Zuckerwasser. Würden wir nun einen Löffel Sand nehmen, müßten wir feststellen, daß sich Sand und Wasser zwar eine Zeitlang miteinander verwirbeln lassen, aber einen »Wassersand« oder ein »Sandwasser« würden wir niemals zuwege bringen.

Übertragen wir diese Beispiele auf die Beziehungen zwischen Symbolen untereinander, läßt sich nachvollziehen, daß je nach dem Inhalt der Symbolqualitäten Verbindungen unterschiedlicher Stärke möglich sind. Es kann aber auch sein, daß Beziehungslosigkeit entsteht.

Komplizierter wird es, wenn es um drei Symbole – A, B und C – geht. Wir haben zunächst Symbol A, Symbol B und Symbol C für sich und entsprechend auch deutungsmäßig zu bewerten. Dann entstehen Zweierbeziehungen im Sinne von A-B, A-C, B-C. Hinzu kommt noch eine Integrationsmöglichkeit A-B-C, wobei das »Mischungsverhältnis« zunächst offenbleiben muß (vgl. Abbildung 31).

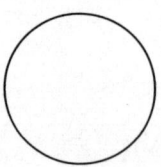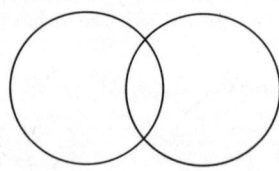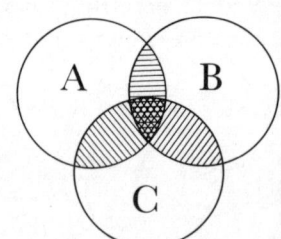

Abb. 31

104

Das mag bis jetzt alles sehr plausibel sein. Zu einer schwierigeren theoretischen Überlegung kommen wir, wenn wir über eine Reihe von Abwandlungsmöglichkeiten des ursprünglichen Symbolgehaltes nachdenken.

3. Abwandlungen des Symbolgehalts

In der Praxis zeigt es sich immer wieder, daß Klienten oder Patienten ein »phantastisches Horoskop« haben. Wenn man aber diese Menschen und deren Lebensgeschichte betrachtet, gewinnt man den Eindruck, daß sie bei weitem nicht erreichen konnten, was man nach Betrachtung des Geburtsbildes erwartet hätte. Im Gegensatz dazu gibt es Geburtsbilder, deren Betrachtung auf gravierende Belastungen des Kosmogrammeigners schließen läßt. Man ist überrascht zu sehen, was aus einem solchen Menschen im Laufe seines Lebens im positiven Sinne geworden ist.

Derlei Beobachtungen lassen darauf schließen, daß es Abwandlungen des ursprünglichen Symbolgehalts gibt. Solche Abwandlungen können nur nach Kenntnis der Lebensgeschichte erschlossen werden. Abbildung 32 soll zeigen, daß durch Ängste, Frustrationen, negatives Denken, Traumata, Unfälle, widrige Umstände die Symbolkraft reduziert oder auch verkümmert sein kann.

Andererseits können Ermutigung, Förderung, positives Denken, »glückliche Umstände«, Arbeit an sich selbst, Gruppenarbeit, Psychotherapie zur optimalen Ausschöpfung der Symbolkraft und gegebenenfalls deren Grenzüberschreitung führen, wie in Abbildung 33 dargestellt wurde. Man ist dann in der Lage, »mit seinen Pfunden zu wuchern«, wie es in der Bibel heißt.

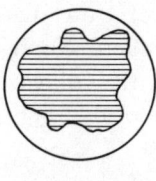

Abb. 32

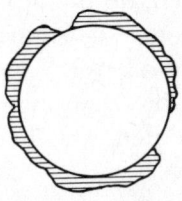

Abb. 33

4. Kosmische Symbolik und Lebensgeschichte

Die Kenntnis der Lebensgeschichte eines Menschen fördert nicht nur das Verständnis für ihn, sein Verhalten, seinen gegenwärtigen Reifungsstand, sondern sie vermittelt uns auch die ganz individuelle Färbung gerade seiner Gestirnpositionen im Kosmogramm. Die Folge können wesentliche Impulse zur sinnvollen Lebensgestaltung sein. Letztlich zeigt die bisherige Lebens- und auch Krankengeschichte eines Menschen die Richtung, in die seine Energien bisher flossen. Es wird dann zu ergründen sein, ob die bisherige Stoßrichtung beibehalten wird oder besser geändert werden sollte. Abbildung 34 soll zeigen, wie sich Lebensgeschichte und kosmische Kräfte ineinander verflechten können.

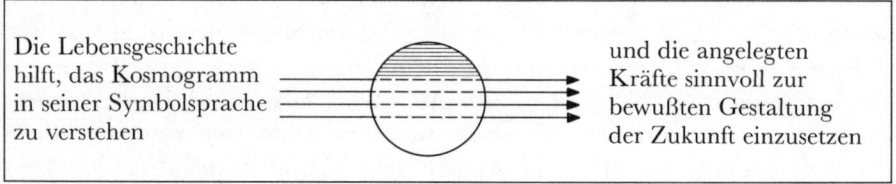

Die Lebensgeschichte hilft, das Kosmogramm in seiner Symbolsprache zu verstehen und die angelegten Kräfte sinnvoll zur bewußten Gestaltung der Zukunft einzusetzen

Abb. 34

5. Die Dominanz der Planetenqualitäten

Wenn wir bedenken, daß Jupiter und Saturn in einem gewissen Gegensatz zueinander stehen – Extraversion und Introversion ausdrückend –, ist es im individuellen Fall, zum Beispiel bei einer Konjunktion von Jupiter und Saturn, ohne Kenntnis der Lebensgeschichte kaum möglich, herauszufinden, ob die jupiterhaften Kräfte die saturnische Begrenzung überwinden oder die saturnischen beharrenden Kräfte das jupiterhafte Streben nach äußerer Verwirklichung unterdrücken. Nach meiner Auffassung kann die Deutung eines Aspektes gleichsam von zwei Seiten her aufgebaut werden. Das Beispiel Jupiter-Saturn eignet sich gut, dies zu demonstrieren.

1. Jupiter → Saturn
   Von Jupiter ausgehend können wir interpretieren: Mit erfolgsorien-

tiertem Optimismus seine Kräfte konzentriert einsetzen und Widerstände überwinden.

2. Saturn → Jupiter
Von Saturn ausgehend können wir formulieren: »Auf Nummer Sicher gehen wollen.« Mit dem Erreichten zufrieden sein wollen. Angst davor, aus sich herauszugehen.

Nehmen wir noch einige Beispiele hinzu: Aspekte zwischen Saturn und Uranus können immer wieder zu Zerreißproben führen. Wir haben dann die stabilisierende bis hemmende Qualität des Saturn und die anregende bis anstoßende Qualität des Uranus. Anders verhält es sich bei Aspekten zwischen Mars und Uranus. Ihre gemeinsame Kraft kann impulshafte, plötzlich auftretende bis überschießende Energien entstehen lassen.
   Diese Beispiele legen uns auch die Frage nahe, ob bei Aspekten der eine Faktor den anderen dominieren, verdrängen, unterdrücken oder auch überschießend wirken lassen kann.

6. Integration und Desintegration kosmischer Kräfte

Es gehört sicher zu den wichtigen Reifungsvorgängen in uns, ausgleichend, aktivierend, fördernd, hemmend mit den in uns angelegten Kräften umzugehen. Niemand wird seinen Antrieben freien Lauf lassen können; jeder muß sich in bestimmter Weise in die Gemeinschaft einordnen, sonst würden über kurz oder lang gravierende zwischenmenschliche Spannungen entstehen. In diesem Sinne ist es eine Frage, ob die im Geburtsbild sichtbaren kosmischen Kräfte sinnvoll miteinander verbunden werden können oder nicht oder ob sie sogar im »luftleeren« Raum ohne Beziehung zueinander stehen (vgl. Abbildung 35).

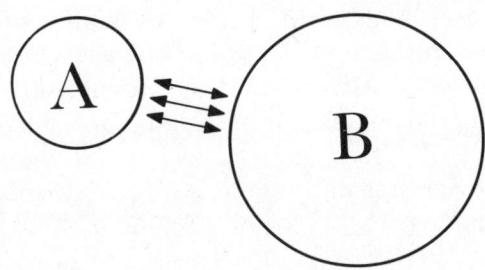

Abb. 35

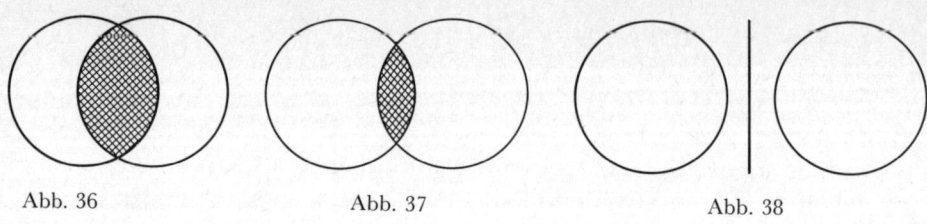

Abb. 36   Abb. 37   Abb. 38

Die Abbildungen 36 und 37 zeigen stärkere und schwächere Integration zweier kosmisch angelegter Kräfte; Abbildung 38 stellt die Desintegration dar, die einem Bruch in der angelegten Persönlichkeit gleichkommen dürfte. Die Kraft des einen oder anderen Symbols kann dann nicht gelebt werden.

Abb. 39

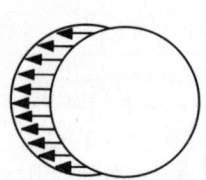 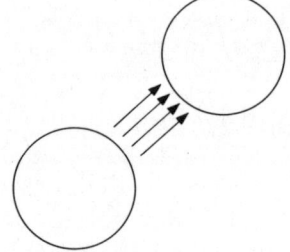 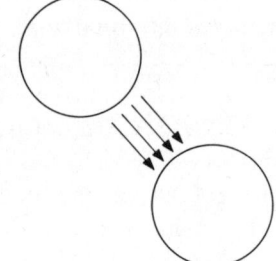

Das Zurückweichen   Die Idealisierung   Die Verdrängung der Symbolk
vor der Symbolkraft   und damit das Un-
                         erreichbar-machen

Wir wollen noch eine weitere Differenzierung für die Deutungsarbeit betrachten:

Im Beratungsfall ist zu überlegen, ob sich in einer Person zum Beispiel saturnische und uranische Kräfte miteinander zu einer sinnvollen Synthese verbinden lassen oder nicht. Saturn in Konjunktion mit Uranus kann zum einen bedeuten, daß es schwerfällt, seine Lebensdynamik zu entfalten, zum anderen, daß man vor der Konzentration der Kräfte und der Selbstbesinnung davonläuft; zum dritten – im Falle der Integration dieser divergierenden Kräfte – kann es heißen, daß die Lebensdynamik sehr konzentriert eingesetzt und innere Widerstände mit Bedacht überwunden werden können.

7. Antriebe und Antriebsbewältigung

Wenn wir ein Geburtsbild betrachten, entspricht jedem der in das Kosmogramm eingetragenen Faktoren eine bestimmte Energie. Diese Energien wollen wir mit Schlüsselworten benennen (siehe folgende Übersicht). Jeder Antrieb in uns strebt nach Verwirklichung. Gelingt das, entstehen Erfolgserlebnisse; mißlingt es, sprechen wir von Mißerfolgserlebnissen. Wenn wir körperlich und seelisch gesund bleiben wollen, brauchen wir wesentlich mehr Erfolgserlebnisse als Mißerfolgserlebnisse. Verläuft dagegen alles stets zu unserer Zufriedenheit, fehlt uns ein gewisser Gegenpol; wir werden nicht daran gewöhnt, auch mit Unlust fertig zu werden. Aber sicher kann man den Grundsatz aufstellen: Je mehr Erfolgserlebnisse, um so mehr Selbstsicherheit, Selbstvertrauen, Risikobereitschaft.

Unsere Antriebe können auf Behinderungen stoßen. Solche Möglichkeiten wollen wir in der Übersicht »Antriebe und Antriebsbewältigung« erfassen. Die kosmische Symbolik zeigt uns im Kosmogramm die »schwachen« und »starken« Punkte. Wir müssen nur die für uns geltenden »Vokabeln« lernen und aus dem Kosmogramm entnehmen. Damit dient das Geburtsbild im weitesten Sinne der Selbsterkenntnis und bewußten Lebensgestaltung.

Die Energien des Kosmos als Antriebe im individuellen Kosmogramm

Sonne	Ich will leben mit meinem männlichen Seelenteil
Mond	Ich will aufnehmen und empfangen mit meinem weiblichen Seelenteil.
Merkur	Ich will meinen Verstand und mein Denkvermögen einsetzen.
Venus	Ich will Zärtlichkeit und Liebe geben und mich der Ästhetik verbinden.
Mars	Ich will vorwärtskommen und etwas leisten.
Jupiter	Ich will hinaus in die Welt und offen sein.
Saturn	Ich will zu Hause bleiben und mich schützen.

Uranus	Ich will anstoßen, verändern, angreifen, kämpfen.
Neptun	Ich will offen sein, spüren, innerlich sehen.
Pluto	Ich will mich den kollektiven Kräften unterordnen oder sie beherrschen.
Mondknoten	Ich will mich binden und lösen.
Aszendent	Ich will auftreten und mich darstellen.
Medium Coeli	Ich will mich motivieren und zu einer Aufgabe berufen sein.

Als Arbeitshypothese:

Vesta	Ich will dienen, helfen, beten.
Chiron	Ich will mich und andere heilen, opfern oder geopfert werden.

Antriebe und Antriebsbewältigung

1. Jeder Antrieb strebt nach Verwirklichung. Gelingen bringt Erfolgserlebnisse.
2. Erfolgserlebnisse bewirken Selbstsicherheit, Selbstvertrauen.
3. Antriebe ohne Verwirklichung bewirken Mißerfolgserlebnisse, Verzichtsbereitschaft.
4. Behinderung der Antriebe gehört zum »täglichen Leben«. Niemand kann »alles«.

Häufige Reaktionen auf Behinderung der Antriebe können sein:
1. Verstärkter konzentrierter Einsatz führt zur Überwindung der Behinderung. »Nun erst recht!«
2. Antriebsstau führt zur Aggression. Folge sind »Blitzableiterfunktion« gegenüber Schwächeren: Gegenstände, Tiere, Kinder, Ehepartner, »Sündenböcke«, »Prügelknaben«.
3. Angst vor Verwirklichung der Antriebe wegen Konsequenzen, zum Beispiel Strafe, Bloßstellung, Liebesverlust.
4. Frustration (lat. frustrare = sich vergeblich bemühen).
5. Resignation, Zielaufgabe: »Es hat ja doch alles keinen Zweck!«
6. Regression (lat. regredi = zurückgehen): »Man muß sich eben mit weniger zufriedengeben!«

7. Idealisierung des Zieles = unerreichbar machen. »Wie schön wäre es, wenn...«
8. Hoffnung auf Zielverwirklichung in ferner Zukunft. »Eines Tages wird es doch noch werden!« Tagträume, Erfüllungsträume.
9. Übertragung auf andere: »Was ich nicht geschafft habe, werden Sohn/Tochter erreichen!«
10. Zielaufgabe, Antriebslosigkeit, Hoffnungslosigkeit, Depression.
11. Flucht in die Krankheit. Ein »legitimer Grund«, daß man bestimmte Ziele nicht mehr verwirklichen kann!
12. Zwangskrankheiten = sich im eigenen Kreis drehen. Aufnahme von »straffreien« Tätigkeiten wie Waschzwang, Putzzwang oder Zählzwang.

Beachte: Künftige Möglichkeiten der Verwirklichung durch Erkennen der Blockaden!

---

8. Zusammenfassung

Wir haben einen längeren Ausflug in die Welt der Symbolik hinter uns. Die Sprache des Kosmos läßt sich nicht auf einmal erlernen, aber Stück für Stück werden Sie die verschiedenen Facetten, die individuelle Couleur erfassen, die das Verständnis für ein bestimmtes Geburtsbild ausmacht.

Auf unserem weiteren kosmobiologischen Weg werden wir mit den Schlüsselworten arbeiten, die Sie im Anhang dieses Buches finden, und Sie werden sehen, daß man mit präzisen Begriffen schon zu guten Erfolgen im Verständnis eines Menschen durch dessen Kosmogramm gelangen kann. Nachfolgend werden wir uns nun mit einer Reihe von Persönlichkeiten, deren Lebensgeschichte und Geburtsbild beschäftigen und dann das Wissen, das wir vorstehend gewonnen haben, anwenden.

Kapitel 7

Das Kosmogramm auf den ersten Blick

Als wir uns eingangs mit den ersten Jahren unseres zwanzigsten Jahrhunderts beschäftigten, erwähnten wir den Physiker Albert Einstein und die von ihm 1905 veröffentlichte Relativitätstheorie, die zu einer Veränderung unseres bisherigen Weltbildes führen sollte. So liegt der Gedanke nahe, daß wir uns einmal mit der Persönlichkeit Albert Einsteins und seinem Geburtsbild beschäftigen.

1. Das Kosmogramm des Physikers Albert Einstein (1879–1955)

Nehmen wir uns vor, von diesem Kosmogramm einen ersten Eindruck zu gewinnen und diesen im Lauf unserer Untersuchung differenzieren zu wollen. Wir betrachten das Tierkreisformular mit dem Geburtsbild Einsteins und lassen es auf uns wirken. Das Geburtsbild ist auf dem Formular K 2 aufgezeichnet, innen mit dem Tierkreis, außen mit dem 90°-Kreis, den wir allerdings erst später besprechen werden (Abbildung 40).

Zuerst sehen wir die waagrechte Linie des Aszendenten, die den Tierkreis dieses Kosmogramms in eine obere und untere Hälfte teilt; der Aszendent selbst steht im Zeichen Krebs.

Die Sonne finden wir im Zeichen Fische, zusammen mit dem Medium Coeli, so daß dieses Zeichen mit zwei Faktoren statt mit nur einem belegt ist.

Wenn wir danach schauen, welche Tierkreiszeichen besetzt sind, fällt weiterhin das Zeichen Widder auf, stehen doch dort Merkur und Saturn in einer engen Konjunktion mit rund 1° Orbis; dazu kommt noch die Position der Venus.

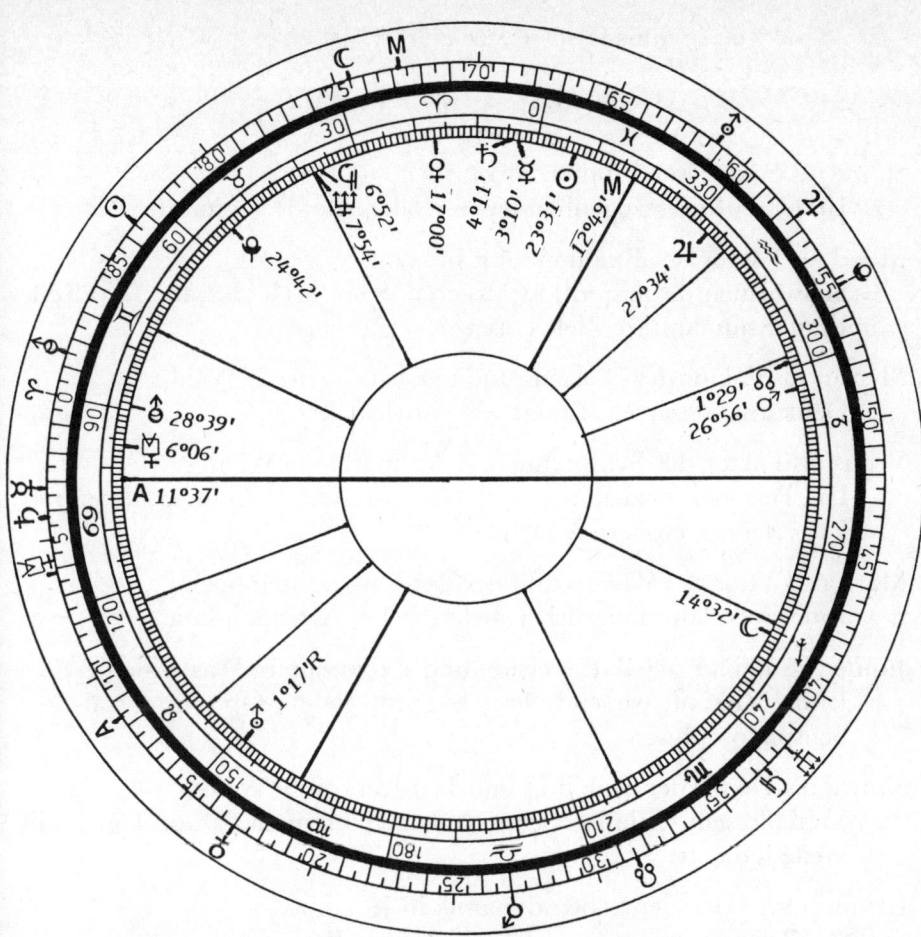

Abb. 40 Albert Einstein, geb. am 14. März 1879, 11:30 Uhr MEZ
in Ulm; 48°23′ n.Br.; 9°59′ ö.L.

2. Der erste Eindruck

Die Zeichenbesetzung erlaubt einen ersten Eindruck von der Person des
Kosmogrammeigners. Wir erarbeiten ein Merkmalsprotokoll, indem wir
die Schlüsselworte aus dem Deutungsteil zusammenstellen und danach
bewerten, was wir mit diesem ersten Einstieg über die Persönlichkeit
Albert Einsteins erfahren.

Schlüsselworte zur Tierkreisbesetzung

Beispiel: Albert Einstein

Sonne als Faktor der Vitalität in Fische
In der Zurückgezogenheit leben wollen. Ein Refugium brauchen.

Mond als Faktor der Emotionalität in Schütze
Schwärmen, begeistern, idealisieren. Seine Gefühlskräfte für ideelle und/oder humanitäre Ziele einsetzen.

Merkur als Faktor des Denkens und der Intelligenz in Widder
Denkanstöße setzen. Initiativen entwickeln.

Venus als Faktor der Sympathie und Antipathie in Widder
Die Personen beziehungsweise Gegenstände der Sympathie ergreifen, erfassen, erobern wollen.

Mars als Faktor des Willens und der Leistung in Steinbock
Intensiver, kontinuierlicher, beharrlicher Arbeitseinsatz.

Jupiter als Faktor der Extraversion und Expansion in Wassermann
In die Zukunft weisende Projekte protegieren. Optimismus als Lebensphilosophie.

Saturn als Faktor der Stabilität und Introversion in Widder
Verschlossene Mimik. Seine Antriebe bremsen. »Gut Ding will Weile haben.«

Uranus als Faktor der Lebensdynamik in Jungfrau
Jeden Rahmen sprengen wollen. Sich über Kleinkram aufregen.

Neptun als Faktor der Sensibilität und Imagination in Stier
Sich von irdischem Besitz lösen wollen. Hinter der Realität die Transzendenz suchen.

Pluto als Faktor der kollektiven Kräfte in Stier
In großem Maße Besitz ergreifen wollen. Weitflächige Landeinnahme. Kolonialismus.
(In diesen Deutungen zeigt sich der damalige Zeitgeist. Noch wurden Kolonien gegründet oder beherrscht. Im übertragenen Sinn entstanden durch Einstein jedoch Ideen mit weltweiter Auswirkung).

Mondknoten als Faktor der Bindung und Lösung in Wassermann
  Gemeinschaften mit Entwicklungsaufgaben. »Brainstorming«.
  »Braintrust«. »High Technology«.

Aszendent als Faktor der Persönlichkeit und Haltung in Krebs
  Fürsorgliche Persönlichkeit. Weitgehendes Verständnis haben.

Medium Coeli als Faktor der Motivation und Berufung
  Die Vergangenheit, die alten Kulturen und Religionen verstehen
  und in sich aufnehmen wollen. Gebet und Meditation suchen.

Beachten Sie bitte, daß das vorstehende Merkmalsprotokoll nicht auf die
Person Albert Einsteins zugeschnitten ist; vielmehr würden wir zunächst
die gleichen Deutungen für eine Person einsetzen, die wie Albert Einstein
Mond im Zeichen Schütze oder Mars im Zeichen Steinbock stehen hat.
Es hat ja nicht jeder alle dreizehn oben angesprochenen Deutungsfaktoren im gleichen Zeichen und an der gleichen Stelle stehen. Wir gewannen
einen ersten Eindruck, wie wir es uns vorgenommen hatten.

3. Die leicht erkennbaren Aspekte und ihre Bedeutung

Unser nächster Schritt wird sein, uns an die Aspekte in Einsteins Geburtsbild heranzutasten. Auf den Seiten 82ff haben wir uns schon mit
Aspekten wie Konjunktion, Quadrat, Trigon, Opposition beschäftigt.
Dieses Wissen wollen wir jetzt in der Praxis anwenden.
  Die Konjunktion von Merkur und Saturn im Zeichen Widder haben
wir schon erkannt. Ein Blick auf den Jupiter im Zeichen Wassermann
und den Uranus gegenüber im Zeichen Jungfrau läßt uns eine Opposition zwischen diesen zwei Planeten wahrnehmen, wobei der Orbis jedoch
über 3° liegt, also für Langsamläufer etwas zu groß ist. Lassen Sie mich
hier auf eine Besonderheit hinweisen: Neben der Gradzahl für den Uranus finden wir ein R, was rückläufig heißt. Rückläufige Planeten haben
erfahrungsgemäß eine stärkere Wirkung. Warum das so ist, werden wir
besprechen, wenn wir uns mit der Dynamik der Gestirne, vor allem den
Transiten und Progressionen befassen.
  Wenn wir das Kosmogramm weiter betrachten, sehen wir, daß Mars
im Zeichen Steinbock rund $4\frac{1}{2}°$ vom Mondknoten im Zeichen Wassermann entfernt ist; es handelt sich also um eine etwas weit gefaßte Kon-

junktion. Wenn Sie sich diese Aspekte notieren und nach weiteren Ausschau halten, werden Sie zu der folgenden Tabelle kommen. Ohne Hilfsmittel (die schon genannte Rechenscheibe) können Sie Konjunktionen, Oppositionen, Quadrate, Trigone, Sextile und Halbsextile wahrnehmen, vielleicht noch das Quincunx.

Die leicht erkennbaren Aspekte im Kosmogramm von Einstein

Sonne Sextil Mars	Mars Konjunktion Mondknoten
Sonne Sextil Pluto	Mars Trigon Pluto
Mond Trigon Venus	Jupiter Opposition Uranus
Mond Quincunx Aszendent	Jupiter Quadrat Pluto
Merkur Konjunktion Saturn	

Oben haben wir die Tierkreisbesetzung erarbeitet, jetzt folgt die Arbeit mit den Aspekten; das heißt: Faktor A in einem Tierkreiszeichen und Faktor B im selben oder einem anderen Tierkreiszeichen ergeben zusätzliche Informationen. Lassen Sie sich dazu noch einmal die Überlegungen aus dem vorstehenden Kapitel »Wege zur kosmobiologischen Deutung« durch den Kopf gehen.

Die Aspektdeutungen sind polar aufgebaut. Der Grund liegt in unseren Überlegungen über die Dominanz der Symbolkraft. Als Beispiel wurde im letzten Kapitel eine Aspektierung zwischen Jupiter und Saturn herausgegriffen. Je nachdem, ob Jupiter stärker ist als Saturn oder umgekehrt, muß zwangsläufig die Deutung einen anderen Schwerpunkt bekommen. Der Pfeil zeigt jeweils, von welchem Faktor aus die Deutung aufgebaut wurde.

Wir wiederholen der Vollständigkeit halber die Deutungen aus der Zeichenbesetzung und kombinieren Sie dann mit den Aspektaussagen.

Von der Tierkreiszeichenbesetzung zu den Aspekten

Beispiel: Albert Einstein

Sonne als Faktor der Vitalität in Fische
  In der Zurückgezogenheit leben wollen. Ein Refugium brauchen.
Mars als Faktor des Willens und der Leistung in Steinbock
  Intensiver, kontinuierlicher, beharrlicher Arbeitseinsatz.

Nun der Aspekt Sonne – Mars. Interpretation aus dem Deutungsteil:

Sonne → Mars	Mars → Sonne
Lebenskraft. Die Vitalität in die Arbeit einfließen lassen.	Tatkraft. Sich für das Leben einsetzen.

Nehmen wir gleich noch den Aspekt Sonne – Pluto hinzu:

Sonne → Pluto	Pluto → Sonne
Seine Kräfte in außergewöhnliche, großartige, weitreichende Projekte investieren wollen.	Außergewöhnliche Vitalität entwickeln wollen. »Überanspannung«. Dauerstreß.

Hier ist die Aspektdeutung auch wieder so aufgebaut, daß einmal Sonne gleichsam auf den Mars und den Pluto, zum anderen Mars und Pluto auf die Sonne wirken. Dieser Aufbau wird im ganzen Buch bestehen bleiben. Wir sehen aus der obigen Aufstellung, daß die aus der Zeichenbesetzung abgeleiteten Deutungen durch die Aspekte ein gut Stück individualisiert werden konnten.

Im Augenblick beachten wir die Kombination der Gestirne, des Mondknotens, Aszendent und Medium Coeli miteinander. Die Qualität der Aspekte – Konjunktion, Quadrat, Trigon und so weiter – gewinnen wir bei unseren Interpretationen aus der Zeichenqualität. Das wird Ihnen verständlich, wenn Sie im Deutungsteil die »Schlüsselworte für die zwölf Tierkreiszeichen« durchlesen. Konjunktionen innerhalb eines Zeichens verstärken die Zeichenqualität. Haben wir es mit einem Quadrat zu tun, beispielsweise zwischen dem Zeichen Stier und dem Zeichen Löwe, dann sehen Sie aus den Deutungen eine gewisse Spannung, die sich oft aus Quadraten ergibt:

Stier = Grundlegung, Verwurzelung, Sicherung, Beständigkeit, der Erde verbunden sein.
Löwe = Öffnung, Darstellung, Anspruch, Räumlichkeit.

Daraus kann eine Zwiespältigkeit entstehen zwischen Zu-Hause-bleiben-Wollen einerseits, Ausgehen und sich dabei darstellen wollen andererseits. Behalten Sie diese Überlegungen im Gedächtnis. Mit zunehmender Erfahrung und Sicherheit im Umgang mit Geburtsbildern werden Sie ein Gefühl für die Aspektqualitäten bekommen. Wir werden sehen, daß sich das Persönlichkeitsbild Einsteins zunehmend herausschält. Aber fahren wir fort mit den oben genannten Aspekten:

Mond → Venus
Seine Gefühlskräfte in Formen der Zärtlichkeit ausdrücken wollen. Warmherzig sein.

Venus → Mond
Sympathie und Antipathie über seine Gefühle ausdrücken. »Atmosphäre schaffen« können.

Mond → Aszendent
»Gefühlstyp«. Eher weiblich gestimmt sein.

Aszendent → Mond
Den weiblichen Seelenteil in sich darstellen wollen. Sich zu seinen Gefühlen bekennen.

Merkur → Saturn
In seinem Denken und Verstehen auf Widerstände und Hemmungen stoßen. Sich wenig und/oder ungern äußern. Knapp formulieren.

Saturn → Merkur
Sich genau überlegen, was man aussprechen, ausdrücken will. Konzentriertes Denken. Logik. Methodik.

Mit Merkur Konjunktion Saturn im Zeichen Widder treffen wir auf eine Aspektverbindung, die für die Einsteinsche Persönlichkeit außerordentlich prägend war. Bedenken wir dabei, daß es ja um das Gebiet der Theoretischen Physik geht, die konzentrierteste Denkarbeit erfordert und wenig anschauungsgebunden ist. Aber setzen wir zunächst fort:

Mars → Pluto
Seine Energien ins Extrem steigern wollen. Spitzenleistungen erzwingen. Aggressiv gegen sich oder andere.

Pluto → Mars
»Bis zum Zusammenbruch arbeiten«. Die »letzten Reserven« aktivieren. Befehlen und/oder tyrannisieren wollen.

118

Jupiter → Uranus
Aufgeschlossen sein für das Neue,
Plötzliche, Unerwartete. Freude
am Entdecken.

Uranus → Jupiter
Neues aufnehmen und entwickeln
wollen. Seine Chancen nützen wollen. Ungeduld.

Jupiter → Pluto
Außergewöhnlichen Erfolg, Prestige, Vormacht erstreben. Führertyp.

Pluto → Jupiter
»Aus der Fülle schöpfen« wollen.
Großprojekte entwickeln wollen.
Anziehungskraft entwickeln wollen.

Wenn wir diese vorformulierten Deutungen lesen, müssen wir uns darüber klar sein, daß diese ja nicht direkt auf das individuelle Geburtsbild
zugeschnitten sein können. Wenn man weiß, wer Kosmogrammeigner ist,
wird man die Symbolsprache für diese Person besser verstehen und interpretieren können. Eine unserer Aufgaben soll es jedoch in diesem Buch
sein, mit Grunddeutungen zu arbeiten, dabei zunehmend sicherer zu
werden und dann für den besonderen Fall gerüstet zu sein.

4. Die Aspektstrukturen

Ein schon wesentlich höheres Maß an Individualität erhalten wir, wenn
wir ein Geburtsbild auf Aspektstrukturen hin untersuchen. Aspekte aus
zwei Faktoren treten relativ häufig auf. Anders ist es, wenn sich drei und
mehr Faktoren zu einem Strukturbild verbinden. Wir sahen schon bei
dem Vergleich der Kosmogramme für den 1. und 8. Januar 1986, wie
sich innerhalb von einer Woche bisherige Strukturen auflösen, dafür
andere auftreten, sich aber auch manche Strukturbilder, wenn sie aus
Langsamläufern zusammengesetzt sind, eine Zeitlang erhalten können.

Um Aspektstrukturen zu erkennen, bietet sich die schon genannte
kombinierte Rechenscheibe für den Tierkreis und den später zu bespre-
chenden 90°-Kreis an (vergleiche Abbildung 11). Die von der Zeigerlinie
nach rechts und links eingezeichneten radialen Linien zeigen uns verschiedene Aspekte an. Zeigt beispielsweise unser Zeiger auf Faktor A und
die Quadratlinie rechts oder links auf Faktor B, dann haben wir ein
Quadrat zwischen A und B.

119

5. Die Aspektstruktur des Aszendenten

Wenn wir die Rechenscheibe auf den Aszendenten im Zeichen Krebs einstellen, dann zeigt uns die Linie für das Trigon auf der rechten Seite, daß ein Trigon zwischen Aszendent und Medium Coeli im Zeichen Fische besteht. Auf der linken Seite sehen wir dann, daß der Aszendent ein Quincunx zum Mond im Zeichen Schütze bildet (vergleiche Abbildung 41). Aszendent, Medium Coeli und Mond bilden eine Aspektstruktur der 30°-Reihe.

Nun müssen wir noch einen Winkel besprechen, der ohne Rechenscheibe kaum auffindbar ist. Das ist das Anderthalbquadrat (135°) zwischen Aszendent und Jupiter im Zeichen Wassermann (Abbildung 42). Zeichnen wir uns diese Aspektstrukturen der 30°-Reihe und das Anderthalbquadrat der 45°-Reihe insgesamt auf, dann entsteht das kombinierte Strukturbild in Abbildung 43. Die Kombination Aszendent-Medium Coeli-Mond in den Zeichen Krebs, Fische, Schütze führt uns zu folgender Übersetzung der angezeigten Symbolik:

»Eine fürsorgliche Persönlichkeit möchte starke Gefühlskräfte einsetzen und vergangene, verborgene Kulturen und Religionen aufspüren. Diese fürsorgliche, weich angelegte Persönlichkeit vertritt in ihrer Lebensphilosophie Optimismus und will in die Zukunft weisende Projekte protegieren.«

Das Zeichen Fische wird gern mit Religion, Opfer, vergangenen Kulturen, dem Verborgenen in Zusammenhang gebracht. So muß man sich fragen, ob die wissenschaftliche Arbeit Einsteins letztlich auch mit Gottessuche zu tun hatte. Einstein erlebte sich als religiös, aber nicht an religiöse Formen und Dogmen gebunden.

6. Die Aspektstruktur des Medium Coeli

Als nächstes gehen wir zu der Struktur, die das Medium Coeli zu anderen Faktoren des Kosmogramms bildet. Betrachten wir dazu Abbildung 44. Wir treffen dabei nochmals auf Mond und Aszendent, nur daß wir jetzt nicht den Aszendenten, sondern das Medium Coeli in den Mittelpunkt unserer Betrachtung stellen.

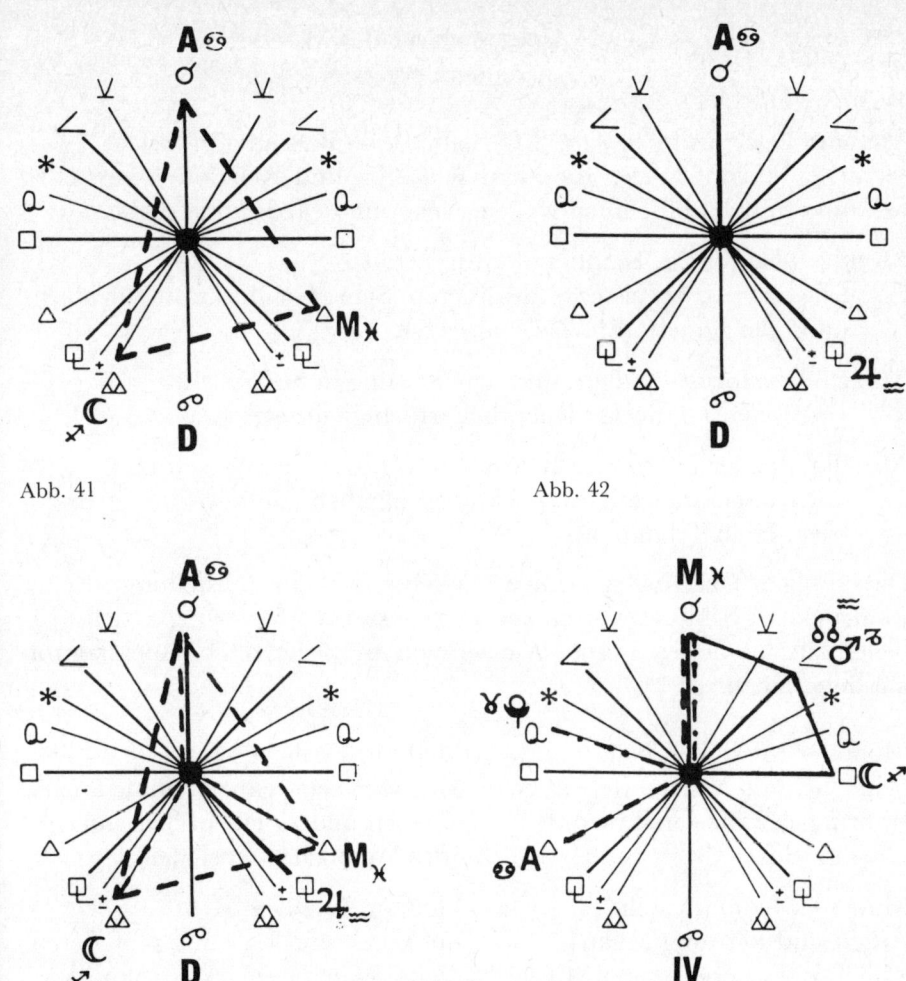

Abb. 41

Abb. 42

Abb. 43

Abb. 44

Der Vergleich der beiden Aspektstrukturen des AS und des MC zeigt uns zunächst, daß auch noch Mars, Mondknoten und Pluto einbezogen sind. Noch etwas können wir feststellen: Vom AS aus hatten wir eine Struktur der 30°-Reihe: AS -120- MC -150- Mond. Wir beachteten dabei nicht, daß ja MC und Mond zueinander ein Quadrat bilden. Aber wir hatten ja unsere Aspektbetrachtung vom AS aus vorgenommen.

121

Nun wollen wir uns die Aspektstruktur des MC erarbeiten. Wir wiederholen dabei, was wir schon kennen, ergänzen es aber:

Medium Coeli als Faktor der Motivation und Berufung in Fische
  Die Vergangenheit, die alten Kulturen und Religionen verstehen und in sich aufnehmen wollen. Gebet und Meditation suchen.

Mond als Faktor der Emotionalität in Schütze
  Schwärmen, begeistern, idealisieren. Seine Gefühlskräfte für ideelle und/oder humanitäre Ziele einsetzen.

Mars als Faktor des Willens und der Leistung in Steinbock
  Intensiver, kontinuierlicher, beharrlicher Einsatz.

Mondknoten als Faktor der Bindung und Lösung in Wassermann
  Gemeinschaften mit Entwicklungsaufgaben. Brainstorming, Braintrust, High Technology.

Diese obigen Deutungen kennen wir schon aus der Aufstellung »Erster Eindruck mit Schlüsselworten zur Tierkreiszeichenbesetzung« (siehe Tabellen auf den Seiten 114 ff). Wir nehmen als nächstes die Aspektkombinationen hinzu:

Mond → Medium Coeli
Seine Gefühle in seine Lebensziele einbringen. Emotional betonte Lebensziele.

Medium Coeli → Mond
Motiviert sein, seine Gefühle anzunehmen und zu leben. Sich auf »das Weibliche« einstellen.

Mars → Medium Coeli
Arbeit und Leistung als ausschließliches Lebensziel. »Mit seinem Beruf verheiratet sein.« »Workaholic.«

Medium Coeli → Mars
Zu Arbeit und Leistung motivieren. Zielvorgaben entwickeln. Vorbild sein wollen.

Mondknoten → Medium Coeli
Sich in der Gemeinschaft als Individuum und mit seinen Lebenszielen respektiert fühlen wollen.

Medium Coeli → Mondknoten
Seine individuellen Lebensziele mit der Gemeinschaft und Aufgaben in ihr verknüpfen wollen.

Wir können die vier Faktoren MC – Mond – Mars – Mondknoten zu einer ganzen und individuellen Deutung zusammenfassen, zum Beispiel

»Der Kosmogrammeigner hat Motivationen, den verborgenen (Lebens-) Geheimnissen nachzuspüren. Dazu ist er bereit, hart und konzentriert, zusammen mit zukunftsorientierten Gruppen, zu arbeiten, sich auch gefühlsmäßig zu engagieren und höheren Zielen zu dienen«.

Das Trigon MC – AS haben wir auf Seite 115 besprochen. An dieser Stelle könnten wir sagen, daß die Motivationen des Kosmogrammeigners seine Persönlichkeit und sein Verhalten prägen. Was uns aber jetzt bei der Aspektstruktur des MC noch fehlt, ist das Quintil des MC zum Pluto. Suchen wir im Deutungsteil die Beziehung Pluto-MC heraus.

Pluto → Medium Coeli
Außergewöhnliche Berufs- und Lebensziele. »Der Größte« sein und Macht ex cathedra ausüben wollen.

Medium Coeli → Pluto
Alle Motivationen bündeln zu einem großen, unnachahmlichen, einmaligen Ziel. Sich unsterblich machen wollen.

Als Qualität für den Quintil-Aspekt, der der Fünfteilung des Tierkreises entspricht, habe ich immer wieder gesehen, daß man ihn als den »Kampf für eine gute Sache, für eine Idee« verstehen kann, wobei »die gute Sache«, die Idee, subjektiv zu sehen ist, also objektiv betrachtet nicht unbedingt gut sein muß.

7. Aus der Lebensgeschichte Albert Einsteins

Einstein war ein ausgesprochener Pazifist. So weigerte er sich 1914 als Mitglied der hochrangigen »Königlich-Preußischen Akademie der Wissenschaften« das berüchtigte »Manifest der zweiundneunzig deutschen Intellektuellen« zu unterzeichnen, »in dem festgestellt wurde, daß sich deutsche Kultur und deutscher Militarismus dem gleichen Geist verpflichtet fühlten ... Er verfaßte einen konträren Appell, in dem die Wissenschaftler Europas aufgefordert wurden, sich mit ihrer ganzen Autorität für eine rasche Beendigung des Krieges einzusetzen ...« (69)

Ein anderes Ereignis ist in diesem Zusammenhang wichtig: Am 26. Januar 1939 brachte der Physiker Niels Bohr auf einem Vortrag vor der »Physikalischen Gesellschaft« in Washington die Kunde aus Europa mit, daß den beiden deutschen Physikern Otto Hahn und Fritz Straßmann die erste Uranspaltung gelungen sei und daß dabei große Mengen an

Energie frei geworden seien. Am 2. August 1939 suchte der deutsche und inzwischen in den USA lebende Physiker Leo Szilard zusammen mit dem amerikanischen Physiker Edward Teller Albert Einstein auf, weil inzwischen die Möglichkeit der militärischen Verwendung der Uranspaltung erkannt worden war. Auch Einstein erkannte die mögliche Gefahr. Daraufhin schrieb er an den damaligen Präsidenten Roosevelt einen Brief, worin er sofortige Experimente forderte, um festzustellen, ob eine Atombombe herstellbar wäre. »Ich war mir der furchtbaren Gefahr, die das Gelingen dieses Unternehmens für die Menschheit bedeutete, wohl bewußt, aber die Wahrscheinlichkeit, daß die Deutschen an dem gleichen Problem mit Aussicht auf Erfolg arbeiten dürften, hat mich zu diesem Schritt gezwungen. Es blieb mir nichts anderes übrig, obwohl ich stets ein überzeugter Pazifist gewesen bin.« (70)

Nachdem am 6. und 9. August 1945 die ersten Atombomben auf Hiroshima und Nagasaki gefallen und 260000 beziehungsweise 163000 Menschen in kürzester Zeit dort umgekommen waren, äußerte der amerikanische Physiker Jacob Robert Oppenheimer: »Jetzt haben die Physiker die Sünde kennengelernt, und das Wissen wird sie nie mehr verlassen.« (71) Einstein selbst schrieb nach dem Eindruck des entsetzlichen Geschehens nach den Atombombenabwürfen in Japan, daß es nur einen Weg zu Sicherheit und Frieden gäbe, »den Weg der übernationalen Organisation«. (72) So entstand durch ihn der Gedanke der »Weltregierung«. Wer diese Angaben aus Einsteins Leben liest, wird ein besseres Gefühl für dessen Geburtsbild gewinnen. Sonne und Medium Coeli im Zeichen Fische sowie der Mond im Zeichen Schütze geben eine gute Erklärung für die pazifistische Grundhaltung ab.

Einsteins Thesen wurden nicht von allen Physikern geteilt. Es gab Anfeindungen und Beschimpfungen. Fachkollegen wie Max von Laue, Walther Hermann Nernst und Heinrich Rubens ergriffen deshalb bereits in den zwanziger Jahren für Einstein Partei. So erklärten sie öffentlich nach einer wissenschaftlichen Veranstaltung, die gegen Einstein und seine Arbeit gerichtet war (73):

»Wer die Freude hat, Einstein näherzustehen, weiß, daß er von niemand in der Achtung fremden geistigen Eigentums, in persönlicher Bescheidenheit und Abneigung gegen Reklame übertroffen wird. Es scheint eine Forderung der Gerechtigkeit, ungesäumt dieser unserer Überzeugung Ausdruck zu geben . . .«

8. Die Aspektstruktur des Jupiter

Nach diesem Exkurs in Einsteins Lebensgeschichte wollen wir uns mit noch einer anderen wichtigen Aspektstruktur befassen, der des Jupiter. Wenn wir den Zeiger der Ihnen nun schon bekannten Rechenscheibe auf den Jupiter im Zeichen Wassermann einstellen, gelangen wir zu dem Strukturbild, das in Abbildung 45 aufgezeichnet ist. Wir begegnen dabei wieder Faktoren, die wir schon oben besprochen haben: Mond, Aszendent, Uranus, Mars.

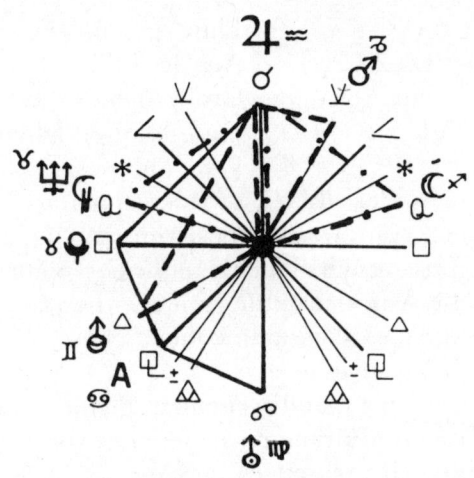

Abb. 45

Jupiter als Faktor der Extraversion und Expansion in Wassermann
  In die Zukunft weisende Projekte protegieren. Optimismus als Lebensphilosophie.

Uranus als Faktor der Lebensdynamik in Jungfrau
  Jeden Rahmen sprengen wollen. Sich über Kleinkram aufregen.

Pluto als Faktor der kollektiven Kräfte in Stier
  In großem Maße Besitz ergreifen wollen. Weitflächige Landeinnahme. Kolonialismus. (Das alles im übertragenen Sinne zu verstehen).

Aszendent als Faktor der Persönlichkeit und Haltung in Krebs
  Fürsorgliche Persönlichkeit. Weitgehendes Verständnis haben.

So weit waren wir schon; nun nehmen wir die Aspekte hinzu:

Jupiter → Uranus
Aufgeschlossen sein für das Neue,
Plötzliche, Unerwartete. Freude
am Entdecken.

Uranus → Jupiter
Neues aufnehmen und entwickeln
wollen. Seine Chancen nützen wollen. Ungeduld.

Um diesen Aspekt zu verstehen, bietet sich eine Äußerung Einsteins an:
»Ich habe keine besondere Begabung, sondern bin nur leidenschaftlich
neugierig.« (74) Aber setzen wir fort:

Jupiter → Pluto
Außergewöhnlichen Erfolg,
Prestige, Vormacht erstreben.
Führertyp.

Pluto → Jupiter
Aus der Fülle schöpfen wollen.
Großprojekte entwickeln, Anzie-
hungskraft entfalten wollen.

Die Wiederholung Jupiter -135- Aszendent sparen wir uns, weil wir
diesen Aspekt bereits von zwei Perspektiven aus, der Jupiter- und der
Aszendentenseite, besprochen haben (vergleiche Seiten 120 und 125).
Wenn wir jedoch die Aspektstruktur Jupiter – Uranus – Pluto – AS zu
einer ganzheitlichen Aussage zusammenfügen, können wir formulieren:

> »Der Erfolg beruht auf zukunftsweisenden Projekten, die durch außer-
> gewöhnlichen Erkenntnisdrang entstehen und von einer einfühlsamen
> Persönlichkeit weltweit verbreitet werden.«

Daß dazu viel Fleiß erforderlich ist, läßt das Halbsextil zum Mars in
Steinbock erkennen, auf den wir ebenfalls schon oben in anderem Zusammenhang zu sprechen kamen (vergleiche Seite 114). Außer Aspekten
der 45°-Reihe haben wir noch eine Struktur der 72°-Reihe vorliegen,
bestehend aus Jupiter, Mond, Neptun und Chiron. Nachdem wir Jupiter
und Mond schon oben interpretiert haben (siehe Seite 114) und auch
Neptun im Zeichen Stier in seiner Bedeutung schon genannt wurde
(siehe Seite 114), wollen wir gleich die Aspekte besprechen:

Mond → Jupiter
Seine Gefühle zeigen wollen. »Of-
fenherzig«, überschwenglich sein.

Jupiter → Mond
Sich selbst und andere verwöhnen.
Sich optimistisch fühlen.

Jupiter → Neptun
Phantasie, Phantastik, Fülle an Ideen bis zur Uferlosigkeit erleben. Offenheit für Träume und Transzendenz.

Neptun → Jupiter
Sich Hoffnungen hingeben. Gefahr der Bodenlosigkeit und Spekulation. Seine Möglichkeiten verschleudern.

Wer die Deutungen zu der Kombination Jupiter-Neptun liest, wird die Spielbreite erfassen, die hierin liegt, von der Phantasie bis zur Phantastik, von den Hoffnungen bis zur Bodenlosigkeit und Spekulation. Hier ist ein Punkt erreicht, der uns zum Nachdenken Anlaß geben sollte: Es kommt außer dem Geburtsbild immer auf das geistige Niveau an, das ein Mensch erreicht hat. Der gleiche Aspekt zwischen Jupiter und Neptun könnte eine andere Person tatsächlich dazu verleiten, »vom Teppich zu gleiten« und den Boden der Realität zu verlieren. Im Fall Einsteins kann angenommen werden, daß er trotz des naturwissenschaftlichen Akzents seiner wissenschaftlichen Tätigkeit auch ein hohes Maß an Phantasie und Einfühlungsfähigkeit besaß.

Vom Geburtsbild selbst her gesehen ist die Konjunktion von Merkur und Saturn im Zeichen Widder als »Bremse« gegenüber der obengenannten Jupiter-Neptun-Haftigkeit zu sehen: Es wird konzentriert nachgedacht. Aber nehmen wir einmal an, Einstein wäre einige hundert Jahre früher geboren worden. Wäre es ihm nicht wie Galilei gegangen, dessen – richtigen – Erkenntnisse von der damaligen Intelligenzschicht nicht angenommen werden konnten? Hätte er nicht öffentlich abgeschworen, hätte man ihn hingerichtet. Die Zeit muß auch reif sein, damit Gedanken, Ideen oder Phantasien angenommen werden können.

Zurück zu unseren Aspektstrukturen. Von Jupiter aus gerechnet haben wir zum Mond einerseits, zum Neptun andererseits einen Quintil-Winkel von 72°. Das heißt, daß Mond und Neptun über ein Biquintil, also einen Winkel von 2 × 72° miteinander verbunden sind. Deshalb wollen wir an dieser Stelle auch den Aspekt Mond-Neptun untersuchen:

Mond → Neptun
Empfindsam, empfindlich, gespürig sein.

Neptun → Mond
Wünschen, hoffen, sehnen. Beeindruckbar, beeinflußbar sein.

Auch hier sehen wir wieder die Bandbreite zwischen Empfindsamkeit und Empfindlichkeit, zwischen Beeindruckbarkeit und Beeinflußbarkeit.

Ob jemand in die eine oder andere Richtung tendiert, kann aus dem Geburtsbild allein nicht gesagt werden. Natürlich ist es so, daß der eine und andere Aspekt für diese oder jene Tendenz sprechen würde, aber letztlich benötigt man die Lebensgeschichte eines Menschen, um die in ihm wirkenden kosmischen Kräfte optimal erkennen zu können. Deshalb werden wir im Laufe der kommenden Seiten einen Ausflug in die Psychologie unternehmen.

In die quintilische Struktur Jupiter-Mond-Neptun gehört auch der Kleinplanet Chiron. Über seine Deutungsqualität ist noch wenig bekannt. Spekulativ könnte man jedoch ergänzen, daß der Kosmogrammeigner bereit ist, für seine Ideen und Phantasien Opfer zu bringen.

Wir haben bisher die Tierkreiszeichenbesetzung des Einsteinschen Kosmogramms besprochen, dann eine Reihe von Aspekten herausgegriffen und auch einige Aspektstrukturen besprochen. Die Person Einstein hat sich darin durchaus schon gezeigt, aber »das Pünktchen auf dem i« sind die Halbsummen, die wir besprechen werden, wenn wir noch etwas mehr in die kosmobiologische Arbeit eingedrungen sind. Bis zu dieser Stelle haben wir gesehen, daß der kosmobiologische Weg uns, wie ich meine, zu verständlichen und nachvollziehbaren Deutungen führen kann. Wir werden noch einige Ergänzungen anzubringen haben, wenn wir den 90°-Kreis besprechen, mit dessen Hilfe die Halbsummen sehr schnell erfaßbar werden.

Für den Augenblick bietet sich ein anderer Gedanke an: die dynamische Sichtweise. Hierzu verweilen wir noch etwas bei dem bisher besprochenen Kosmogramm. Wir wollen herausfinden, ob die sich im Laufe der Tage, Wochen, Monate und Jahre nach der Geburt weiter bewegenden Gestirne irgendwann Berührungspunkte zum Geburtsbild einer Person bilden.

9. Der Uranusrhythmus im Leben Albert Einsteins

Es bietet sich an, die Jahre herauszugreifen, die für Einstein sehr fruchtbar waren und die Welt mit der von ihm entwickelten Relativitätstheorie bekannt machten: 1905 und 1915 bis 1917.

Wir hatten besprochen, daß am 2. Dezember 1988 der Uranus in das Zeichen Steinbock eintrat und vierundachtzig Jahre zuvor der Uranus das Zeichen Steinbock ebenfalls erreicht hatte; das war das Jahr 1904.

128

Fragen wir uns nun, wo denn der Uranus im Jahre 1905 stand, als Einstein die *Spezielle Relativitätstheorie*, für die er 1921 den Nobelpreis erhielt, veröffentlichte. Ein Blick in die Ephemeriden (22) zeigt uns für 1905 folgende Daten für den Uranus:

1. Januar	00° 41′ ♑ (Steinbock)		1. Juli	1° 59′ ♑ R
1. Februar	2° 25′		1. August	1° 52′
1. März	3° 36′		1. September	0° 17′ D
1. April	4° 13′		1. Oktober	0° 26′
1. Mai	4° 02′ R		1. November	1° 22′
1. Juni	3° 10′		1. Dezember	2° 52′

Wenn man die astronomischen Angaben weiter verfolgt, sieht man, daß der Uranus im Jahre 1906 zwischen 4° und 8° Steinbock hin- und herpendelte.

Betrachten wir nochmals das Kosmogramm Einsteins und die Konjunktion von Merkur und Saturn im Zeichen Widder, die man als »Denkerkonstellation« ansehen kann. Aus dem Vergleich zwischen den obigen Ephemeridenangaben und dem Geburtsbild erkennen wir, daß von Einsteins Geburt bis zum Jahre 1905 der Uranus eine Strecke von 1° 17′ Jungfrau bis 4° Steinbock zurückgelegt hat, also durch vier Zeichen hindurchgewandert ist. Auf der Position von 3/4° Steinbock hatte der Uranus seinerzeit einen 90°-Winkel oder ein Quadrat zu 3/4° Widder erreicht, wo bei der Geburt Merkur und Saturn standen. Man spricht in solchen Fällen davon, daß der laufende oder transitäre (von transitus, lat. = der Übergang) Uranus das Quadrat zum Merkur und Saturn radix (radix, lat. = Wurzel = Grundhoroskop) erreicht hat (Abbildung 46). Mit unserer Beobachtung haben wir damit den Einstieg in die Transite begonnen.

Was bedeutet eine solche Konstellation für die Periode des Lebens, in der sie fällig wird?

Wenn Uranus zu bestimmten Positionen eines Kosmogramms in Beziehung tritt, sich also ein Aspekt zwischen dem zu einer bestimmten Zeit am Himmel laufenden Gestirn und der Radix-Position eines Faktors im Kosmogramm ergibt, dann läßt sich formulieren:

Uranus bringt eine Entwicklungsphase, eine neue Sichtweise, eine Veränderung mit sich. Es entstehen neue Lebensbedingungen.

Wenn Uranus 1905 vom Zeichen Steinbock aus ein Quadrat zu Merkur und Saturn im Zeichen Widder bildete, dann wurde durch den laufenden Uranus die Denkerkonstellation Einsteins angesprochen. Es war damals damit zu rechnen, daß das Denken dieses Mannes einen Anstoß erhielt und damit für ihn neue Lebensbedingungen geschaffen wurden.

Wenn man in die Kindheitstage Einsteins zurückgeht und die entsprechenden Ephemeridenbände aufschlägt, dann kann man feststellen, daß zwischen Herbst 1885 und Frühjahr 1886 der Uranus, aus dem Zeichen Jungfrau kommend, die ersten Grade des Zeichens Waage erreicht hatte und damit eine Opposition zu Merkur und Saturn im Zeichen Widder bildete. Danach kann man annehmen, daß zur Zeit des Schulbeginns schon starke Antriebe zum eigenen Denken gesetzt wurden. Zwischen Dezember 1894 und Dezember 1895 hatte der Uranus mehrfach 18/19° Skorpion erreicht und war damit in das Anderthalbquadrat, einen Winkel von 135°, zu Merkur und Saturn im Zeichen Widder gekommen (Abbildung 46). Damals war Einstein sechzehn Jahre alt.

Es ist interessant, was sich damals abspielte: Albert Einsteins Vater war als Geschäftsmann allem Anschein nach nicht sehr erfolgreich gewesen, so daß er mehrfach versuchen mußte, sich wieder eine Existenz aufzubauen. Der junge Albert hatte es in seiner Kindheit, wie man aus wenigen Äußerungen aus seinem Mund vermuten kann, nicht leicht. So sagte er von sich: »Gott schuf den Esel und gab ihm ein dickes Fell.« (75)

Nach Mißerfolgen der Familie in Ulm und später in München zogen die Eltern nach Italien, erst nach Pavia, dann nach Mailand. Albert war allein in München zurückgeblieben, wohnte in einem Internat und hatte seit 1889 in München das Luitpold-Gymnasium besucht. Die dortige, mit viel Angst, Gewalt und sonstigen autoritären Methoden verbundene Pädagogik nahm dem Schüler jede Freude am Lernen. 1894, im Alter von fünfzehn Jahren, brach Albert Einstein den Schulbesuch ab, gab die deutsche Staatsangehörigkeit und die Zugehörigkeit zur jüdischen Gemeinde auf und reiste zu seinen Eltern nach Mailand. Ein ganzes Jahr verbrachte der Jugendliche bei seinen Eltern ohne Schulbesuch. Dann hörte er, daß man an der Eidgenössischen Polytechnischen Hochschule in Zürich ohne Abitur studieren könne und meldete sich zur Aufnahmeprüfung an. Der Sechzehnjährige fiel aber durch, weil seine Leistungen in modernen Sprachen, in Zoologie und Botanik ungenügend waren. Aber von Ende Oktober 1895 bis Herbst 1896 wurde er dann Schüler der dritten und vierten Klasse der Kantonsschule in Aarau, wo er sich durch

130

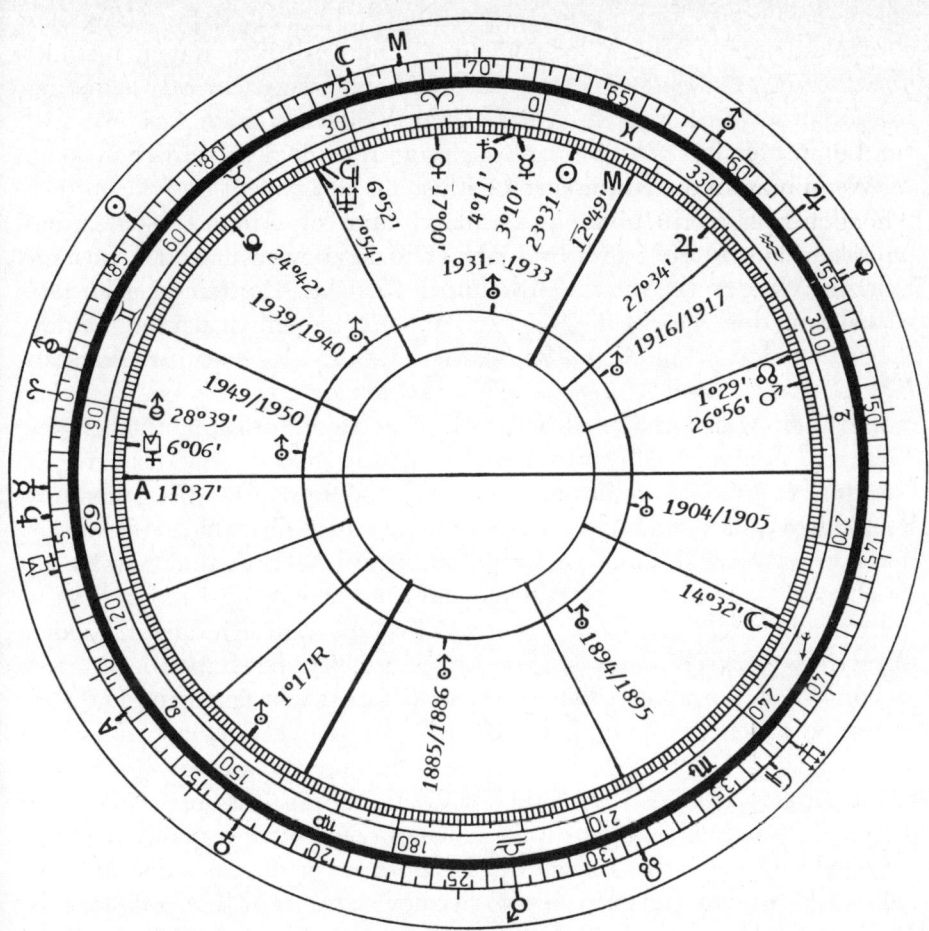

Abb. 46 Albert Einstein, geb. am 14. März 1879, 11:30 Uhr MEZ
in Ulm; 48°23′ n.Br.; 9°59′ ö.L.

den liberalen Geist dieser Schule und der Wohnmöglichkeit bei der angesehenen Familie Winteler sichtlich von seinen schlechten schulischen Erfahrungen in München und dem Versagen am Polytechnikum erholen
konnte. Im Oktober 1896 konnte sich Einstein an der Eidgenössischen
Polytechnischen Hochschule in Zürich immatrikulieren.

In der oben beschriebenen Zeit hatte der Uranus im Zeichen Skorpion
das Anderthalbquadrat zu Merkur und Saturn im Zeichen Widder er-

131

reicht, und es war ihm nach unglücklichen Jahren sichtlich ein für sein ganzes späteres Leben bedeutsamer Durchbruch gelungen. Abbildung 46 zeigt uns die Bewegung des Uranus und wie er immer wieder die Konjunktion Merkur-Saturn im Zeichen Widder berührte.

Über das Jahr 1905 sprachen wir schon. Aber gab es vielleicht eine weitere interessante Uranuskonstellation?

Zwischen März 1916 und Januar 1917 hatte der Uranus 18/19° Wassermann erreicht und bildete ein Halbquadrat zu Merkur und Saturn im Zeichen Widder (vergleiche Abbildung 46). Aus Einsteins Lebenslauf wissen wir, daß die Jahre 1915 bis 1917 für ihn sehr fruchtbar waren. 1916 vollendete er die *Allgemeine Relativitätstheorie*; 1917 erschien sein Buch *Über die Spezielle und die Allgemeine Relativitätstheorie*.

Zwischen Mai und September 1931, März und April 1932, November 1932 und Januar 1933 hatte der Uranus das Zeichen Widder erreicht und damit Merkur und Saturn in Einsteins Geburtsbild (Abbildung 46). Solche Konjunktionen gelten allgemein als sehr bedeutsam. Hierzu nur der Hinweis, daß Uranus in Konjunktion mit Merkur und Saturn im Zeichen Widder in Einsteins Leben nur ein einziges Mal möglich war, und das eben zu den obengenannten Zeiten. Es muß sich damals wieder um wichtige Einschnitte im Leben Einsteins gehandelt haben.

Vom Wintersemester 1930 an erhielt Einstein von der deutschen Regierung die Genehmigung, jährlich für ein Vierteljahr an der Universität von Princeton/USA tätig zu sein. In den Sommermonaten sollte er weiterhin an der »Königlich Preußischen Akademie der Wissenschaften«, an die er 1914 berufen worden war, arbeiten. Zunehmend bemerkte Einstein jedoch, wie er isoliert wurde. 1932 wurde er an das »Institute for Advanced Studies« nach Princeton berufen. Uranus in Konjunktion mit Merkur und Saturn in Widder brachten den Verlust der deutschen Heimat und Hetzkampagnen gegen ihn sowie die Reise an ein neues Ufer in den USA (Abbildung 46).

Zwischen Mai 1939 und April 1940 hatte der Uranus 18/19° Stier erreicht und bildete damit wieder ein Halbquadrat zu Merkur und Saturn in Widder, der Radixposition der beiden Planeten. Der Zweite Weltkrieg hatte begonnen. Die erste Kernspaltung war 1939 gelungen; Einstein hatte zusammen mit anderen Physikern die Gefahr der militärischen Anwendung dieser Laborversuche erkannt. Einstein schrieb seinerzeit den Brief an Präsident Roosevelt, um zu amerikanischen Experimenten mit der Kernspaltung anzuregen. Roosevelt ging auf Einsteins

Vorschlag ein. Damit mußte sich Einstein auch eine gewisse Mitwirkung und Mitschuld an der Herstellung der Atombombe zuweisen.

Als Uranus im Zeichen Krebs wieder ein Quadrat zu der Merkur-Saturn-Konjunktion im Zeichen Widder erreichte, war seine Lebenskraft schon großenteils verbraucht. Das war in der Zeit zwischen August und Dezember 1949 und nochmals Mai/Juni 1950.

1946 hatte Einstein das Präsidium des »Emergency Comitee of Atomic Scientists« (zur Verhütung eines Atombombenkrieges) übernommen, und 1950 war seine Verallgemeinerung der Gravitationstheorie erschienen. 1952 war Einstein das Amt des Staatspräsidenten von Israel angeboten worden und 1953 die letzte Fassung der Verallgemeinerung der Relativitätstheorie veröffentlicht worden. Damit war die letzte Uranusphase für Einstein erreicht. Eine weitere im Jahre 1960 erlebte er nicht mehr. Einstein starb am 18. April 1955 im Alter von sechsundsiebzig Jahren. Der berühmte Cellist Pablo Casals sagte: »Nach Einsteins Tod ist es, als ob die Welt an Gewicht eingebüßt und einen Teil ihrer Substanz verloren hätte.« (76)

Wir haben das Geburtsbild eines Menschen besprochen, in dem der Planet Uranus allem Anschein nach eine außerordentliche Rolle gespielt hat. Ergänzungen werden wir noch nachtragen, wenn der 90°-Kreis und die Halbsummentechnik besprochen wurden. Die Lebensgeschichte Albert Einsteins und sein Geburtsbild haben uns erneut gezeigt, in welch' hohem Maße beides zusammengehört. Wir werden deshalb erneut einen Ausflug in das Gebiet der Psychologie unternehmen und danach wieder zu Beispielkosmogrammen zurückkehren.

Kapitel 8

Psychologisches Intermezzo

Im letzten Kapitel erfuhren wir, wie der Lauf des Uranus durch die einzelnen Tierkreiszeichen aspektare Beziehungen zum Kosmogramm Albert Einsteins aufwies. Wir stellten fest, wie von seinem Geburtstag an, am 14. März 1879, der Uranus ab 1° 17′ Jungfrau sich bis zu seinem Tode auf das Tierkreiszeichen Krebs zubewegte. Den ganzen Uranuszyklus erlebte Einstein nicht mehr; er hätte dazu rund vierundachtzig Jahre alt werden müssen. Bis zu diesem Zeitpunkt hätte Uranus Einsteins Geburtsposition im Zeichen Jungfrau wieder erreicht. Seine letzten beruflichen Erfolge und Ehren hatte er Anfang der fünfziger Jahre, als Uranus im Zeichen Krebs wieder ein Quadrat zu seiner Merkur-Saturn-Konjunktion im Zeichen Widder erreicht hatte.

Wir hatten gesehen, daß während der ersten Schuljahre der Uranus im Zeichen Waage die Opposition zu seiner Merkur-Saturn-Konjunktion erreicht hatte, sicher verbunden mit Denkanstößen als kleiner Schüler. Wir erlebten den Abbruch der Schule in München mit, das Erscheinen der *Speziellen Relativitätstheorie* und der *Allgemeinen Relativitätstheorie* 1905 beziehungsweise 1917, die Emigration in die USA mit der wissenschaftlichen Arbeit an der Princeton-Universität 1932. Zu diesen und den anderen erwähnten Perioden seines Lebens spielte stets der Uranuslauf eine Rolle und löste die Merkur-Saturn-Konstellation aus. Die planetaren Rhythmen – in unserem Beispiel – schlugen sich im Sinne außerordentlicher Leistungen und gravierender Lebensveränderungen nieder. In solchen Fällen spielen die äußeren Umstände, die familiäre Situation, der eigene Reifungsstand eine mitentscheidende Rolle.

1. Die Arten der Psychologie

Die Psychologie ist aus unserer heutigen Welt nicht mehr wegzudenken. Wir unterscheiden heute: Allgemeine Psychologie, Entwicklungspsychologie, Charakterkunde, Ausdruckskunde, Tiefenpsychologie, Sozialpsychologie, Psychopathologie, Medizinische Psychologie, Pädagogische Psychologie, Forensische Psychologie (Gerichtspsychologie), Wirtschaftspsychologie, Arbeitspsychologie, Völkerpsychologie, Musikpsychologie, Traumpsychologie, Religionspsychologie, Parapsychologie, Psychohygiene, Psychosomatik, um nur eine Auswahl zu nennen; nicht zu vergessen die Kosmopsychologie, die ein Teilgebiet der Kosmobiologie ist.

2. Person und Persönlichkeit in der Kosmobiologie

Der Mensch als Person und Persönlichkeit spielt in der Kosmobiologie neben anderen Themen wie Weltgeschehen, Politik, Wirtschaft, Landwirtschaft, Gartenbau, Wetter, Erdbeben- und Katastrophenforschung eine wesentliche Rolle. Jeder gesunde Mensch hat die Möglichkeit, von seiner Geburt an über die Kindheit und Jugend zu einer erwachsenen und mündigen Person heranzureifen.

Der Begriff der Persönlichkeit geht im vorwissenschaftlichen und im wissenschaftlichen Bereich über den Begriff der Person hinaus. Unter einer Persönlichkeit verstehen wir einen Menschen, der durch Verhalten, Geistesart, Leistung aus der Vielzahl anderer Menschen herausragt. Persönlichkeiten sind im Vergleich zu Personen stets wesentlich in der Minderheit gewesen. Ob jemand nur Person oder Persönlichkeit ist, kann aus dem Geburtsbild nicht oder nur begrenzt erschlossen werden.

Das wird sofort nachvollziehbar, wenn man für den Monat Mai ein Geburtsbild für den Zeitpunkt der Geburt eines Pferdes, eines Kalbes oder eines Hundes aufstellen wollte. Würde man nicht wissen, daß es sich um ein Tier handelt, würde man völlig fehl gehen, aus einem solchen Kosmogramm das Charakter- und Schicksalsbild eines Menschen gewinnen zu wollen. Selbstverständlich kann man für die Geburt eines Tieres ein Kosmogramm erstellen, und es wird auch Aussagen über den Charakter oder Krankheitsdispositionen zulassen, aber nur im Rahmen seines »Bauplans« (v. Uexküll), seines Tierkörpers und seiner Tierseele.

Diese Beispiele mögen erhärten, daß in der Kosmobiologie auf die Lebens- und Krankengeschichte eines Menschen nicht verzichtet werden kann, wenn die Arbeit mit einem Kosmogramm sinnvoll sein soll. Erst mit Informationen daraus erschließt sich der volle Symbolgehalt eines Geburtsbildes und der sich daraus ableitbaren prognostischen Methoden.

3. Mensch und Mitwelt

In Kapitel 3 »Kosmos – Bios – Mensch« haben wir erörtert, daß neben dem sehr wesentlichen kosmischen Faktor auch andere prägende Faktoren in der kosmobiologischen Betrachtungsweise beachtet werden müssen. In besonderer Weise spielt das Elternhaus mit dem Charakter und dem geistigen Niveau der Eltern, deren Erziehungsstil, ihrer religiösen und ethischen Einstellung eine große Rolle. Darüber hinaus sind das Annehmen oder Ablehnen der eigenen Alters- und Geschlechterrolle, die Vererbung, die Umwelt, die Rasse, die wirtschaftliche und politische Situation des Landes zu nennen.

Mit Gefühl für die Sprechstimme eines Menschen kann man bemerken, wie sich die Sprechmelodie ändert, wenn problematische Themen angesprochen werden. Ich erinnere mich an den Fall einer Frau, die beim Besuch ihrer Eltern mit Ehemann und Kindern ihre Art zu sprechen änderte. Aus der Stimme einer intelligenten Frau entstand der Ton eines fragenden, um elterlichen Rat ersuchenden Kindes. Solche Beobachtungen ergänzen das aus Lebensgeschichte und Kosmogramm entstehende Charakter- und Lebensbild eines Menschen.

In Kapitel 4 »Panta Rhei – alles bewegt sich« erörterten wir die Zusammenhänge zwischen Planetenrhythmen und individuellem Lebensrhythmus, und sicher wird dem einen oder anderen von Ihnen da und dort »ein Licht aufgegangen« sein, als Sie über ihre eigene Entwicklung und gravierende Ereignisse in Ihrem Leben nachdachten.

4. Merkmale des Lebens

Die Biologie befaßt sich mit den mannigfaltigen Erscheinungen des Lebens, angefangen von den Einzellern bis zum Menschen, und beobachtet unter anderem die Entwicklung des Lebens, seine Anpassung an die Umweltbedingungen, die Art und Weise der Fortpflanzung und so weiter. Die Heilkunde befaßt sich mit den gesunden und krankhaften Funktionen des Körpers und den Möglichkeiten der Gesunderhaltung und Heilung. Die Psychologie geht über die Erscheinungsformen des Lebens hinaus, wobei wir uns aber bewußt sind, daß seelisches Geschehen ohne das Leben nicht möglich ist, daß Leben und Seele eng miteinander verflochten sind, ohne daß beides miteinander identisch wäre.

Fragen wir nach den Merkmalen des Lebens, die eine Voraussetzung für das seelische Geschehen sind, dann können wir uns einer Zusammenfassung bedienen, die von dem früheren Ordinarius für Psychologie an der Münchner Universität, Philipp Lersch, stammt und aus seinem grundlegenden Werk *Aufbau der Person* (77) entnommen wurde. Aus der Kombination von Geburtsbild, Lebens- und Krankengeschichte läßt sich erkennen, in welchem Maße sich individuelles Leben im Rahmen der obigen Merkmale des Lebens vollzieht, inwieweit beispielsweise Kommunikationsfähigkeit, Anpassung an die Mitwelt, Eigendynamik möglich sind; im Rahmen der »Kosmopathologie« (78) lassen sich auch Hinweise auf die Funktionen der Organsysteme und die Konstitution als Ganzes gewinnen.

Die Merkmale des Lebens
(nach Philipp Lersch)

1. Wachstum und Entwicklung, ein »Bauplan«, Differenzierung und Spezialisierung.
2. Leben vollzieht sich in einer Ganzheit; es ist strukturiert und integriert mit seinen Einzelteilen.
3. Selbsterhaltung und Regenerationsfähigkeit
4. Kommunikation
5. Anpassung
6. Eigentätigkeit und Selbstverhalten
7. Zeitlichkeit des Lebens
8. Fortpflanzung und Vererbung

Wenn wir die obigen Merkmale des Lebens zusammenfassen, bietet sich aus der Gegenwart der Begriff »Kybernetisches System« und damit so etwas wie selbsttätige Steuerung des ganzen Organsystems an.

5. Merkmale des Seelischen

Auf den Merkmalen des Lebens bauen sich die Merkmale des Seelischen auf. Seelisches Geschehen ist in unserer Welt nur zusammen mit Lebensäußerungen wie Stoffwechsel, Regenerationsfähigkeit, Fortpflanzung möglich. Sprachlich wird das deutlich, wenn wir von Leben und Er-leben sprechen. Das Erleben wird uns deutlich als ein Bemerken, Vernehmen, Innewerden, Angemutetwerden und demzufolge als ein bestimmtes Streben, ein Deutlichwerden von Bedürfnissen und Antrieben. Philipp Lersch drückt das so aus:

»Erleben ist integrative Verflechtung von Antrieben und Vollzügen des Bemerkens, des Angemutetwerdens und des Verhaltens.« (79)

Nach Lersch sind Gegenstand und Bereich der Seelenkunde »das Insgesamt aller Erlebnisse, die sich im beseelten Lebewesen bei seiner Begegnung und Auseinandersetzung mit der Welt vollziehen.« (80)

6. Modellvorstellungen von der menschlichen Seele

Seit Plato (427 bis 347 v. Chr.) wird die menschliche Seele als ein dreigliedriges Ganzes verstanden. Albert Schwegler führt dazu in seiner »Geschichte der Philosophie im Umriß« (81) aus:

»Die Seelenlehre , soweit sie nicht in die Erörterung der konkreten Sittlichkeit eingeht, sondern nur die Grundlagen des sittlichen Handelns betrifft, ist ein notwendiger Bestandteil, sozusagen der Schlußstein der platonischen Physik. Dieselbe Natur und Bestimmung wie die Weltseele hat auch die Einzelseele; es gehörte zur Vollkommenheit der Welt, auch eine Mehrheit von Seelen zu enthalten, durch welche das Prinzip der Vernünftigkeit und Lebendigkeit sich zu einer reichen Zahl von Einzelwesen individualisiert. Die Seele ist an sich unvergänglich und durch die Vernunft, deren sie teilhaftig ist, göttlicher Natur; sie ist an sich zur Erkenntnis des Göttlichen und Ewigen, zum reinen, seligen Leben in der Anschauung der idealen Welt bestimmt. Aber nicht minder wesentlich ist ihr die Verbindung mit einem materiellen, sterblichen Körper; das Geschlecht sterblicher Wesen mußte, um der Vollständigkeit der Gattungen willen, auch innerhalb des Universums vertreten sein; und das fällt nun eben der Einzelseele mittels ihrer Einwohnung im Körper zu. Die Seele, indem sie mit dem Körper verbunden ist, erhält Teil an seinen Bewegungen und Veränderungen und ist in dieser Beziehung dem Vergänglichen zugewandt, dem Wechsel der Zustände des sinnlichen Lebens, dem Einfluß der sinnlichen

Empfindungen und Begierden preisgegeben; sie regiert und erhält einerseits den Körper, aber sie wird andererseits ebenso auch von ihm affiziert, beherrscht, zum niederen sinnlichen Leben, zum Vergessen ihres höheren Ursprungs, zur Endlichkeit des Vorstellens und Wollens herabgezogen.«

Bei Plato finden wir schon eine Dreiteilung der Seele, einen vernünftigen Seelenteil, einen vernunftlosen oder begehrenden Seelenteil und als Vermittler zwischen diesen beiden Seelenteilen den mutigen Seelenteil. In Platos Anschauung über die menschliche Seele finden wir auch die Gedanken der Seelenwanderung und Wiederverkörperung.

Platos bedeutendster Schüler Aristoteles (384 bis 322 v. Chr.) baute auf der Lehre Platos auf. Er unterschied eine vegetative oder Pflanzenseele, die sich durch Wachstum, Stoffwechsel und Fortpflanzung ausdrückt, eine Tier- oder Sinnenseele, die die Fähigkeiten der Pflanzenseele einschließt, Sinnesempfinden und Gefühle wie auch niedere Triebe in sich trägt, und die Menschen- oder Geistseele, mit der Erkennen, Urteil, die fünf Sinnesorgane im weitesten Sinne des Wortes verbunden sind.

Den antiken Begriff Seele darf man nicht so differenziert wie heute verstehen, sondern Seele und lebendiger Körper waren grundsätzlich miteinander verbunden. Die oben skizzierte Dreigliederung hat sich bis in unsere Zeit erhalten. Für die ganzheitliche Betrachtung des Menschen werden die drei Begriffe Körper – Seele – Geist verwendet.

Eine weitere Differenzierung der Seele finden wir erst bei dem Begründer der modernen Tiefenpsychologie, Sigmund Freud. Er unterschied zwischen Bewußtsein und Unbewußtem. Im Bewußtsein regiert das Ich, im Unbewußten das Es. Zwischen das Bewußtsein und das Unbewußte schiebt sich eine Art Gitter, von Freud als Über-Ich bezeichnet. Dieses Über-Ich übt eine Kontrolle darüber aus, was als sittlich einwandfrei angenommen werden und bewußt sein darf und was als moralisch unzulässig in den Bereich des Unbewußten abgedrängt werden muß. Bewußtsein und Unbewußtes stehen in Korrespondenz miteinander. Man kann eine Bewegung von oben nach unten annehmen im Sinne der Verdrängung, und eine Bewegung von unten nach oben als Versprecher, Träume, aber auch Krankheiten. Zur weiteren Information über Sigmund Freud wird seine *Traumdeutung* (82) empfohlen, die erstmals 1900 erschien. Dieses Jahr wird heute als das Geburtsjahr der modernen Tiefenpsychologie angesehen. Abbildung 47 zeigt ein Modell der Freudschen Konzeption.

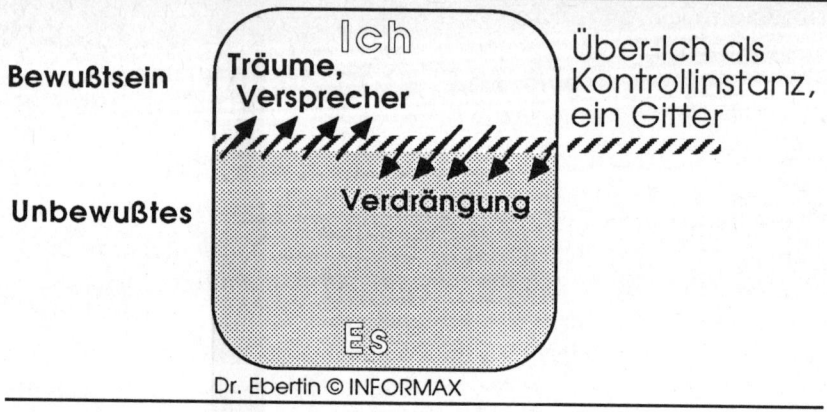

Bewußtsein

Träume, Versprecher

Ich

Über-Ich als Kontrollinstanz, ein Gitter

Unbewußtes

Verdrängung

Es

Dr. Ebertin © INFORMAX

Abb. 47

Eine Weiterentwicklung des Freudschen Modells ist die Konzeption von Carl Gustav Jung, die in einer grundlegenden Arbeit (83) schon 1928 vorgelegt wurde. Jung sprach auch von einem Bewußtsein, dessen steuernde Instanz das Ich ist, und einem persönlichen und kollektiven Unbewußten. Im persönlichen Unbewußten schlummern individuelle Inhalte des Gedächtnisses, die bewußt waren und im Laufe der Zeit vergessen oder verdrängt wurden. Das kollektive Unbewußte wird gespeist durch seelische Inhalte, die dem Kollektiv (allen Menschen) bewußt waren und noch sind im Sinne der Instinkte und Reflexe und vor allem der Archetypen. Archetypen sind eine Art Modelle und Urerfahrungen der gesamten Menschheit in der Form von Mann, Frau, Vater, Mutter, Erde, Hölle, Himmel, Priester, Priesterin, Held, Hexe, Baum, Schlange und so weiter. Archetypen prägen neben individuellen Erfahrungen in Kindheit, Jugend und Erwachsenenalter unsere Einstellung zu uns selbst, zu anderen Menschen, zum anderen Geschlecht, zu Autoritäten, zur Natur, zu Gott, um nur einige Beispiele zu nennen. Abbildung 48 zeigt das Jungsche Konzept.

Einen Schritt weiter in der Differenzierung des Unbewußten geht Lipod Szondi. Nach seiner Auffassung schiebt sich zwischen das persönliche und kollektive Unbewußte das familiäre Unbewußte, wie in Abbildung 49 dargestellt. In seinem Buch *Schicksalsanalyse* (84) führt er dazu aus:

140

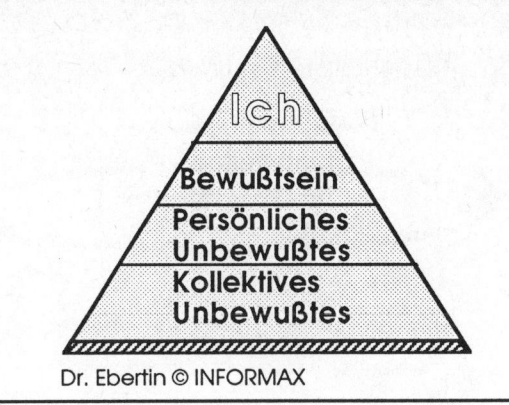

Dr. Ebertin © INFORMAX

Abb. 48

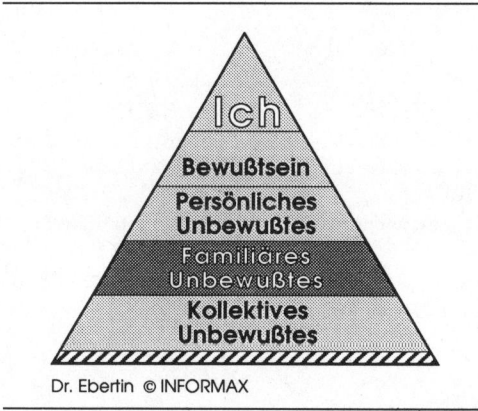

Dr. Ebertin © INFORMAX

Abb. 49

»Nach der Schicksalsanalyse muß man im Unbewußten entwicklungs-geschichtlich drei Schichten verschiedenen Datums annehmen:

1. Das historisch jüngste persönliche Unbewußte. In dieser Schicht forscht die Psychoanalyse Freuds nach den individuell verdrängten Sexualansprüchen, welche im frühinfantilen, persönlichen Kampf zwischen Sexualität und Ich unterdrückt und verdrängt wurden.
2. Das familiäre Unbewußte, in dem die schon bei der Befruchtung, also vorpersönlich verdrängten familiären Ahnenansprüche dyna-misch weiterleben und das Schicksal der Person gefährden können.

141

Modell des Reinkarnations-Bewußtseins (1)
nach B. R. Ebertin

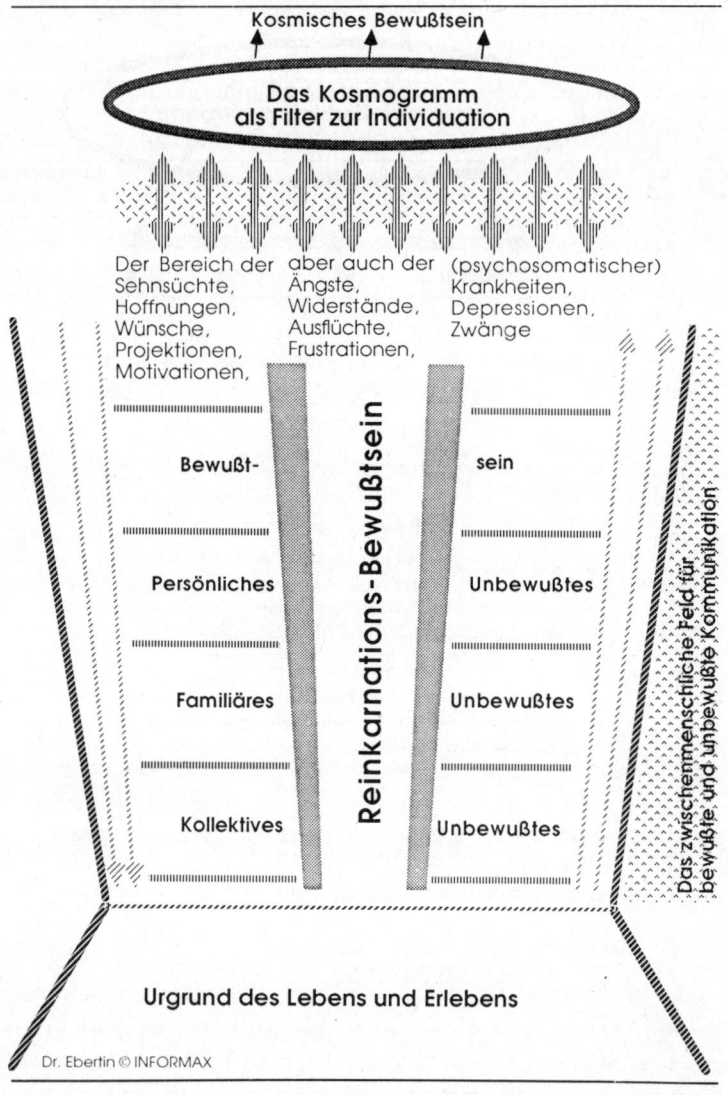

Abb. 50

Modell des Reinkarnations-Bewußtseins (2)
nach B. R. Ebertin

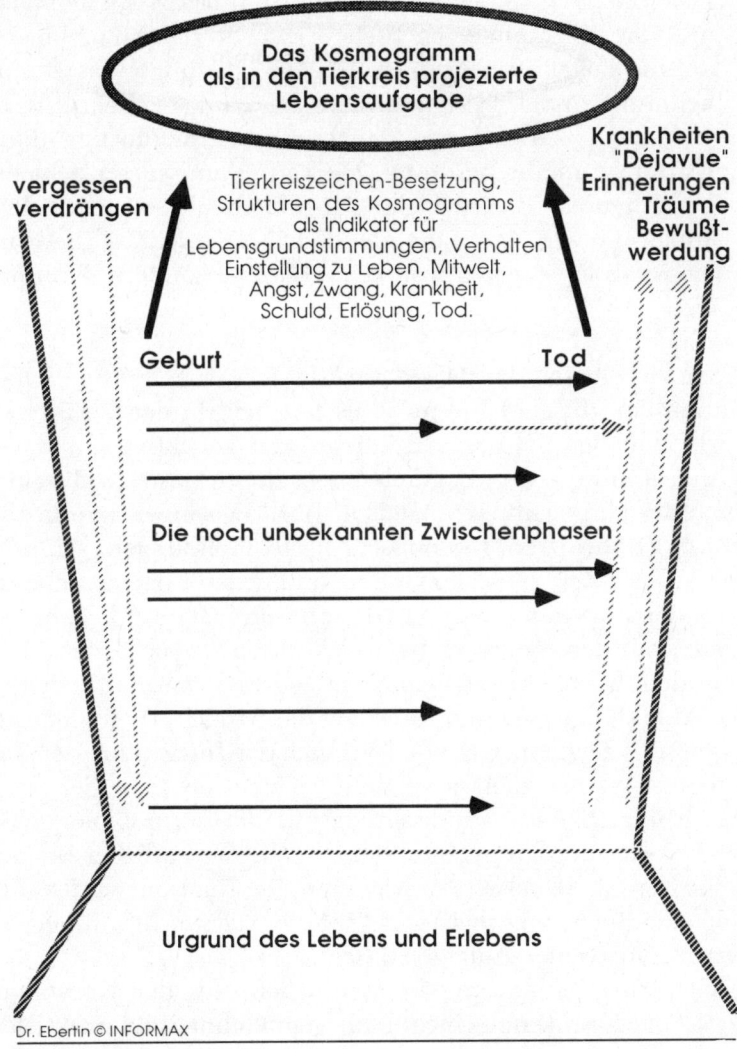

**Das Kosmogramm
als in den Tierkreis projezierte
Lebensaufgabe**

**vergessen
verdrängen**

Tierkreiszeichen-Besetzung,
Strukturen des Kosmogramms
als Indikator für
Lebensgrundstimmungen, Verhalten
Einstellung zu Leben, Mitwelt,
Angst, Zwang, Krankheit,
Schuld, Erlösung, Tod.

**Krankheiten
"Déjavue"
Erinnerungen
Träume
Bewußt-
werdung**

Geburt   **Tod**

Die noch unbekannten Zwischenphasen

Urgrund des Lebens und Erlebens

Dr. Ebertin © INFORMAX

Abb. 51

Die Konfrontation mit diesen Ahnenansprüchen – man könnte sagen mit den ›Genotypen‹ – und die endgültige Aussöhnung der Person mit den in ihr verdrängten Ahnen sind die spezielle Aufgabe der Schicksalsanalyse.

3. Das kollektive Unbewußte, das die Summe der Archetypen darstellt und die ganze phylogenetische Erbschaft der Menschheit in bezug auf die kollektiven Formen, der Anschauung, Vorstellung, Wahrnehmung und Intuition enthält. Durch das kollektive Unbewußte werden die Urformen der menschlichen Erfahrung, Bildung und Kultur erbmäßig bestimmt. Die Enthüllung dieser Schicht des Unbewußten ist die spezielle Aufgabe der komplexen Psychologie Jungs, die wir ›Archeanalyse‹ nennen. Sie repräsentiert in der Tiefenpsychologie eigentlich keine Trieb-, sondern Kulturpsychologie.«

1985 entwickelte ich das *Modell des Reinkarnationsbewußtseins.* Dieses Reinkarnationsbewußtsein kann nicht als eine Schicht der Seele gesehen werden wie zum Beispiel das persönliche oder kollektive Unbewußte, sondern man muß es sich als durchgängig durch das Bewußtsein und alle Formen des Unbewußten vorstellen. In das gegenwärtige Leben fließen nicht nur Erfahrungen, Erlebnisse, Ängste, Hoffnungen, Wünsche, Sehnsüchte aus der Zeit zwischen Geburt und gegenwärtiger Lebenssituation ein, sondern auch aus Zeiten, die vor der Geburt liegen. Wir leben demnach mit dem gegenwärtigen Leben auch noch frühere Leben mit, wie aus dem Buch von Jane Roberts *Gespräche mit Seth* (85) deutlich wird.

Die Abbildungen 50 und 51 zeigen das Modell des Reinkarnationsbewußtseins. Es zeigt einerseits den Versuch der Integration der Reinkarnationsthematik mit den modernen Schichttheorien der Psychologie (Freud, Jung, Szondi), andererseits mit der kosmobiologischen Sichtweise. Das Kosmogramm eines Menschen ist wesentlicher Bestandteil des hier skizzierten Modells. Zur weiteren Information wird auf das 1987 erschienene Buch *Reinkarnation und neues Bewußtsein* (86) hingewiesen, das inzwischen in zweiter Auflage vorliegt.

Nach meiner Auffassung ist es möglich, aus der Kombination von Lebens- und Krankengeschichte mit dem Geburtsbild und tiefenpsychologischen Erkenntnissen sich an die aus früheren Inkarnationen stammenden Konflikte, Ängste, Versagungssituationen, aber auch latenten Fähigkeiten heranzutasten.

7. Die Entwicklungspsychologie

Wir wollen jetzt einen Schritt weitergehen und uns mit der Entwicklungspsychologie befassen. Diese hat einen besonderen Stellenwert in der Kosmobiologie, weil sie hilft, die in den verschiedenen Reifungsphasen auftretenden Probleme, Schwierigkeiten, Widerstände, Reifungskrisen besser zu verstehen. Die Kombination von Entwicklungspsychologie und Kosmobiologie hat sich in den letzten Jahrzehnten als außerordentlich fruchtbar erwiesen.

Aus der psychologischen Forschung wissen wir, daß die menschliche Entwicklung eine gewisse kollektive Rhythmik aufweist, die in der kosmobiologischen Betrachtungsweise eine wesentliche Rolle spielt. Warum? Die Symbolik des Kosmogramms und ihr aspektares Zusammenspiel sowie die prognostischen Methoden und deren Interpretation hängen mit ab vom erreichten Alter und Reifungsstand. Dazu einige Beispiele aus der Entwicklungspsychologie.

Geburt und erster Schrei

Unser Leben in dieser Welt beginnt mit der Geburt und dem ersten Schrei. Auf diesen Zeitpunkt wird das Geburtsbild aufgestellt. Das Schreien des Kindes ist aber auch so etwas wie ein Ausdrucksmerkmal für Hunger, Durst, Unwohlsein, Naßliegen, Bauchschmerzen. Je nachdem, wie die Mitwelt auf das Schreien des Kindes reagiert, wird der Säugling lernen, was er mit Schreien alles erreichen kann. Sein Signal wird im allgemeinen Hilfe, Befriedigung seiner Grundbedürfnisse und anschließend das Gefühl der Geborgenheit mit sich bringen. Läßt man jedoch ein Kind immer wieder trotz seines Schreiens längere Zeit unversorgt liegen, dann wird es eines Tages »verstanden« haben, »daß es ja doch keinen Zweck habe«; es wird sich über kurz oder lang erschöpfen und sich in den Schlaf hineinschreien. Gegenstück: Rasen die Eltern beim kleinsten Muckser voller Aufregung herbei, wird der kleine Mensch schnell »lernen«, daß er ja nur zu »rufen« brauche, »und schon springen sie alle herbei«. Der richtige Weg in der frühkindlichen Erziehung liegt, wie in vielen anderen Fällen, in der »goldenen Mitte«. Um beim Beispiel zu bleiben: Fürsorge und das Ertragenlernen von Unwohlsein scheinen zusammenzugehören.

Der beratende Kosmobiologe wird sich gern etwas über die ersten Lebenstage und -wochen erzählen lassen. Wenn er zum Beispiel in einem Kosmogramm erkennt, daß der Saturn nahe am Aszendenten steht, wird er vermuten, daß kurz vor, während oder nach der Geburt Gefühle wie Kälte, Isolation, Verlassensein entstanden. Venus am Aszendenten läßt dagegen darauf schließen, daß sofort viel Wärme, Zuwendung, Zärtlichkeit auf das Neugeborene einströmte. Solche ersten Erlebnisse können, wenn sie eine Fortsetzung erhalten, die Lebensgrundstimmung, den Charakter, die mitmenschlichen Beziehungen in hohem Maße *mit*prägen.

Erstes Lächeln

Um die fünfte bis achte Lebenswoche tritt normalerweise das von Eltern und Verwandten längst erwartete erste Lächeln auf. Der Säugling hat inzwischen erlebt, daß mit dem Erscheinen einer Gestalt an seinem Körbchen etwas Angenehmes verbunden ist: Er wird auf den Arm genommen, beschmust, gestillt, gebadet, gewickelt; das ist schön, beruhigend, wohlig wärmend. Das Lächeln in diesen Wochen ist der Beginn einer zunehmend wichtiger werdenden Kommunikation mit der Mitwelt. Wo das erste Lächeln nicht oder erst viel später auftritt, muß eine frühe seelische Störung erwartet werden. Sie kann der Beginn des Hospitalismus sein: Verzögertes Erkennen, geringe Reaktionen, Unfähigkeit zur Kontaktaufnahme.

Die kosmobiologische Sichtweise hat den großen Vorteil, daß aus dem Geburtsbild und den in den ersten Lebenswochen fällig werdenden planetaren Rhythmen Rückschlüsse auf mögliche und sehr früh entstandenen Störungen in der körperlichen und seelisch-geistigen Entwicklung gezogen werden können. Wer diese Hinweise aus dem Kosmogramm zu verstehen vermag, wird sich durch geschicktes Fragen an eine mögliche Problematik in der Säuglingszeit und frühen Kindheit herantasten können. Das Kosmogramm ist dann als eine tiefenpsychologische Testmethode anzusehen.

Greifalter

Vom vierten Monat an beginnt der Säugling, mit seinen Fingerchen und Händchen zu greifen. Die Hand tritt von nun an immer mehr in Funktion. Das Kind beginnt zu hand-eln; aus dem Greifen wird im Laufe der

146

Zeit das Be-greifen. Da und dort kommt es auch zum Händ-eln, zum Streiten.

Kosmobiologisch läßt sich erkennen, welche planetaren Rhythmen in den ersten Lebensmonaten fällig waren. Man wird daraus schließen können, ob die Erziehung bergend, gewährend, verwöhnend, einengend, restriktiv war. Solche Schlüsse können jedoch nur dann gezogen werden, wenn man sich mit dem »entwicklungspsychologischen Raster« beschäftigt hat und ihn zu den planetaren Rhythmen in Beziehung setzen kann.

Krabbelalter

Um den sechsten bis siebenten Monat beginnt das Krabbelalter. Das Kleinkind hat in den davorliegenden Wochen gelernt, sich zu drehen und mit den Armen und Füßen leicht hochzustemmen; nun kann immer mehr »die Welt erobert« werden. Ein Hinweis für die Eltern und Großeltern unter Ihnen: Ein Kleinkind sollte in ein Laufgitter gelegt werden, lange bevor es stehen und laufen kann, denn das Laufgitter bietet ihm Schutz und ersten Halt beim Aufrichten und Stehen. In diesem quadratmetergroßen Stück Welt kann man geborgen und möglichst verletzungsfrei Monat für Monat größer, aktiver, kräftiger, beweglicher werden.

Warum kommen wir von der kosmobiologischen Seite hierauf zu sprechen? Die Welt des Kindes ist bis zum heutigen Tage voller Gebote und Verbote. In einem Laufgitter können die Eltern ihr Kind reifen lassen, ohne ständig einengen und verbieten zu müssen. Saturnische Begrenzungen, Einengungen, Verbote, Ängste gibt es genug. Man wird auch auf sie nicht völlig verzichten können. Aber bei einer auf Erfolgserlebnisse und Selbständigkeit hin ausgerichteten Erziehung können die saturnischen Qualitäten mehr in Richtung Verantwortungs- und Pflichtbewußtsein, Stabilität und Konzentration entwickelt werden.

Sitzalter

Um den siebenten Monat herum wird das Kleinkind in der Lage sein, zu sitzen. Damit ändert sich der Horizont. Aus der Froschperspektive – alles nur von unten zu sehen – wird die horizontale Sichtweise entstehen. Die Begegnung mit der Umwelt wird intensiver; es können auch Gegenstände und Personen erkannt und mit Händen und Stimme herangeholt werden.

Steh- und Laufalter

Der Volksmund hat eine Reihe von Ausdrücken geschaffen, die uns den hohen Wert des Stehenkönnens vor Augen führen: »Seinen Mann stehen«, »Standvermögen«, »nicht weichen und wanken«, »Kopf hoch, es wird schon werden«, »da setzt es einen ja hin«, »den Halt verlieren«, »kopflos werden«, »sich aufbäumen«, »sich zur Decke strecken«; das sind nur einige Ausdrücke, die uns fühlen lassen, wie schon innerhalb des ersten Lebensjahres erlebt werden kann, was sich später im Verhalten ausdrücken wird.

Das Laufenlernen ist auch mit dem Hinfallen verbunden. Es will am Anfang noch nicht recht klappen, Beinchen für Beinchen voreinander zu setzen. Das Helfen, Ermutigen, Unterstützen durch die Eltern, aber auch das immer mehr entstehende Gefühl des Gelingens sind wichtige Voraussetzungen für den Aufbau des Selbstwertgefühls, des Selbstbewußtseins, der Selbstsicherheit.

Erstes Trotzalter

Das erste Trotzalter um das dritte bis vierte Lebensjahr ist eine markante und wichtige Entwicklungsphase. Sie dient der Ich- und Willensbildung und gilt als eine der schwierigsten Zeiten für Eltern und sonstige Beziehungspersonen. Das häufige Neinsagen, das Aufmucken gegen die Autorität der Erwachsenen, das »Nicht-tun-was-die-Eltern-sagen« kann »die Großen« immer wieder »auf die Palme bringen«. Und doch sind das erste und das zweite Trotzalter sowie die Flegeljahre, die mit elf bis zwölf Jahren kommen, notwendig.

Wenn wir beispielsweise aus einem Geburtsbild sehen, daß um das dritte oder vierte Lebensjahr der laufende Saturn auf den Mars im Radixbild traf, können wir davon ausgehen, daß der eigene Wille nur begrenzt entstehen konnte. Autoritärer Druck kann den Willen des Kindes »gebrochen« haben. Anders ist es, wenn um diese Zeit der Jupiter in Beziehung zum Mars des Geburtsbildes trat. Daraus ist auf eine mehr gewährende bis verwöhnende Erziehung zu schließen, verbunden mit dem Aufbau einer Fülle von Erfolgserlebnissen, die später in Kindergarten, Schule, Ausbildung und Beruf Früchte tragen können.

Mit dem ersten Trotzalter fällt meistens der Besuch des Kindergartens zusammen. Durch Spiel, sinnvolle Beschäftigung, Singen und den Umgang mit anderen Kindern wird der Aufbau des Selbstvertrauens ganz wesentlich gefördert. Vom Kindergartenalter an wird das Kind auch zunehmend sozial; es ist erst von da an in der Lage, mit anderen Kindern zusammen zu spielen, erste Freundschaften zu schließen. Die Kindergärtnerin tritt zu den Eltern als weitere Beziehungs- und Autoritätsperson hinzu.

Je mehr die Eltern gutes und altersentsprechendes Spielzeug besorgen und damit auch mit ihren Kindern spielen, desto mehr werden Lernbereitschaft und spätere Schulreife vorbereitet. In der psychologischen Fachsprache haben wir den Begriff der »psychogenen Intelligenzhemmung«. Er bedeutet, daß die Intelligenz nicht durch Anlage, sondern durch äußere Umstände behindert ist. Ein Übermaß an Geboten und Verboten, körperlichen Strafen, Entzug von Liebe und Zuwendung, Drohungen, erpresserischem »Wenn – dann« können fatale Auswirkungen auf die kindliche Psyche haben.

Kinder mit Aspektverbindungen wie Sonne-Saturn, Mond-Saturn, Merkur-Saturn, Venus-Saturn oder Mars-Saturn neigen aus ihrer Charakterstruktur heraus dazu, sich mit ihren Energien zurückdrängen und frustrieren zu lassen. Ihnen gegenüber ist besondere Vorsicht mit restriktiven Erziehungsmaßnahmen zu üben, weil diese Kinder sich nur schwer oder gar nicht wehren können. Wer solche Aspekte in seinem Geburtsbild hat, sollte sich Gedanken darüber machen, wie seine frühe Kindheit abgelaufen ist, damit gegebenenfalls vorhandene Belastungen aus dieser Zeit erkannt, verarbeitet und aufgelöst werden können.

Schulalter

Ein sechs- bis siebenjähriges Kind bringt normalerweise ein erhebliches Maß an Lernbereitschaft mit, wenn es schulreif ist. Von den planetaren Rhythmen her gesehen geschieht in der Zeit um den Schuleintritt etwas Saturnisches. Die Lebensphase des Kleinkindes geht zu Ende, dem Kindergarten wird ade gesagt; zum ausschließlichen Spielen kommt das bewußte Lernen hinzu. In der Schule muß sich das Kind jetzt mit der Autorität des Lehrers und konzentrierter Arbeit – auch etwas Saturnisches – auseinandersetzen und damit leben. Schule kann verschieden erlebt werden: den Wissensdurst anregend und fördernd, den Horizont erweiternd oder beengend, ängstigend, isolierend, frustrierend.

Auch hier kann uns das Geburtsbild weiterhelfen. Seine Aspektstruktur wie auch die dynamische Sichtweise, wie wir sie im Falle des Einstein-schen Kosmogramms sahen, können uns auf die Erlebnisart im Schulal-ter schließen lassen. So weisen Jupiterphasen zur Zeit des Schuleintritts beispielsweise darauf hin, daß Erweiterung der Lebensmöglichkeiten er-fahren wurde im Sinne des Schulweges, des Lernprozesses, der immer weiter fortschreitenden Lebenserfahrung.

Zweites Trotzalter

Um das zehnte bis zwölfte Lebensjahr sprechen wir vom zweiten Trotzal-ter. Es zeichnet sich durch zwei markante Ablösungsprozesse aus. Gegen-über den Eltern entsteht die Spannung zwischen »den Alten« und »den Jungen«, gegenüber den Jungen und Mädchen das Bedürfnis, unter-einander zu sein. Jugendgruppen wie die Pfadfinder kommen diesem Wunsch nach Gruppenbildung nach und fördern Gemeinschaftserleb-nisse.

Wir haben eine weitere Phase der Opposition, der »Frechheit«, des aggressiven Vokabulars. Man kann sich als Erwachsener und Erzieher nur damit trösten, daß man ja selbst durch eine solche unberechenbare Phase hindurchgegangen ist, die im allgemeinen nach einer überschau-baren Zeit ihr Ende findet. Das zweite Trotzalter soll vom »Lebensplan« her eine weitere Reifung zu Selbständigkeit, Selbstverantwortung und Selbstvertrauen bewirken. Wenn wir verschiedene Erwachsene beobach-ten, haben wir jedoch manchmal den Eindruck, daß sie ihre »Flegel-jahre« nicht beenden konnten und weiterhin opponieren, randalieren, provozieren, zerstören müssen.

Die Pubertät

Die Reifezeit bringt die Geschlechtsreife mit sich, aber auch die eigene Gewissensbildung, den Aufbau eines eigenen Weltbildes, ein Gefühl für Pflicht und Verantwortung. Angelegte Interessen und Fähigkeiten wer-den ausgebildet und können mitbestimmend für die künftige Ausbildung und den Beruf sein.

150

Jugendalter

Oberhalb des sechzehnten Lebensjahres sprechen wir vom Jugendalter. Das Interesse am anderen Geschlecht steigt; Freundschaften, erste Liebe entstehen, meist auch die erste Enttäuschung am Ende der ersten Liebe.

Aus den Arbeiten von C.G. Jung wissen wir, daß es eine Animus- und Anima-Projektion gibt. Zur Zeit der ersten Liebe wird eine Art Idealbild vom anderen Geschlecht auf einen Jungen beziehungsweise ein Mädchen projiziert. Die jungen Menschen meinen dann, einen anderen Menschen zu lieben, können jedoch noch nicht erkennen, daß sie eher ein Vorstellungsbild lieben, das sie sich von ihm gemacht haben. So kommt es im allgemeinen im Laufe der Zeit zur ersten Enttäuschung, der Ent-täuschung, die bekanntlich im tiefsten Innern erschütternd wirken kann. Die Vorsilbe »ent-« heißt in unserer Sprache soviel wie »weg von«, mit anderen Worten: eine Täuschung wird beseitigt. Danach kann man den Freund, die Freundin so lieben, wie er oder sie sind, oder aber man geht auseinander und wendet sich anderen Menschen zu, um ihnen Sympathie und Liebe zu schenken. Auch wenn Siv Malmquist das Lied sang »Liebeskummer lohnt sich nicht, my Darling«, muß man doch davon ausgehen, daß viele junge Menschen entsetzlich leiden, wenn die zu erwartende Krise entsteht. In manchen Fällen entsteht dann durchaus eine Selbstmordgefährdung.

Erwachsenenalter

Dieses Alter nach dem achtzehnten bis einundzwanzigsten Jahr ist vorwiegend geprägt von der Berufsausbildung, dem Aufbau der Karriere und den ersten Erfolgen oder Mißerfolgen im Beruf. In dem Buch von G. Clauser *Lehrbuch der biographischen Analyse* (87) finden wir zum Erwachsenenalter eine Reihe sehr lesenswerter Hinweise:

»Die Lebensgeschichte der ersten zwei Jahrzehnte führt zu einer schon recht weitgehenden Profilierung der Individualität und stellt provisorisch die Weichen für die kommenden biographischen Situationen. Nicht selten allerdings ist auch noch die erste Phase des Erwachsenenalters, die Aufbauzeit, durch entscheidende Neuorientierungen der Persönlichkeit, vor allem aber durch aktive Ausgriffe, welche die gegebene Milieukonstellation verändern, gekennzeichnet. Elan und vitaler

Drang nach expansiver Selbstdurchsetzung sind für diese Lebensperiode meist sehr typisch. Dabei wird zuweilen der Weg unverbindlichen Experimentierens beschritten...

Dem Berufsleben geben in vielen Fällen idealistische Hoffnungen die alterstypische Note. Wenn nicht als Ausdruck einer realistischen Haltung die Bereitschaft vorhanden ist, tragbare Kompromisse einzugehen, hat die Diskrepanz zwischen Illusion und Wirklichkeit eine ›Krise durch Erfahrung‹ zur Folge.«

Lebenswende

Wir hatten schon erarbeitet, daß sich um die Zeit der Lebenswende etwa zwischen dem zweiundvierzigsten und neunundvierzigsten Jahr mehrere planetare Rhythmen überschneiden (vergleiche Kapitel »Panta Rhei – alles bewegt sich). Von der biologischen und seelisch-geistigen Seite aus gesehen kommt es ebenfalls zu einer Überschneidung. Clauser schreibt dazu (88):

»Die Lebenswende, welche die ›biographische Halbzeit‹ markiert, stellt den Menschen vor die Aufgabe, das nunmehrige Überwiegen der körperlichen Involutionen über die Evolutionen erlebnismäßig zu verarbeiten. Typisch für diese Phase ist die Erscheinung, daß die Kurve des somatischen Alterns und die des seelischen Reifens sich immer weiter voneinander trennen. Der biologische Abstieg und die damit verbundene Leistungseinschränkung werden vielfach so schmerzlich bewußt und so wenig als Anlaß zur Überprüfung der bisherigen Lebensform aufgefaßt, daß die ›Krise der Grenze‹ das psychische Gleichgewicht völlig aufhebt. Allerdings wirkt sich das Nachlassen physischer Spannkraft in erster Linie auf rein körperlich-manuelle Arbeiten aus. In Berufen, deren Schwergewicht auf geistiger Tätigkeit liegt, können auch und gerade im späten Erwachsenenalter Leistungen von höchstem Rang die früheren noch übertreffen...«

Das Alter

Wann beginnt das Alter? Wir wollen uns nicht auf Polemik einstellen, sondern einfach davon ausgehen, daß das Alter um die Zeit der Pensionierung, also zwischen dem sechzigsten und fünfundsechzigsten Lebensjahr beginnt. Der Begründer des »Autogenen Trainings«, J.H. Schultz, prägte den Begriff »Pensionierungsbankrott«. Gemeint ist das Gefühl, jetzt »zum alten Eisen zu gehören«, nicht mehr gebraucht zu werden. Der Arzt und Philosoph Karl Jaspers hat einmal gesagt, man könne das Alter erleiden oder gestalten.

Je nachdem, in welchem Alter wir uns befinden, bekommen die planetaren Konstellationen auch eine entsprechende Färbung. So können bestimmte Konstellationen für einen jungen Menschen eine reduzierte Leistungsfähigkeit bedeuten, während sie für einen älteren Menschen eine Depression oder sogar den Tod anzeigen.

Fazit aus unseren bisherigen Überlegungen ist, daß wir sowohl das Geburtsbild als auch die aus ihm ableitbaren planetaren Rhythmen im Zusammenhang mit dem erreichten Alter und den damit verbundenen natürlichen Reifungsphasen betrachten und verstehen müssen. Als nächstes werden wir unseren spiraligen Weg fortsetzen und die kosmobiologische Sicht auf Geburtsbilder und kosmische Rhythmik vertiefen.

Kapitel 9

Aspektstrukturen im Kosmogramm

Wir können inzwischen mit dem Tierkreis, den Tierkreiszeichen und den in sie eingetragenen Gestirnen, Mondknoten, Aszendent und Medium Coeli umgehen. Es wird bei Ihnen ein Gefühl dafür entstanden sein, daß aus der Tierkreiszeichen-Besetzung und den Aspekten Erkenntnisse über Charakterartung und Schicksalsweg entnommen werden können.

Unsere weitere Aufgabe wird es jetzt sein, Aspektstrukturen zu erkennen und mit deren Symbolgehalt umgehen zu lernen. Lassen Sie mich nochmals zurückkommen auf das Kapitel »Wege zur kosmobiologischen Deutung« (vergleiche Seite 98 ff). Es wurde dort gezeigt, daß als erster Schritt in die Deutung jedes Symbol für sich gesehen und verstanden werden muß. Haben wir es mit einem Aspekt zu tun, dann verbinden sich die Deutung Symbol A in Zeichen B mit Symbol C in Zeichen D.

1. Der Deutungsweg zu den Aspektstrukturen

Umfassender wird die individuelle Färbung der kosmischen Symbolik dann, wenn sich drei und mehr Deutungsfaktoren miteinander zu einer Struktur zusammenfinden. Wiederholen wir noch einmal den Deutungsgang bei den Aspekten mit zwei Faktoren. Wir haben dann:

1. Symbol A in Zeichen C	Symbol A und Symbol B und
2. Symbol B in Zeichen C	deren teilweises Ineinanderfließen zu etwas Neuem: AB

Wenn wir jetzt zur Bearbeitung einer Aspektstruktur mit mindestens drei Faktoren übergehen, dann entsteht folgende Situation:

1. Symbol A in Zeichen D	Symbol A und Symbol B
2. Symbol B in Zeichen D	Symbol A und Symbol C

3. Symbol C in Zeichen F   Symbol B und Symbol C
                                fließen teilweise ineinander zu
                                etwas Neuem: AB, AC, BC.
                                Darüber hinaus haben wir ABC.

Inwieweit sich zwei und mehr Symbolkräfte zu etwas Neuem verbinden, sehen wir aus dem bisherigen Lebensweg eines Menschen. Zunehmendes Wissen um den »kosmischen Faktor« und die »kosmische Prägung« können jedoch dazu beitragen, die in uns angelegten kosmischen Kräfte zu verstehen und sinnvoll zu nützen. Wir werden unsere Beobachtungsgabe nun weiter schulen und uns an Aspektstrukturen in Kosmogrammen gewöhnen. Erfahrungsgemäß werden damit die Dominanten in einem Geburtsbild erfaßt; das ist das, was der Persönlichkeit eines Menschen das Gerüst gibt und ihn von anderen Menschen unterscheidet.

Schon in der traditionellen Astrologie spielten Aspektstrukturen eine Rolle; sie wurden zu Bildern zusammengefaßt, zum Beispiel als geschlossenes Trigon, geschlossenes Quadrat, T-Quadrat, Drachenfigur und so weiter. Zweifellos haben solche Strukturen mehr Gewicht, als wenn es sich nur um einen oder zwei Planeten in einem Zeichen oder einen Aspekt zwischen zwei Gestirnen handelt.

Bei unserem Weg in das kosmobiologische Wissensgebiet müssen wir jedoch auch Kompromisse schließen. Damit Sie möglichst mit den in diesem Buch gegebenen Informationen auskommen, werden wir unsere diagnostischen Möglichkeiten begrenzen müssen. Wer jedoch in die kosmobiologische Materie eindringen will, sei auf die *Kosmobiologische Diagnostik* hingewiesen, aus der schon ein kleiner Ausschnitt gezeigt wurde (Abbildungen 19–22).

Wir werden nun einige Kosmogramme herausgreifen, die ein Gefühl für Aspektstrukturen und deren Inhalt entstehen lassen.

2. Johann Sebastian Bach (1695–1750)

Bach war einer der bedeutendsten Komponisten der abendländischen Musik. Robert Schumann schrieb über ihn, daß die Musik ihm fast ebensoviel wie eine Religion ihrem Begründer verdanke (89). In dem schon zitierten Buch von Scott (90) *Musik und ihr geheimer Einfluß durch die Jahrhunderte* lesen wir über Bachs Musik (91):

»Sie brauchte nicht mehr die Unterstützung durch die Dichtung, biblische oder liturgische Texte, Gottesdienste, bürgerliche Zeremonien oder die dramatische Darstellungskunst, die ihr dabei helfen sollten, sich verständlich zu machen. Sie selbst war die höchste Instanz in ihrem Bereich des ungebundenen Tons, alleinige Gebieterin in ihrer Welt der Instrumentalmusik. Aus der Stellung eines abhängigen Vasallen erhob Bach sie in die stolze Position einer Königin, die nur sich selbst gegenüber verantwortlich war ...

Seine Melodie, seine Harmonie und seine Taktperioden scheinen alle wie aus einem Guß zu sein; ein unzerstörbarer Geist von strenger Logik und unwandelbarer Übereinstimmung mit der Gesetzmäßigkeit durchdringt das Ganze ebenso wie die einzelnen Teile ...«

Scott wies auch darauf hin, daß Bach nicht nur Komponist, sondern in gewisser Hinsicht auch Mathematiker gewesen sei; er meinte, daß in der Zeit, als sich in Deutschland Bachs Musik verbreitete, im »Volk der Dichter und Denker« auch der Verstand besonders betont wurde, während in der Romantik die Gefühlswelt der Menschen stärker aufbrach.

Wie sieht nun Bachs Kosmogramm aus? Abbildung 52 zeigt uns das Geburtsbild dieses außergewöhnlichen Komponisten. Was uns sofort auffällt, ist die starke Betonung des Tierkreiszeichens Fische, das gern mit Religion und Introversion in Verbindung gebracht wird. Im Deutungsteil der »Schlüsselworte für die zwölf Tierkreiszeichen« finden wir für das Zeichen Fische folgende Begriffe:

Fische: Vergangenheit, »der Blick zurück«, Opfer, Religion, Meditation.

Nun greifen wir einmal die Deutungen für Mond, Neptun, Merkur und Venus im Zeichen Fische heraus und anschließend die Konjunktionen Mond-Neptun und Merkur-Venus. Damit bekommen wir wieder eine erste Information über den Kosmogrammeigner:

Mond als Faktor der Emotionalität in Fische

»Stille Wasser sind tief«. Der Gang »zu den Müttern«. »Das Leben – ein Traum«.

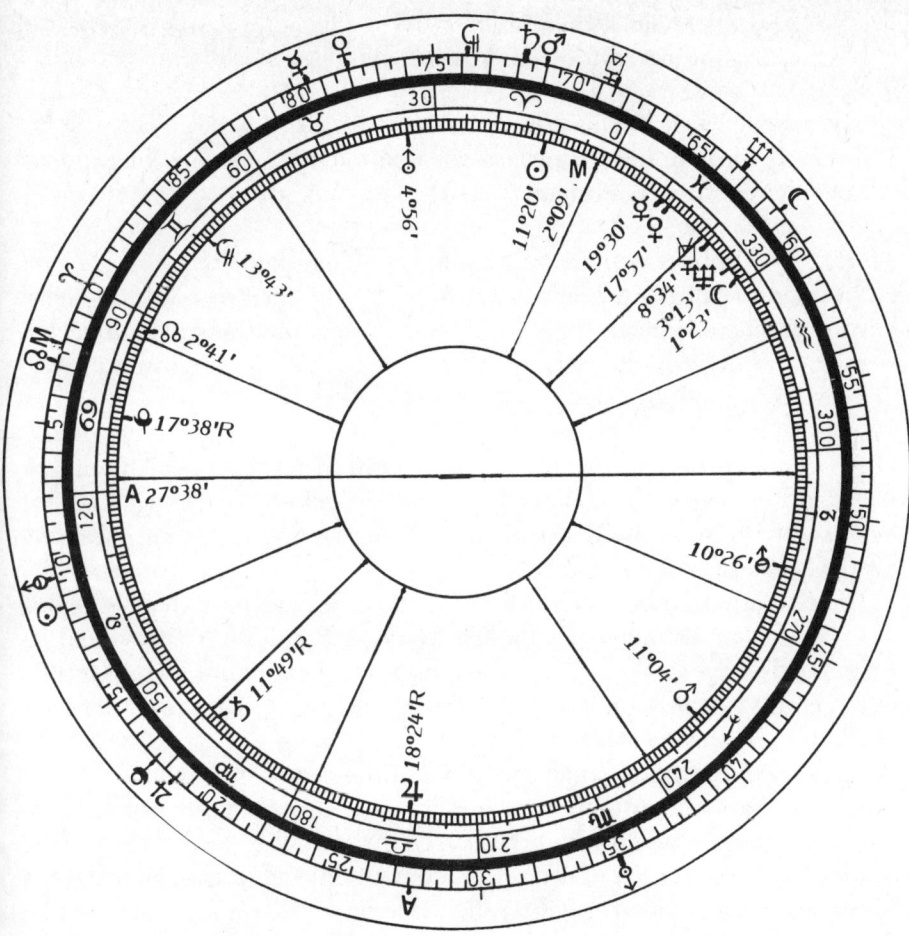

Abb. 52 Johann Sebastian Bach, geb. am 31. März 1685, 11:30 Uhr OZ
(= 11:49 Uhr MEZ) in Eisenach (Thüringen)
50°58′ n.Br.; 10°19′ ö.L.

Neptun als Faktor der Sensibilität und Imagination in Fische
Erlösung suchen. Der religiösen Bilderwelt sehr nahe sein.

Mond → Neptun	Neptun → Mond
Empfindsam, empfindlich, gespürig sein.	Wünschen, hoffen, sehnen. Beeindruckbar, beeinflußbar sein.

157

Merkur als Faktor des Denkens und der Intelligenz in Fische
    Gespür, Ahnung, Intuition. Warten können auf Einfälle.

Venus als Faktor der Sympathie und Antipathie in Fische
    Die caritative, religiös orientierte Liebe. Die Liebe zur Vergangen-
    heit, Archäologie, Antike. Nostalgie.

Merkur → Venus	Venus → Merkur
Gern über Zärtlichkeit, Liebe, Kunst sprechen. Verstandesbetonte Erotik. Mit der Sprache »malen« können.	Auf die Schönheit der Sprache achten. Miteinander liebevoll umgehen. Schöngeistige Literatur.

Die vorstehenden Deutungen wurden bewußt nicht abgewandelt auf den Kosmogrammeigner J.S. Bach hin. Deshalb geben die obengenannten Schlüsselworte nur eine Richtung an, die der Verfeinerung nach Kenntnis der Lebensgeschichte bedarf.

Die Konjunktion von Mond und Neptun im Zeichen Fische zeigt uns aber auf jeden Fall, daß ein hohes Maß an Sensibilität, vor allem in religiöser Hinsicht, vorgelegen haben muß. Die Konjunktion von Merkur und Venus weist uns auf eine intellektuell orientierte Kunst im religiösen und/oder kirchlichen Rahmen hin.

In der Zeichnung ist auch die Position der Vesta in Fische zu sehen. Über den Planetoiden Vesta ist noch nicht viel bekannt, aber er hat allem Anschein nach einerseits mit Haus, Heim, Familie, andererseits dem Stand der Priesterinnen und Priester, dem kirchlichen Raum zu tun. Daß Vesta im Zeichen Fische steht, verstärkt die kirchennahe musikalische Tätigkeit Bachs.

Nachdem wir uns jetzt in das Geburtsbild Bachs eingefühlt haben, wollen wir nun einige gerade ihn betreffende Aspektstrukturen betonen.

Beginnen wir mit der Aspektstruktur des Mars, um den Tätigkeitsbereich des Komponisten zu erfassen (Abbildung 53). Wir greifen zuerst die 45°-Reihe heraus:

Mars/Schütze	Für Ideale, Ideen, höhere Erkenntnisse tätig sein wollen.
Saturn/Jungfrau	Bedürfnis nach Ordnung, Präzision bis zur Pedanterie.
Vesta/Fische	Vermutlich zu deuten als der kirchliche Raum.
Chiron/Zwillinge	Vermutlich Charisma haben, eventuell seine eigenen Wünsche nach Beweglichkeit und Flexibilität aufopfern.

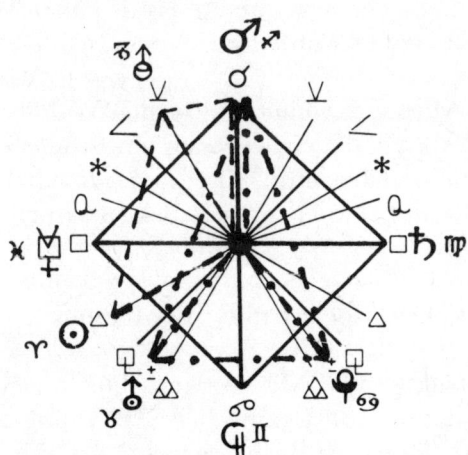

Abb. 53

Die Deutung dieser Aspektstruktur der 45°-Reihe kann lauten:

Der Kosmogrammeigner übt eine berufliche Tätigkeit aus, die höheren Erkenntnissen dienen soll. Er arbeitet zuverlässig und präzise im kirchlichen Bereich und ist dabei auch bereit, auf eigene vielseitige Wünsche zu verzichten und bewußt Opfer zu bringen.

159

Diese Aspektstruktur wird von einer anderen der 72°-Reihe überlagert. Wir sprachen schon davon, daß die quintilischen Winkel allem Anschein nach »mit dem Kampf um die gute Sache« zu tun haben; wir können hinzufügen, daß philosophische, weltanschauliche Ziele erstrebt werden wollen.

Mars/Schütze -72- Uranus/Stier -72- Pluto/Krebs läßt sich nach meiner Ansicht so übersetzen:

> Die ideellen und höheren Erkenntnissen dienende Tätigkeit (Mars/Schütze) soll helfen, sich vom Besitz und aus der Bequemlichkeit (Uranus/Stier) zu lösen, um eine Vielzahl von Menschen in ihren tiefsten Seelenschichten (Pluto/Krebs) anzusprechen.

Die Kombination von Mars, Uranus und Pluto setzt darüber hinaus außergewöhnliche Energien frei, die entweder der Schaffenskraft dienen können oder aber auch eine zerstörende Kraft haben können. In Bachs Fall wurde in der Tat ein sehr umfangreiches musikalisches Werk geschaffen.

Das Trigon des Mars zur Sonne im Zeichen Widder ist zu deuten als Lebenskraft und Tatkraft. Über den auch eingetragenen Transpluto ist ebenfalls noch nicht viel bekannt, aber zumindest hat er eine verstärkende Wirkung auf die Faktoren einer Aspektstruktur.

Die Aspektstruktur des Uranus

Wir wollen der Struktur von Mars-Uranus-Pluto nochmals begegnen. Betrachten wir sie einmal von Uranus her (Abbildung 54). Wir könnten dann – bezogen auf die Arbeit Bachs – sagen:

> Eine dynamische, rhythmische, musikalische Kraft soll die Erdgebundenheit (Uranus/Stier) durchbrechen, Tätigkeiten ideeller und humanitärer Art (Mars/Schütze) auslösen und auf eine Vielzahl von Menschen, eventuell das ganze Volk (Pluto/Krebs) einwirken.

Wir sehen den Uranus aber auch noch in einer Aspektstruktur der 30°-Reihe. Danach ist Uranus einerseits mit Mond und Neptun, andererseits dem Mondknoten verbunden; hinzu kommt noch das Medium Coeli.

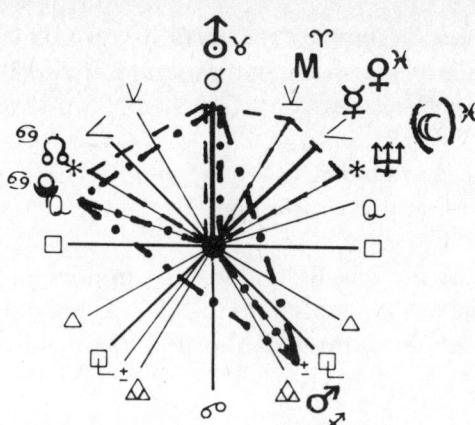

Abb. 54

Versuchen wir wieder eine auf den Kosmogrammeigner zugeschnittene Übersetzung der kosmischen Symbolik:

Eine dynamische, rhythmische, musikalische Kraft (Uranus/Stier) will zielbestimmt motivieren (Medium Coeli/Widder). Auf harmonische Weise (30°-Reihe) will auf familiäre oder familienähnliche Gruppen und Gemeinschaften eingewirkt werden, für die Religion gespürig zu werden (Mond und Neptun/Fische).

Nun haben wir noch das Halbquadrat des Uranus/Stier zu Merkur und Venus/Fische. Wir formulieren:

Eine dynamische, rhythmische, musikalische Kraft (Uranus/Stier) wird aktiv eingesetzt (45°-Reihe), religiöses Denken und Lieben (Merkur und Venus/Fische) zu fördern.

Die Aspektstruktur des Neptun

Noch eine Aspektstruktur wollen wir herausgreifen. Der Neptun in Konjunktion mit dem Mond im Zeichen Fische bildet ein Anderthalbquadrat zu Jupiter in Waage und zu Pluto in Krebs. Hinzu kommt als 30°-Reihe das Halbsextil zu MC in Widder, das Sextil zu Uranus in Stier und das Trigon zu Mondknoten in Krebs (Abbildung 55). Machen wir uns an die Arbeit, diese beiden Strukturen in ihrer Symbolkraft zu erfassen.

161

Das Gefühl und Gespür für religiöses Bewußtsein (Mond und Venus/ Fische) wird zur Harmoniebildung und inneren Balance (Jupiter/ Waage) für eine Vielzahl von Menschen (Pluto/Krebs) eingesetzt.

Wir wollen die Faktoren der 30°-Reihe noch verstehen lernen und uns zu ihnen eine Interpretation erarbeiten:

Die Sensibilität für das Religiöse soll stimulieren (MC/Widder) und familienähnliche Gemeinschaften oder Gemeinden (Mondknoten/ Krebs) aus der gewohnten Ruhe und Bequemlichkeit herausreißen (Uranus/Stier).

Die Häuserachse III–IX

Im Deutungsteil ist auch eine psychologisch orientierte Häuserinterpretation zu finden (vergleiche Seite 326f). Nachdem in Bachs Geburtsbild der Saturn unmittelbar an der dritten und die Vesta an der neunten Felderspitze steht – beide Gestirne stehen zueinander in Opposition –, wollen wir eine Ergänzung zu den bisherigen Ausschnitten aus der Persönlichkeit hinzufügen.

Nach meiner Ansicht kann man die Achse III–IX als die Milieu- und Niveau-Achse bezeichnen. Näher spezifiziert kann man sie wie folgt umschreiben:

Der Erfahrungsschatz aus dem Elternhaus und die Verarbeitung zur eigenen Schau in der Welt. Das in der frühen Kindheit Erlebte und das im Leben daraus Gestaltete.

Johann Sebastian Bach war der dritte von vier Söhnen. Die Kinder verloren ihre Mutter sehr früh; als Johann Sebastian zehn Jahre alt war, verstarb auch der Vater. Bach lebte dann fünf Jahre lang bei seinem um vierzehn Jahre älteren Bruder, der in Ohrdruf als Organist tätig war. Nach der Schule setzte er seine Ausbildung an der Michaelisschule in Lüneburg fort, wo er auch im Chor, der der Schule angeschlossen war, mitwirkte. Die früh verstorbenen Eltern bedeuteten sicher für Bach Trennungsschmerz, Beschränkung, Verzicht. Aber er galt als fleißiger und sorgfältiger Schüler.

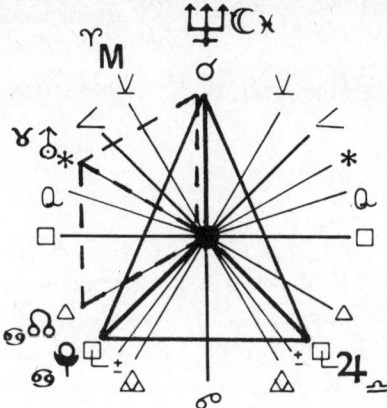

Abb. 55

Saturn im Zeichen Jungfrau an der dritten Häuserspitze heißt wohl, daß er im Elternhaus beziehungsweise im Haus des älteren Bruders zu Sorgfalt, Ordnung, Pünktlichkeit angehalten wurde, vielleicht sogar mit strenger Pedanterie. Man kann auch vermuten, daß Askese, Beschränkung, Verzicht und Trauer eine Rolle gespielt haben. Dieser familiäre Hintergrund dürfte wesentlich mit daran beteiligt gewesen sein, daß eine strenge religiöse Haltung entstand und ein großer Teil der Lebensenergie in die schöpferische religiöse Arbeit – zur Ehre Gottes – hineinfloß. Vesta an der neunten Häuserspitze betont die intensive Tätigkeit im kirchlichen Raum.

Kapitel 10

Aspektstrukturen und Lebensdynamik

Nachdem wir uns bei der Besprechung des Geburtsbildes von Johann Sebastian Bach auf eine Reihe von Aspektstrukturen konzentriert haben, wollen wir jetzt so fortfahren, daß wir die Aspektstrukturen auch unter einem dynamischen Gesichtspunkt betrachten, uns fragen, wann im Laufe des Lebens die im Kosmogramm angelegten individuellen »kosmischen Bilder« ausgelöst wurden. Erinnern wir uns: Im Falle von Albert Einstein konnten wir die Bewegung des Uranus mehrfach zu seiner Merkur-Saturn-Konjunktion im Zeichen Widder in Beziehung setzen. Bei dem Geburtsbild Albert Schweitzers, das wir nun erarbeiten wollen, haben wir sehr komplexe Aspektstrukturen, und wir wollen sehen, wie diese ausgelöst wurden.

Albert Schweitzer (1875–1965)

Wer hätte nicht von ihm gehört oder gelesen, dem Urwalddoktor, der vor dem Ersten Weltkrieg, 1913, als Tropenarzt nach Afrika ging, um dort den schwarzen Menschen medizinische Hilfe zu bringen? Aber Albert Schweitzer war auch ein bekannter Organist und Theologe. Sein Wort von der »Ehrfurcht vor dem Leben« und sein großes Werk über die *Geschichte der Leben-Jesu-Forschung* (92) wurden weltbekannt.

Albert Schweitzer wurde am 14. Januar 1875 in Kaysersberg/Elsaß geboren. Nach seinem Theologiestudium erhielt er 1902 eine Dozentur und bald darauf eine Professur. 1905 entschied er sich trotz seiner blendenden Karriere als Theologe, Schriftsteller und Organist für das zusätzliche Studium der Medizin. Nach seiner Heirat 1912 reiste er 1913 mit seiner Frau nach Äquatorial-Afrika und war von da an, mit einigen Unterbrechungen durch Kriegsgefangenschaft, Vortrags- und Konzertreisen, bis zu seinem Tode am 4. September 1965, als Missionsarzt in Lambarene tätig. Albert Schweitzer starb hochbetagt mit über neunzig Jahren.

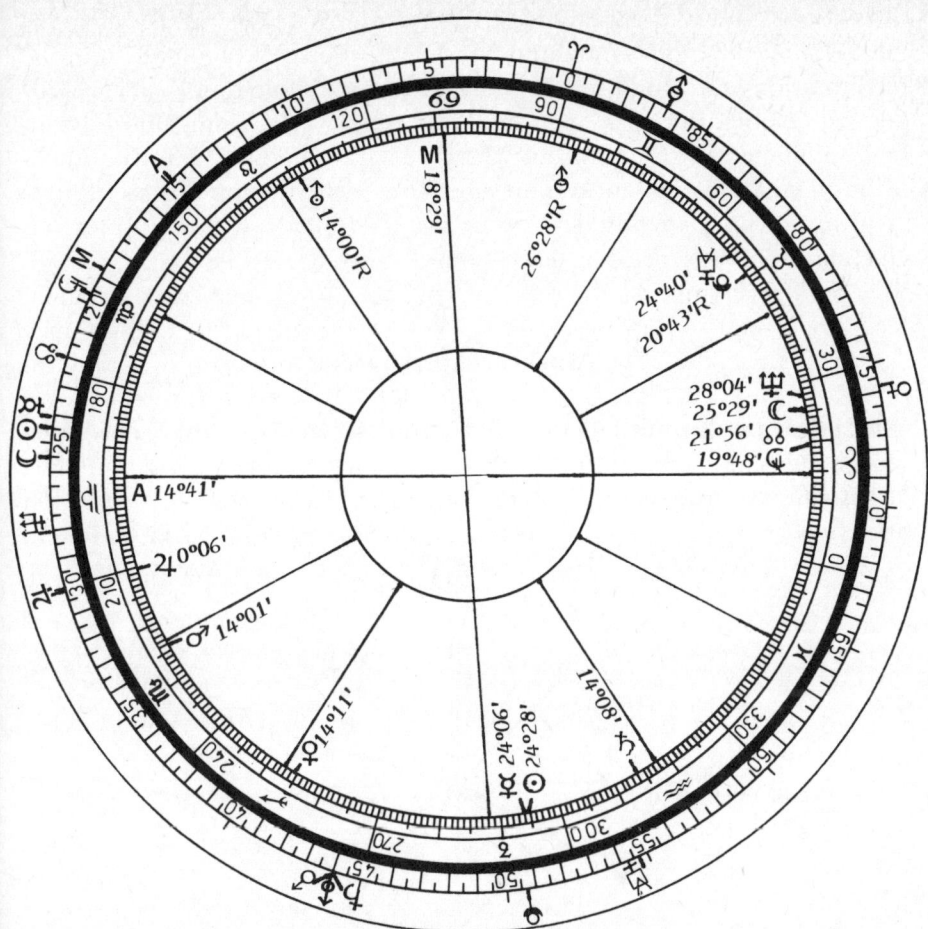

Abb. 56 Albert Schweitzer, geb. am 14. Januar 1875, 23:45 Uhr OZ
(= 23:15 Uhr GMT) in Kaysersberg (Elsaß)
48°09′ n.Br.; 7°16′ ö.L.

1951 erhielt Schweitzer den »Friedenspreis des Deutschen Buchhandels«, 1952 den Friedensnobelpreis, 1954 den Orden der Friedensklasse »Pour le mérite«. Zu seinen Veröffentlichungen gehören unter anderem: *Johann Sebastian Bach* (1905), *Geschichte der Leben-Jesu-Forschung* (1906), *Deutsche und französische Orgelbaukunst* (1906), *Bachs Orgelwerke* (1912–1914), *Zwischen Wasser und Urwald* (1921), *Kultur und Ethik* (1923), *Die Mystik des Apostels Paulus* (1930), *Aus meinem Leben und Denken* (1932).

Wenn wir das Kosmogramm Albert Schweitzers betrachten, fallen uns die Konjunktion von Sonne und Merkur im Zeichen Steinbock und die Konjunktion von Mond mit Neptun und Mondknoten im Zeichen Widder auf (Abbildung 56). Auch die Opposition von Uranus und Saturn, beide Planeten im Quadrat zu Mars – ein T-Quadrat Uranus-Saturn-Mars – fällt auf. Hinzu kommt noch die weitere Opposition Jupiter-Neptun, verbunden mit der Venus als Halbquadrat, von Jupiter aus gesehen.

Die Aspektstruktur der Sonne

Wir haben es also mit einem sehr komplexen Bild zu tun. Wir werden jedoch zuerst wieder mit unseren Schlüsselworten arbeiten und dann erst Ergänzungen vornehmen (Abbildung 57).

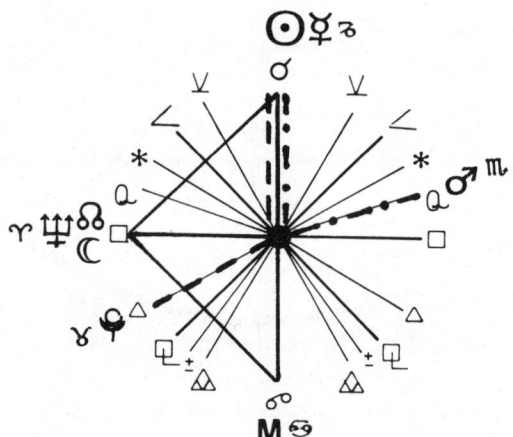

Abb. 57

Tierkreiszeichen Steinbock: Form, Gestalt, Tradition, Kultur, Erbe

Sonne als Faktor der Vitalität in Steinbock
    Bis ins hohe Alter gesund bleiben wollen. Die Vergangenheit lebendig erhalten wollen.

166

Merkur als Faktor des Denkens und der Intelligenz in Steinbock
    Tradition und Erfahrung hoch einschätzen. Konzentration auf das
    Wesentliche.

Sonne → Merkur
Seinen Verstand beleben wollen.

Merkur → Sonne
Sich über seine Lebenskraft (und
das Leben an sich) Gedanken machen.

Die Aspektbeziehung zwischen Merkur und Sonne wird auch gern übersetzt mit »gesundem Menschenverstand«, praktischem Denken, »com-
mon sense«. Man kann sich vorstellen, daß beim Aufbau des Urwald-
hospitals sicher auch selbst viel Hand angelegt und »auf das Praktische«
besonderer Wert gelegt werden mußte.

Die Aspektstruktur des Mondes

Gehen wir zu dem Komplex Mond-Neptun-Mondknoten im Zeichen
Widder (Abbildung 58):

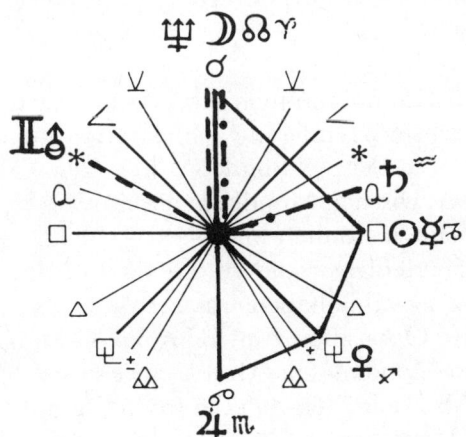

Abb. 58

Tierkreiszeichen Widder

Antrieb, Anstoß, Beginn, »Zeichen
setzen«.

Mond als Faktor der Emotionalität in Widder
  Lebhafte Mimik. Die Gefühle als starke Antriebskraft.
Neptun als Faktor der Sensibilität und Imagination in Widder
  Aus der innerseelischen Welt den richtigen Anfang spüren wollen.
  Über die Imagination zur Initiative kommen.
Mondknoten als Faktor der Bindung und Lösung in Widder
  An der Spitze von Gemeinschaften stehen wollen. Gruppenleiter,
  Vorstand.

Wir sehen, daß wir mit den Schlüsselworten schon zu treffenden Ergebnissen kommen. Aber eine weitere Differenzierung ist nötig.

Die Aspektstruktur des Chiron

Auf 19° 48′ Widder ist auch der zwischen der Saturn- und Uranusbahn laufende Chiron eingetragen. Ich habe in den letzten Jahren immer wieder gesehen, daß man für Chiron – zunächst noch arbeitshypothetisch – die folgenden Schlüsselworte einsetzen kann:

Arbeitshypothetische Schlüsselworte für Chiron: Heilkraft und Heilfähigkeit. Auf sich allein gestellt sein. Opfern oder geopfert werden.

Chiron ist in den Kosmogrammen von Menschen, die heilkundlich und therapeutisch tätig sind, häufig in wichtigen Aspekten zu anderen Faktoren anzutreffen (zum Beispiel Sonne, Mond, Venus, Mars, Jupiter). Die enge Konjunktion zwischen Mondknoten und Chiron kann auf heilkundlich orientierte Gemeinschaften hinweisen (Abbildung 59).
  Die Achse Aszendent-Deszendent, für die wir das Schlüsselwort »Begegnungs-Achse« gewählt haben, ist mit dem Chiron verbunden. Der Aszendent steht in Opposition zum Chiron. Chiron befindet sich in Konjunktion mit dem Mondknoten. Man könnte sagen: »Eine ausgeglichene Persönlichkeit (AS/Waage) ergreift die Initiative zu heilkundlicher Tätigkeit an anderen Menschen (Chiron Widder, siebente Häuserspitze).
  Wir wollen noch die beiden Konjunktionen des Mondes ergänzend herausgreifen (Abbildung 58).

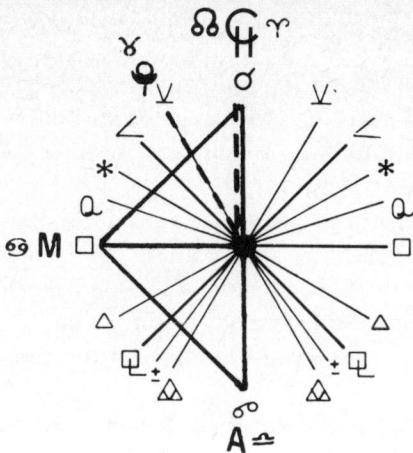

Abb. 59

Mond → Neptun	Neptun → Mond
Empfindsam, empfindlich, gespürig sein.	Wünschen, hoffen, sehnen. Beeindruckbar, beeinflußbar sein.

Mond → Mondknoten	Mondknoten → Mond
Emotionaler Zugang zu Gruppen. Sich in Gemeinschaften einfühlen können.	Sich in der Gemeinschaft emotional öffnen können. Gruppenmutter sein.

Bei diesen Schlüsselworten sehen wir, daß sich einerseits die Empfindsamkeit und emotionale Offenheit, andererseits das Gefühl für das, was in einer Gemeinschaft abläuft, herauskristallisieren. Aber wir sind mit der »kosmischen Sprache« noch nicht am Kern der Persönlichkeit angelangt. Dazu müssen wir uns noch weiter auf die Suche machen.

Sonne und Merkur bilden auch ein Trigon zu Pluto im Zeichen Stier. Sie erinnern sich daran, daß auch in Albert Einsteins Kosmogramm der Pluto im Zeichen Stier steht. Wir haben deshalb diese Position auch hier zu interpretieren (Abbildung 57).

Für Pluto/Stier habe ich die Schlüsselworte entwickelt:

In großem Maße Besitz ergreifen. Weitflächige Landeinnahme. Kolonialismus.

Als Albert Schweitzer daran ging, die Krankenstation Lambarene aufzubauen, mußte er auch Land erwerben und für dieses Land seine ganze Vitalität einsetzen. Ist das nicht eine interessante Konstellation, wenn man daran denkt, daß zwar keine Kolonie erworben wurde, Lambarene aber doch ein weltbekanntes Krankenhaus in einem anderen Land als dem Heimatland wurde?

Dieser Einsatz seiner Vitalität in einem anderen Land wird verstärkt durch das Quintil der Sonne zu Mars im Zeichen Skorpion. Für Mars/Skorpion bot ich die Schlüsselworte an: »Tiefschürfender Arbeitsstil. Mit Verbissenheit tätig sein«, eine Aussage, die sicher durch die Realität bestätigt wurde, denn der »Urwalddoktor« hatte immer wieder um sein Werk zu kämpfen.

Als Albert Schweitzer 1913 mit siebzig Kisten ärztlicher Ausrüstung in der kleinen Missionsstation Lambarene eingetroffen war, hatte er kaum vorstellbare Anfangsschwierigkeiten. 1917 wurden er und seine Frau interniert und nach Frankreich gebracht. Schweitzer erkrankte schwer in der Gefangenschaft und war erst 1920 gesundheitlich wieder so hergestellt, daß er weiterarbeiten konnte. Bevor er wieder nach Lambarene reisen konnte, mußte er erst die Geldmittel dazu besorgen; er erreichte das durch Vorträge, Orgelkonzerte und das Schreiben von Büchern. Erst 1925 konnte Albert Schweitzer wieder nach Lambarene zurückkehren. Die 1913 gebaute Spitalbaracke war nicht mehr da. Aber mit mehr Helfern als am Anfang konnte er relativ schnell wieder aufbauen, und im Laufe der Zeit schlossen sich ihm Schweizer Ärzte und Pflegerinnen an.

Der Zweite Weltkrieg brachte Lambarene wieder in große Gefahr. »Um den Besitz von Lambarene kämpften 1940 zwei Monate lang Truppen des Generals de Gaulle und Verbände der Vichyregierung. Als die Vorräte an Medikamenten aufgebraucht waren und viele Kranke ohne Versorgung gelassen werden mußten, erhielt Schweitzer Geld, Medikamente, Thermosflaschen und Küchengeräte aus den Vereinigten Staaten ...« (92)

Wir haben nach diesen biographischen Angaben ein Gefühl dafür bekommen, wie Sonne Konjunktion Merkur in Steinbock mit dem Trigon zu Pluto in Stier sowie das Quintil zu Mars in Skorpion gewirkt haben. Sie stehen in Schweitzers Kosmogramm für außerordentliche Vitalität, Zähigkeit, intensiven Arbeitseinsatz.

Die Aspektstruktur des Mars

Wir wollen eine weitere Aspektstruktur erarbeiten, die des Mars in Skorpion (Abbildung 60). Da ist vor allem das oben schon erwähnte T-Quadrat Mars-Saturn-Uranus der 45°-Reihe, dann die 30°-Reihe Mars-Venus-AS-MC und das Quintil zu Sonne und Merkur, das wir schon bei der Aspektstruktur der Sonne von deren Position aus besprachen. Wir arbeiten wieder mit unseren Schlüsselworten und ergänzen diese dann.

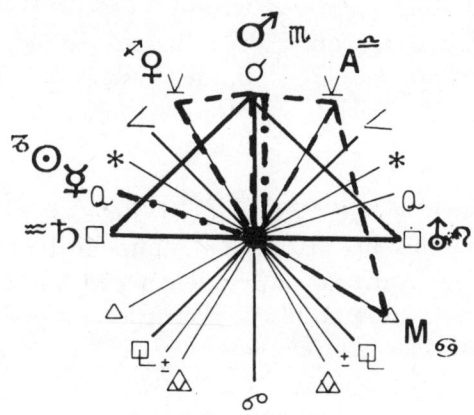

Abb. 60

Mars als Faktor des Willens und der Leistung in Skorpion
  Tiefschürfender Arbeitsstil. Mit Verbissenheit tätig sein.

Saturn als Faktor der Stabilität und Introversion in Wassermann
  Aus alten Quellen Neues schöpfen. Sich mit Bedacht auf neue Dimensionen einstellen.

Uranus als Faktor der Lebensdynamik in Löwe
  Immer der Schnellste, Beste, Fleißigste sein wollen. Sich ständig fordern. »Unruhegeist«.

Aspekt Mars → Saturn
Mit seinem Willen Widerstände überwinden wollen. Resignieren oder »nun erst recht!«

Saturn → Mars
Bewahren, festigen, erhalten wollen. Seine Energien zurückhalten. Angst vor der Aufgabe.

171

Aspekt Mars → Uranus
Anstöße geben, etwas in Bewegung setzen wollen. Drängen, überstürzen.

Uranus → Mars
Veränderungen erzwingen wollen. »Auf Biegen oder Brechen« etwas erreichen wollen. Aggressionen wecken oder herauslassen.

Da Saturn und Uranus eine Opposition bilden, wollen wir deren Interpretation in die Aspektstruktur des Mars mit hineinnehmen:

Aspekt Saturn → Uranus
Sich von Experimenten, Unruhe, Streß fernhalten wollen. Auseinandersetzungen meiden, »sich überrollen lassen«.

Uranus → Saturn
Sich befreien wollen von Tradition, Bürde, Last, Autorität. »Ketten zerbrechen« wollen. Zerreißproben riskieren.

An dieser Stelle sehen wir deutlich, daß wir die Lebensgeschichte eines Menschen benötigen, um herauszufinden, ob mehr der eine oder andere Pol des Deutungsspektrums im individuellen Fall auszuwählen ist. Betrachten wir nochmals die quintilische Aspektierung des Mars zu Sonne und Merkur. Etwas freier übersetzt könnten wir hier sagen:

Es wird eine intensive Energie (Mars/Skorpion) eingesetzt, um für eine gute Sache (Quintil-Aspekt) zu kämpfen, für den Erhalt des Lebens (Sonne/Steinbock) in Rede und Schrift (Merkur/Steinbock) einzutreten.

Als nächstes wollen wir die Aspektstruktur der 30°-Reihe verstehen und greifen ihre Teile heraus:

Mars/Skorpion	Tiefschürfender Arbeitsstil. Mit Verbissenheit tätig sein.
Venus/Schütze	Liebe zur Humanität, zur Idee, zum Ideal.
Aszendent/Waage	Ausgeglichene Persönlichkeit. Durch sympathisches Auftreten überzeugen.
Medium Coeli/Krebs	Haus, Heimat, Familie, Geborgenheit schaffen wollen. Schutz und Fürsorge spenden wollen.

Noch etwas präziser ausgedrückt können wir unsere Überlegungen wie folgt zusammenfassen:

Ein intensives Maß an Energie fließt in humanitäre, ideelle Aufgaben hinein, wobei eine ausgeglichene Persönlichkeit Sympathien wecken und sich für familiäre Aufgaben einsetzen will. MC in Krebs kann in diesem Fall auch so gesehen werden, daß für andere Menschen Heimat, Geborgenheit und Schutz gewährt werden will.

Die Aspektstruktur des Jupiter

Noch eine Aspektstruktur wollen wir herausgreifen: die des Jupiter im Zeichen Skorpion (Abbildung 61). Er ist als Opposition mit der Konjunktion von Mond und Neptun im Zeichen Widder und als Halbquadrat mit Venus im Zeichen Schütze verbunden. Hinzu kommt ein etwas weit gefaßtes Quintil zu Uranus in Löwe. Verwenden wir zunächst unsere Schlüsselworte aus dem Deutungsteil.

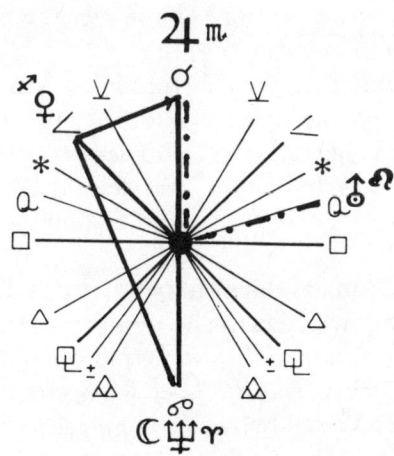

Abb. 61

Jupiter als Faktor der Extraversion und Expansion in Skorpion
»Alles auf eine Karte setzen«. Für die gute und gerechte Sache kämpfen.

Mond als Faktor der Emotionalität in Widder
Lebhafte Mimik. Die Gefühle als starke Antriebskraft.

173

Neptun als Faktor der Sensibilität und Imagination in Widder
Aus seiner Innenwelt heraus den richtigen Anfang finden wollen oder den Anfang verträumen, verpassen.

Venus als Faktor der Sympathie und Antipathie in Schütze
Liebe zur Humanität, zu Ideen und Idealen.

Nehmen wir noch die Aspekte für sich hinzu, wie wir das ebenfalls schon geübt haben:

Aspekt Mond → Jupiter Seine Gefühle zeigen wollen. »Offenherzig«, überschwenglich sein.	Jupiter → Mond Sich selbst und andere verwöhnen. Sich optimistisch fühlen.
Aspekt Jupiter → Neptun Phantasie, Phantastik, Fülle an Ideen bis zur Uferlosigkeit erleben. Offenheit für Träume und Transzendenz.	Neptun → Jupiter Sich Hoffnungen hingeben. Gefahr der Bodenlosigkeit und Spekulation. Seine Möglichkeiten verschleudern.
Aspekt Venus → Jupiter Liebe zu harmonischer und luxuriöser Umwelt. Aus vollen Zügen genießen wollen. Die Welt der Eleganz lieben.	Jupiter → Venus Charme entwickeln wollen. Seinen Körper gern zeigen wollen. Lebensfreude und Harmonie mit Erotik und Sexualität verbinden wollen.

Wenn wir diese Deutungen lesen, haben wir den Eindruck, daß sie den Charakter Albert Schweitzers nicht genügend treffen, wobei wir uns darüber klar sein müssen, daß wir ja bei weitem nicht alle privaten Details aus seinem Leben wissen. Aber wir werden Formulierungen finden müssen, die dem Wesen Schweitzers gerecht werden können.

Beginnen wir nochmals mit Jupiter/Skorpion: Für die gute und gerechte Sache kämpfen wollen. Dazu das Halbquadrat zu Venus/Schütze: Diese »gute und gerechte Sache« ist die Liebe zu Humanität und deren Idealen. Mond Konjunktion Neptun in Widder bedeutet dann den Antrieb, Sensibilität und Gespür zu entwickeln, damit erkannt werden kann, wofür man sich einsetzen und kämpfen will.

Von der tiefenspychologischen Seite aus muß angenommen werden, daß Albert Schweitzer keineswegs immer so harmonisch und ausgeglichen war, wie es offiziell scheint. Das oben schon besprochene T-Quadrat mit Mars-Saturn-Uranus weist nach meiner Ansicht darauf hin, daß Schweitzer mit außergewöhnlichen innerseelischen Spannungen fertig werden mußte, die ihn öfter in ausgesprochene Zerreißproben geführt haben dürften. So war sicher das Orgelspiel nicht nur eine Frage der künstlerischen Qualifikation, sondern auch der Befreiung mit Hilfe der Musik, die nach außen getragen werden konnte. Uranus ist in diesem Fall Symbol für Rhythmus und Musik, im Zeichen Löwe das Bedürfnis zeigend, daß diese Musik auch nach außen dargestellt, repräsentiert werden will.

Die Dynamik im Kosmogramm

Wir haben uns schon bei der Besprechung des Einsteinschen Kosmogramms mit der Dynamik der planetaren Konstellationen beschäftigt. Wir wollen das auch an dieser Stelle tun.

Bevor Albert Schweitzer nach Lambarene aufbrach, mußten weitreichende Entscheidungen getroffen werden, die das bisherige Leben total veränderten.

Im Jahre 1912 trat der Uranus aus dem Zeichen Steinbock in das Zeichen Wassermann ein. Zu dieser Zeit bildete er ein Quadrat zum Jupiter des Schweitzerschen Kosmogramms (vergleiche Abbildung 62).

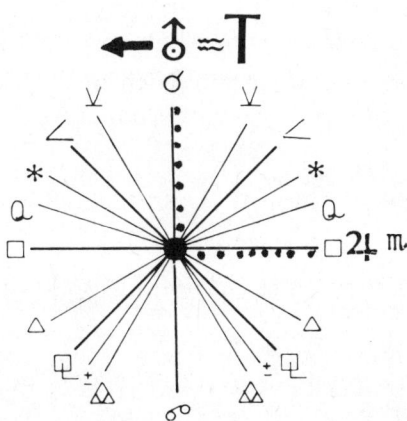

Abb. 62

175

Über eine solche Konstellation schrieb Reinhold Ebertin in seiner seit Jahrzehnten bewährten *Kombination der Gestirneinflüsse*:

»Glücksfälle im Leben, plötzliche Schicksalswendung, plötzlich anerkannt werden, erfolgreiche Spekulation.« (93)

In meiner *Kosmobiologischen Diagnostik* formulierte ich für eine Uranus-Jupiter-Konstellation:

»Die günstigen Gelegenheiten, die unvorhergesehenen Chancen. Die Phase des Genius.« (94)

Die planetare Signatur ist aber noch intensiver. Der Pluto hatte zwischen Juli 1912 und Mai/Juni 1913 29° Zwillinge erreicht und bildete deshalb in dieser Zeit ein Halbquadrat zu Uranus/Löwe, ein Anderthalbquadrat zu Mars/Skorpion und ein weiteres Anderthalbquadrat zu Saturn/Wassermann. Mit anderen Worten: Das im Geburtsbild angelegte T-Quadrat Mars-Saturn-Uranus wurde in den Jahren 1912/13 durch den Pluto ausgelöst, der von der Geburt an, wo er 1875 in 20° 43' Stier stand, die Strecke bis in die letzten Grade des Zeichens Zwillinge zurückgelegt hatte. Abbildung 63 zeigt, wie Pluto in die genannte Aspektstruktur hineinlief. Die Übersetzung dieser planetaren Dynamik in unsere Sprache kann so lauten:

Pluto lfd -45- Uranus
Revolutionäre Taten. In seinen Antrieben nicht zu halten sein. Gefahr des Zerstörens.

Pluto lfd -135- Mars
Bis zur Belastungsgrenze tätig sein. Nicht mehr aufhören können. Außergewöhnliche Schubkraft. Seine Leistungsgrenzen überziehen.

Pluto lfd -135- Saturn
Sich als Rammbock betätigen. Das Alte beseitigen und umstürzen wollen.

lfd = laufend. Die Bewegung eines Gestirns zu einer bestimmten Zeit.

Zusammengefaßt zeigt sich in dieser energiegeladenen Konstellation, daß mit außerordentlicher Kraft etwas geändert, etwas Neues geschaffen werden will.

176

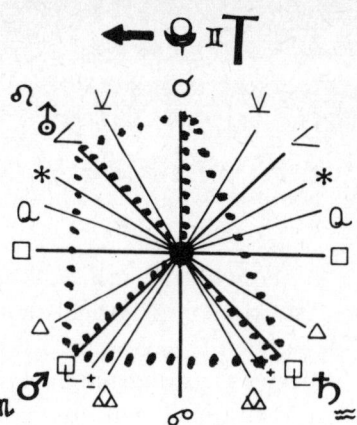

Abb. 63

Über den Transpluto ist bis jetzt noch nicht viel Erfahrungsmaterial vorhanden. Er hat allem Anschein nach eine verstärkte Wirkung, wenn er mit einem Gestirn oder sonstigen Faktor im Geburtsbild verbunden ist. Was seine Bewegung angeht, wenn er bestimmte Positionen eines Kosmogramms tangiert, gewann ich in den letzten Jahren den Eindruck, daß man so formulieren kann:

»Die für das Leben einmaligen, gravierenden, unabänderlichen Entwicklungsprozesse. Wege ohne Rückkehr.« (95).

Transpluto hatte, von 26° 38′ Zwillinge bei Schweitzers Geburt herkommend, in den Jahren 1911 bis 1915 das Medium Coeli in 18° 29′ Krebs erreicht. Mehrere Jahre pendelte er immer wieder über den Ort des Medium Coeli, das wir in der kosmobiologischen Arbeit mit Begriffen wie Motivation, Beruf und Berufung beschreiben. Wahrhaftig war Schweitzers Entscheidung bestimmend für sein ganzes zukünftiges Leben bis zu seinem Tode. Es gab für ihn kein Zurück mehr.

Nachdem die Halbsummen das »Tüpfelchen auf dem i« sind, wollen wir uns jetzt dieser Thematik zuwenden. Wir kommen damit in Bereiche, die man als Feinstrukturen bezeichnen kann. Dabei werden wir uns an die im Deutungsteil gegebenen Schlüsselworte halten, damit die Deutungsarbeit für den Leser überschaubar sein kann. Weitere Differenzierungen sind möglich, sei es mit Hilfe der schon mehrfach genannten *Kombination der Gestirneinflüsse* oder der *Kosmobiologischen Diagnostik*.

Machen wir uns an die Arbeit, den neuen Stoff zu bewältigen!

Kapitel 11

Der 90°-Kreis – das »Vergrößerungsglas der Kosmobiologie«

Die bisherigen Beispiele haben wir im Tierkreis erarbeitet und uns an der Zeichenbesetzung, den Aspekten und Aspektstrukturen orientiert. Mit diesem Material wird inzwischen eine gewisse Sicherheit erreicht worden sein, vor allem dann, wenn der Deutungsteil auch für das eigene Kosmogramm oder das von Freunden und Bekannten eingesetzt wurde. In der Kosmobiologie wird zum einen mit dem Tierkreis gearbeitet, wie wir es bisher getan haben, zum anderen mit dem 90°-Kreis. Es gibt aber auch Kosmobiologen, die mit einem 45°-Kreis, einem 30°- oder auch einem 22½°-Kreis experimentieren.

Wir werden nachfolgend mit dem 90°-Kreis arbeiten, der sich seit den zwanziger Jahren bewährt hat. Die Domäne des 90°-Kreises sind die Winkel der 45°-Reihe, die man mit ihm gut erkennen kann. Es wird mir aber auch ein Anliegen sein, Ihnen einige »Tricks« zu zeigen, mit deren Hilfe Sie nicht nur die Winkel der 45°-Reihe feststellen können, sondern auch die Aspekte der 30°- und der 72°-Reihe.

Das »Herz« des 90°-Arbeitsgeräts ist die kombinierte 360°/90°-Rechenscheibe, die wir bereits in Abbildung 12 vorgestellt haben. In Abbildung 64 finden wir die Rechenscheibe nochmals, ergänzt um die Winkel, die mit ihr im 90°-Kreis gefunden werden können. Der 90°-Kreis kann gegenüber dem Tierkreis wie ein Vergrößerungsglas aufgefaßt werden, und das insofern, als ein Grad im 90°-Kreis viermal so groß ist wie im Tierkreis. Es kann also exakter eingetragen und gearbeitet werden. Darüber hinaus können im 90°-Kreis Aspekte wie Konjunktion, Quadrat, Opposition sehr rasch erkannt werden, denn sie fallen im 90°-Kreis aufeinander. Die Faktoren, die einen solchen Winkel zueinander bilden, stehen eng beisammen und ergeben dadurch ein auffallendes komplexes Bild. Wir haben damit einen Effekt, wie wir ihn aus der Statistik kennen. Die Bündelung und Zusammenfassung von Teilergebnissen ergibt erfahrungsgemäß deutlichere Übersichten als eine Serie von Einzelergebnissen. Natürlich muß man trotzdem in der Lage sein, Einzelteile aus der Gruppe zu lösen, um sie analysieren zu können, oder Teile zu einem

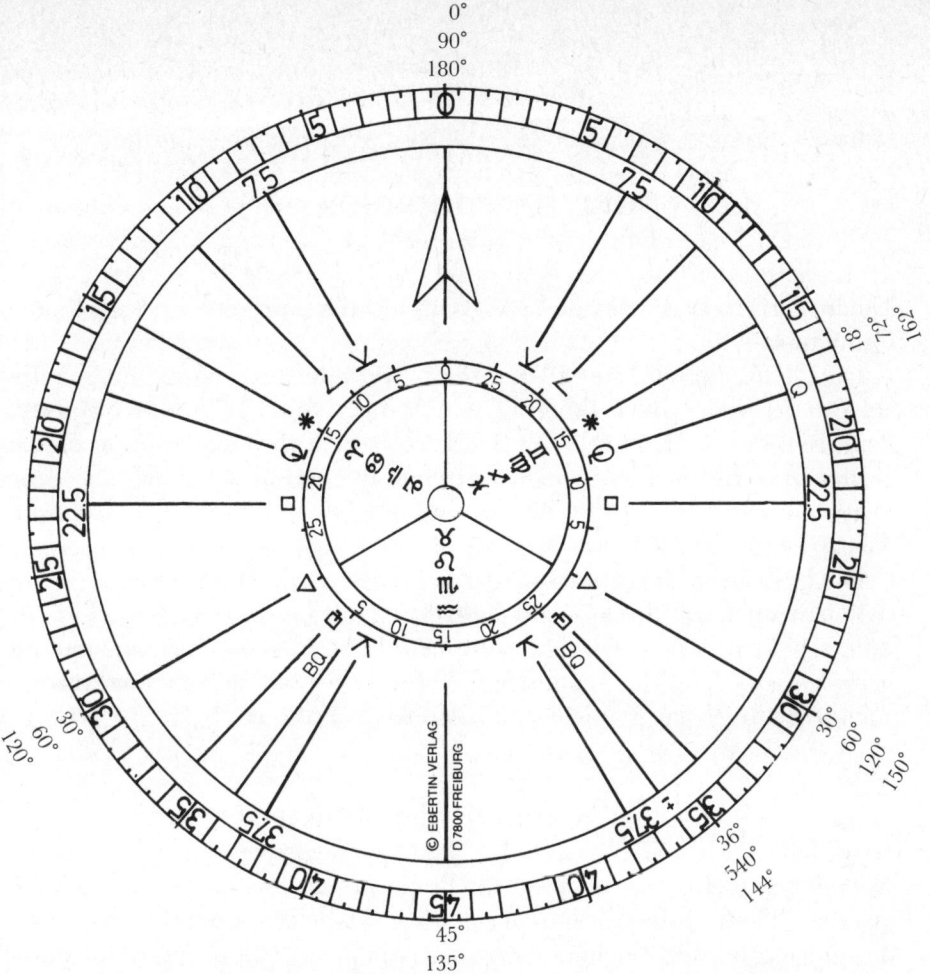

Abb. 64   Mit der kombinierten 360°-/90°-Rechenscheibe können außer Konjunktion und Opposition alle Winkel der 45°-, 30°-, 72°- und 7½-Reihe erfaßt werden. Die Rechenscheibe eignet sich daher für die kosmobiologische Arbeit und für die in der seriösen
Astrologie Tätigen.

Komplex oder einem Ganzen zusammenzufassen, um einen Blick dafür
zu gewinnen, was dominant ist.

Halb- und Anderthalbquadrate zwischen zwei und mehr Faktoren
werden ebenfalls optisch leicht erkennbar, weil in diesem Fall Faktor A
auf der einen, Faktor B auf der gegenüberliegenden Seite des 90°-Kreises
auftauchen, A und B gleichsam die Achse 0°–45° bilden. Das heißt mit
anderen Worten, daß fünf Aspekte: die Konjunktion, die Opposition, die

beiden Quadrate, die beiden Halbquadrate und die beiden Anderthalb-quadrate, im Prinzip zehn verschiedene Winkel, sofort auffallen, wenn man sich an diese zeitsparende Arbeitsweise einmal gewöhnt hat.

Auch die Aspekte der 30°-Reihe werden schnell erkannt: Wenn Faktor A mit dem Nullpunkt der Rechenscheibe im 90°-Kreis eingestellt wird und sich zum Beispiel die Faktoren B, C, D, E im Abstand von 30° nach rechts oder links vom Nullpunkt der Rechenscheibe befinden, dann haben wir einen Aspekt der 30°-Reihe: Halbsextil, Sextil, Trigon oder Quincunx.

Die 72°-Reihe wird im 90°-Kreis an zwei Stellen erkennbar. Ein Winkel mit 72° beim Buchstaben Q, ein Winkel von 144° – das Biquintil, beim Symbol ±. Kontrolle im Tierkreis ist jedoch nötig, weil an diesen Stellen auch Supplementwinkel auftreten, in unserem Falle beispielsweise Winkel mit 18° (90 – 18 = 72). Im individuellen Fall müssen wir das im Tierkreis noch prüfen.

Die besondere Aufgabe des 90°-Kreises ist es, die Halbsummen festzustellen, wobei wir direkte und indirekte Halbsummen voneinander zu unterscheiden haben. Die Halbsummen-Technik bedeutet eine erstaunliche Verfeinerung der kosmischen Sprache gegenüber der Tierkreiszeichenbesetzung, den Aspekten und Aspektstrukturen.

1. Wie entsteht der 90°-Kreis?

Nachfolgend wird Ihnen Punkt für Punkt gezeigt, wie sich der 90°-Kreis aus dem Tierkreis heraus entwickeln läßt. Dabei zeigt der Tierkreis stets das ganze Bild mit Zeichenbesetzung, Aspekten, Aspekt- und Halbsummenstrukturen. Der 90°-Kreis zeigt Ausschnitte aus dem Ganzen schneller, deutlicher, klarer, pointierter. Diese Ausschnitte müssen jedoch in das Gesamtbild des Kosmogramms integriert werden. Tierkreis und 90°-Kreis gehören zusammen. Deshalb entwickelte Reinhold Ebertin die durchsichtige kombinierte Rechenscheibe, deren innere Aspektlinien es erlauben, im Tierkreis die Aspekte zu erfassen, während die äußere 90°-Skala – vom Nullpunkt nach rechts und links je 45° = 90° anzeigend – für den 90°-Kreis gedacht ist.

Der ursprüngliche Erfinder einer Rechenscheibe für astrologische Messungen war Alfred Witte, der Begründer der *Hamburger Schule*. Er arbeitete in den zwanziger Jahren mit einer von ihm erfundenen Metallscheibe mit Tierkreiseinteilung und Aspektangaben. Damals war es eine revolutionäre Tat, auf jede Tierkreiseinteilung zu verzichten und mit einer 360°-Scheibe Aspekte und Halbsummen festzustellen. Witte ist auch der Erfinder einer metallenen 90°-Scheibe. Die kosmobiologische Erfahrung hat jedoch gezeigt, daß die beiden Kreise gemeinsam verwendet werden müssen, damit sowohl die Details als auch das Ganze erfaßt werden können.

Um uns zu erarbeiten, wie der 90°-Kreis entsteht, werden wir einige Abbildungen verwenden, die die anfänglichen Schwierigkeiten mit der neuen Materie erleichtern helfen.

1. Durch eine waagrechte Linie wird der Tierkreis in zwei Teile geteilt; Achse ist 0° Widder ↔ 0° Waage.
2. Durch eine senkrechte Linie wird der Tierkreis in zwei Teile geteilt; Achse ist 0° Krebs ↔ 0° Steinbock.
3. Die waagrechte und senkrechte Linie zusammen teilen den Tierkreis in vier Teile (Abbildung 65).
4. Es entstehen die folgenden Tierkreisviertel:
   a) Widder, Stier, Zwillinge
   b) Krebs, Löwe, Jungfrau
   c) Waage, Skorpion, Schütze
   d) Steinbock, Wassermann, Fische
5. Jedes dieser Tierkreisviertel, bestehend aus drei Tierkreiszeichen, umfaßt 90° (Abbildung 66).
6. Man stelle sich die vier Tierkreisviertel aufeinandergelegt vor. Es decken sich dann folgende Zeichen miteinander:
   a) Widder, Krebs, Waage, Steinbock – die kardinalen Zeichen
   b) Stier, Löwe, Skorpion, Wassermann – die fixen Zeichen
   c) Zwillinge, Jungfrau, Schütze, Fische – die beweglichen Zeichen.
7. Jedes dieser vier Tierkreisviertel mit 90° stelle man sich nun ziehharmonikaartig auseinandergezogen und zu einem Kreis verbunden vor. Es entstehen dann vier Kreise aus drei Tierkreiszeichen mit jeweils 90° (Abbildung 66 unten, letzter Kreis).

Steht ein Deutungsfaktor in 10° Widder, der zweite in 10° Krebs, der dritte in 10° Waage und der vierte in 10° Steinbock, so stehen alle vier Faktoren im 90°-Kreis an der gleichen Stelle. Anders gesagt: Im 90°-Kreis fallen Konjunktionen, Oppositionen und Quadrate aufeinander.

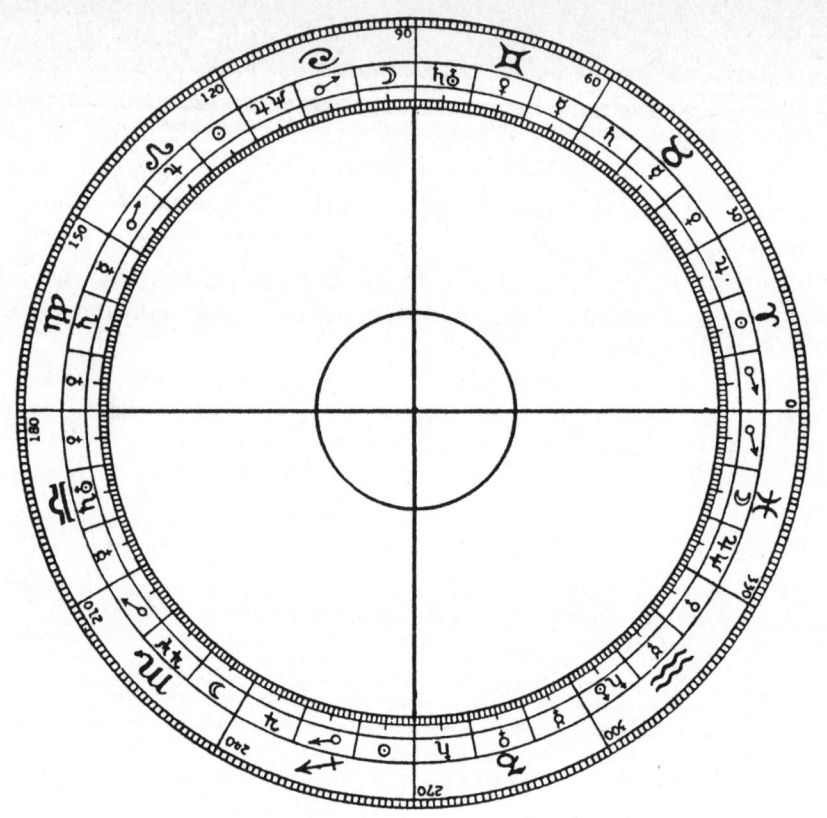

Abb. 65 Der Tierkreis, aufgeteilt in vier Viertel, ist der Ausgangspunkt für den 90°-Kreis.

Steht ein Faktor in 0° Widder und ein anderer in 15° Stier (im Abstand von 45° zueinander), dann stehen sich diese beiden Faktoren im 90°-Kreis einander gegenüber, bilden eine Art »Achse«. Beispiele dazu: Wenn wir beispielsweise A in 10° Widder, B in 25° Stier haben, oder A in 28° Krebs, B in 13° Jungfrau, A in 8° Schütze, B in 23° Steinbock.

Zwei Faktoren, die ein Anderthalbquadrat zueinander bilden, stehen sich im 90°-Kreis einander gegenüber. Beispiele: A in 10° Widder, B in 25° Löwe, A in 23° Stier, B in 8° Waage, A in 5° Steinbock, B in 20° Stier.

Faktoren, die zueinander in einer Aspektstruktur der 45°-Reihe stehen, fallen im 90°-Kreis dadurch auf, daß sie entweder sehr eng beieinander stehen oder eine Art Achse – im Falle von Halb- und Anderthalbquadraten – bilden.

182

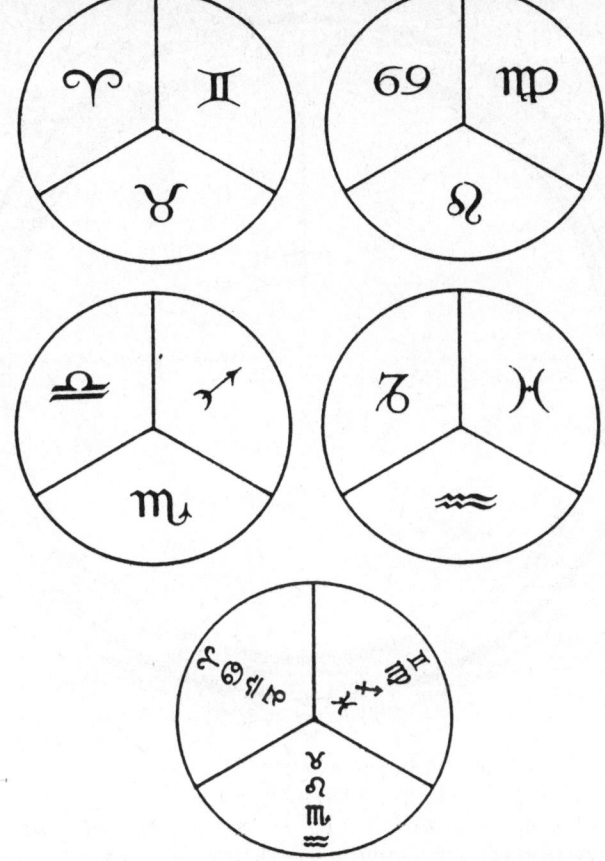

Abb. 66 Jedes Tierkreisviertel besteht aus drei Tierkreiszeichen. Zieht man diese Viertel zu einem ganzen Kreis auseinander, entsteht der 90°-Kreis. Legt man die vier 90°-Kreise übereinander, ergibt sich, daß alle kardinalen, alle fixen und alle beweglichen Zeichen aufeinanderfallen.

Haben wir mehrere Deutungsfaktoren in einer Struktur der 30°-Reihe, dann können wir deren Beziehung zueinander dadurch feststellen, daß wir den Null-Zeiger der kombinierten 360°/90°-Rechenscheibe auf einen Faktor einstellen und prüfen, ob andere Faktoren im Abstand von 30° beziehungsweise 60° des 90°-Kreises der Rechenscheibe stehen.

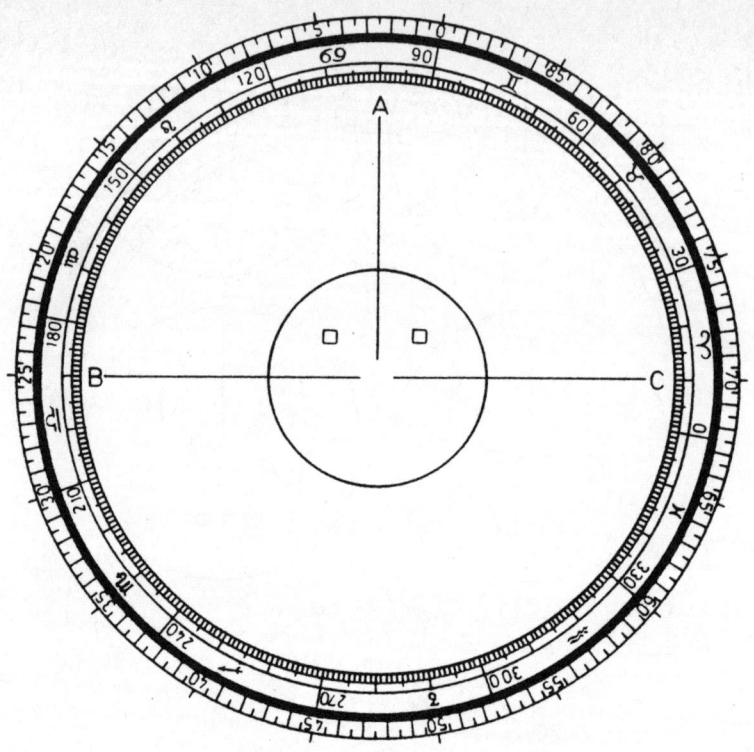

Abb. 67 Eine Besonderheit der Halbsummen: A steht in der direkten Halbsumme B/C, aber es bestehen auch die Aspekte A – 90° – B, A – 90° – C, B – 180° – C. Hier müssen die direkte Halbsumme und die Aspektreihe nach meiner Auffassung einen stärkeren Deutungsakzent erhalten als einzeln für sich stehende Aspekte oder Halbsummen.

2. Die direkten Halbsummen

Eine Halbsumme ist die Mitte (= halbe Summe) zwischen zwei Deutungsfaktoren im Tierkreis oder im 90°-Kreis. In Abbildung 67 steht Faktor A in der Mitte zwischen den Faktoren B und C. Die Entfernung A–B ist die gleiche wie A–C. Auch in Abbildung 68 befindet sich Faktor A in der Mitte zwischen B und C. In beiden Fällen können wir notieren: A = B/C.

Die in den Abbildungen 67 und 68 gezeigten Halbsummenbeispiele

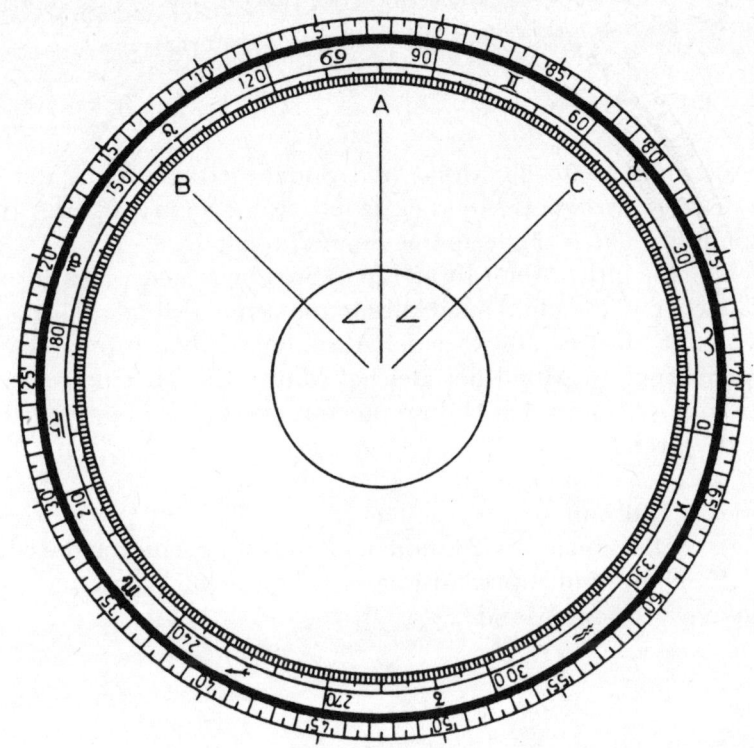

Abb. 68 Hier sehen wir eine weitere Besonderheit der Halbsummen. A steht in der direkten Halbsumme B/C, aber wir finden auch die Aspekte A – 45° – B, A – 45° – C, B – 90° – C. Solche Halbsummenstrukturen oder Aspektreihen sind sicher stärker zu bewerten als gewöhnliche Halbsummen beziehungsweise für sich allein stehende Aspekte.

sind besondere Formen, denn im ersten Fall bildet A ein Quadrat sowohl zu B als auch zu C. Auf der Aspektebene gesprochen haben wir ein T-Quadrat. Abbildung 68 zeigt, daß A ein Halbquadrat zu B und ein weiteres zu C bildet.

Entscheidend ist jedoch bei der bisherigen Halbsummenbetrachtung, daß es nur auf den ungefähr gleichen Abstand von A nach B beziehungsweise A nach C ankommt. Der Winkel kann 5°, 9°, 16°, 43° und so weiter betragen, um nur einige mögliche Beispiele zu nennen. Greifen wir noch einige Möglichkeiten heraus.

Erstes Beispiel:

Jupiter
6° Krebs

Mond 10° Krebs ....:.......... Sonne 2° Krebs

Die Entfernung zwischen Mond und Sonne beträgt 8°. Jupiter in 6° Krebs steht jeweils 4° von Mond beziehungsweise Sonne entfernt. Jupiter steht in der (direkten) Halbsumme Sonne/Mond.

Beachten Sie bitte: Wenn Jupiter in 6° Steinbock stehen würde, hätten wir es auch mit der direkten Halbsumme Sonne/Mond zu tun, denn auch von 6° Steinbock aus wäre der Abstand zwischen Jupiter zu Sonne und von Jupiter zu Mond der gleiche! Man wählt aber normalerweise den am nächsten liegenden Halbsummenpunkt, so wie in unserem ersten Beispiel 6° Krebs.

Wie werden Halbsummen berechnet?
Im obigen Fall rechnen wir Position der Sonne 2° + Position des Mondes 10° = 12°. Halbsummenpunkt ist dann 12° : 2 = 6°. Wir können schreiben Jupiter = Sonne/Mond.

Zweites Beispiel:

Sonne
4° Stier

Venus 16° Stier ....:.......... Mars 22° Widder

Die Entfernung Venus–Mars beträgt 24°. 4° Stier ist 12° von der Position des Mars und 12° von der Position der Venus entfernt. Die eine Halbsumme bildenden Faktoren können ein und mehr Tierkreiszeichen voneinander entfernt sein. Sie brauchen auch keinen der üblichen Aspekte wie Quadrat, Trigon, Opposition zueinander zu bilden. Entscheidend ist die gleiche Entfernung von Faktor A und Faktor B zu Faktor C:

Faktor A .... Faktor C.............. Faktor B
Entfernung AC   =   Entfernung BC

186

In diesem Fall rechnen wir Position des Mars 22° (Widder) + Position der Venus 16° (Stier) = 30° + 16° = 46° (von 0° Widder aus gerechnet) ergibt 68° : 2 = 34° (von 0° Widder aus gerechnet) = 4° Stier. Sonne steht in der (direkten) Halbsumme Venus/Mars.

Achtung! Liegen zwei Faktoren mehr als ein Tierkreiszeichen auseinander, dann ist ein gemeinsamer Nullpunkt für die beiden Positionswerte nötig. Pro Zeichen, die der zweite Faktor vom ersten entfernt ist, müssen je 30° zur entsprechenden Position dazugezählt werden. Auch hierfür ein Beispiel.

Drittes Beispiel:

Uranus
22° Jungfrau

⋮

MC 16° Skorpion . . . . : . . . . Sonne 28° Krebs

In diesem Fall haben wir zu rechnen: Position der Sonne 28° (Krebs) + Position des MC 136° (= 30° für Krebs, 30° für Löwe, 30° für Jungfrau, 30° für Waage, 16° für Skorpion) = 28° + 136° = 164° : 2 = 82° (von 0° Krebs aus gerechnet = 22° Jungfrau / 82° − 30° für Krebs, −30° für Löwe, bleiben 22° im Zeichen Jungfrau).

Diese Rechenvorgänge erscheinen vielleicht etwas kompliziert. In der Praxis ist das alles wesentlich leichter, weil die Halbsummen im 90°-Kreis gleichsam mit einem Blick erfaßbar sind.

3. Die indirekten Halbsummen

Gehen wir jetzt noch ein Stück weiter. Wir besprachen in den obigen Beispielen die direkten Halbsummen: Faktor C steht in der Mitte zwischen Faktor A und B. In der Kosmobiologie arbeiten wir auch mit indirekten Halbsummen; das heißt, daß Faktor C ein Quadrat, ein Halbquadrat oder ein Anderthalbquadrat zur Halbsumme AB bilden kann.

Kehren wir nochmals zum ersten Beispiel zurück. Jupiter steht dort auf 6° Krebs in der direkten Halbsumme Sonne/Mond. Stellen Sie sich bitte vor: Jupiter steht in 6° Waage; dann bildet er von dort aus ein Quadrat zum Halbsummenpunkt Sonne/Mond in 6° Krebs. Jupiter kann aber auch in 6° Widder stehen. Auch dann steht er im Quadrat zum Halbsummenpunkt Sonne/Mond. Die nachstehende Skizze verdeutlicht diese Situation.

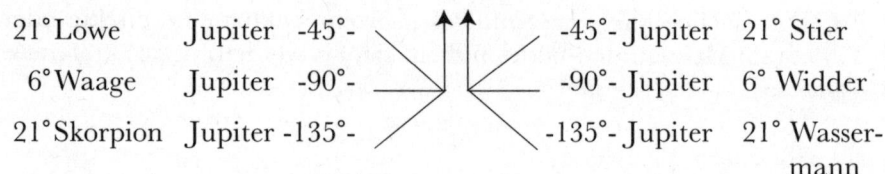

Es kann auch sein, daß ein Faktor ein Halb- und Anderthalbquadrat zu einer Halbsumme bildet. Bleiben wir nochmals bei dem obigen ersten Beispiel. Stellen Sie sich vor, Jupiter würde nicht in 6° Krebs, sondern in 21° Löwe oder 21° Stier stehen. Dann hätten wir folgendes Bild:

Jupiter 21° Löwe -45- Sonne/Mond Krebs -45- Jupiter 21° Zwillinge.

Wenn Jupiter ein Anderthalbquadrat zu der Halbsumme Sonne/Mond bilden würde, dann müßte er im Zeichen Skorpion oder Wassermann stehen:

Jupiter 21° Skorpion -135- Sonne/Mond Krebs -135- Jupiter 21° Wassermann.

4. Zusammenfassung

a) Es gibt direkte und indirekte Halbsummen.
b) Es gibt bei direkten Halbsummen zwei Halbsummenpunkte, einen im kleineren Winkel und einen im größeren Winkel, der von den beiden Halbsummenfaktoren AB gebildet wird. Normalerweise wird der Halbsummenpunkt des kleineren Winkels genommen.
c) Die Berechnung ergibt sich nach der einfachen Formel:
A + B = Summe : 2 = Halbsumme A/B.
d) Es gibt sechs mögliche indirekte Halbsummen, zwei Quadrate, zwei Halbquadrate und zwei Anderthalbquadrate zum Halbsummenpunkt A/B: C -90- A/B, C -45- A/B, C -135- A/B.

e) Bei direkten Halbsummen und Quadraten zu Halbsummen haben wir stets annähernd gleiche Gradzahlen. Beispiele: C = 10° und A/B = 10°, C = 15° 20′, A/B = 14° 30′.

f) Bei Halb- und Anderthalbquadraten (45° und 135°) zu Halbsummenpunkten haben wir Verhältnisse wie 10° : 25°, 3° : 18° und so weiter. Beispiele: C 10° Krebs -45- A/B 25° Löwe oder 25° Stier.

g) Im 90°-Kreis sind direkte und indirekte Halbsummen nicht voneinander unterscheidbar. Die Kontrolle, ob ein Faktor eine direkte oder indirekte Halbsumme bildet, ist aus den Positionen der Faktoren A, B, C im Tierkreis erkennbar.

h) Nach meiner Auffassung ist es sinnvoll zu prüfen, in welches Tierkreiszeichen eine Halbsumme fällt und in welchem Zeichen der Faktor steht, der zu einer direkten oder indirekten Halbsumme in Beziehung tritt, denn daraus lassen sich qualitative Unterschiede erkennen.

i) Das 90°-Arbeitsgerät ist ein optimales Hilfsmittel, um sowohl im Tierkreis als auch im 90°-Kreis zu arbeiten (vergleiche Abbildungen 69 und 70 auf den Seiten 190 und 191).

j) Im individuellen Fall kann es sein, daß sich um einen Faktor mehrere Halbsummen gruppieren. Dadurch tritt eine zusätzliche Individualisierung der Aussagemöglichkeiten ein. Reinhold Ebertin hat für solche Fälle den Begriff »kosmisches Strukturbild« geprägt.

Von jetzt an werden wir zur Zeichenbesetzung und den Aspektstrukturen im Tierkreis die Halbsummenstrukturen hinzunehmen.

Fassen wir die Vorteile des 90°-Kreises zusammen. Wir werden dann sehen, daß sich die Mühe lohnt, zusätzlich zum Tierkreis mit dem 90°-Kreis zu arbeiten. Er hilft uns, die Schwerpunkte in einem Kosmogramm zu finden.

1. Der 90°-Kreis ist das »Vergrößerungsglas« der Kosmobiologie.
2. Dominanten des Kosmogramms werden optisch erkannt.
3. Konjunktionen, Quadrate, Oppositionen fallen aufeinander und ergeben ein auffallendes, komplexes Bild.
4. Halb- und Anderthalbquadrate zwischen zwei und mehr Faktoren konzentrieren sich an der Achse 0°–45°.
5. Direkte und indirekte Halbsummen, die aus dem Tierkreis allein selten oder gar nicht erkennbar sind, werden optisch und mit der Rechenscheibe rationell erarbeitet.

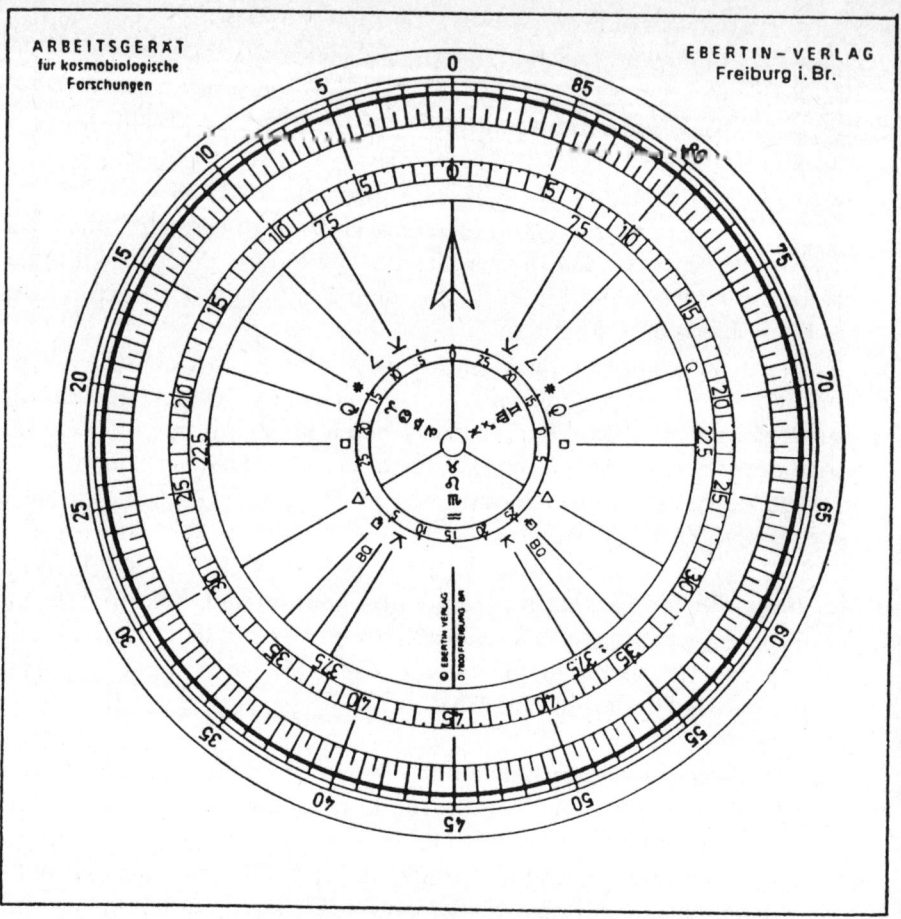

Abb. 69   Das bewährte 90°-Arbeitsgerät mit 3 mm starker Grundplatte aus weißem Hartplastik,
mit Metallverschraubung und überarbeiteter und verbesserter 360°-/90°-Rechen-
scheibe.

6. Alle Winkel der 30°-Reihe gruppieren sich um die beiden 30°-Punkte,
    jeweils vom Nullpunkt aus gerechnet.
7. Die Winkel der 72°-Reihe werden an zwei Punkten im 90°-Kreis der
    Rechenscheibe erkennbar (Zeichen Q und ±).
8. Kleine Aspekte wie 7,5°, 15°, 22,5° sind durch besondere Markierun-
    gen auf der Rechenscheibe sofort erkennbar, so daß die Arbeit mit
    dem 90°-Kreis jederzeit erweitert und ergänzt werden kann.

190

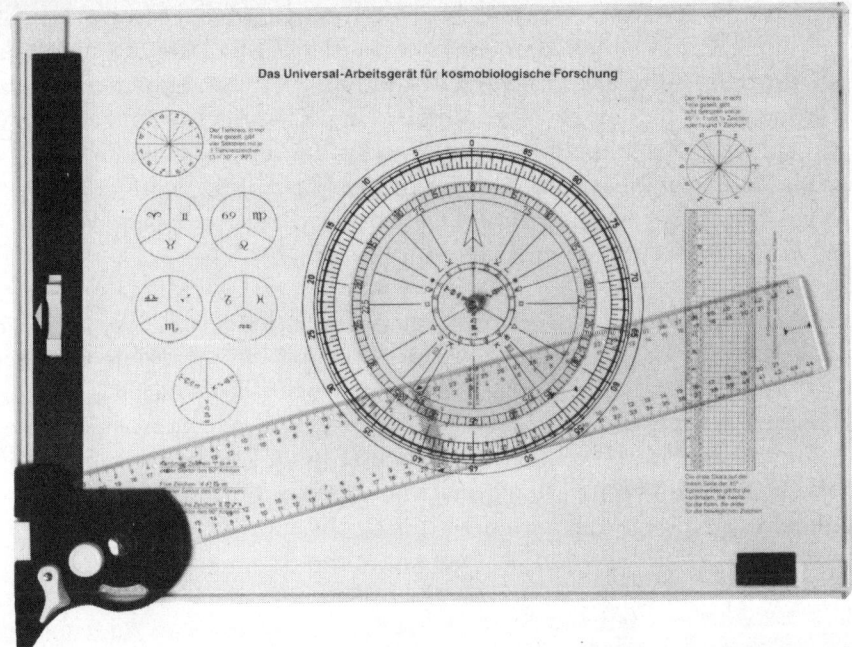

Abb. 70 Das neu entwickelte Universal-Arbeitsgerät für kosmobiologische Forschungen, bestehend aus einer Arbeitsplatte mit Klemmleisten für graphische Arbeiten (max. Formularformat DIN A 3), 360°-/90°-Rechenscheibe und Speziallinealen für die rationelle Arbeit mit Graphischen Ephemeriden und Lebensdiagrammen (nach Reinhold Ebertin).

5. Das 90°-Arbeitsgerät

Der Ebertin Verlag bietet zwei Arbeitsgeräte für die kosmobiologische Forschung und Praxis an:

1. Das einfache 90°-Arbeitsgerät
   besteht aus einer drei Millimeter starken Grundplatte aus Hartplastik, Metallverschraubung und durchsichtiger kombinierter 360/90°-Rechenscheibe, wie in Abbildung 69 sichtbar.
2. Das Universalarbeitsgerät für kosmobiologische Forschung
   besteht aus einer Grundplatte für die zeichnerische Arbeit bis zum Format DIN A3. Aufgedruckt sind eine Reihe von Schaubildern über die Kombination von 360°/90°-Kreis und die Übertragung der Tier-

191

kreispositionen in die Graphischen 45°-Ephemeriden, die wir in einem späteren Kapitel noch kennenlernen werden. Hinzu kommt eine Verschraubung mit durchsichtiger kombinierter Rechenscheibe. Die Grundplatte enthält darüber hinaus eine Klemmleiste und Schienen für spezielle Zeichenköpfe. Zum Universalarbeitsgerät gehört ein flexibles Kurvenlineal zur Erstellung der Lebensdiagramme auf der Basis der Progressionen und Deklinationsparallelen nach Reinhold Ebertin. Das Gerät ist in Abbildung 70 zu sehen.

Zum Arbeitsgerät mit der kombinierten Gradscheibe gehören die Formulare K2 und K3d (vergleiche Abbildungen 7 und 8). Beide verfügen über den Tierkreis, und außen herum ist der 90°-Kreis gelegt. Welches der beiden Formulare vorgezogen wird, ist eine Frage des persönlichen Geschmacks und der jeweiligen Aufgabenstellung. Das Formular K3d ist im Außenkreis differenzierter gezeichnet als das Formular K2 und ermöglicht außerdem die Eintragung der Deklinationspositionen.

Kapitel 12

Die Arbeit mit dem 90°-Kreis:
Aspektstrukturen und Halbsummen

Nachdem wir uns im letzten Kapitel mit dem 90°-Kreis und den Halbsummen beschäftigt haben, wollen wir dieses weitere Wissen praktisch anwenden. Wir wählen dazu das Kosmogramm des Begründers der modernen Tiefenpsychologie, Sigmund Freud, aus.

1. Der Entdecker des Unbewußten – Sigmund Freud

Der am 6. Mai 1856 geborene Sigmund Freud ist der Begründer der Psychoanalyse. Mit der Veröffentlichung seines Buches *Die Traumdeutung* im Jahre 1900 beginnt die moderne Tiefenpsychologie und Psychotherapie. Auf seinen Arbeiten bauten Alfred Adler und Carl Gustav Jung auf. Bis heute gilt die Psychoanalyse – neben anderen psychotherapeutischen Richtungen – als eine angesehene Methode.

Als ich an meinem Buch *Reinkarnation und neues Bewußtsein* arbeitete, griff ich wiederholt zu Freuds *Traumdeutung* und war immer wieder fasziniert von der Fülle seiner Beispiele und seiner Kombinationsfähigkeit, um die Symbolsprache des Traumes in unsere normale Sprache zu übersetzen. Es wurde mir jedoch auch deutlich, daß seine Art der Traumdeutung nicht ohne die Zeit, in der er lebte, und die Menschen, mit denen er umging, nachvollziehbar ist. Für eine ganze Reihe der von ihm berichteten und erklärten Träume gibt es heute andere Möglichkeiten des Verstehens, vor allem auch von der Seite des Reinkarnationsdenkens her. (96)

Der Schriftsteller Thomas Mann schrieb über die außerordentliche Wirkung, die Freuds Arbeiten international hatten, unter anderem:

»Der Psychologe des Unbewußten nun, Freud, ist ein echter Sohn des Jahrhunderts der Schopenhauer und Ibsen, aus dessen Mitte er entsprang. Wie nahe verwandt ist seine Revolution nach ihren Inhalten, aber auch nach ihrer moralischen Gesinnung der Schopenhauerschen! Seine Entdeckung der ungeheuren Rolle, die das Unbewußte, das ›Es‹

im Seelenleben des Menschen spielt, besaß und besitzt für die klassische Psychologie, der Bewußtsein und Seelenleben ein und dasselbe ist, die gleiche Anstößigkeit, die Schopenhauers Willenslehre für alle philosophische Vernunft- und Geistgläubigkeit besaß ...

Ja, so wahr ich mich zu glauben erkühne, daß in dem Spiel der Psychologie auf dem Mythus, worin jener der Freudschen Welt befreundete Roman sich übt, Keime und Elemente eines neuen Menschheitsgefühls, einer kommenden Humanität beschlossen liegen, so vollkommen bin ich überzeugt, daß man in Freuds Lebenswerk einmal einen der wichtigsten Bausteine erkennen wird, die beigetragen worden sind zu einer heute auf vielfache Weise sich bildenden neuen Anthropologie und damit zum Fundament der Zukunft, dem Hause einer klügeren und freieren Menschheit. Dieser ärztliche Psychologe wird geehrt werden, so glaube ich, als Wegbereiter eines künftigen Humanismus, von dem frühere Humanismen nichts wußten – eines Humanismus, der zu den Mächten der Unterwelt, des Unbewußten, des ›Es‹ in einem keckeren, freieren und heiteren, einem kunstreifen Verhältnis stehen wird, als es einem in neurotischer Angst und zugehörigem Haß sich mühenden Menschentums von heute vergönnt ist...« (97)

Auch ein anderer Schriftsteller, Stefan Zweig, bekannt durch seine tiefsinnigen Analysen in seinen historischen Romanen wie *Maria Stuart, Marie Antoinette, Fouchet*, in der *Schachnovelle* oder auch in den *Sternstunden der Menschheit*, äußerte sich über das Werk Sigmund Freuds:

»Es gibt keinen einzigen namhaften Menschen in Europa auf allen Gebieten der Kunst, der Forschung und der Lebenskunde, dessen Anschauungen nicht direkt oder indirekt durch Freuds Gedankenkreise in Anziehung oder Gegenwehr schöpferisch beeinflußt wären: Überall hat dieser Außenseiter die Mitte des Lebens – das Menschliche – erreicht.« (98)

Über Freuds Kindheit und Jugend ist wenig bekannt. Der Vater war Stoffhändler, Sigmund das erste Kind aus der zweiten Ehe des Vaters. Der junge Sigmund war ein begabter Schüler, denn er bestand das Abitur »summa cum laude«. Zunächst wollte Freud Jura studieren, aber Goethes Abhandlungen *Über die Natur* veranlaßten ihn zur Immatrikulation in der Medizinischen Fakultät. Psychiatrie interessierte ihn zunächst nicht; er war mehr an anatomischen und neurologischen Fragen interessiert und sah sein wissenschaftliches Leben mehr in der forschenden Arbeit in einem medizinischen Labor. Von 1885 an faszinierte Freud die Hypnose, vor allem angeregt durch den französischen Psychiater Jean-Martin Charcot an der Salpêtrière in Paris.

Freud veröffentlichte zahlreiche wissenschaftliche Arbeiten, die durch ihre fachliche Qualität und durch ihren schriftstellerischen Stil auffielen. Seine *Traumdeutung* (1900) und seine *Drei Abhandlungen zur Sexualtheorie* (1905) enthielten für die damalige Zeit viel wissenschaftlichen und gesellschaftlichen Zündstoff. Freud erlebte Anerkennung, Beschimpfung, Demütigung.

Psychosomatisch auffallend ist, daß 1923 ein Lippenkrebs diagnostiziert und auch operiert wurde. Im Laufe der Jahre wurde jedoch die ganze Mundhöhle wieder befallen. Nach dem Anschluß Österreichs an Deutschland war es Freud und seiner Tochter Anna möglich, durch Intervention von Roosevelt und Mussolini das nationalsozialistisch gewordene Land zu verlassen und nach London zu reisen, wo er am 23. September 1939 starb.

2. Das Geburtsbild Sigmund Freuds

Von der kosmobiologischen Seite aus wollen wir uns jetzt mit dem Geburtsbild Freuds befassen. Es sind drei Geburtszeiten in Umlauf: 14:00 Uhr, 18:30 Uhr, 19:45 Uhr. Nach meiner Ansicht und meiner Korrektur der Geburtszeit bin ich der Auffassung, daß 18:30 Uhr Ortszeit = 17:17 Uhr Greenwichzeit als richtig angesehen werden kann.

Wenn man an die Arbeiten Freuds denkt, läßt sich erwarten, daß die Position des Mondes und seiner Aspekt- und Halbsummenstrukturen auffallend sind; auch Neptun und Pluto müßten eine Rolle spielen; zu denken wäre auch an Venus und Mars.

Stellung und Struktur des Mondes müßten Auskunft darüber geben, inwieweit es diesem Forscher möglich war, die Seele des Menschen zu erfassen. Imaginationsfähigkeit und Unbewußtes müßten sich durch die Strukturen von Neptun und Pluto öffnen, und Venus und Mars müßten Aussagen über den erotisch-sexuellen Bereich, dem ja Freuds besondere Aufmerksamkeit galt, zulassen.

Wir wollen versuchen, einige Akzente aus dem Kosmogramm zu erkennen, die uns die Persönlichkeit und das Wirken Freuds nahebringen könnten (vergleiche Abbildung 71).

3. Der »erste Eindruck« – Die Aspektstruktur des Aszendenten

Der Aszendent im Zeichen Skorpion steht einer ganzen Reihe von Faktoren auf der Seite des Deszendenten gegenüber. Raumsymbolisch gesehen kann man bei der Betrachtung der Aszendent-Deszendent-Achse, die wir Begegnungsachse nannten, sagen, daß die Begegnung mit anderen Menschen und der Auseinandersetzung mit ihnen bei Freud eine große Rolle gespielt haben muß.

Der Aszendent steht in Opposition zu Pluto im Zeichen Stier. Diese Opposition sehen wir sofort, dagegen entzieht sich das Anderthalbquadrat zu Neptun/Fische zunächst dem Auge, wird aber sofort erkennbar, wenn wir die Rechenscheibe auf den Aszendenten im Tierkreis einstellen. Es zeigt sich dann eine Struktur, wie wir sie in Abbildung 72 dargestellt finden. Wenn wir den Deutungsteil des Buches wieder zu Hilfe nehmen, kommen wir zu folgenden Formulierungen:

Aszendent/Skorpion	Der Eigenständige. Sich auf sich selbst stellen. Sich nur auf sich selbst verlassen.
Pluto/Stier	In großem Maße Besitz ergreifen. Weitflächige Landnahme. Kolonialismus. (Diese Deutung ist wieder im übertragenen Sinne zu verstehen.) Freuds Ideen und Bücher »eroberten« das Ausland, vor allem England und die USA).
Neptun/Fische	Erlösung suchen. Der religiösen Bilderwelt sehr nahe sein.

Nehmen wir die Aspekte hinzu, gewinnen wir folgende Hinweise:

Aspekt Pluto → Aszendent	Aszendent → Pluto
Vorherrschaft und Macht ausüben wollen. Magische Kräfte entfalten können.	Als Persönlichkeit die Kollektivseele ansprechen und ihr diktieren oder ausgeliefert sein und der »Amboß« werden.

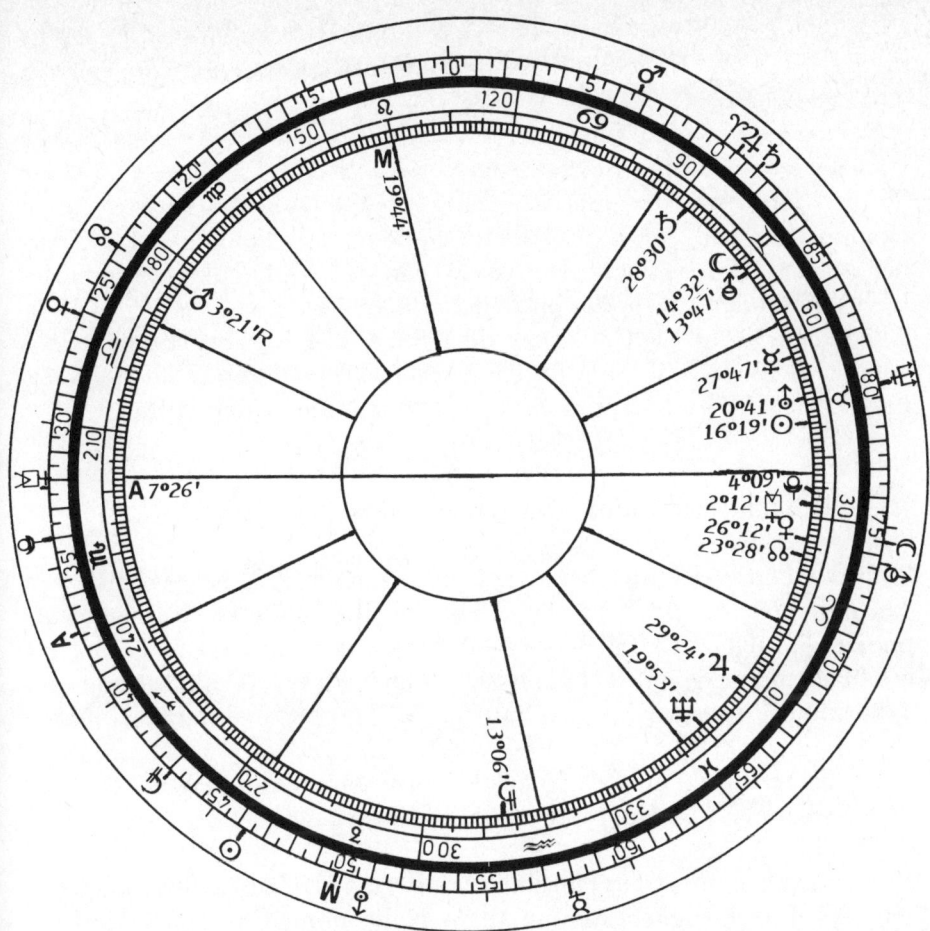

Abb. 71 Sigmund Freud, geb. am 6. Mai 1856, 18:30 Uhr OZ
       (= 17:17 Uhr GMT) in Freiberg (Pribor)
       49°39′ n. Br.; 18°09′ ö. L.

Aspekt Neptun → Aszendent
Schauspieler. »Schaumschläger«.
Undurchsichtige Persönlichkeit.
»Aus dem Rahmen fallen.«

Aszendent → Neptun
Mit seiner Persönlichkeit das
Nebulose durchdringen, die Trans-
zendenz erfassen wollen.

Wir sehen hier an den Aspektbeispielen sehr deutlich, wie wichtig die
polare Anordnung der Aussagen ist. Die Dimensionen des menschlichen

197

Charakters mit diesem oder jenem Schwerpunkt zeichnen sich ab, wobei die Herkunft, die Erziehung, der Bildungsstand, das geistige Niveau mit die Akzente setzen.

Stellen Sie bitte den Zeiger der Rechenscheibe auf den AS im 90°-Kreis ein. Sie sehen dann zunächst rechts von AS den Pluto stehen. Diese Position läßt erwarten, daß im Tierkreis Pluto und AS entweder eine Konjunktion, ein Quadrat oder eine Opposition zueinander bilden. Aus der Betrachtung des Tierkreises wissen wir, daß beide Faktoren im Tierkreis zueinander in Opposition stehen.

Schauen Sie auf die Gegenseite des AS im 90°-Kreis. Da finden sie $2\frac{1}{2}$° von der Achse 0°–45° entfernt den Neptun. Dieser Position im 90°-Kreis nach bilden AS und Neptun ein Halb- oder Anderthalbquadrat.

4. Der Aszendent und seine Halbsummenstrukturen

Zurück zu unserer Untersuchung der Positionen im 90°-Kreis. Links vom AS finden wir bei rund 13° der Rechenscheibe MC und Uranus, rechts finden wir ungefähr an dieser Stelle Venus und Mondknoten. Tasten wir uns links und rechts noch etwas weiter, finden wir bei 37° links Mond und Transpluto, rechts Jupiter und Saturn. Wir könnten demnach schreiben:

AS/Skorpion Venus/M Venus/Uranus Mondknoten/MC Uranus/
Mondknoten Mond/Jupiter Mond/Saturn

Wir haben zwischen den einzelnen Halbsummen Zwischenräume gelassen, damit nachträglich, wenn man die Halbsummen zu AS im Tierkreis aufsucht, festgestellt werden kann, ob es sich um direkte oder indirekte Halbsummen handelt. Bei der Feinarbeit ist es wichtig, herauszufinden, in welches Tierkreiszeichen die Halbsummen gehören. Wenn wir die Halbsummen zu AS im Tierkreis prüfen, stoßen wir auf folgende Aspekte:

AS/Skorpion -135- Venus/M = Venus/Uranus -135- Mondknoten/M
= Uranus/Mondknoten = Mond/Jupiter -135- Mond/Saturn

Prüfen Sie das bitte; Sie werden feststellen, daß die Halbsummen Venus/M, Uranus/Mondknoten und Mond/Jupiter in das Zeichen Stier

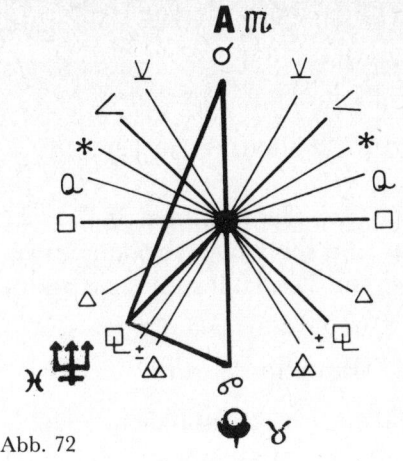

Abb. 72

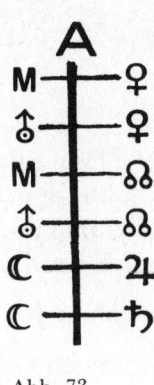

Abb. 73

fallen, die Halbsummen Venus/M, Mondknoten/M und Mond/Saturn in das Zeichen Zwillinge. Diese »Feinmessung« soll im Augenblick jedoch noch nicht Gegenstand unserer Diagnostik sein; es soll nur schon einmal darauf hingewiesen werden. Reinhold Ebertin entwickelte zu solchen »Kosmischen Strukturbildern« – einer Serie von Halbsummen, die sich um einen Deutungsfaktor gruppieren – das Formular KS2, von dem ein Ausschnitt mit den genannten Halbsummenstrukturen dargestellt wird (Abbildung 73).

Die bisherige kosmobiologische Schule differenzierte deutungsmäßig die direkten und indirekten Halbsummen nicht. Ich prüfe häufig, in welches Tierkreiszeichen eine Halbsumme fällt, weil man dadurch eine weitere Deutungsqualität gewinnt. Im Deutungsteil auf den Seiten 341 ff finden Sie Kurzdeutungen zu den Halbsummen, mit denen wir jetzt zusätzlich arbeiten wollen.

Die eigenständige Persönlichkeit (AS/Skorpion) erhält folgende Differenzierung:

Venus/M	Erotisch-sexuell gefärbte Motivationen. Künstlerische Ambitionen.
Venus/Uranus	Spontaneität. Überraschungen in Erotik und Sexualität (Promiskuität).
Uranus/M	Originalität. Wechselnde Motivationen.

Uranus/Mondknoten	Progressive, unruhige, revolutionäre Gemeinschaften.
Mond/Jupiter	Seine Gefühle verschenken, verströmen.
Mond/Saturn	Seine Gefühle zurückhalten, verstecken.

Wenn wir den Transpluto, dessen Orbis bei Halbsummen 0,5° nicht überschreiten sollte, hinzunehmen, dann sind die letzten beiden Aussagen über die Gefühle noch stärker zu werten. Die Halbsummenstrukturen erweitern sich dann noch um

Mond, Transpluto/Jupiter und Mond, Transpluto/Saturn.

Machen Sie sich auch Gedanken über die an sich gegensätzlichen Halbsummen Mond/Jupiter und Mond/Saturn. Es ist zu fragen, ob Freud seine Gefühle verströmen (Mond/Jupiter) konnte oder sie beherrschen mußte (Mond/Saturn). Zu vermuten ist, daß die saturnische Kraft stärker als die jupiterhafte war. In der Psychoanalyse schweigt der Analytiker vorwiegend, während der Patient auf der Couch zu sprechen hat. Auch der Lippenkrebs des Alters ist ein Zeichen dafür, daß das, was Freud »über die Lippen gehen« wollte, kaum geäußert werden konnte.

Eine weitere Halbsumme haben wir noch »übersehen«, weil deren Deutung uns noch Schwierigkeiten macht: AS in der (indirekten) Halbsumme Chiron/Vesta. Nach meiner Ansicht spiegelt sich darin ein Konflikt aus einem früheren Leben, wenn man den Gedanken der Reinkarnation akzeptieren kann. Übersetzen könnten wir die genannte Halbsumme als einen Hinweis auf eine weit zurückliegende Verletzung, die mit priesterlichem Tun zusammenhing.

Wenn Sie jetzt nochmals die Rechenscheibe auf den Aszendenten im Tierkreis stellen, werden Sie noch zwei sonst verborgene Aspekte finden. Gemeint ist die 72°-Reihe. Da bildet der Aszendent ein Biquintil zu Jupiter/Fische und zu Mond und Transpluto. Schauen wir uns das auch einmal als Aspektstruktur in Abbildung 74 an.

Im übrigen zeigt sich hier auch sehr gut, wie Aszendent in einer Sonderform der Halbsummen steht. Wir haben also einmal die zwei Biquintile von AS zu Jupiter und Mond, andererseits eine direkte Halbsumme, wobei die Halbsummenschenkel nach rechts und links eben eine Strecke von 144° aufweisen.

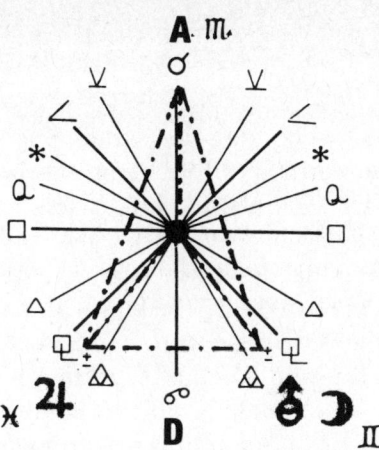

Abb. 74

Gehen wir an dieser Stelle nochmals unseren bewährten Weg über Tierkreiszeichenbesetzung, Aspekte und Halbsummen:

Aszendent/Skorpion | Die eigenständige Persönlichkeit...
Jupiter/Fische | Das verborgene Glück suchen. In Altruismus und Opfer seine Erfüllung finden.
Mond/Zwillinge | Das Auf und Ab, Hin und Her der Gefühle. Offenheit und Flexibilität.

Aspekt Jupiter → Aszendent
Beschützer, »Glückspilz«, Mäzen sein wollen. Ansehen und Ehre genießen.

Aszendent → Jupiter
Erfolg und Wohlstand ausstrahlende Persönlichkeit. Gönnerhaft wirken wollen.

Aspekt Mond → Aszendent
»Gefühlstyp«, eher weiblich gestimmt sein.

Aszendent → Mond
Den weiblichen Seelenteil in sich darstellen wollen. Sich zu seinen Gefühlen bekennen wollen.

Die obenstehenden Deutungen können wir sicher mit der Person Freuds in Einklang bringen, so daß wir sie einmal auf sich beruhen lassen und mit unserer Arbeit fortfahren können.

5. Die Aspektstruktur des Mondes

Wir haben schon besprochen, daß der Mond eine enge Konjunktion mit Transpluto hat, wodurch meines Erachtens auf die außergewöhnlich intensive Bedeutung der Gefühlswelt hingewiesen wird. Die Abbildungen 75, 76 und 77 zeigen die Aspekte der 45°-, 30°- und 72°-Reihe. Wir wollen diese Strukturen, nachdem wir jetzt den Weg der Deutung mehrfach beschritten haben, etwas kürzer behandeln. Es wird aber empfohlen, sich auch selbständig mit dem Deutungsteil zu beschäftigen.

Aus der Mond-Transpluto-Venus-Aspektierung gewinnen wir den Eindruck, daß starke emotionale Kräfte vorhanden sind, die sich in Formen der Zärtlichkeit, Liebe und Zuwendung äußern wollen. Es müßte Freud auch möglich gewesen sein, so etwas wie »Atmosphäre« zu schaffen, wenn er mit anderen Menschen wie auch Patienten zu tun hatte.

Aus der 72°-Reihe können wir den Eindruck gewinnen, daß sich die Flexibilität im Gefühlsbereich und das Spürenkönnen (Mond-Transpluto/Zwillinge) auf Eigenständigkeit und Selbstsicherheit der Persönlichkeit (AS/Skorpion) auswirkt und reiche Funde in der Vergangenheit und im religiösen Bereich gemacht werden können (Jupiter/Fische).

Die 30°-Reihe des Mondes mit Sonne und Chiron bedeutet nach meiner Ansicht, daß der männliche und weibliche Seelenteil gelebt (Mond/Zwillinge, Sonne/Widder) werden wollen, wobei Opferbereitschaft besteht und zukunftsweisende heilende Kräfte entstehen konnten (Chiron/Wassermann).

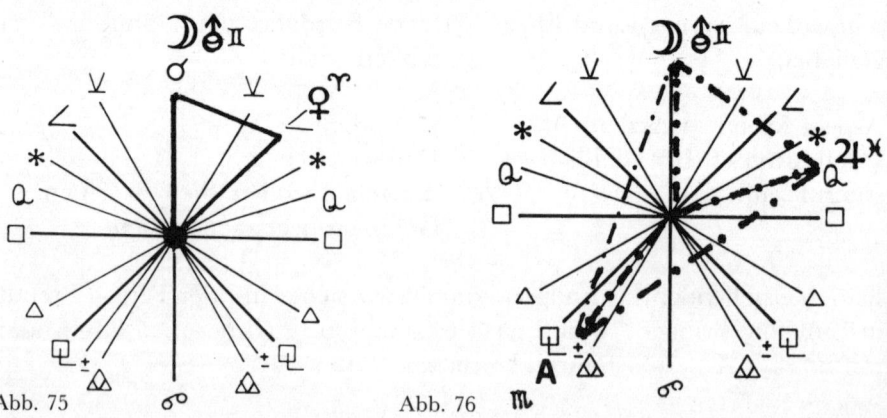

Abb. 75   Abb. 76

6. Die Halbsummenstrukturen des Mondes

Als nächstes betrachten wir Mond und Transpluto im 90°-Kreis und stellen die Rechenscheibe darauf ein. Machen Sie sich selbst an die Arbeit. Sie werden folgende Halbsummen finden:

Mond, Transpluto/Zwillinge -45- Merkur/Jupiter -45- Merkur/Mars-45- Pluto/Mondknoten -45- Venus/Pluto -135- Mondknoten/AS -45- Venus/Vesta. In Abbildung 78 ist diese Halbsummenstruktur erfaßt.

Wenn Sie das gefunden haben, schreiten wir zur Deutung und können sagen: Die außergewöhnliche Gefühlswelt des Kosmogrammeigners fließt in die folgenden Bereiche ein:

Merkur/Jupiter	Erfolgsorientiertes Denken.
Merkur/Mars	Sprache als Beruf. Wille zur Äußerung.
Pluto/Mondknoten	Großgruppe, Masse, Kollektiv.
Venus/Pluto	Neigung zu erotisch-sexueller Überforderung. Exzessive Zuwendung.
Mondknoten/AS	Gruppen-, Vereins-, Verbandsmitglied.
Venus/Vesta	Die Liebe zum häuslichen Herd oder auch die priesterliche, caritative Liebe.

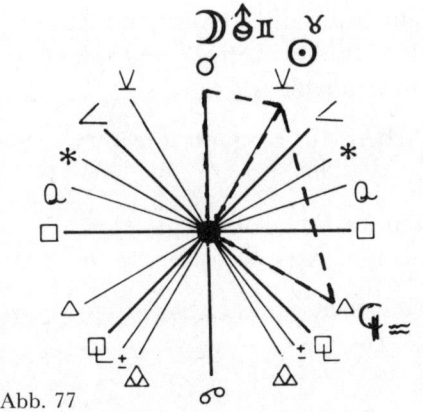

Abb. 77

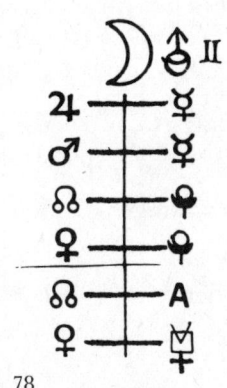

Abb. 78

203

Wir sehen hier, wie die Gefühlskräfte in das Denken, die Sprache, den erotisch-sexuellen Bereich, die Gemeinschaft einfließen, eventuell auch in einer priesterlichen Richtung. Dazu muß man sagen, daß die Seelenheilkunde heute großenteils auch seelsorgerliche Aufgaben mit übernommen hat: Verarbeitung von Konflikten, Krisen, Schuldgefühlen, Suche nach religiöser Bindung.

Wir haben in unsere Arbeit auch den Transpluto, die Vesta und den Chiron mit einbezogen. Zugegeben, daß wir bis jetzt noch nicht genügend Forschungsmaterial sammeln konnten und nur die ungefähre Richtung der Deutungsdimensionen kennen; aber es ist doch auffallend, wie diese drei Faktoren im Freudschen Kosmogramm in die Aspekt- und Halbsummenstrukturen einbezogen sind.

Als nächstes wollen wir noch eine Struktur herausgreifen, die für Freuds Leben eine große Bedeutung hatte und auch durch die sogenannten Transite angesprochen wurde, als Freud sich zunehmend durchzusetzen begann. Es ist die Aspektstruktur des Jupiter.

7. Die Aspektstruktur des Jupiter

Diese sehr komplexe Aspektstruktur ist auf den Abbildungen 79, 80 und 81 eingezeichnet. Die 45°-Reihe dominiert insofern, als Jupiter vier Faktoren anspricht: Mars, Saturn, Sonne und Chiron. Wegen der hohen Bedeutung dieser Struktur wollen wir nochmals den Weg der zunehmenden Differenzierung gehen:

Jupiter/Fische	In der Vergangenheit fündig werden und Zuversicht finden wollen. In Altruismus und Opfer seine Erfüllung finden wollen.
Mars/Waage	Ausgewogener Arbeitsstil. Elegante Lösungen erstreben.
Saturn/Zwillinge	Verhaltene Gesten. Sich bewußt begrenzen. Angst vor Vielfalt und Zersplitterung.
Sonne/Stier	Für den Tag leben. Sich seines Lebens freuen.

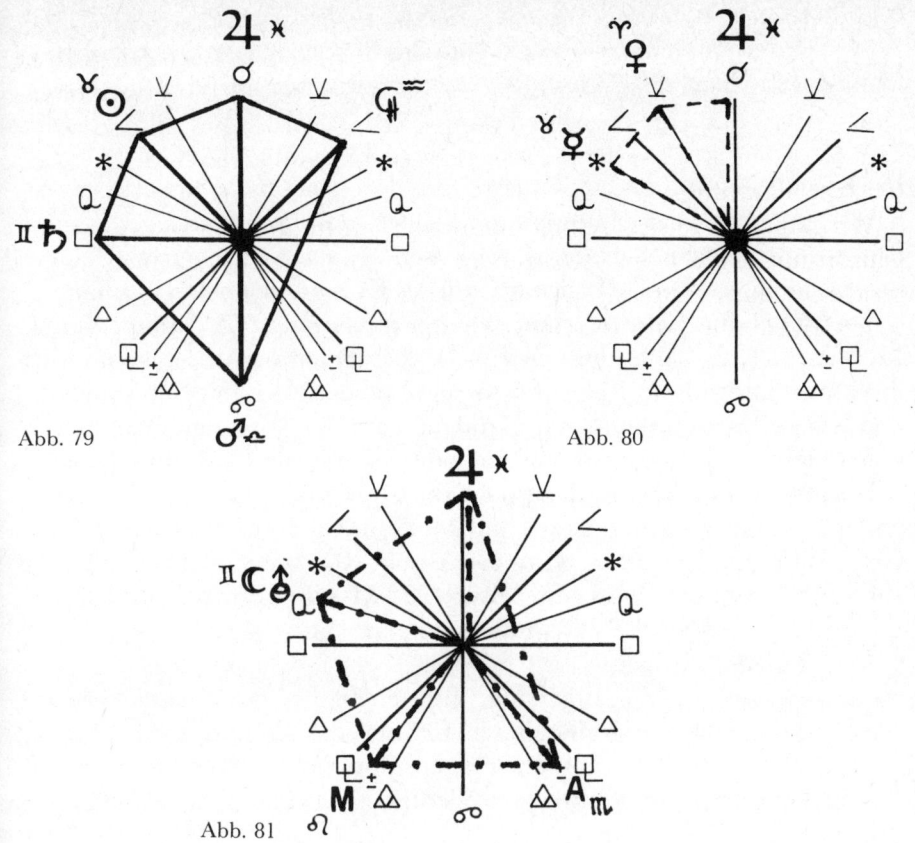

Abb. 79

Abb. 80

Abb. 81

Aspekt Mars → Jupiter
Alle Kräfte einsetzen, um nach
außen zu wirken und erfolgreich
zu sein. Streben nach Wettbewerb
und Expansion.

Aspekt Jupiter → Saturn
»Alles« tun wollen, um der
Pflicht, dem Schicksal, den Aufga-
ben des Lebens Genüge zu tun.
Sich bis an seine Grenzen ausdeh-
nen wollen.

Jupiter → Mars
Ertrag und Gewinn erstreben. »Aus
dem Vollen schöpfen« wollen.
Großprojekte in die Tat umsetzen
wollen.

Saturn → Jupiter
»Erst die Pflicht, dann das Vergnü-
gen!« Mit Geduld seine Ziele erreichen wollen. Chancen verstreichen
lassen.

Aspekt Jupiter → Sonne	Sonne → Jupiter
Seine Vitalität erweitern wollen, mehr aus ihr machen. Body-building.	Darstellen wollen, was man an Lebenskraft in sich trägt. Sunnyboy.

Die Begriffe »body-building« und »sunnyboy« sind in diesem Zusammenhang deplaziert, aber kann man nicht sagen, daß Freud, im übertragenen Sinn, mit dazu beitrug, daß seelisch kranke Menschen wieder Lebensfreude gewannen und sich auch ihres Körpers erfreuen konnten?

Die 30°-Reihe ist interessant, weil die Kombination Jupiter-Venus-Merkur auch als Halbsummenstruktur vorhanden ist: Venus steht in der direkten Halbsumme Merkur/Jupiter. Themen, die mit Liebe, Erotik und Sexualität zu tun haben und die man aus der Vergangenheit hervorholen kann, will man in sprachliche oder schriftliche Form umsetzen!

Besonders auffallend ist dazu noch die Quintilreihe, die wir bei Jupiter finden, wenn wir für Aszendent und Medium Coeli einen etwas größeren Orbis zulassen. Wir haben dann die Aspekt-Kombination Jupiter/Fische -144- AS/Skorpion -144- MC/Löwe -72- Mond, Transpluto/Zwillinge. Wir wollen diese Struktur frei interpretieren:

Die Schätze der Vergangenheit (Jupiter/Fische) werden mit den außergewöhnlichen und vielseitigen Kräften der Emotionalität (Mond, Transpluto/Zwillinge) von einer eigenständigen Persönlichkeit (Aszendent/Skorpion) zielbewußt zur öffentlichen Darstellung (MC/Löwe) gebracht.
Nachdem der Mond auch gern mit der Nachtwelt – den Träumen – in Zusammenhang gebracht wird, kann man ergänzend die Träume als Instrument sehen, in der Vergangenheit fündig zu werden.

8. Die Dynamik des Geburtsbildes

Als wir uns mit dem Geburtsbild Einsteins beschäftigten, setzten wir die Uranusbewegung von 1917 in Beziehung zu seinem Geburtsbild. Wir sahen, daß die damalige Uranusbahn bestimmte Aspektstrukturen seines Radixbildes auslöste; ebenso gingen wir mit dem Kosmogramm von Albert Schweitzer vor. Wir stießen auch auf die ersten Jahre dieses Jahrhunderts und die Zeit des Ersten Weltkrieges.

Wir wollen einmal sehen, welche planetare Rhythmik sich zeigte, als Freud seine *Traumdeutung* schrieb und veröffentlichte. Wir wissen, daß die erste Auflage das Jahr 1900 als Erscheinungsdatum aufweist. Freud gab das Manuskript seines Buches aber schon 1899 beim Verlag ab. In der schon zitierten Freud-Biographie (100) lesen wir:

»Am 3. Januar 1899, als *Die Traumdeutung* fast vollendet ist (bis auf das sehr wichtige siebte und letzte Kapitel), schreibt er an Fließ (das ist der Arzt, von dem die Biorhythmenlehre stammt. – der Verfasser): ›Ich will Dir nur verraten, daß das Traumschema einer allgemeinsten Anwendung fähig ist, daß im Traum wirklich der Schlüssel mit zur Hysterie liegt. Ich verstehe jetzt auch, warum ich den Traum (das Buch über die Traumdeutung) trotz aller Bemühung nicht abgeschlossen habe. Wenn ich noch ein Stück warte, kann ich den psychischen Vorgang im Traum so darstellen, daß er mir den Vorgang bei der hysterischen Symptombildung mit einschließt. Also warten wir.‹«

1899 befand sich der Pluto auf 13–14° Zwillinge; in den Monaten Januar bis April 1900 kehrte er geozentrisch nochmals auf diese Position zurück und bewegte sich dann während des Jahres bis auf 17° Zwillinge weiter. Ein Blick auf das Freudsche Kosmogramm zeigt uns, daß 1899/1900 der Pluto über die Position von Freuds Mond und Transpluto im Zeichen Zwillinge pendelte. Es wurden aber auch sonst alle Aspekte der 30°-Reihe und der 72°-Reihe angesprochen. Mit anderen Worten, wir hatten folgende Konstellationen:

Pluto/Zwillinge 1899/1900	-0- Mond, Transpluto/Zwillinge
	-45- Venus/Widder
	-72- Jupiter/Fische
	-144- AS/Skorpion
	-30- Sonne/Stier
	-120- Chiron/Wassermann

Diese Konstellationen waren nicht alle auf einmal fällig, wenn man sie auf bestimmte Tage oder Wochen fixieren wollte; vielmehr haben wir hier Konstellationen, die auf einen Entwicklungsprozeß hinweisen, der über mehrere Monate hin ablief. Es scheint so zu sein, daß bestimmte

Themen reifen müssen, Krisen auftreten, dies und jenes verworfen und neu gestaltet wird, bis endlich das Werk vollendet ist.

Reinhold Ebertin wies sowohl in seiner weltbekannten *Kombination der Gestirneinflüsse* (101) als auch in seinen anderen Büchern immer wieder darauf hin, daß unter Pluto-Konstellationen gravierende Lebensveränderungen zu erwarten sind.

In meiner *Kosmobiologischen Diagnostik* (102) habe ich für Pluto-Konstellationen folgende Schlüsselworte vorgeschlagen:

»Der Prozeß der Wandlung. Die Begegnung mit den tiefsten Seelenschichten. Der Durchbruch ›zu neuen Ufern‹. Bezug zu früheren Inkarnationen und Inkarnationserinnerungen.«

Wenn der Pluto zu einer Reihe von Gestirnen und sonstigen Faktoren des Geburtsbildes in Beziehung tritt, ergeben sich differenziertere Interpretationen, die wir nachfolgend herausstellen wollen:

Pluto -0- Mond	In extreme Gefühlswallungen hineingeraten. Überschießende Reaktionen des Gefühlslebens.
Pluto -45- Venus	Überschäumende Erotik und Sexualität. Gefahr der Hörigkeit. Unaufhaltsame kreative Prozesse.
Pluto -30- Sonne	Sich kräftemäßig übernehmen. Die letzten Reserven verausgaben. Gefahr des Zusammenbruchs.
Pluto -120- Chiron	Durchbruch heilender Kräfte, verbunden mit Opfern (arbeitshypothetisch).
Pluto -72- Jupiter	Die nur selten im Leben auftretenden bedeutenden Erfolgsphasen. Mit großer Kraftanstrengung nach oben kommen.
Pluto -144- AS	Sich mit außergewöhnlicher Anstrengung als Persönlichkeit Respekt verschaffen.

Wer von Stefan Zweig das Buch *Sternstunden der Menschheit* (103) gelesen hat, wird miterlebt haben, daß bestimmte weltverändernde Ereignisse nur zu bestimmten Zeiten auftreten können. Gern wird dann von »Zufällen« gesprochen.

In Freuds Fall finden wir nicht nur diese eine komplexe Konstellation, ausgelöst durch den Pluto, sondern auch der Uranus ist mit im Spiel. Wir sprachen über die Weltkonstellation Uranus Opposition Pluto im Jahr 1900/1901 (vergleiche Seite 57). Wir sehen, wie das individuelle Leben Freuds in diese Uranus-Pluto-Opposition einbezogen ist. Greifen wir nochmals zur Ephemeride mit den Planetenbewegungen der Jahre 1900/1901. Wir sehen, daß seinerzeit der Uranus im Zeichen Schütze zwischen 8° und 14° pendelte und die Opposition zu Mond und Transpluto des Freudschen Kosmogramms auslöste. In dieser Zeit wurde auch ein Sextil zu Chiron, ein Anderthalbquadrat zu Venus und ein Quintil zu Mars aktiviert.

Die planetaren Rhythmen werden nun noch interessanter: Im Jahre 1905 erschienen die für die Freudsche Konzeption grundlegenden *Drei Abhandlungen zur Sexualtheorie*. Diese »konnten« aber erst veröffentlicht werden, nachdem der Uranus im Zeichen Schütze die Opposition zu Saturn im Zeichen Zwillinge überschritten hatte. Für solche Uranus-Saturn-Konstellationen schlug ich in meiner *Kosmobiologischen Diagnostik* als Übersetzung vor:

»Gegen ›die alten Zöpfe angehen‹. Das Alte umfunktionieren und beseitigen wollen.« (104)

Nach dieser Uranus-Saturn-Konstellation für das Freudsche Kosmogramm erreichte Uranus 0° Steinbock, einen Punkt, den Uranus im Dezember 1988 ebenfalls erreicht hatte. Neue Ideen konnten alte Theorien überwinden und »frischen Wind« mit sich bringen. Übersehen wir dabei nicht, daß Freud – man mag zu ihm stehen, wie man will – die gesamte Psychologie, Tiefenpsychologie, Psychotherapie und Psychosomatik angestoßen und einen außerordentlichen Durchbruch für das gesamte Denken und Fühlen der Menschheit erreicht hatte.

Im Februar 1907 besuchte C.G. Jung Freud in Wien. Daraus entstand eine Zusammenarbeit, die 1910 zu einem Kongreß für Psychoanalyse in Nürnberg führte. Es wurde eine internationale Gesellschaft gegründet, zu deren Präsident C.G. Jung gewählt wurde. 1911 kam es zur Trennung zwischen Alfred Adler und Freud und 1913 zum Bruch mit C.G. Jung. In dieser Zeit hatte der Pluto 28° Zwillinge und damit den Saturn von Freuds Geburtsbild erreicht, für Freud eine außerordentlich schwerwiegende Konstellation, die ihm aber doch letztlich weitere Anerkennung brachte, auch wenn sich jetzt Abspaltungen ergeben hatten.

Als Freud am 23. September 1939 starb, hatte einige Wochen vorher der Uranus genau die Position erreicht, zu der Freud 1856 geboren worden war. Ein Uranuszyklus durch den Tierkreis – von 20° Stier bis wieder zu 20° Stier – hatte sich geschlossen.

Beenden wir die Ausführungen über Freud mit einem Wort von Gustav Bally in dem Buch *Freud in der Gegenwart* (105):

»Freud hat wieder, und für die Medizin seiner Zeit neu, die Bedeutung des Gesprächs für die Erhellung und Heilung menschlicher Leiden entdeckt. Er führte aber das wachsam und bedacht geführte Gespräch ein in eine materialistisch-technisch orientierte Heilkunde, die die Abblendung des Mitmenschen auf seine physikalisch verstandene Körperlichkeit zur Voraussetzung für ihren eben angetretenen Siegeslauf gemacht hatte. Alledem stellt Freud als das einzige Werkzeug zur Heilung den Dialog in der vollen menschlichen Begegnung gegenüber.«

Der Leser wird auch an diesen Beispielen erkannt haben, wie bestimmte planetare Rhythmen sowohl individuelle als auch kollektive weltweite Entwicklungen begleiten können.

Wir haben den 90°-Kreis und die Halbsummenstrukturen kennengelernt und dringen nun noch weiter in die Kosmobiologie ein.

Kapitel 13

Wieder etwas Technik – die Transite

Die Tierkreiszeichenbesetzung, die Aspekte und Aspektstrukturen, der 90°-Kreis, die Halbsummen und Halbsummenstrukturen und ausschnittweise die planetaren Rhythmen in der Form der Transite sind uns bisher begegnet. Wir kennen auch schon die Kombination zwischen Tierkreis und 90°-Kreis.

Wir werden uns jetzt ausführlicher mit den Transiten beschäftigen und im nächsten Kapitel zu der modernen Transitform fortschreiten, die sich aus den Graphischen 45°-Ephemeriden ergibt.

Das Zusammenspiel der verschiedenen Transite wollen wir jetzt wieder an einem Beispiel betrachten, und wir wählen dazu die Transite des November 1952, als der ermordete Präsident John F. Kennedy zum Senator der Vereinigten Staaten gewählt wurde.

Wir werden uns dabei die schon besprochenen Persönlichkeiten und deren Transite zunutze machen können: Albert Einstein, Albert Schweitzer, Sigmund Freud.

Die traditionelle Art, die Transite zu einem Kosmogramm zu erstellen, ist es, mit dem Nullzeiger der kombinierten Rechenscheibe die Bewegungen der Gestirne durch den Tierkreis zu simulieren und dann festzustellen, wann eine der radialen Aspektlinien der Rechenscheibe auf die Position irgendeines Deutungsfaktors kommt.

1. Als John F. Kennedy Senator wurde

Abbildung 82 zeigt das Kosmogramm des ermordeten früheren Präsidenten der USA, John F. Kennedy. Dazu verwenden wir einen Ausschnitt aus der *Rosenkreuzer-Ephemeride* des November 1952 (Abbildung 83). Die dort errechneten Positionen der langsamlaufenden Gestirne setzen wir jetzt zum Geburtsbild Kennedys in Beziehung, das heißt, wir betrachten die Transite zu den Kennedyschen Radixpositionen.

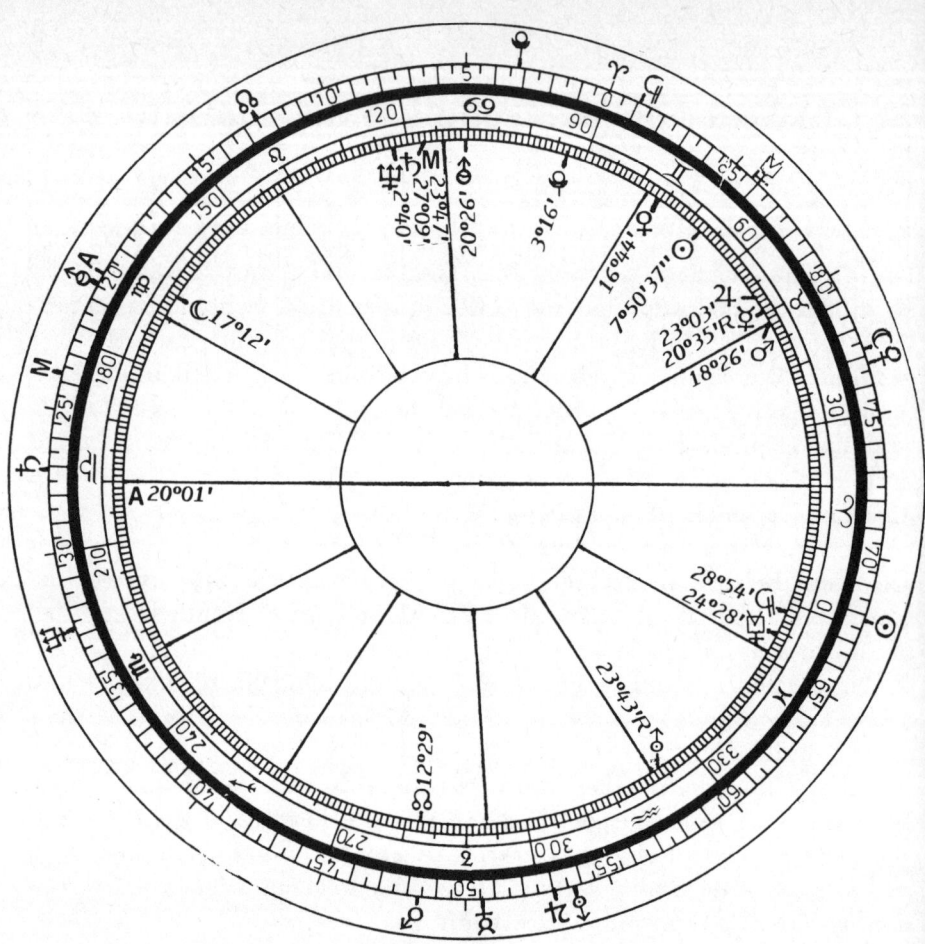

Abb. 82 John F. Kennedy, geb. am 29. Mai 1917, 15:00 Uhr EST
(= 20:00 Uhr GMT) in Brookline (Mass.)
42°19′ n.B.; 71°06′ w.L.

Abb. 83

NOVEMBER 1952

LONGITUDE for 0h

Day Jour		S. T. h m s	☉ ° ′ ″	☽ ° ′ ″	☿ ° ′	♀ ° ′	♂ ° ′	♃ ° ′	♄ ° ′	♅ ° ′	♆ ° ′	♇ ° ′	☊ True ° ′
Sa	1	02 40 54	08 ♏ 30 44	25 ♈ 53 00	29 ♏ 42	11 ♐ 57	14 ♑ 23	16 ♉R 55	20 ♎ 27	18 ♋R 31	22 ♎ 05	23 ♌ 08	18 ♒R 01
Su	2	02 44 50	09 30 47	09 ♉ 57 39	01 ♐ 00	13 11	15 07	16 47	20 34	18 30	22 07	23 09	17 49
M	3	02 48 47	10 30 51	23 45 47	02 16	14 24	15 52	16 39	20 41	18 30	22 09	23 09	17 36
T	4	02 52 43	11 30 57	07 ♊ 13 30	03 31	15 37	16 36	16 30	20 49	18 29	22 11	23 10	17 24
W	5	02 56 40	12 31 06	20 18 52	04 45	16 50	17 21	16 22	20 56	18 29	22 13	23 10	17 14
Th	6	03 00 36	13 31 16	03 ♋ 02 05	05 57	18 03	18 06	16 14	21 03	18 28	22 15	23 11	17 06
F	7	03 04 33	14 31 28	15 25 12	07 07	19 16	18 50	16 06	21 09	18 27	22 18	23 12	17 01
Sa	8	03 08 29	15 31 42	27 31 54	08 14	20 29	19 35	15 58	21 16	18 27	22 20	23 12	16 59
Su	9	03 12 26	16 31 59	09 ♌ 26 52	09 19	21 42	20 20	15 50	21 23	18 26	22 22	23 13	16 58
M	10	03 16 23	17 32 17	21 15 29	10 21	22 55	21 05	15 41	21 30	18 25	22 24	23 13	16 58
T	11	03 20 19	18 32 37	03 ♍ 03 22	11 21	24 08	21 50	15 33	21 37	18 24	22 26	23 13	16 57
W	12	03 24 16	19 32 59	14 56 02	12 16	25 21	22 35	15 25	21 44	18 23	22 28	23 14	16 55
Th	13	03 28 12	20 33 23	26 58 32	13 08	26 34	23 20	15 17	21 51	18 22	22 30	23 14	16 51
F	14	03 32 09	21 33 49	09 ♎ 15 10	13 55	27 46	24 05	15 09	21 57	18 21	22 32	23 14	16 44
Sa	15	03 36 05	22 34 16	21 49 02	14 38	28 59	24 50	15 01	22 04	18 20	22 34	23 15	16 34
Su	16	03 40 02	23 34 46	04 ♏ 41 52	15 14	00 ♑ 12	25 36	14 53	22 11	18 19	22 36	23 15	16 22
M	17	03 43 58	24 35 17	17 53 42	15 45	01 25	26 21	14 45	22 17	18 18	22 38	23 15	16 09
T	18	03 47 55	25 35 50	01 ♐ 22 58	16 08	02 37	27 06	14 37	22 24	18 16	22 40	23 16	15 56
W	19	03 51 52	26 36 24	15 06 45	16 24	03 50	27 52	14 29	22 30	18 15	22 42	23 16	15 44
Th	20	03 55 48	27 37 00	29 01 22	16 31	05 03	28 37	14 21	22 37	18 14	22 44	23 16	15 35
F	21	03 59 45	28 37 37	13 ♑ 02 59	16 R 29	06 15	29 23	14 14	22 43	18 12	22 46	23 16	15 28
Sa	22	04 03 41	29 38 16	27 08 17	16 17	07 28	00 ♒ 08	14 06	22 50	18 11	22 48	23 16	15 25
Su	23	04 07 38	00 ♐ 38 55	11 ♒ 14 48	15 54	08 40	00 54	13 59	22 56	18 09	22 49	23 16	15 24
M	24	04 11 34	01 39 36	25 21 00	15 21	09 53	01 39	13 51	23 02	18 08	22 51	23 16	15 D 24
T	25	04 15 31	02 40 17	09 ♓ 25 57	14 37	11 05	02 25	13 44	23 08	18 06	22 53	23 R 16	15 R 24
W	26	04 19 28	03 41 00	23 28 56	13 43	12 18	03 11	13 37	23 15	18 05	22 55	23 16	15 22
Th	27	04 23 24	04 41 43	07 ♈ 28 57	12 39	13 30	03 57	13 30	23 21	18 03	22 57	23 16	15 18
F	28	04 27 21	05 42 28	21 24 22	11 27	14 42	04 42	13 23	23 27	18 01	22 59	23 16	15 12
Sa	29	04 31 17	06 43 13	05 ♉ 12 48	10 09	15 55	05 28	13 16	23 33	18 00	23 00	23 16	15 02
Su	30	04 35 14	07 ♐ 44 00	18 ♉ 51 19	08 ♐R 48	17 ♑ 07	06 ♒ 14	13 ♉R 09	23 ♎ 39	17 ♋R 58	23 ♎ 02	23 ♌R 16	14 ♒R 51

DECLINATION for 0h

Tag Dia		☉ ° ′	☽ ° ′	☿ ° ′	♀ ° ′	♂ ° ′	♃ ° ′	♄ ° ′	♅ ° ′	♆ ° ′	♇ ° ′
Sa	1	14 S 21	14 N 20	22 S 26	23 S 33	24 S 25	15 N 37	05 S 54	22 N 35	07 S 06	22 N 28
Su	2	14 40	19 31	22 47	23 45	24 19	15 35	05 56	22 35	07 07	22 29
M	3	14 59	23 32	23 06	23 56	24 14	15 33	05 59	22 35	07 07	22 29
T	4	15 18	26 10	23 24	24 07	24 08	15 30	06 02	22 35	07 08	22 29
W	5	15 36	27 17	23 41	24 17	24 01	15 28	06 04	22 35	07 09	22 29
Th	6	15 54	26 55	23 56	24 26	23 55	15 26	06 07	22 35	07 10	22 29
F	7	16 12	25 11	24 10	24 35	23 48	15 24	06 09	22 35	07 11	22 29
Sa	8	16 30	22 19	24 22	24 43	23 41	15 21	06 12	22 36	07 11	22 29
Su	9	16 47	18 32	24 33	24 50	23 34	15 19	06 14	22 36	07 12	22 29
M	10	17 04	14 04	24 43	24 56	23 26	15 17	06 17	22 36	07 13	22 30
T	11	17 21	09 05	24 50	25 02	23 19	15 15	06 19	22 36	07 14	22 30
W	12	17 38	03 45	24 57	25 07	23 11	15 12	06 21	22 36	07 14	22 30
Th	13	17 54	01 S 47	25 01	25 11	23 03	15 10	06 24	22 36	07 15	22 30
F	14	18 10	07 20	25 04	25 15	22 54	15 08	06 26	22 36	07 16	22 30
Sa	15	18 25	12 44	25 05	25 18	22 45	15 06	06 29	22 37	07 16	22 31
Su	16	18 40	17 42	25 04	25 20	22 36	15 03	06 31	22 37	07 17	22 31
M	17	18 55	21 58	25 01	25 21	22 27	15 01	06 33	22 37	07 18	22 31
T	18	19 10	25 10	24 57	25 22	22 18	14 59	06 36	22 37	07 19	22 31
W	19	19 24	26 58	24 49	25 21	22 08	14 57	06 38	22 37	07 19	22 31
Th	20	19 38	27 06	24 40	25 21	21 58	14 55	06 40	22 38	07 20	22 32
F	21	19 52	25 30	24 28	25 19	21 48	14 53	06 42	22 38	07 21	22 32
Sa	22	20 05	22 18	24 14	25 16	21 38	14 51	06 45	22 38	07 21	22 32
Su	23	20 18	17 46	23 57	25 13	21 27	14 49	06 47	22 38	07 22	22 33
M	24	20 30	12 15	23 37	25 09	21 16	14 47	06 49	22 38	07 23	22 33
T	25	20 42	06 07	23 15	25 05	21 05	14 45	06 51	22 39	07 23	22 33
W	26	20 54	00 N 17	22 50	24 59	20 54	14 43	06 53	22 39	07 24	22 34
Th	27	21 05	06 38	22 22	24 53	20 43	14 41	06 55	22 39	07 24	22 34
F	28	21 16	12 38	21 52	24 47	20 31	14 39	06 58	22 39	07 25	22 34
Sa	29	21 26	17 56	21 21	24 39	20 19	14 37	07 00	22 40	07 26	22 35
Su	30	21 S 36	22 N 16	20 S 49	24 S 31	20 S 07	14 N 35	07 S 02	22 N 40	07 S 26	22 N 35

● ☽ PHASES ○ ☾

DAY	h m	PHASE	LONG.
1	23:10	○	09 ♉ 29
9	15:43	☾	17 ♌ 11
17	12:56	●	25 ♏ 08
24	11:35	☽	02 ♓ 09

LAST ASPECT ☽ INGRESS

DAY	h m		DAY	h m
31	19:21	♉	1	06:59
2	22:56	♊	3	11:02
5	05:20	♋	5	18:13
7	13:36	♌	8	04:57
10	03:59	♍	10	17:47
12	23:05	♎	13	05:58
15	14:49	♏	15	15:19
17	15:59	♐	17	21:34
19	14:06	♑	20	01:41
22	04:35	♒	22	04:52
23	20:28	♓	24	07:55
25	14:47	♈	26	11:10
28	03:34	♉	28	14:55
30	07:50	♊	30	19:53

DATA for 0h 1 NOVEMBER 1952

JULIAN DAY	=	2434317.5
☽ ☊ MEAN	=	17° ♒ 18′
SVP	=	05° ♓ 54′ 56″
AYANAMSA	=	23° 12′ 03″
ECLIPTIC OBL.	=	23° 26′ 50″
NUTATION	=	09″.86

ASPECTARIAN

DAY	h m	
1	00:05	☉ ∥ ☽
	02:16	☿ ∥ ♇
	05:33	☽ ∥ ♃
	05:34	☿ ♐
	09:39	☿ ∥ ♅
	23:10	☉ ☍ ☽
2	09:25	☽ △ ♂
	11:40	☽ ☌ ♃
	14:47	☽ ✶ ♅
	16:52	☽ ∥ ♇
	17:33	☽ ∥ ♅
	20:40	☽ ∥ ☿
	22:56	☽ □ ♇
3	03:04	☽ ∥ ♀
	05:00	☽ ∥ ♂
	16:39	☽ ☍ ☿
	21:20	♂ △ ♃
4	01:26	♀ ∥ ♂
	14:53	☉ ∥ ♃
	16:53	☽ ☍ ♀
5	01:09	☽ △ ♄
	03:34	☽ △ ♆
	05:20	☽ ✶ ♇
	23:03	☿ ∥ ♂
6	11:50	♂ ☍ ♅
	22:05	☉ △ ☽
7	01:19	☽ ✶ ♃
	05:35	☽ ∥ ♀
	05:58	☽ ☌ ♅
	07:10	☽ ☍ ♂
	08:53	☽ ∥ ☿
	11:25	☽ □ ♄
	13:07	☽ ∥ ♂
	13:36	☽ □ ♆
	21:59	☽ ∥ ♅
	22:45	☽ ∥ ♇
8	09:10	☉ ☍ ♃
	17:15	♀ ✶ ♄
	23:43	☽ △ ☿
9	09:10	☉ ∥ ☽
	12:48	☽ □ ♃
	13:30	♀ ✶ ♆
	15:43	☉ □ ☽
	17:42	☽ ∥ ♃
10	00:30	☽ ✶ ♄
	02:20	☽ ✶ ♆
	03:46	☽ △ ♀
	03:59	☽ ☌ ♇
	06:00	♀ △ ♇
	15:55	♂ □ ♄
	20:38	☉ △ ♅
11	08:28	☽ ∥ ♆
	12:29	☽ ∥ ♄
	18:12	☽ □ ☿
	20:08	♂ □ ♆
12	00:58	☽ △ ♃
	06:54	☽ ✶ ♅
	10:05	☉ ✶ ☽
	16:18	☽ △ ♂
	23:05	☽ □ ♀
13	20:04	☽ ∥ ♄
	23:41	☽ ∥ ♆
14	09:33	☽ ✶ ☿
	17:25	☽ □ ♅
15	00:28	☽ ☌ ♄
	01:25	☽ ☌ ♆
	02:42	☽ ✶ ♇
	06:02	☽ □ ♂
	11:00	☽ ∥ ♃
	14:49	☽ ✶ ♀
	16:09	☉ □ ♇
	20:03	♀ ♑
	22:58	♂ ∥ ♅
16	05:21	☉ ∥ ☽
	14:34	♂ ∥ ♇
	18:23	☽ ☍ ♃
17	00:43	☽ △ ♅
	03:00	☽ ∥ ♂
	03:33	☽ ∥ ♇
	04:13	☽ ∥ ♅
	09:36	☽ □ ♇
	12:56	☉ ☌ ☽
	15:59	☽ ✶ ♂
	22:00	☽ ∥ ☿
18	01:51	☽ ∥ ♀
19	02:15	☽ ☌ ☿
	12:53	☽ ✶ ♄
	13:09	☽ ✶ ♆
	14:06	☽ △ ♇
20	06:44	☿ R
	11:18	☽ ☌ ♀
21	01:48	☽ ∥ ♀
	02:00	☽ △ ♃
	08:47	☽ ☍ ♅
	09:44	☽ ∥ ☿
	13:18	♄ ☌ ♆
	16:35	☽ □ ♆
	16:36	☽ □ ♄
	19:40	♂ ♒
	21:53	☽ ∥ ♅
	22:29	☽ ∥ ♇
22	04:07	☽ ∥ ♂
	04:35	☉ ✶ ☽
	05:24	☽ ☌ ♂
	08:36	☉ ♐
	11:55	☉ ∥ ☽
23	04:36	☽ □ ♃
	07:39	☽ ✶ ☿
	13:21	☽ ∥ ♃
	19:45	☽ △ ♆
	20:02	☽ △ ♄
	20:28	☽ ☍ ♇
	23:47	☉ ✶ ♂
24	11:35	☉ □ ☽
	17:04	♇ R
	19:11	☽ ∥ ♆
	21:14	☽ ∥ ♄
25	03:06	☽ ✶ ♀
	07:16	☽ ✶ ♃
	08:21	☽ □ ☿
	14:47	☽ △ ♅
26	00:29	☉ ∥ ♂
	05:52	♄ ✶ ♇
	09:23	☿ ∥ ♅
	14:02	☿ ∥ ♇
	17:34	☽ ✶ ♂
	18:50	☉ △ ☽
	23:49	♀ △ ♃
27	01:07	☽ ∥ ♄
	02:59	☽ ∥ ♆
	08:12	☽ △ ☿
	11:20	☽ □ ♀
	18:10	☽ □ ♅
28	02:43	☽ ☍ ♆
	03:13	☽ △ ♇
	03:34	☽ ☍ ♄
	08:39	☽ ∥ ♃
	21:02	☉ ∥ ☿
29	00:28	☽ □ ♂
	11:53	☽ ∥ ♂
	14:00	☽ ☌ ♃
	16:14	☽ ∥ ☿
	19:43	☉ ∥ ☽
	20:37	☽ △ ♀
	22:26	☽ ✶ ♅
30	02:05	☽ ∥ ♇
	02:38	☽ ∥ ♅
	07:50	☽ □ ♇
	10:37	☉ ☌ ☿
	15:38	☽ ∥ ♀
	16:38	♀ ☍ ♅

2. Der Pluto als Transit

Beginnen wir mit dem Lauf des Pluto, der zwischen 23° 08′ und 23° 16′ Löwe pendelte und rückläufig wurde. Er formte in diesem Monat ein Quadrat zu Jupiter des Kosmogrammeigners und lief auf die Opposition zum Uranus in Wassermann zu. In Abbildung 84 ist aufgezeichnet, wie Pluto zu Jupiter und Uranus damals eine Aspektstruktur der 45°-Reihe aufbaute.

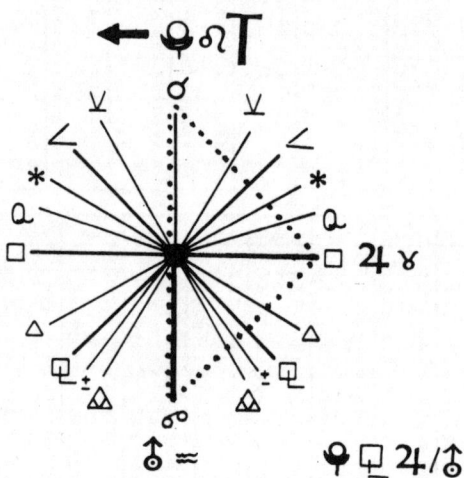

Abb. 84

Wer sich in der Halbsummentechnik schon etwas besser auskennt, wird nachvollziehen können, daß Pluto auch in das Anderthalbquadrat zur Halbsumme Jupiter/Uranus hineinlief. Der genaue Halbsummenpunkt ist 8° 23′ Widder (8° 23′ Widder + 135° = 23° 23′ Löwe). Wenn man diese Konstellation analysieren will, kann man zu folgendem Ergebnis kommen:

Pluto hat mit Durchbrüchen und sehr weitgehenden Veränderungen im Leben zu tun. Unter Pluto-Jupiter-Konstellationen kann man damit rechnen, daß außergewöhnliche Erfolge und ein hohes Maß an Anerkennung entstehen. Pluto-Uranus-Konstellationen symbolisieren Phasen mit sehr hohen Anforderungen an die Durchhaltekraft, weil erhebliche Streßbelastungen auftreten können.

Für die Halbsumme Jupiter/Uranus finden Sie im Deutungsteil die Schlüsselworte: »Freiheit, Unabhängigkeit, Ausgriff in die Welt.«

214

Die Tätigkeit eines Senators ist in den Vereinigten Staaten hoch angesehen. Sie liegt weit über dem Prestige des normalen Abgeordneten. Aus jedem Bundesstaat werden jeweils zwei Senatoren gewählt, unabhängig von der Größe des amerikanischen Bundesstaates. Das bedeutet, daß die Amerikaner nur rund hundert Senatoren in ihrem Senat haben. Davor, von 1946 an, war Kennedy »nur« einer von 435 Abgeordneten im Repräsentantenhaus. In der Biographie über Kennedy von Herbert von Borch (106) lesen wir darüber:

»Das Ansehen des amerikanischen Senators entspricht dem des Senators im alten Rom ... Ein Senator kann die Ernennungen auf hochrangige Posten im Weißen Haus, einschließlich der Kabinettsmitglieder, bestätigen oder ablehnen; er hat ein außenpolitisches Mitspracherecht bis hin zur Ratifizierung von Verträgen. Natürlich gehört er in Washington der höchsten gesellschaftlichen Schicht an. Er wird für sechs und nicht nur für zwei Jahre, wie die Abgeordneten des Repräsentantenhauses, gewählt ...«

Mit der Wahl zum Senator hatte Kennedy auch eine Position erreicht, die seinen außenpolitischen Ambitionen entgegen kam. Als Harvard-Absolvent bereits hatte er seine juristische Ausbildung mit einer politisch orientierten Diplom-Arbeit über »Appeasement at Munich« – die englische Beschwichtigungspolitik gegenüber Hitler – abgeschlossen, eine Arbeit, die er später als Buch erscheinen ließ unter dem Titel *Why England slept*.

Zurück zu den Transiten. Die besprochene Pluto-Konstellation ist nur eine von mehreren, die im November 1952 und den folgenden Monaten fällig wurden.

3. Der Saturn als Transit

Im November 1952 stand der Saturn zwischen 20° 27′ und 23° 39′ Waage und damit in Konjunktion mit seinem Aszendenten, dazu im Quadrat zu Medium Coeli (und Transpluto) in Krebs und im Anderthalbquadrat zu Sonne in Zwillinge, wie Abbildung 85 zeigt. Diese Konstellation im Rahmen der 45°-Reihe weist auf eine erhebliche Behinderung der Persönlichkeit, der Motivationen, der Lebensziele sowie der Vitalität hin.

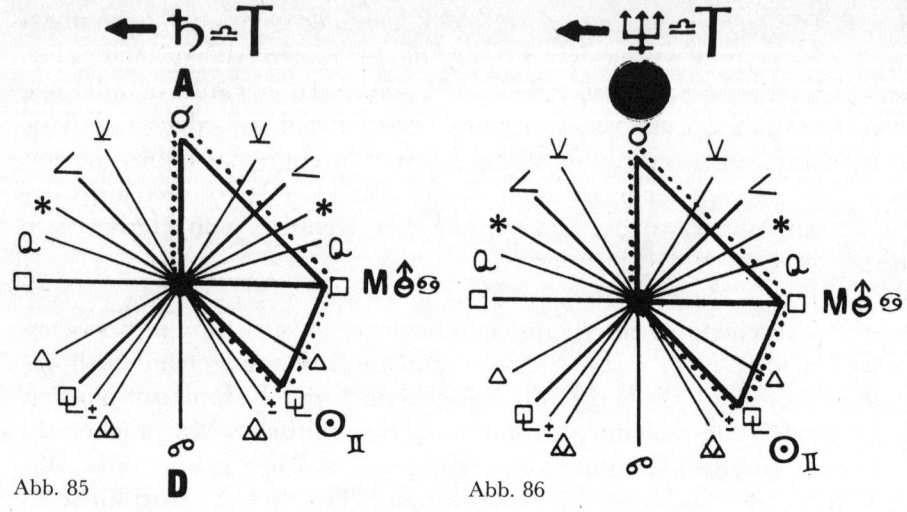

Abb. 85　　　　　　　　　　　Abb. 86

4. Der Neptun als Transit

Hinzu kommt, daß auch Neptun, ungefähr an der gleichen Stelle wie der
Saturn – wir hatten damals die Weltkonstellation Saturn Konjunktion
Neptun – zwischen 22° 06′ und 23° 02′ Waage pendelte und damit auch
das Quadrat zu MC und das Anderthalbquadrat zur Sonne erreicht
hatte (Abbildung 86): »Schwächung der Lebensziele und der Vitalität«,
so kann man hier formulieren. Die Konjunktion des Neptun mit dem
Aszendenten war zu dieser Zeit schon überschritten.

Kennedy mußte seinerzeit mit gravierenden Rückenschmerzen fertig
werden. Man weiß heute, daß Kennedy während des Krieges, im August
1943, eine schwere Kriegsverletzung am Rücken davontrug. Weniger
bekannt ist, daß er mit einem schwachen Rückgrat geboren wurde.
»Dazu kam eine geheimnisvolle Anfälligkeit für Schmerzen, weshalb er
oft im Bett bleiben mußte ... Er starb fast an Scharlach, an Rückgratver-
letzungen und einem Adrenalinmangel; lebensgefährliche Operationen
brachten ihn zweimal dem Tod so nahe, daß er die Letzte Ölung erhielt ...« (107) Von kosmobiologischer Seite aus zeigt sich diese Vitalitätsschwäche im Geburtsbild unter anderem in der Konjunktion des
Saturn mit dem MC und dem Halbquadrat zur Sonne.

Der Saturn löste im November 1952 auch einen 150°-Winkel zu Merkur und Jupiter aus. Tendenz dieses Transits: »Sich zurückziehen müs-

216

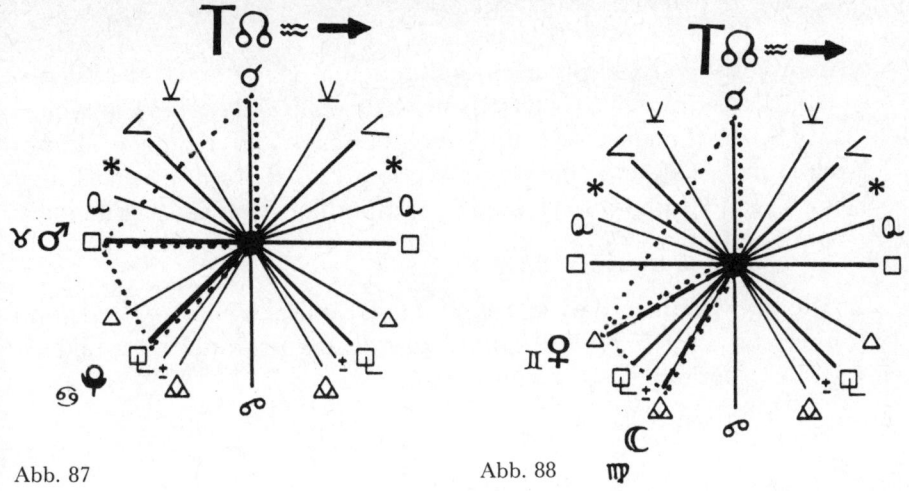

Abb. 87   Abb. 88   ♍

sen, um sich geistig-intellektuell zu bereichern.« Es ist allgemein bekannt,
daß Kennedy außergewöhnlich belesen und gebildet war. Sein Lese-
tempo betrug über achthundert Worte pro Minute (übliche Lesege-
schwindigkeit zweihundertzwanzig bis zweihundertfünfzig Worte pro
Minute). Durch seine Schmerzen und Krankheiten war er häufig ans
Bett gefesselt und nützte diese Zeiten zu intensivem Lesen.

Die durch den laufenden Neptun ausgelöste 30°-Reihe zu Jupiter und
Merkur ist zu sehen als Hoffnung, Wunsch und Sehnsucht, etwas zu
bewegen. Kennedy mußte im Laufe seiner politischen Arbeit erkennen,
daß man in der Tretmühle des Parlaments nur wenig bewegen kann!

5. Der Mondknoten als Transit

Kennedy hat in seinem Geburtsbild ein Halbquadrat zwischen Mars und
Pluto, eine Konstellation, die später zur Zeit des Attentats ausgelöst
wurde. Wir werden noch darauf zu sprechen kommen.

Der Mondknoten stand im November 1952 im Zeichen Wassermann,
wie die Ephemeride zeigt. Unsere Darstellung Abbildung 87 zeigt uns,
wie er seinerzeit ein Quadrat zu Mars und ein Anderthalbquadrat zu
Pluto bildete. Im Rahmen der 30°-Reihe finden wir Mondknoten mit
Mond und Venus verbunden (Abbildung 88).

217

Was kann es heißen? Ich schlage vor:

Sich progressiven Gruppen (Mondknoten/Wassermann) anschließen wollen. Dabei in der Arbeitsgemeinschaft realistisch zupacken wollen (Mars/Stier) für eine Vielzahl von Menschen und Familien (Pluto/Krebs). Dabei besteht ein starker Wunsch (30°-Reihe), in vorsichtiger Weise (Mond/Jungfrau) vielseitige Sympathien (Venus/Zwillinge) zu gewinnen.

Es bleibt zu erwähnen, daß seinerzeit der Uranus, zwischen 18° 31′ und 17° 58′ Krebs pendelnd, ein Biquintil zum Radixort des Uranus bildete, eine größere Veränderung ankündigend.

6. Der Jupiter als Transit

Der rückläufige Jupiter bewegte sich zwischen 16° 55′ und 13° 09′ Stier und hatte in den Wochen vor der Wahl, also noch während des Wahlkampfes, die Konjunktion zu Mars und Merkur erreicht und kehrte dann nochmals im Frühjahr 1953 an diese Position zurück. Deutung dazu: »Erfolgreich arbeiten, schreiben, sprechen, reden.«

Sie werden aus diesen Beispielen ein Gefühl für die Dynamik eines Geburtsbildes erhalten haben. Das Kosmogramm stellt ein Augenblicksbild im kosmischen Geschehen dar. Zu einem bestimmten Zeitpunkt ergibt sich eine als Ganzes unwiederholbare Konstellation. Es wird mit dem Augenblick der Geburt die »kosmische Prägung« vollzogen. Sie wird immer wieder aktiviert, wenn ein Gestirn auf die Positionen im Augenblick der Geburt stößt oder bestimmte Aspekte dazu bildet. Ich erinnere an den Saturnzyklus sowie an die anderen planetaren Zyklen in bezug auf den individuellen Lebenslauf (vergleiche Seite 78ff).

Wir verlassen jetzt für kurze Zeit das Geburtsbild von John F. Kennedy und kehren zu ihm zurück, wenn wir die Sonnenbogendirektionen mit dem 90°-Arbeitsgerät erarbeiten (vergleiche Seite 235ff). Um ein besonders rationelles Verfahren der Transitbeobachtung festzustellen, wenden wir uns dem Geburtsbild des neuen amerikanischen Präsidenten Bush und der Zeit seiner Wahl im November 1988 zu. Damit werden wir die Gelegenheit ergreifen, die Arbeit mit den *Graphischen 45°-Ephemeriden* zu beginnen.

Kapitel 14

Die Graphischen 45°-Ephemeriden

Wir wollen jetzt ein graphisches Verfahren erarbeiten, das für die Erstellung der Transite besonders rationell ist, die *Graphischen 45°-Ephemeriden*. Diese Ephemeriden wurden erstmals im Jahre 1949 von Reinhold Ebertin entwickelt und vom Ebertin-Verlag herausgegeben. In den letzten vierzig Jahren haben sie sich gut bewährt. Sie erscheinen als jährliche Ausgaben. Von 1970 an wurden die Graphischen Ephemeriden auf Anregung des Verfassers mehrfarbig gestaltet und ergänzt. Ab 1976 begann die Weiterentwicklung in Zusammenarbeit mit Dipl.-Ing. Helmut Kannenberg.

1. Die drei Meßkreise der Kosmobiologie

Wir arbeiten in der Kosmobiologie vorwiegend mit drei Meßsystemen:

1. dem Tierkreis mit 360°;
2. dem 90°-Kreis;
3. der 45°-Skala in den Graphischen Ephemeriden.

Die Arbeit mit dem Tierkreis als einem Meßkreis mit den Positionen von Sonne, Mond, Planeten, Mondknoten, AS und MC, den Zwischenhäusern sowie den neueren Deutungsfaktoren Transpluto, Vesta und Chiron haben wir schon kennengelernt. Wir arbeiteten mit Aspekten und Aspektstrukturen. Die Möglichkeiten der Verfeinerung der kosmobiologischen Diagnostik mit Hilfe der direkten und indirekten Halbsummen und Halbsummenstrukturen haben Sie in den letzten beiden Kapiteln erkennen können. Für die Transite gewannen Sie einen ersten Eindruck, der nun verfestigt werden soll.

Wir müssen uns jetzt wieder einer gewissen Mühe unterziehen, aber ich denke, daß anhand der Abbildungen der Zugang zu den Graphischen Ephemeriden gut gelingt, denn sie geben einen besseren Einblick in

219

das Bewegungsspiel der planetaren Rhythmen, als es die Zahlenkolumnen in den Ephemeridenbänden zeigen. Erinnern wir uns, daß der 90°-Kreis durch die Verteilung des Tierkreises mit je drei Tierkreiszeichen = 90° entsteht und deshalb bestimmte Details des Kosmogramms im Sinne eines Vergrößerungsglases erfaßt werden können.

2. Die Achtteilung des Tierkreises: Graphische 45°-Ephemeride

Die 45°-Skala der *Graphischen 45°-Ephemeriden* entsteht durch die Achtteilung des Tierkreises. Durch dieses komprimierte Bewegungsbild, das dann entsteht, ist es möglich, auf einem Bogen DIN A 4 die Planetenbewegungen während eines Jahres in übersichtlicher Form auf einen Blick zu erfassen. Während im 90°-Kreis alle Konjunktionen, Quadrate, Oppositionen zusammen und die Halb- und Anderthalbquadrate einander gegenüberstehen, fallen auf der 45°-Skala der Graphischen Ephemeriden alle fünf Aspekte, Konjunktion, Quadrat, Opposition, Halb- und Anderthalbquadrat, zusammen. Es entsteht damit ein sehr verdichtetes Bild der planetaren Bewegungen; aber wir werden sehen, daß man damit sehr schnell einen Überblick über die Planeten-Rhythmen gewinnen kann.

Die Graphischen Ephemeriden können verwendet werden, um die Weltkonstellationen des Jahres einschließlich Mondphasen, Sonnen- und Mondfinsternissen zu erfassen; sie können auch individualisiert werden, indem man die Positionen der Deutungsfaktoren eines Geburtsbildes in die Graphischen Ephemeriden in Form von waagrechten Linien einträgt. Wann immer sich dann ein Schnittpunkt zwischen den Planetenbahnen des Jahres und den waagrechten Linien der Deutungsfaktoren ergibt, haben wir einen Transit der 45°-Reihe mit den obengenannten fünf Aspektmöglichkeiten.

Mit anderen Worten: Innerhalb von wenigen Minuten kann man die dreizehn bis sechzehn Linien ziehen, die den Radixpositionen in einem Kosmogramm entsprechen, und dann prüfen, welche Radixpositionen während des Jahres durch die laufenden Gestirne am Himmel angesprochen und ausgelöst werden können.

3. Die Graphische 45°-Ephemeride eines Jahres

Abbildung 89 zeigt eine Graphische 45°-Ephemeride für das Jahr 1988. Im Original finden wir auf Millimeterpapier mit blauem Raster in roter Farbe die Planetenbahnen während des Jahres 1988 eingezeichnet.

Die Langsamläufer wie Neptun und Pluto haben eine sehr flache Kurve. Die Bahn des Uranus ist schon etwas gewölbter, und bei der Saturn- und Jupiterbewegung sehen wir eine noch stärkere Krümmung der Planetenbahnen. Wir sehen aus diesem Vergleich bereits, daß sich die Geschwindigkeit des Planeten in der flacheren oder mehr geschwungenen Kurve abzeichnet. Wenn ein Faktor besonders schnell läuft, was für Sonne, Merkur, Venus, Mars gilt, dann bewegt er sich im Sinne einer steilen Linie.

Der Mondknoten, die kontinuierliche Schnittlinie zwischen der Sonnenbahn und der Mondbahn, ist in der Graphischen Ephemeride als gestrichelte Linie eingetragen. Der Mondknoten ist stets rückläufig.

Auch die Rückläufigkeiten der Planeten sind gut erfaßbar. Die entsprechende Planetenkurve wird erst flacher, der Planet verlangsamt – geozentrisch gesehen – seine Bahn, wird stationär – bleibt also einige Tage bis einige Wochen an einer bestimmten Stelle des Tierkreises »stehen«, läuft zurück, wird wieder stationär, dreht sich wieder in die direkte Laufrichtung.

Beobachten Sie einmal die Bahn des Neptun im Zeichen Steinbock. Das Tierkreiszeichen, in dem sich der Planet befindet, ist stets neben dem Planetensymbol angegeben. Sie sehen dann, wie der Planet Anfang des Jahres direktläufig ist; die Kurve verläuft flach von oben nach unten. Dann wird die Bewegung langsamer, und im April wird der Planet stationär, wandert im Tierkreis wieder ein Stück zurück, bis er im September wieder stationär wird und sich anschließend wieder im Tierkreis weiterbewegt.

Während des Jahres entstehen Kreuzungspunkte zwischen den Bahnen der Gestirne. Ende Juni sehen Sie zum Beispiel einen Schnittpunkt zwischen der Jupiter- und der Neptunbahn. Beide Planeten müssen zu dieser Zeit einen der oben genannten fünf Aspekte miteinander bilden. In diesem Fall handelt es sich um ein Anderthalbquadrat vom Zeichen Steinbock zum Zeichen Stier.

Sehr deutlich ist im unteren Teil der Ephemeride zu sehen, wie Saturn

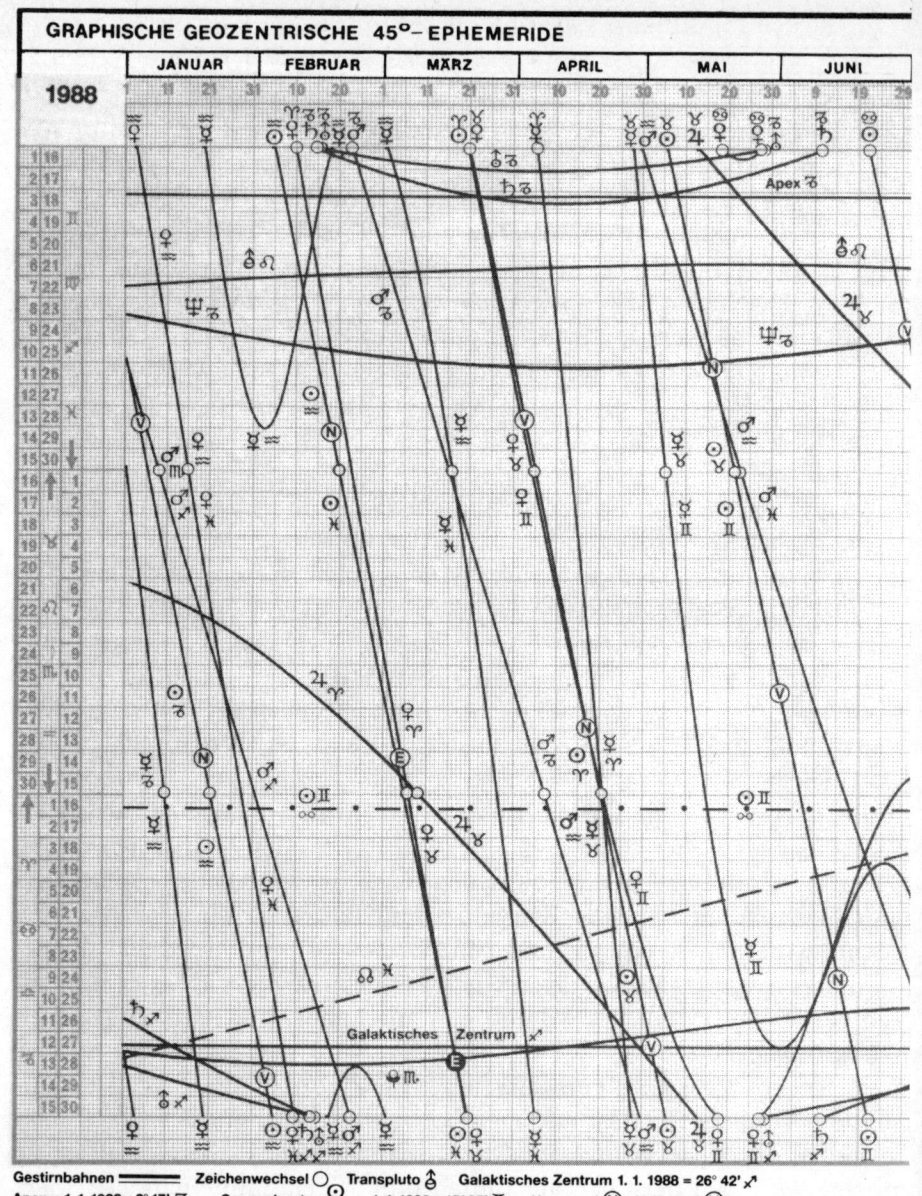

GRAPHISCHE GEOZENTRISCHE 45°– EPHEMERIDE

Gestirnbahnen ━━━━ Zeichenwechsel ⊙ Transpluto ⚷ Galaktisches Zentrum 1. 1. 1988 = 26° 42' ♐
Apex = 1. 1. 1988 = 2° 17' ♑   Sonnenknoten ☊   1. 1. 1988 = 15° 35' ♊   Neumond Ⓝ Vollmond Ⓥ
Sonnenfinsternis Ⓔ Mondfinsternis Ⓔ

Abb. 89

JULI	AUGUST	SEPTEMBER	OKTOBER	NOVEMBER	DEZEMBER

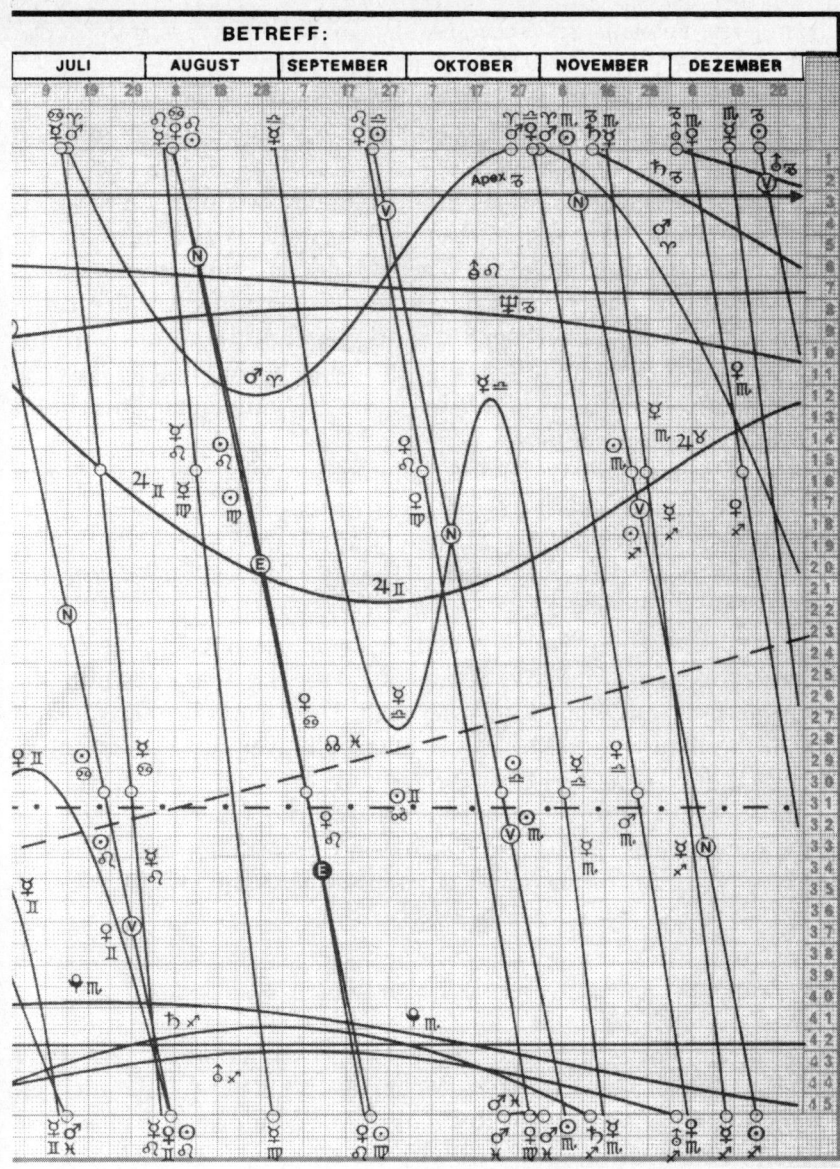

und Uranus im Februar 1988 zueinander in Konjunktion traten. Die beiden Planeten begegneten sich im Zeichen Schütze.

Eine Wiederholung dieser Weltkonstellation Saturn Konjunktion Uranus finden wir zwischen Ende Juni und Anfang Juli und nochmals im Oktober 1988.

Warum stürzten sie eigentlich nicht aufeinander, wenn sie an der gleichen Stelle im Tierkreis standen? Der beruhigende Grund liegt darin, daß sie zwar die gleiche Länge im Tierkreis haben, mit der normalerweise gearbeitet wird, aber nicht die gleiche Entfernung von der Erde. Wer schon etwas fortgeschrittener ist, wird jedoch anhand des von uns verwendeten Ephemeridenbandes feststellen, daß beide Planeten fast die gleiche südliche Deklination, nämlich 22° bis 23° aufwiesen, ihre Bahn also südlich des Himmelsäquators zogen.

Mit Deklinationen wird in der Kosmobiologie auch gearbeitet; es gibt dafür Literatur und *Graphische Deklinations-Ephemeriden* im Ebertin Verlag (108). Verwiesen werden darf auch auf das mit praktischen Beispielen versehene Buch von Reinhold Ebertin über die *Deklinationsparallelen im Geburtsbild* (109)

Wenn Sie sich auf der Graphischen Ephemeride noch etwas weiter informieren wollen, werden Sie feststellen, daß alle Planeten und die Sonne darin erfaßt sind, der Mond aber fehlt. Der Grund liegt darin, daß die schnelle Bewegung des Mondes – innerhalb von rund zwei Tagen bewegt er sich durch ein Tierkreiszeichen – bei Einzeichnung einen verwirrenden »Schnittmusterbogen« ergeben und die Übersicht über das Ganze verlorengehen würde. Aber Neumond und Vollmond sowie die Sonnen- und Mondfinsternisse sind auf der Sonnenbahn erfaßt.

4. Die 45°-Skala

Die 45°-Skala entsteht durch die Achtteilung des Tierkreises. Während beim 90°-Kreis gleichsam alle 90° ein neuer Kreis entsteht, haben wir im 45°-System alle 45° einen neuen Rechenkreis beziehungsweise eine neue Rechenskala. Das mag zunächst verwirrend klingen, wirkt sich aber in der praktischen Arbeit optimal aus.

So finden wir die ersten 45° von 0° Widder bis 15° Stier, die zweiten von 15° Stier bis 30° Zwillinge = 0° Krebs. Wir setzen dann fort von 0° Krebs bis 15° Löwe, von 15° Löwe bis 0° Waage. Es folgen dann die

Wir haben im 45°-System immer entweder ein Tierkreiszeichen und ein halbes oder ein halbes Tierkreiszeichen und ein ganzes, also:

Erstes Achtel:	0° Widder	−30° Widder*	= 1 Tierkreiszeichen
	0° Stier	−15° Stier	= ½ Tierkreiszeichen
Zweites Achtel:	15° Stier	−30° Stier	= ½ Tierkreiszeichen
	0° Zwillinge	−30° Zwillinge	= 1 Tierkreiszeichen
Drittes Achtel:	0° Krebs	−30° Krebs	= 1 Tierkreiszeichen
	0° Löwe	−15° Löwe	= ½ Tierkreiszeichen
Viertes Achtel:	15° Löwe	−30° Löwe	= ½ Tierkreiszeichen
	0° Jungfrau	−30° Jungfrau	= 1 Tierkreiszeichen
Fünftes Achtel:	0° Waage	−30° Waage	= 1 Tierkreiszeichen
	0° Skorpion	−15° Skorpion	= ½ Tierkreiszeichen
Sechstes Achtel:	15° Skorpion	−30° Skorpion	= ½ Tierkreiszeichen
	0° Schütze	−30° Schütze	= 1 Tierkreiszeichen
Siebentes Achtel:	0° Steinbock	−30° Steinbock	= 1 Tierkreiszeichen
	0° Wasser-mann	−15° Wasser-mann	= ½ Tierkreiszeichen
Achtes Achtel:	15° Wasser-mann	−30° Wasser-mann	= ½ Tierkreiszeichen
	0° Fische	−30° Fische	= 1 Tierkreiszeichen

* 30° des einen und 0° des folgenden Zeichens sind miteinander identisch. Die Schreibweise wurde gewählt, um das jeweils ganze beziehungsweise halbe Tierkreiszeichen zu zeigen.

nächsten 45° von 0° Waage bis 15° Skorpion, von da bis 0° Steinbock, zuletzt 15° Wassermann bis 0° Widder. Auf der linken Seite der 45°-Ephemeride befinden sich drei Skalen: 0°–30° in der ersten Skala; 15°–30° und wieder 1°–15° in der zweiten Skala; in der dritten Skala haben wir 1°–30°. Wir verdeutlichen uns das Ganze aus der obigen Übersicht.

5. Wie die Graphische 45°-Ephemeride individualisiert wird

Wir wollen in die Funktion der Graphischen 45°-Ephemeride noch etwas mehr Einblick gewinnen. Wir verwenden deshalb das Geburtsbild des neuen amerikanischen Präsidenten George Bush, das in Abbildung 90 gezeigt ist, und übertragen die Positionen seines Kosmogramms in das 45°-System.

Damit Sie die Zusammenhänge zwischen Tierkreis, 90°-Kreis und 45°-Skala nachvollziehen können, werden in der Tabelle auf Seite 228 die drei Meßkreise nebeneinander gestellt. Danach wird gezeigt, wie die Eintragung in die Graphische 45°-Ephemeride erfolgt und was man daraus an Einsichten gewinnen kann.

Was bei der Skalierung der 45°-Ephemeride zunächst kompliziert aussieht, wird bei genauerem Hinsehen schnell übersichtlich. Dazu einige weitere Überlegungen:

1. Die erste Skala gilt für die Eintragung von Positionen aus den vier Kardinalzeichen* Widder, Krebs, Waage, Steinbock.
2. Die zweite Skala gilt für die Eintragung von Positionen aus den vier fixen Zeichen* Stier, Löwe, Skorpion, Wassermann.
3. Die dritte Skala gilt für die Eintragung von Positionen aus den vier beweglichen Zeichen* Zwillinge, Jungfrau, Schütze, Fische.

Die Praxis zeigt, daß man sich das 45°-System gut einprägen kann. Die Mühe der Einarbeitung lohnt sich, denn man spart sich damit erheblich Zeit ein. Mit Hilfe der Übertragung der Kosmogramm-Positionen in die Graphische 45°-Ephemeride erreichen wir, daß wir auf einen Blick die wichtigsten Transite des Jahres 1988 erfassen können. Wir wollen uns an dieser Stelle auf die zweite Jahreshälfte 1988 konzentrieren (Abbildung 91).

Beachten Sie die Jupiterbahn. Jupiter hatte bereits Anfang Juli die Linien für Mars, Pluto und Mondknoten geschnitten; anschließend überschritt er die Radixlinien von MC, Merkur, Vesta, Venus, AS und Mond. Im September 1988 wurde Jupiter rückläufig und erreichte bis zur Präsi-

---

* Wir arbeiten mit diesen Begriffen der traditionellen Astrologie hier nicht, weil wir vor allem die Tierkreisqualität als solche erarbeiten.

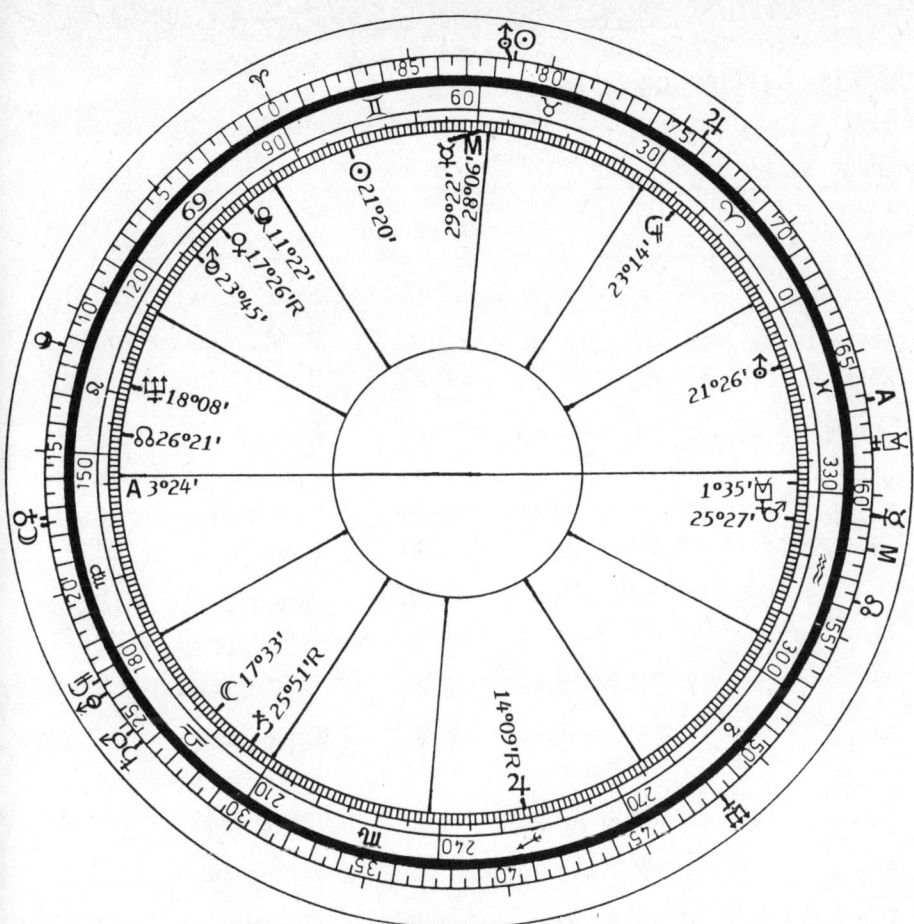

Abb. 90 George Bush, geb. am 12. Juni 1924, 11:05 Uhr ostamerikanischer
Sommerzeit (= 15:05 Uhr GMT) in Milton (Mass.)
42°16′ n.Br.; 71°04′ w.L.

dentenwahl die Positionen von AS und Mond; nach der Wahl wurden
wieder die Radixlinien von Venus, Vesta, Merkur und MC gekreuzt. Der
transitäre Jupiter bewegte sich in eine Aspektstruktur des Geburtsbildes
hinein, (siehe Abbildung 92, Seite 230) aufgezeichnet. Insgesamt war
das eine Jupiterphase, unter der George Bush zunehmend Sympathien
gewann, nachdem er ein halbes Jahr vor der Wahl noch als spröde,
unterkühlt und nicht charismatisch galt.

Beispiel: US-Präsident George Bush, geboren am 12. Juni 1924, 11.05 Uhr ostamerikanischer Sommerzeit, Milton/Massachusetts, 71° 04′ westl. Länge, 42° 16′ nördl. Breite.

Tierkreis		90°-Kreis		45°-Skala
Chiron	23° 14′ Widder	23° 15′	Erste Skala	23° 15′
MC	28° 06′ Stier	58° 06′	Zweite Skala	28° 06′
Merkur	29° 22′ Stier	59° 22′	Zweite Skala	29° 22′
Sonne	21° 20′ Zwillinge	81° 20′	Dritte Skala	21° 20′
Pluto	11° 22′ Krebs	11° 22′	Erste Skala	11° 22′
Venus	17° 26′ Krebs R	17° 26′	Erste Skala	17° 26′
Transpluto	23° 45′ Krebs	23° 45′	Erste Skala	23° 45′
Neptun	18° 08′ Löwe	48° 08′	Zweite Skala	18° 08′
Mondknoten	26° 21′ Löwe	56° 21′	Zweite Skala	26° 21′
AS	3° 24′ Jungfrau	63° 24′	Dritte Skala	3° 24′
Mond	17° 33′ Waage	17° 33′	Erste Skala	17° 33′
Saturn	25° 51′ Waage R	25° 51′	Erste Skala	25° 51′
Jupiter	14° 09′ Schütze R	74° 09′	Dritte Skala	14° 09′
Mars	25° 27′ Wasserm.	55° 27′	Zweite Skala	25° 27′
Vesta	1° 35′ Fische	61° 35′	Dritte Skala	1° 35′
Uranus	21° 26′ Fische	81° 26′	Dritte Skala	21° 26′

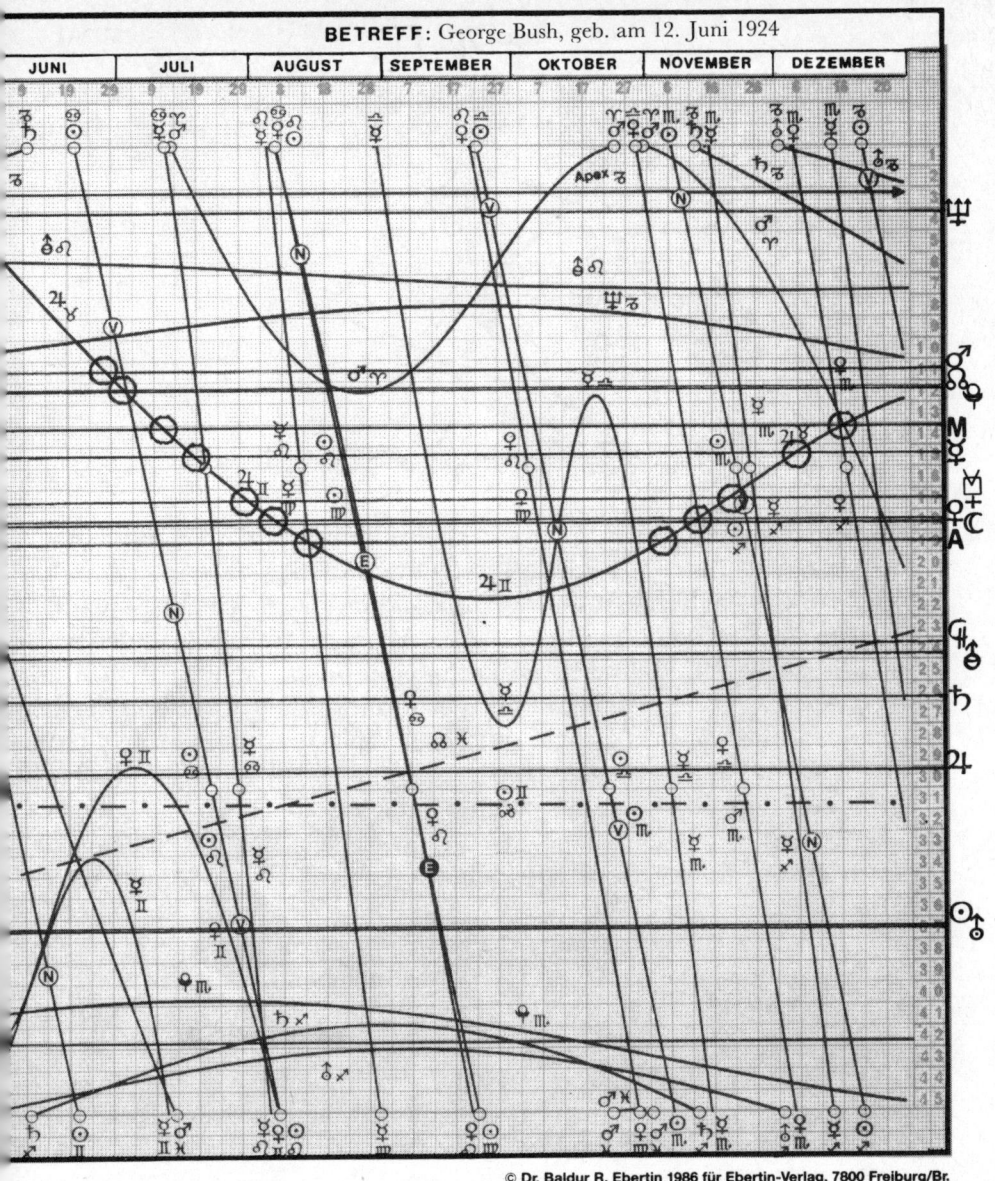

BETREFF: George Bush, geb. am 12. Juni 1924

Abb. 91

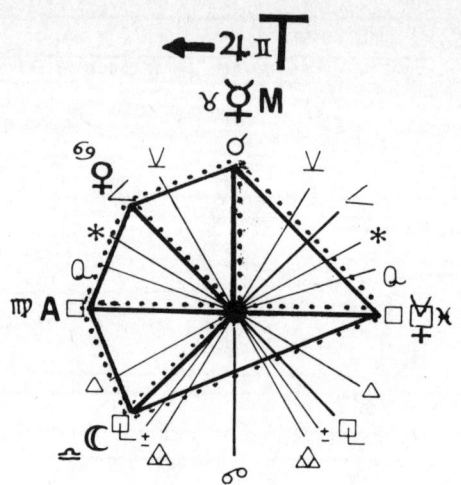

Abb. 92

Thema Charisma: Wenn man die Halbsummenstrukturen prüft, stellt man fest, daß zu der Zeit, als Jupiter in Zwillinge als transitierender Faktor in das Anderthalbquadrat zu Mond in Waage, das Halbquadrat zu Venus in Krebs und das Quadrat zu AS in Jungfrau gekommen war, er auch die beiden Halbsummen Pluto/Transpluto wie auch Pluto/Chiron ansprach. Diese beiden Halbsummen dürften mit Charisma zu tun haben und mit bewirkt haben, daß die Popularität des ursprünglichen Vizepräsidenten immer mehr anstieg und ihm zum Wahlsieg verhalf.

Wenn Sie die Bewegung des Neptun auf der graphischen 45°-Epheme-ride für 1988 verfolgen, können Sie sich vorstellen, daß dieser Planet in den nächsten Jahren die Radixlinien von Mars, Pluto, Mondknoten, MC, Merkur, Vesta, Venus, AS und Mond überschreitet (Abbildung 91). Für einen Politiker ist das eine weniger günstige planetare Phase, weil durch den laufenden Neptun zunehmend Phasen der Schwäche, der Enttäuschung, der Hintergehung und Anfeindung angezeigt werden können. Man denke nur an die Probleme, die der gerade gewählte Präsident Bush mit dem von ihm ausgewählten Verteidigungsminister Tower hatte, von dem er sich am 9. März 1989 auf Druck des Streitkräfteausschusses trennen mußte.

Die auf Präsident Bush zukommenden Schwierigkeiten werden leichter nachvollziehbar, wenn man an Äußerungen des früheren Präsidenten John F. Kennedy über das amerikanische Repräsentantenhaus denkt. Da ist in der schon zitierten Kennedy-Biographie (110) zu lesen:

»Kennedy war für die Parlamentarier, aus deren Reihen er aufgestiegen war, kein Götterliebling. Hier erlebte er mehr Niederlagen als Erfolge. Er stieß ständig an die Grenzen seiner Macht. Nachdem man ihn als Reformer der amerikanischen Gesellschaft gewählt hatte, verweigerte man ihm die Mittel, das zu tun, wozu er sich berufen fühlte, um Amerika ›wieder in Schwung zu bringen‹ – seiner Wahlparole entsprechend. Keines der großen Reformgesetze, die die soziale und kulturelle Qualität der Überflußgesellschaft verbessern sollten, konnte der Präsident durch den Kongreß bringen. Er hat selbst zugegeben, daß er zwar eine Mehrheit seiner Partei im Kongreß habe, aber keine arbeitsfähige. In der Universitätszeitschrift *Virginia Quarterly* war der eigentlich ungeheuerliche Satz zu lesen: ›Der Machtkampf des Präsidenten mit dem Kongreß steht seinem Kampf draußen mit den kommunistischen Führern in nichts nach; dabei steht der Kongreß unter der Kontrolle der Demokraten!‹«

Sollten sich die politischen Kräfte in der amerikanischen Regierung seit Kennedys Zeiten wesentlich geändert haben? Auf jeden Fall muß man annehmen, daß die Präsidentschaft von George Bush »kein Honiglecken« ist und er in den nächsten Jahren erhebliche Schwierigkeiten mit Senat und Repräsentantenhaus bekommen wird. Intrigen sind nicht ausgeschlossen, um ihm das Regieren zu erschweren. Dabei hat das amerikanische Volk mit hoher Wahrscheinlichkeit einen Mann gewählt, der das Zeug dazu hat, ein qualifizierter Präsident zu werden. Die Autobiographie von George Bush, die unter dem Titel *Blick nach vorn* (111) erschien, läßt den Autor als einen kompetenten Mann erscheinen, der sich auch als qualifizierter Geschäftsmann in der Ölindustrie zu behaupten verstand, bevor er ab 1964 eine politische Laufbahn einschlug.

Zurück zu den Graphischen 45°-Ephemeriden. Der Umgang mit ihnen muß etwas geübt werden, bis man damit eine gewisse Sicherheit gewonnen hat. Dann hat man aber ein kosmobiologisches Instrument in der Hand, mit dem man ganzheitlich und doch zeitsparend tätig sein kann. Im Rahmen dieses »ABC« können hier nur Andeutungen gegeben werden. Wer weitere Erfahrungen mit den Graphischen Ephemeriden gewinnen will, sei auf das Buch von Reinhold Ebertin mit dem Titel *Das Jahresdiagramm als Lebenshilfe* (112) aufmerksam gemacht.

Die Sonnenbogendirektionen

Die prognostische Arbeit und damit die Frage nach Entwicklungsphasen, Krisenzeiten, Hoch- und Tiefpunkten der Vitalität, der Leistungsfähigkeit und Kontaktbereitschaft ergibt sich aus der Dynamisierung des Kosmogramms.

Wir sprachen schon davon, daß das Kosmogramm ein Augenblicksbild der kontinuierlichen kosmischen Bewegung darstellt: Da gibt es zu einem bestimmten Zeitpunkt an einem bestimmten Ort auf der Erde ein Ereignis, eine Geburt, den Stapellauf eines Schiffes, die Unterschrift unter einen Vertrag, einen Hauskauf, eine Eheschließung. Für solche Zeitpunkte kann man die planetaren Positionen errechnen und in ein Tierkreisformular eintragen. Aus diesem Augenblicksbild – dem Horoskop, der Stundenschau – ergeben sich Rückschlüsse auf die Qualität des Augenblicks.

Wir arbeiten in der Kosmobiologie meist mit drei Zeitschlüsseln:

1. Transite (von transitus, lateinisch = der Übergang);
2. Sonnenbogendirektionen;
3. Progressionen.

Diese drei Zeitschlüssel müssen deutungsmäßig voneinander unterschieden werden (113):

1. »Ein transitierender Faktor in Relation zu den Radixfaktoren deutet das Geschehen der Stunden, der Tage, Wochen und Monate des Jahres an.«

2. »Die Sonnenbogendirektionen zeigen den Ablauf des einzelnen Jahres mit seinen wechselnden Bedeutungen, Sinngebungen, Akzenten.«

3. »Die Progressionen zeigen die sehr lange laufenden Entwicklungsprozesse an, die sich über mehrere Jahre bis Jahrzehnte hinziehen kön-

nen.« Man denke beispielsweise an chronische Erkrankungen, die sich im Laufe vieler Jahre entwickeln können.

Bei allen drei prognostischen Methoden spielen außer den Aspekten, die sich zwischen den bewegten und den Radixfaktoren bilden, auch die Zeichenwechsel und die Übergänge über die Häuserspitzen eine qualitative Rolle.

Bei den Transiten werden die natürlichen Bewegungen der Gestirne, des Aszendenten, Medium Coeli und des Mondknotens in Beziehung gesetzt zu den Radixpositionen eines Geburtsbildes. Das haben wir in den letzten Kapiteln mehrfach getan. Es dienten uns dazu die Geburtsbilder von Einstein, Schweitzer, Freud, Kennedy und Bush.

Die Sonnenbogendirektionen sind aus dem Entsprechungsdenken entstanden. So wie gern die Entsprechung »wie oben, so unten«, »Makrokosmos und Mikrokosmos« verwendet wird, so gibt es die Entsprechung: ein Tag entspricht einem Jahr beziehungsweise eine Tagesbewegung der Sonne entspricht einer Jahresbewegung der Sonne. Diese Entsprechung, die sich an der Sonnenbewegung orientiert, wird bei den Sonnenbogendirektionen auf jeden Faktor des Geburtsbildes übertragen. Deshalb gilt der Schlüssel:

Der Tageslauf der Sonne entspricht dem Jahreslauf aller Deutungsfaktoren im Geburtsbild.
Die nun nach dieser Entsprechung »vorgeschobenen« Positionen von Sonne, Mond, Planeten und so weiter werden zu den Radixpositionen in Aspektbeziehungen gesetzt.
Der Sonnenbogen differiert je nach Jahreszeit der Geburt, beträgt aber jeweils $\pm$ 1° pro Jahr.

Ist jemand beispielsweise fünf Jahre alt, dann beträgt der Sonnenbogen für das fünfte Lebensjahr rund 5°; ist er zwanzig Jahre alt, beträgt er zwischen 19½ und 20½ Jahren und so weiter. Die Arbeit mit den Sonnenbogendirektionen ist erfahrungsgemäß sehr fruchtbar, vor allem dann, wenn man an die entwicklungspsychologischen Abläufe des Lebens denkt. Deshalb werden wir uns damit ausführlicher beschäftigen.

233

Für die Progressionen gilt: Eine individuelle Tagesbewegung jedes Deutungsfaktors des Kosmogramms entspricht einer individuellen Jahresbewegung jedes Deutungsfaktors. Und diese Tagesbewegung = Jahresbewegung wird zu den Radixfaktoren in Aspektbeziehungen gesetzt. Die Progressionen gehören zum Programm der Kosmobiologie, werden aber in dieser einführenden Arbeit in die Kosmobiologie nicht verwendet, weil das den Rahmen sprengen würde; dagegen werden wir uns ausführlicher mit den Sonnenbogendirektionen befassen, weil sie sich besonders gut für die praktische Arbeit mit Tierkreis und 90°-Kreis eignen, vor allem, wenn man die sogenannte Zwei-Scheiben-Technik wählt.

Weil die Sonnenbogendirektionen sich sehr gut mit den Ergebnissen der Entwicklungspsychologie kombinieren lassen, bieten sie sich deshalb vor allem für die psychologisch und tiefenpsychologisch orientierte beratende Kosmobiologie an. Als Beispiel, dies zu erläutern, wenden wir uns nochmals dem Geburtsbild des ermordeten amerikanischen Präsidenten John F. Kennedy zu und werden dann ein gutes Entrée in den sinnvollen Umgang mit den Sonnenbogendirektionen gewinnen.

Kapitel 16

Die Sonnenbogendirektionen und das Leben John F. Kennedys

Wir haben im vorigen Kapitel besprochen, daß bei den Sonnenbogen-direktionen der Zeitschlüssel gilt:

Eine Tagesbewegung der Sonne entspricht einer Jahresbewegung aller Deutungsfaktoren.

In der Praxis bedeutet dies, daß für jedes Lebensjahr die um den Sonnen-bogen vorgeschobenen Deutungsfaktoren des Geburtsbildes um rund 1° des Tierkreises weiterbewegt werden. Man untersucht dann, ob die um den Sonnenbogen vorgeschobenen Positionen Aspekte zu den Radixfak-toren bilden. Bevor wir eine genaue Ausrechnung vornehmen, werden wir zuerst wieder unsere Augen auf diese Prognosemethode einstellen. Wir fangen mit einfachen und sofort ersichtlichen Beispielen an:

Der Mars steht in Kennedys Kosmogramm auf 18° 26′ Stier. Zwei Jahre später würde der um den Sonnenbogen = rund 2° vorgeschobene Mars die Position des Merkur erreicht haben, und wir könnten schrei-ben:

Mars s (um den Sonnenbogen vorgeschoben) -0- Merkur

Im Alter von ungefähr viereinhalb Jahren haben wir dann

Mars s -0- Jupiter,

und mit zwanzig Jahren finden wir

Mars s -0- Sonne.

Wenn wir den Lauf des Mars entsprechend den Sonnenbogendirektionen weiterverfolgen, können wir feststellen, daß mit ungefähr achtundzwan-zig Jahren – entsprechend 28° Differenz – der Mars die Konjunktion zur Venus im Zeichen Zwillinge erreichte.

Nehmen wir einige andere Beispiele: Jupiter s -90- MC während des ersten halben Lebensjahres, mit vier Jahren Jupiter s -90- Saturn, mit neun bis zehn Jahren -60-Neptun. Uranus stand mit rund vierundzwanzig Jahren in der Opposition zu Mond, und mit rund dreißig Jahren hatte Kennedy -60- Jupiter und -150- MC.

Damit wird, denke ich, das einfache Prinzip der Sonnenbogendirektionen verstanden sein. Deshalb jetzt einige Berechnungsbeispiele, damit später die Sonnenbogendirektionen auch schnell ausgerechnet werden können.

Wir stellen uns drei Aufgaben: Wir errechnen die exakten Sonnenbögen für die Jahre 1953, 1960 und 1963. Die Sonnenbögen werden stets für den Geburtstag des entsprechenden Jahres berechnet. Will man die Sonnenbögen für ein Ereignis finden, dann muß man für die einzelnen Monate – vor oder nach dem Geburtstag – eine Korrektur vornehmen. Sie beträgt pro Monat 5'. Haben wir zum Beispiel ein Ereignis einen Monat vor dem Geburtstag, dann sind vom Sonnenbogen 5' abzuziehen; liegt das Ereignis drei Monate später, dann sind 15' zu addieren.

Die Berechnung der Sonnenbögen am Beispiel »Kennedy«

John F. Kennedy wurde am 29. Mai 1917 in Brookline/Massachusetts, 15 Uhr ostamerikanischer Zeit (EST), geboren.

	1953: das 36. Lebensjahr.
Geburtstag	29. Mai 1917
entsprechend 36. Lebensjahr	+ 36 Tage
	= 65. Mai 1917
vom »65. Mai« 31 Tage für den Mai −	= 31
	= 34. Juni 1917
vom »34. Juni« 30 Tage für den Juni −	= 30
	4. Juli 1917
Sonnenstand* am 4. Juli 1917	= 11° 25' 57" Krebs
(von 0° Zwillinge aus gerechnet 41° 25' 57")	
Sonnenstand am 29. Mai 1917 −	= 7° 02' 39" Zwillinge
Sonnenbogen für das 36. Lebensjahr	= 34° 23' 18"
abgerundet	= 34° 23'

Zuerst müssen wir wissen, welcher Tag nach der Geburt dem Alter entspricht, für das die Sonnenbogendirektionen berechnet werden sollen. Dann ergibt die Differenz zwischen den beiden Tagen den gesuchten Sonnenbogen für das zu bearbeitende Lebensjahr. Im obigen Fall gilt, daß der Sonnenbogen geringer ist, als es der Anzahl der Jahre entspricht. Hierzu der Hinweis, daß für Geburten nach dem Frühlingsanfang der Sonnenbogen geringer als 1°, für Geburten nach dem Herbstanfang größer als 1° ist. Nun nehmen wir die nächsten Berechnungen vor:

	1960: das 43. Lebensjahr
Geburtstag	29. Mai 1917
entsprechend 43. Lebensjahr	+ 43 Tage
	= 72. Mai 1917
Abgezogen 31 Tage für Mai, 30 Tage für Juni	= 11. Juli 1917
Sonnenstand* am 11. Juli 1917	= 18° 06′ 15″ Krebs

48° 06′ 15″
Sonnenstand am 29. Mai 1917	− = 7° 02′ 39″ Zwillinge
Sonnenbogen für das 43. Lebensjahr	= 41° 03′ 36″
aufgerundet	= 41° 04′

1963: das 46. Lebensjahr

Abgekürztes Verfahren: 11. Juli 1917 für das 43. Lebensjahr bedeutet 14. Juli 1917 für das 46. Lebensjahr.

Sonnenstand* am 14. Juli 1917	= 20° 57′ 55″ Krebs
(50° 57′ 55′H)	
Sonnenstand am 29. Mai 1917	− = 7° 02′ 39″ Zwillinge
Sonnenbogen für das 46. Lebensjahr	= 43° 55′ 16″
abgerundet	= 43° 55′

Streng genommen müßte nun zu jedem Radixfaktor der jeweilige Sonnenbogen für das zu bearbeitende Jahr addiert werden. Das ist ein auf-

* Der Sonnenstand wird direkt aus der Ephemeride übernommen. Das ergibt den gleichen Wert für den Sonnenbogen, als wenn man für die ganzen Berechnungen zum Sonnenbogen die Tageszeit der Geburtsstunde genommen hätte. Das gewählte Rechenverfahren geht schneller und bringt gleiche Werte.

wendiges Verfahren, das nur notwendig ist, wenn in den einzelnen Jahren eine Reihe Sonnenbogendirektionen fällig werden. Sinnvoller und rationeller ist es dagegen, mit dem 90°-Arbeitsgerät zu arbeiten, denn damit gewinnt man die für die einzelnen Jahre fälligen Sonnenbogendirektionen gleichsam mit einem Blick und einem Griff. Sie werden deshalb jetzt mit zwei Methoden vertraut gemacht, der Einscheibenmethode und der Zweischeibenmethode.

Kapitel 17

Arbeitstechniken mit dem 90°-Arbeitsgerät

Wir verwendeten im letzten Kapitel die Begriffe Einscheibentechnik und Zweischeibentechnik für das 90°-Arbeitsgerät. Was hat es damit auf sich?

1. Die Einscheibentechnik

Betrachten Sie das Kosmogramm Kennedys. Sie finden innen im Formular die Eintragungen im Tierkreis und außen im 90°-Kreis (Abbildung 82, Seite 212).

Vergegenwärtigen Sie sich bitte noch einmal die im Kapitel 16 gegebenen einfachen Beispiele der Sonnenbogendirektionen für die ersten Lebensjahre Kennedys. Dann betrachten Sie im 90°-Kreis unten zwischen 45° und 55° die Planeten Mars, Merkur, Jupiter und Uranus. Diese vier Gestirne stehen im 90°-Kreis eng beisammen; wir können deshalb darauf schließen, daß sie im Tierkreis entweder eine Konjunktion, ein Quadrat oder eine Opposition zueinander bilden. Der Blick in den Tierkreis zeigt uns, daß tatsächlich Mars und Merkur sowie Merkur und Jupiter miteinander eine Konjunktion bilden, während zwischen Merkur und Jupiter einerseits und dem Uranus andererseits ein Quadrat besteht.

Auf die Sonnenbogendirektionen angewandt heißt das – den Abständen zwischen den Planeten entsprechend –, daß Mars sich um das zweite Lebensjahr auf den Merkur, um das fünfte auf den Jupiter, um das sechste auf den Uranus zubewegt hätte. Nehmen wir die Entfernungen etwas größer, dann können wir feststellen, daß Mars s (um den Sonnenbogen vorgeschoben) um das zwanzigste Lebensjahr die Sonne, um das achtundzwanzigste beziehungsweise neunundzwanzigste Jahr Venus und Mond erreichte.

Gehen wir jetzt auf die andere Seite des 90°-Kreises. Wir sehen dann zwischen 32° und 33° den Neptun stehen und können darauf schließen, daß um das sechzehnte Lebensjahr der um den Sonnenbogen vorgeschobene Neptun den Mars erreichte. Bei rund 27° finden wir den Saturn.

Seine direktionale Bewegung erreichte den Mars um das einundzwanzigste bis zweiundzwanzigste Lebensjahr.

Sie sehen, so schnell kann man mit der Einscheibenmethode die Sonnenbogendirektionen erfassen und zu entsprechenden Lebensschicksalen in Beziehung setzen.

So würde Mars s = Merkur = Jupiter = Uranus (als vereinfachte Schreibweise) bedeuten, daß die Willensantriebe (Mars) auf Denken, Verstand, Intelligenz, Lesen und Schreiben eingestellt sind, wenn der Merkur erreicht wird; starke Antriebe nach Expansion und Erfolgserlebnissen auftreten, wenn Mars den Jupiter erreicht und überschießende Kräfte, auch im Sinne der Unfallgefahr, entstehen, wenn der Mars s das uranische Element aktiviert. Bezogen auf die Kindheit Kennedys würde das heißen, daß schon sehr früh starke Energien zur geistig-intellektuellen Reifung frei wurden.

Wenn dann die Saturn- und Neptundirektionen fällig wurden, mußte mit Phasen der Schwäche, Entwicklungsverzögerung oder auch Krankheit gerechnet werden.

Hiermit wollen wir den Einstieg in die Einscheibenmethode beenden und uns der Zweischeibenmethode zuwenden, die vor allem dann angebracht ist, wenn man alle Sonnenbogendirektionen eines Jahres erkennen und erarbeiten will.

Beachten Sie bitte, daß Sie im 90°-Kreis nicht feststellen können, um welchen Winkel zwischen vorgeschobenen Positionen und Radixpositionen es sich handelt. Wenn Sie herausfinden wollen, was für ein Aspekt zwischen vorgeschobenem und Radixfaktor entstanden ist, dann müssen Sie durch die durchsichtige Rechenscheibe auf den Tierkreis schauen und aus den tatsächlichen Positionen den Aspekt erkennen. Sie sehen daraus, daß eine ständige Kombination zwischen Tierkreis und 90°-Kreis notwendig ist.

In der kosmobiologischen Arbeit wurden die Aspektqualitäten bis in die siebziger Jahre hinein vernachlässigt. Ich vertrete jedoch den Standpunkt, daß man auf diese Qualitäten, die ähnlich wichtig sind wie die Tierkreiszeichenbesetzung, nicht verzichten sollte. Aus dem Deutungsteil werden Sie inzwischen ersehen haben, daß es ein Unterschied ist, ob in einem Kosmogramm der Merkur oder ein sonstiges Gestirn im Zeichen Widder, Zwillinge oder Jungfrau und so weiter stehen.

2. Die Zweischeibentechnik

Die Zweischeibentechnik erlaubt es, gleichsam »im Handumdrehen« beliebige Sonnenbögen beziehungsweise Lebensjahre einzustellen. In der Praxis sieht das so aus, daß man mit zwei Papierscheiben arbeitet. Am besten arbeiten Sie mit dem Formular K2, das in roter Farbe und einer Lochung im Zentrum geliefert wird. Die Formulare K2 und K3d haben um den Tierkreis zwei 90°-Kreise. Mit dem inneren 90°-Kreis haben wir bis jetzt gearbeitet; jetzt kommt der äußere 90°-Kreis hinzu. Wer mit der Zweischeibentechnik arbeitet, schneidet zwei Formulare K2 mit der Schere aus. Zuvor müssen folgende Arbeiten ausgeführt worden sein:

1. Eintragung der Positionen von Sonne, Mond, Planeten, Mondknoten, AS, MC, Zwischenfelder und so weiter im Tierkreis.
2. Übertragung der Tierkreispositionen in den inneren 90°-Kreis.
3. Identische Übertragung der Tierkreispositionen in den äußeren 90°-Kreis des zweiten Tierkreisformulars.

Das Ganze sieht so aus, wie wir es auf den Abbildungen 93a und 93b sehen. Diese beiden Papierscheiben werden auf das 90°-Arbeitsgerät aufgelegt – die größere Papierscheibe unter die kleinere –; dann wird die kombinierte 360°/90°-Rechenscheibe darüber gelegt und festgeschraubt. Da ich nicht davon ausgehen kann, daß Sie schon ein 90°-Arbeitsgerät haben, wählen wir für unsere Zwecke ein Verfahren, das uns im Rahmen des Buches die Ergebnisse der oben geschilderten Vorbereitungen liefert.

Auf den Abbildungen 94, 95 und 96 sehen Sie das Kosmogramm von John F. Kennedy mit zwei 90°-Kreisen. Der innere 90°-Kreis zeigt die Radixpositionen. Er steht auf dem Nullpunkt des Gerätes beziehungsweise des Formulars. Der äußere 90°-Kreis ist um den Sonnenbogen für das 36., 43. und 46. Lebensjahr vorgeschoben. Diese Positionen müssen mit der Zweischeibentechnik eingenommen sein, wenn die Sonnenbogendirektionen für diese drei Jahre erarbeitet werden sollen. Der äußere 90°-Kreis ist um den Wert des dem Lebensjahr entsprechenden Sonnenbogens nach links verschoben. Die um den Sonnenbogen vorgeschobenen Positionen können zu den Radixpositionen in Beziehung gesetzt werden.

Wir werden uns mit den Sonnenbogendirektionen für die genannten drei Jahre beschäftigen und auch eine Interpretation vornehmen.

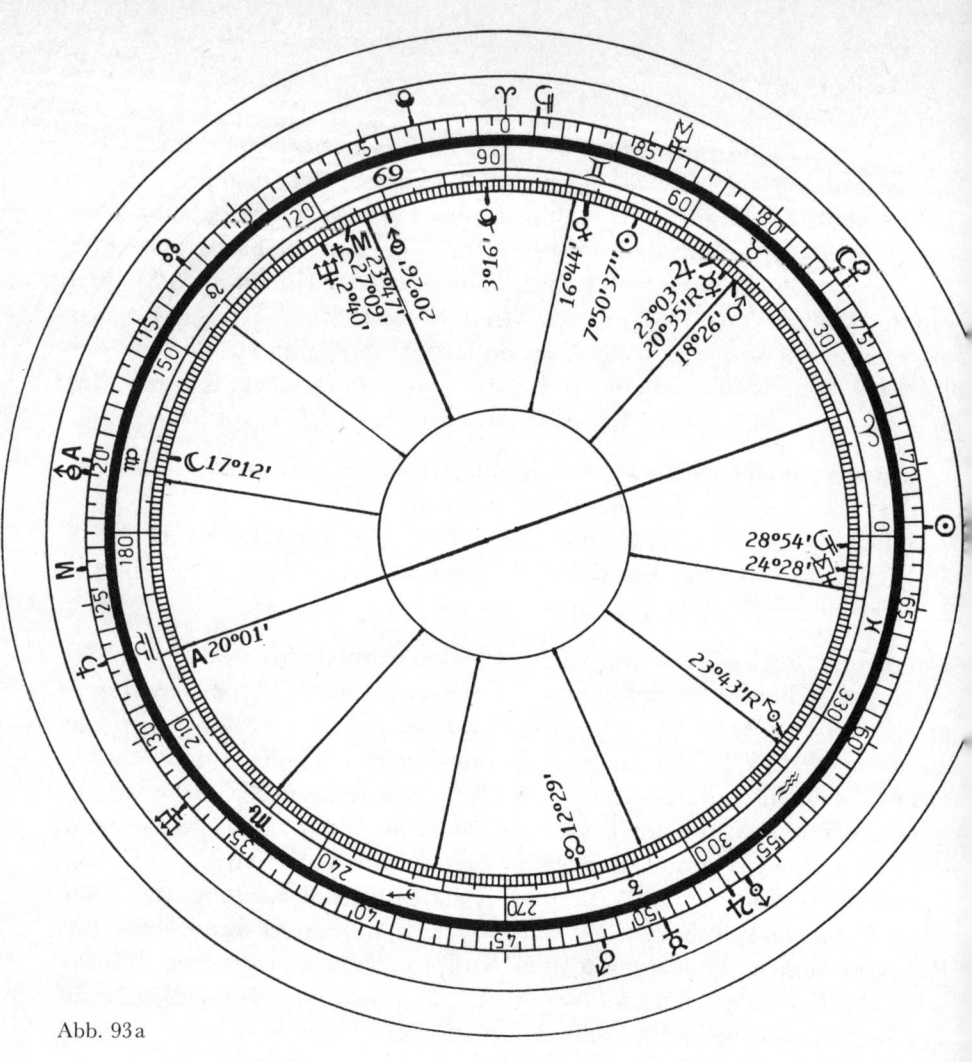

Abb. 93a

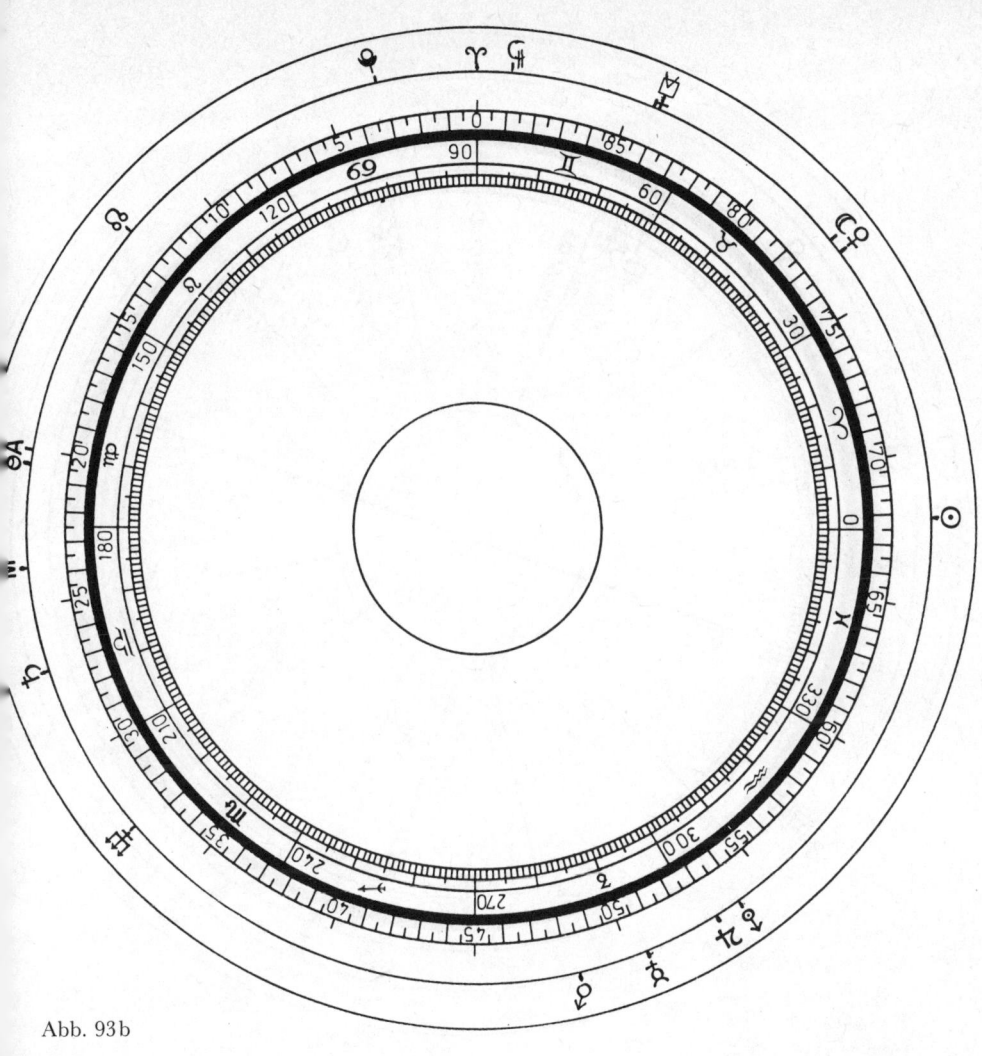

Abb. 93b

243

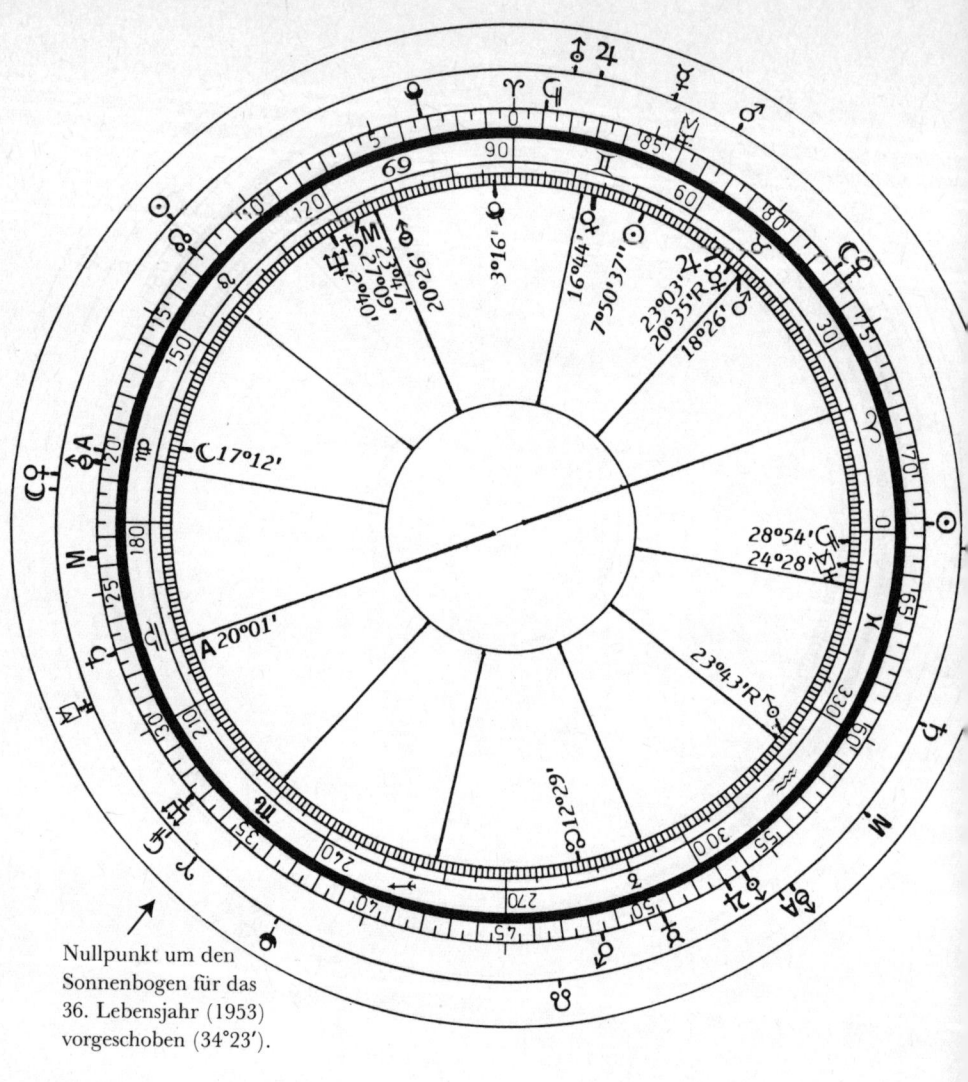

Nullpunkt um den
Sonnenbogen für das
36. Lebensjahr (1953)
vorgeschoben (34°23′).

Abb. 94 Die Sonnenbogendirektionen für das 36. Lebensjahr
zum Kosmogramm von John F. Kennedy.

244

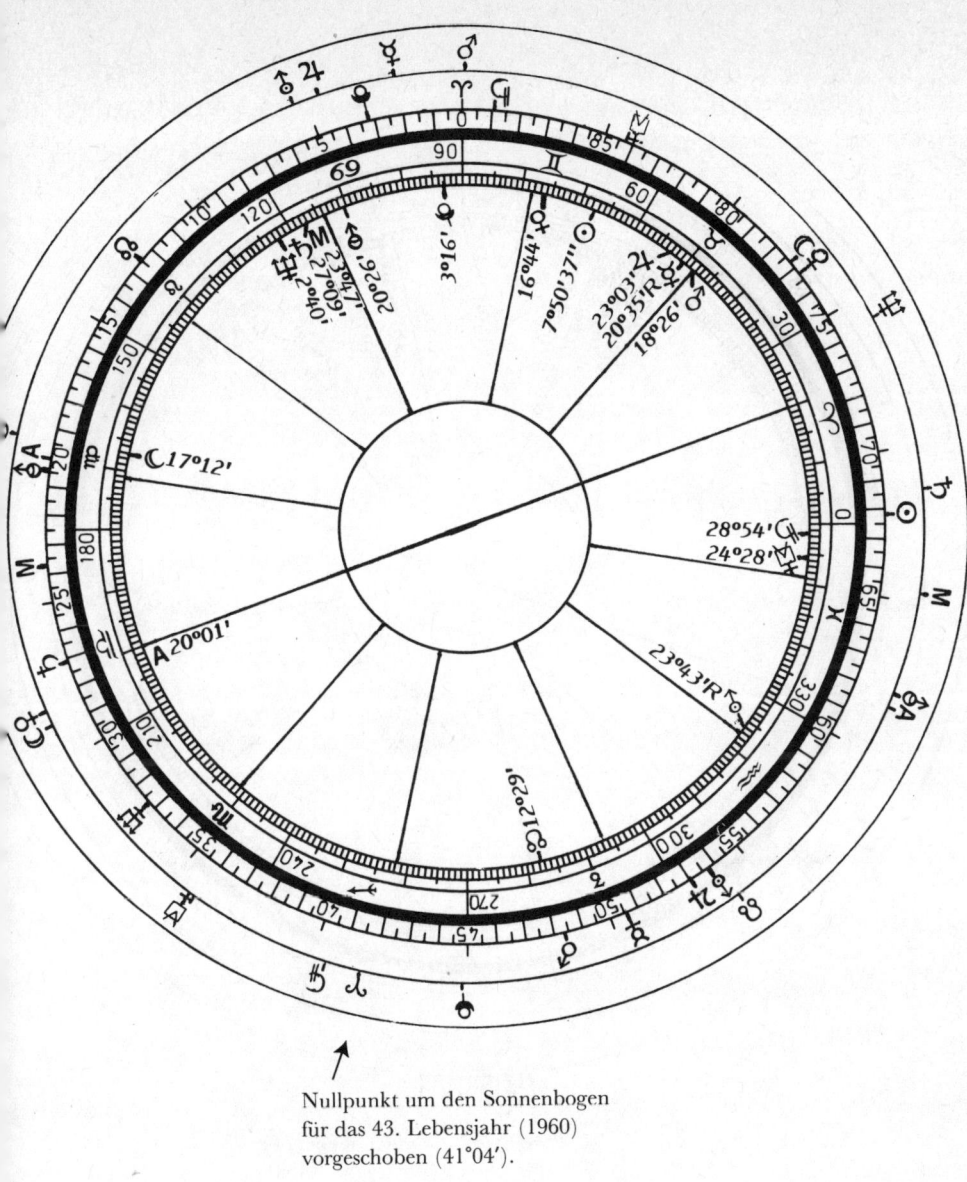

Nullpunkt um den Sonnenbogen
für das 43. Lebensjahr (1960)
vorgeschoben (41°04′).

Abb. 95 Die Sonnenbogendirektionen für das 43. Lebensjahr
zum Kosmogramm von John F. Kennedy.

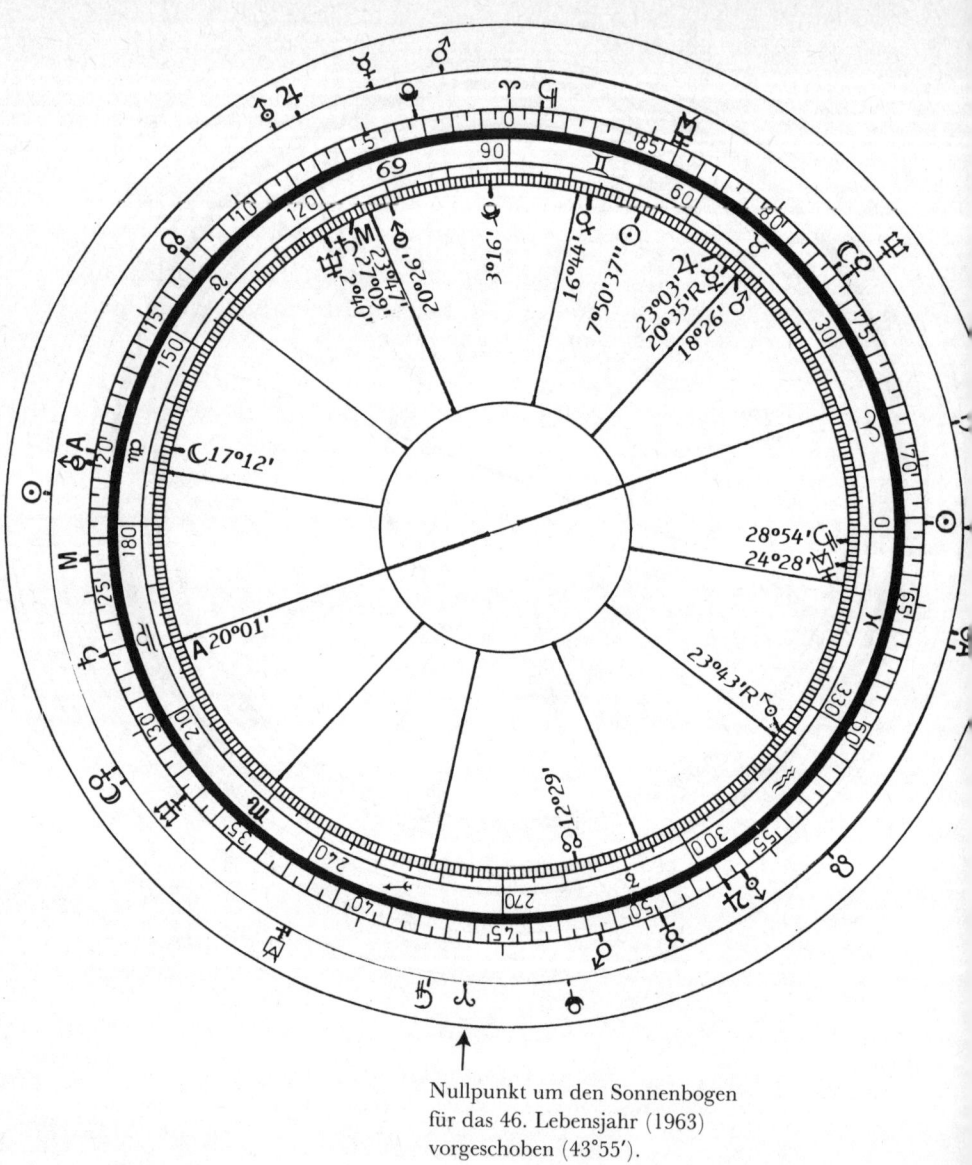

Nullpunkt um den Sonnenbogen
für das 46. Lebensjahr (1963)
vorgeschoben (43°55′).

Abb. 96 Die Sonnenbogendirektionen für das 46. Lebensjahr
zum Kosmogramm von John F. Kennedy.

246

Kapitel 18

Die Bewertung der Sonnenbogendirektionen am Beispiel Kennedy

Während die Transite das Auf und Ab der Stunden, Tage, Wochen und Monate spiegeln, ermöglichen die Sonnenbogendirektionen einen Überblick über die Akzente, Besonderheiten, Interessen und Schicksalsmöglichkeiten der einzelnen Jahre.

Bei den Sonnenbogendirektionen werden alle Deutungsfaktoren des Kosmogramms *um den gleichen Wert* – das ist die Bewegung der Sonne an einem Tag – einem Jahr entsprechend – vorgeschoben und zu den Radixfaktoren in Beziehung gesetzt. Nach meiner Auffassung gewinnt der um den Sonnenbogen vorgeschobene Faktor eine besondere Färbung, je nach dem Tierkreiszeichen, durch das er sich zu einem bestimmten Zeitpunkt bewegt. Das heißt mit anderen Worten, daß sich mit dem Wechsel von einem Tierkreiszeichen zum anderen die Qualität des dirigierten Faktors ändert. Von da aus gesehen kann es auch nicht gleich sein, ob ein um den Sonnenbogen vorgeschobener Faktor eine Konjunktion, ein Quadrat, eine Opposition oder einen sonstigen Winkel zu einem Radixfaktor bildet.

Beispiel: Wenn Faktor A im Zeichen Widder ein Quadrat zu Faktor B im Zeichen Krebs bildet, ist das anders zu bewerten als Faktor A im Quadrat zu Faktor B im Zeichen Steinbock. Das gleiche gilt für die anderen Aspekte. Erfahrungsgemäß ergeben sich auch Qualitätsunterschiede, wenn ein um den Sonnenbogen vorgeschobener Faktor eine Häuserspitze überschreitet.

Bei den nachfolgenden Übersichten der Sonnenbogendirektionen für die Jahre 1953, 1960 und 1963 werden die Tierkreiszeichen- und Aspektqualitäten in die Kurzdeutungen einbezogen. Da und dort gehe ich über die im Deutungsteil gegebenen Hinweise hinaus, um weitere Dimensionen der Interpretation aufzuzeigen. Ich verwende dabei die in meiner *Kosmobiologischen Diagnostik* erarbeiteten zehn Dimensionen, auf die ich eingangs hinweise.

Besonders wichtig ist es, wenn nicht nur der Faktor A, um den Sonnenbogen vorgeschoben, den Faktor E tangiert, sondern eine ganze, um den Sonnenbogen vorgeschobene Aspektstruktur, die wir A-B-C-D nennen wollen, den Faktor E erreicht. Es kann aber auch so sein, daß ein um den Sonnenbogen vorgeschobener Faktor eine Radixstruktur A-B-C-D auslöst. In dem einen und anderen Fall werden erfahrungsgemäß einschneidende Lebensereignisse angezeigt im Sinne von Krisen = Entscheidungen für den einen oder anderen Weg, des Beginns von Entwicklungsphasen, Durchbrüchen latenter Charakteranlagen, Krankheiten und so weiter.

Beginnen wir mit der Aufstellung der Sonnenbogendirektionen für das Geburtsbild Kennedys. Abbildung 94 zeigt das Kosmogramm mit dem inneren 90°-Kreis für die Radixpositionen. Der äußere 90°-Kreis ist um den Sonnenbogen für das sechsunddreißigste Lebensjahr = 34° 23' nach links verschoben. Der Nullpunkt mit dem Widdersymbol steht auf rund $34\frac{1}{2}$° des inneren 90°-Kreises. Mit einer Drehung des äußeren 90°-Kreises gegenüber dem inneren nach links haben wir damit sofort alle Faktoren des Kosmogramms um den Sonnenbogen für das sechsunddreißigste Lebensjahr vorgeschoben und können jetzt diese vorgeschobenen Faktoren zum Radixbild in Beziehung setzen. Übrigens werden nicht nur die Sonnenbogendirektionen gewertet, die Aspektstrukturen auslösen, sondern auch direkte und indirekte Halbsummen.

Es gehört zur Besonderheit des 90°-Kreises, daß in erster Linie die Aspekte der 45°-Reihe erfaßt werden; diese fallen auch sofort auf. Um die Aspekte der 30°-Reihe und der 72°-Reihe zu erfassen, bedarf es einiger »Tricks«, die ich später andeuten werde, aber nicht erwarte, daß Sie damit sofort umgehen können.

In der Praxis kann man sich eine Übersicht über die Positionen aller vorgeschobenen Faktoren des Kosmogramms anfertigen, unabhängig davon, ob sie Sonnenbogendirektionen auslösen oder nicht. Wir wollen jedoch unser »ABC« nicht überlasten und nehmen nur die tatsächlichen Auslösungen. Auf die neuen Faktoren Vesta und Chiron verzichten wir noch.

In der Aufstellung der Sonnenbogendirektionen finden Sie auch Zahlenangaben und römische Zeichen. Die Gradzahlen geben die vorgeschobenen Positionen, die römischen Ziffern geben das Haus an, in dem der um den Sonnenbogen vorgeschobene Faktor steht.

Die Sonnenbogendirektionen für das Jahr 1953
36. Lebensjahr, Sbg = 34° 23′

Ereignisse: November 1953 Wahl zum Senator; 12. September 1953 Hochzeit mit Jacqueline Bouvier; während des Jahres zunehmende Beschwerden am Rücken; Operationen an der Wirbelsäule im Oktober 1954 und im Februar 1955 im Zusammenhang mit Kriegsverletzungen.

Wir beginnen mit dem ersten vorgeschobenen Faktor links neben dem Null- oder Widderpunkt im äußeren 90°-Kreis, das ist der Pluto. Stellen Sie am besten die dem Buch beigefügte 90°-Scheibe auf diese Plutoposition ein und achten Sie auf mögliche Aspektstrukturen und Halbsummen. Sie werden sehen, daß eine Aspektstruktur durch Pluto in diesem Jahr nicht ausgelöst wird, aber einige Halbsummen.

Pluto s/Löwe X → -45- Mars/Saturn
7° 39′   Außergewöhnliche Energien für berufsbezogene Aufgaben aufbringen und gegen erhebliche Widerstände ankämpfen. Gefahr, Gewalt auszuüben oder ihr zu unterliegen (114).

Psychosomatik: Schmerzen in der Muskulatur, Rheuma...
Wille und Leistung: Sich in seine Arbeit verbeißen. Neigung zum Zerstören; auf den eigenen Zusammenbruch hinwirken.
Interessen und Beruf: Militär, Rüstung, Massenvernichtung (115).

1953 hatten wir noch die Zeit des Kalten Krieges, mit der sich Kennedy als Senator auseinanderzusetzen hatte.

Pluto s/Löwe X   -45- Merkur/M
                     Mit außergewöhnlicher Kraft sich für intellektuelle Ziele einsetzen.

Ausdruck und Verhalten: Die rhetorische Manipulation der Masse.
Intelligenz: Großer Wortschatz. Das entscheidende Wort zur richtigen Zeit. Sprachlich »ins Schwarze treffen«.
Wille und Leistung: Schlagworte, Slogans entwickeln. Perfekte Zielformulierung. (Merkur-Pluto-MC)

→ *) -45- Jupiter/M
Durchbruch zum persönlichen Erfolg. Erfolgskonzepte entwickeln.
-90- Progressive, zukunftsweisende Konzepte angehen.

Beachten Sie bitte, daß gegenüber von Pluto sich im 90°-Kreis der Mars befindet. Ein Blick in den Tierkreis wird Ihnen zeigen, daß Mars und Pluto zueinander ein Halbquadrat bilden. Im Jahre 1953 traten demnach Pluto und Mars in die gleichen Halbsummen ein, allerdings nicht mit gleichen Winkelbeziehungen. Zwei Faktoren lösen also hier ungefähr gleichzeitig die Halbsummen aus. Der Orbis dieses Halbquadrats ist auf 10′ exakt! 10′ bedeuten eine Zeitverschiebung in der Auswirkung von zwei Monaten. Warum? Bei einer Tages- = Jahresbewegung der Sonne von rund 1° = 60′ ergibt sich eine Monatsbewegung von 60′ : zwölf Monate = 5′.

Mars s/Zwillinge IX 22° 49′	= Mars/Saturn Geschickt und gewandt, aber auch mit großem Ernst und hohem Niveau ernste Aufgaben angehen.
	= Merkur/M Seine flexible Arbeits- und Leistungsfähigkeit zum Durchdenken berufsbezogener Ziele einsetzen.
→	= Uranus/M Gleichsam auf mehreren Ebenen arbeiten und dabei dynamisch und progressiv vorgehen.
→	= Jupiter/M Große und erfolgversprechende Ziele angehen.

*) → = Konstellation wird später – innerhalb ein bis zwei Jahren – fällig.

250

Mondknoten s/	-135-	Sonne/Saturn
Wassermann V		Autoritätspersonen begegnen. Eventuell der
16° 52′		eigenen Vaterproblematik begegnen.
	→ -90-	Mars/Stier Spitze VIII
		In der Gemeinschaft tätig werden und Auf-
		gaben zu einem sicheren Ende bringen wol-
		len.
	→ -135-	Pluto/Krebs IX
		Beziehungen zu seinen tiefsten Seelenschich-
		ten herstellen wollen. Kontakte zum großen
		Volk zugunsten eines gehobenen Niveaus
		knüpfen wollen.

Beachten Sie hier, daß durch den Mondknoten s das im Radix verankerte Mars-Pluto-Halbquadrat angesprochen wird und nicht ein Faktor allein.

AS s/Skorpion II	-180-	Jupiter/Stier VIII
24° 24′		Seine Kapazität wecken. Erfolg, Optimis-
		mus, Lebensfreude entwickeln wollen.
	-135-	Jupiter/Uranus
		Als eigenständige Persönlichkeit nach Er-
		kenntnis, Unabhängigkeit, Selbständigkeit
		streben.
	-90-	Uranus/Wassermann V
		Auf Kreativität und Progressivität einge-
		stellte Persönlichkeit.
	-90-	Mond/Neptun
		Sich der Phantasie und Sehnsüchten öffnen.
		Träumen.
	-135-	Venus/Neptun
		Zärtlichkeit und Zuwendung erhoffen.

Wir besprachen schon die Konjunktion von Mars und Merkur einerseits, Merkur und Jupiter im Zeichen Stier andererseits. Hinzu kommt das Quadrat beider Konjunktionen zum Jupiter/Wassermann. Im Laufe von rund sieben Jahren wurden diese Faktoren und deren Halbsummen durch Aszendent/Transpluto angesprochen. Die Halbsummen, die nach-einander ausgelöst wurden, sind Merkur/Mars, Mars/Jupiter, Mars/Uranus, Merkur/Jupiter und Merkur/Uranus. Solche komprimierten Strukturen sollte man besonders beachten, weil sie oft eine Kette von Ereignissen auslösen.

MC s/Löwe XI	-90-	Sonne/Mars
28° 10′		Große Ziele repräsentativ darstellen und mit vitaler Kraft verfolgen.
	-45-	Pluto/M
		Macht repräsentieren und ausüben wollen.
	-135-	Mondknoten/Steinbock III
		Seine weitreichenden Motivationen traditionsverbundenen Gemeinschaften nahebringen wollen. Sich auf die eigene konservative Familie einstellen wollen.

Auch hier ist wieder auffallend, daß das im Radix angelegte Halbquadrat Sonne-MC im 90°-Kreis auf den Mondknoten radix stößt. MC und Sonne stehen sich einander gegenüber.

Saturn s/	-90-	Mondknoten/AS
Jungfrau XI		Sich als kontaktknüpfende Person zurücknehmen wollen. Durch Ordnungssysteme in seinen Bedürfnissen nach Kontakt behindert werden(?).
1° 32′		
	→ -90-	Venus/Mars
		Seine erotisch-sexuellen Bedürfnisse nicht oder nur ungenügend leben können.
	→ -45-	Angst vor dem weiblichen Seelenteil in sich selbst.

Neptun s/	-90-	Sonne/Zwillinge VIII
Jungfrau XI		In seiner Vitalität erheblich geschwächt sein. Reduzierte Realisierungskräfte.
7° 03′		
	-45-	Neptun/Mondknoten
		Durch Gemeinschaften wie Träumer, Illusionisten, eventuell Drogenabhängige und/oder »schlechte Gesellschaft« verleumdet beziehungsweise hintergangen werden.

= AS/MC
»So tun als ob.« In seiner Standfestigkeit
geschwächt sein.

Neptun bildet im Kosmogramm ein Halbquadrat zu Sonne und Mond;
er steht damit in der direkten Halbsumme Sonne/Mond, Sehnsucht nach
partnerschaftlicher und/oder ehelicher Bindung mit Enttäuschungsge-
fahr symbolisierend. Diese Struktur von Neptun-Sonne-Mond wirkt sich
auf die Sonne radix aus. Die ganzheitliche Betrachtungsweise bietet sich
hier unseren Augen wiederum an.

Merkur s/   -45- Mond/Pluto
Zwillinge IX   Sich in verschiedener Weise gedanklich mit
24° 58′   Eifersucht und/oder außergewöhnlichen
                     weiblichen Personen beschäftigen.
             = Venus/Pluto
                     Sich intensiv mit Erotik und Sexualität
                     beschäftigen.
        -90- Sonne/Mondknoten
                     Sich gern mit vitalen Gruppen verständigen
                     wollen.
        -45- Saturn/Uranus
                     Sich intellektuell mit Zerreißproben be-
                     schäftigen müssen. Neigung zu Zerrungen.
             = Jupiter/Saturn
                     Sich mit Maßhalten, Sparsamkeit beschäf-
                     tigen. Entsprechende Denkmodelle ent-
                     wickeln.
             = Mars/Neptun
                     Überlegungen zu Muskelschwäche (Brust-
                     Rückenbereich?), Lähmung der Leistungs-
                     fähigkeit.

Jupiter s/   = Jupiter/Neptun
Zwillinge IX   Flexibel und erfolgreich Phantasie entwik-
26° 26′   keln. »Wolkenkuckuckshäuser«.

Uranus s/	-45-	Uranus/Neptun
Fische VI		Für Anstöße aus dem religiösen Urgrund besonders sensibel sein. Plötzliche Widerstandsschwäche.
	-90-	Jupiter/Neptun
		»Den richtigen Augenblick« erfassen. Plötzlich auftretende Fermentschwäche.

Sonne s/	-180-	Mondknoten/Steinbock III
Krebs IX		Konservative und traditionsverbundene
12° 13′		Beziehungen mit Leben erfüllen wollen.
	=	Pluto/MC
		Machtpositionen leben wollen.
	-45-	Sonne/Mars
		Lebenswille, Tatkraft.

Wir erwähnten diese Position schon bei der Interpretation von Ms (vergleiche oben).

Venus s/	-45-	AS/MC
Krebs/Spitze X		Liebenswürdig und familienfreundlich
21° 07′		auftretende Persönlichkeit.
	→ -45-	Sonne/Zwillinge VIII
		Mit Sympathie und Zärtlichkeit belebt werden wollen, eventuell auf entsprechende Wünsche verzichten müssen.

Wir müssen an dieser Stelle wieder daran erinnern, daß auch der Neptun s in diese Direktionen mit hineinspielt; vergleiche oben.

Mond s/Waage I	-45-	AS/MC
21° 35′		Als zielbewußte Persönlichkeit Gefühl, Gemüt, Verbindlichkeit ausstrahlen.
	→ =	Neptun/Mondknoten
		Ein Gefühl für Drogensüchtige? Sensibel für die Gemeinschaft sein wollen.
	-135-	Sonne/Zwillinge VIII
		Seine Lebenskraft fühlen wollen.

Wir haben jetzt die Sonnenbogendirektionen für das Jahr 1953 erstellt und einige hinzugenommen, die erst etwas später fällig werden. Wenn es wichtig ist, kann man auch Direktionen, die erst kurz vorbei sind, in die Übersicht mit aufnehmen. In diesem Falle sollte man sie mit einem Pfeil nach links markieren. Auf diese Weise kann man einen Rückblick über mehrere Jahre vornehmen und sich nachträglich überlegen, wie die eine oder andere Sonnenbogendirektion sich ausgewirkt haben dürfte.

Die kosmische Sprache, die wir hier übersetzt haben, zeigt uns die positiven Entwicklungstendenzen des Kosmogrammeigners sowohl in beruflicher als auch in partnerschaftlicher Weise an. Wir sehen jedoch auch Hinweise auf körperliche Schwäche und Krankheit. Krankheitstendenzen können noch spezifischer herausgearbeitet werden; das würde jedoch über den einführenden Rahmen hinausgehen. Eine spezielle Ausarbeitung hierüber wird vorbereitet.

In der oben angeführten Art und Weise sollten die Sonnenbogendirektionen erarbeitet werden. Sie geben dann in ihrer Gesamtheit wichtige Hinweise auf die markanten Entwicklungstendenzen und Schicksalsmöglichkeiten des Jahres beziehungsweise der Jahre. Der gegenwärtige Reifungsstand und die private, partnerschaftliche, berufliche Situation müssen jedoch in die Betrachtung einbezogen werden.

Die Sonnenbogendirektionen für das Jahr 1960
43. Lebensjahr, Sbg = 41° 03′

Ereignisse: 1946–1953 Abgeordneter im Repräsentantenhaus, 1953–1960 Senator für Massachusetts; November 1960 Wahl zum fünfunddreißigsten Präsidenten der USA.

Bevor wir die einzelnen Sonnenbogendirektionen besprechen, wollen wir uns erst einen Überblick verschaffen. Betrachten Sie bitte die Abbildung 95, auf der wir wieder das Kosmogramm Kennedys mit dem Tierkreis und dem 90°-Kreis haben. Der äußere 90°-Kreis zeigt die um den Sonnenbogen vorgeschobenen Faktoren des Kosmogramms für das dreiundvierzigste Lebensjahr mit einem Sonnenbogen von 41° 03′. Wieder ist es möglich, mit einer Drehung der unteren Papierscheibe, dem Sonnenbogen entsprechend, alle vorgeschobenen Positionen zu plazieren. So sehen wir beispielsweise, daß der Merkur s (s = um den Sonnenbogen

vorgeschoben) auf den Pluto r (radix) zuläuft und das Pluto-Mars-Halb-
quadrat auslösen wird. Sonne bewegt sich auf Aszendent-Transpluto zu,
der Mondknoten s steht über Jupiter und Uranus, der Saturn s über der
Sonne.

Es ist auch immer wichtig, sich im Tierkreis vorzustellen, wo sich die
vorgeschobenen Faktoren befinden. Machen wir einmal einige abgerun-
dete Rechnungen:

Sonne s muß bei 20° Krebs sein und damit die Konjunktion zu Transpluto und das Quadrat zu AS auslösen.

Mondknoten s läuft auf die Konjunktion mit dem Uranus und das
Quadrat zu Jupiter zu.

Saturn s muß bei 8° Jungfrau angekommen sein und das Quadrat zur
Sonne ausgelöst haben.

Gehen wir wieder an die Aufstellung der Sonnenbogendirektionen und
erleben wir die Sprache des Kosmos für die Zeit des Wahlkampfes und
der Wahl zum fünfunddreißigsten Präsidenten der USA. Die Deutungen
werden gegenüber dem Deutungsteil wieder etwas erweitert. Das Kolorit
der Aussagemöglichkeiten wird damit farbiger und differenzierter. Wir
beginnen links des Nullpunkts:

Pluto s/Löwe X 14° 19′	-45-	Venus/Mondknoten Mit der außergewöhnlichen beruflichen Aufgabe Sympathie in Gemeinschaften wek- ken wollen.
	-90-	Mond/Mondknoten Publicity-wirksam Frauengruppen anspre- chen.
Mars s/ Zwillinge IX 29° 29′	-135-	Mond/Mondknoten Vielfältige Willensbekundungen gegenüber weiblichen Gemeinschaften beziehungsweise der »Volksseele«.
	-90	Venus/Mondknoten Wille zum Sympathiegewinn.

Mondknoten s/	-90-	Jupiter/Stier VIII
Wassermann V		Zukunftsbezogen sich einstellen auf Erfolg
23° 32'		und Besitz. Sich mit dem Erfolg verbinden.
	-45-	Jupiter/Uranus
		Gruppendynamische Prozesse in Gang set-
		zen. Sich auf neue Erkenntnisse einstellen.
	-0-	Uranus/Wassermann IV
		Sich auf Zukunftsaufgaben einstellen und
		dazu »Verbündete« suchen.

AS s/Schütze II	-135-	Sonne/Uranus
1° 04'		Idealistisch eingestellte Persönlichkeit auf
		der Suche nach verfügbaren Quellen in
		Streßsituationen.
	=	Sonne/Jupiter
		Persönlichkeit voller Lebensfreude.
	=	Mondknoten/AS
		Begegnungs- und kontaktbereite Persönlich-
		keit.

MC s/	-90-	Mond/Uranus
Jungfrau XI		Seine Ziele ordnen; Realisierungsmöglich-
		keiten suchen und dabei Unruhe und Angst
		auslösen.
	-45-	Mond/Jupiter
		Sich zielbewußt emotional öffnen wollen.
	-135-	Venus/Uranus
		Sich mit Methode auf häufige, schnelle ero-
		tisch-sexuelle Kontakte einstellen.
	-90-	Venus/Jupiter
		Ziele partnerschaftlicher Art suchen.
	-45-	Sich zurückziehen und isolieren.
	-45-	AS/Waage
		Seine Persönlichkeit zielgerichtet entfalten
		wollen.
	=	(AS/Transpluto)
		Sich als außergewöhnliche Persönlichkeit
		gekonnt aufbauen wollen.

257

Beachten Sie, wieviele Halbsummen durch das MC, das für Motivationen, Beruf und Berufung steht, in diesem Jahre ausgelöst werden!

Saturn s/   -90-   Sonne/Zwillinge VIII
Jungfrau XI   Mit seinen Kräften haushalten müssen.
8° 12′   Reduzierte Vitalität.
                         -45-   MC/Krebs
                               Einschränkung der auf die Familie oder auf das Volk gerichteten Ziele.
                          =   Saturn/AS
                               Auf sich allein gestellt sein.

Neptun s/   -135-   Uranus/Pluto
Jungfrau XI   Schwere gesundheitliche Krise. »Ausbluten«. Störung der Motorik.
13° 43′

Merkur s/   -0-   Pluto/Krebs IX
Krebs IX   Fürsorgliches Denken für die eigene Familie oder eine große Zahl von Familien.
1° 38′ →
           → -45-   Mars/Stier Spitze VIII
                               Verbindung von Denken und Wille zur Sicherung der materiellen Güter.
                          =   Sonne/Saturn
                               Sich als Autorität erkennen. Eventuell intellektuelle Verarbeitung eines Vaterproblems.

Jupiter s/Krebs   =   Venus/MC
IX   An die Wohlfahrt der Familie denken und Zärtlichkeit spenden wollen.
4° 06′
                        -45-   Merkur/Mars
                               Sprachlich-publizistisch in die Breite wirken wollen.
                        -45-   Merkur/Stier VIII
                               Sich erfolgreich einer gegenwartsnahen und in ihrer Wirkung fortdauernden Sprache bedienen wollen.

Uranus s/	-135-	Mond/MC
Widder VI		Anregungen und Antriebe entwickeln für
4° 46′		Ziele des Volkes. Seine eigene Emotionalität
		hervortreten lassen.
	-90-	Venus/MC
		Starke Antriebe, Charme zu entwickeln.
	-90-	Sonne/Neptun
		Spontan auftretende Zustände körperlicher
		Schwäche.
	-45-	Mars/Jupiter
		Initiativen zu erfolgreicher Arbeit entwik-
		keln. Plötzlicher Arbeitsanfall.
	-45-	Merkur/Mars
		Sprecher, Redner, Publizist.
	-45-	Merkur/Stier VIII
		Phase zahlreicher Denkanstöße.

Sonne s/	-90-	AS/Waage
Krebs IX		Sich als Familienvater darstellen. Fürsorg-
18° 53′		liche Persönlichkeit.
	-90-	Saturn/Mondknoten
		Auf die »Probleme der Alten« eingehen
		wollen.
	-45-	Venus/Jupiter
		Liebevolle Familienatmosphäre suchen.

Venus s/	=	Neptun/MC
Krebs X		Liebe zu spirituellen Zielen. Neigung zu
27° 47′		Enttäuschungen.
	-45-	Jupiter/Pluto
		Sympathie-Werbung.
	-90-	Neigung zu erotisch-sexuellen Übertreibun-
		gen.

259

Mond s/Waage I   -135- Jupiter/Pluto
28° 15′   Mit Gefühl und Verbindlichkeit außerge-
                       wöhnliche Erfolge erzielen.
          =   Uranus/Pluto
                       Mit seiner Gefühlskraft erhebliche Belastun-
                       gen und Streßsituationen angehen.

Beachten Sie: Diese Kurzdeutungen können selbstverständlich noch ver-
feinert werden. Man wird jedoch bei zunehmender Differenzierung der
kosmischen Sprache immer wieder an sprachliche Grenzen herankommen, weil eben das Symbol mehr aussagen kann als die Sprache, die
letztlich immer eine Form der Abstraktion ist und nur »Näherungs-
werte« erlaubt.
     Diese Aufstellung der Sonnenbogendirektionen ist mit dazu gedacht,
den Anfänger zu eigenem Nachdenken und Arbeiten anzuregen.

Die Sonnenbogendirektionen für das Jahr 1963
46. Lebensjahr, Sbg = 43° 55′

Ereignisse: John F. Kennedy wurde am 22. November 1963 in Dallas
ermordet. Der Todesschütze hatte vor allem den Hals-Nacken-Bereich
getroffen. Das Attentat geschah um 12.30 Uhr. Eine halbe Stunde später
wurde der Präsident für tot erklärt. Kennedy war zusammen mit seiner
Frau Jacqueline auf einer Vortragsreise. Er und seine Frau waren am
22. November in Texas enthusiastisch gefeiert worden. Der Senator William Fulbright hatte Kennedy allerdings gewarnt: »Dallas ist ein sehr
gefährlicher Ort. Ich würde nicht dorthin fahren. Fahren Sie nicht!«
Aber der Verfasser des Buches *Profiles in Courage* ließ sich nicht durch
Warnungen abhalten, obwohl auch er die Ahnung hatte, daß etwas
passieren könnte. (116)
     Kennedy war vor allem auch in der Bundesrepublik Deutschland sehr
populär. Erinnert sei an seinen Besuch im Jahre 1961, als er in seiner
Rede in Berlin die Worte ausrief: »Ich bin ein Berliner.«
     Für das Jahr 1963 finden Sie in Abbildung 96 wieder die Sonnenbo-
gendirektionen vorbereitet. Besonders auffallend ist jetzt, daß der Pluto s
auf den Mars und der Mars s auf den Pluto zuläuft, wie sich aus dem
Vergleich des inneren und äußeren 90°-Kreises ergibt. Ein Blick in den

260

Tierkreis läßt uns nachvollziehen, daß Pluto s das Quadrat zu Mars, und Mars s die Konjunktion mit Pluto erreicht hatte.

Der Mars steht im Zeichen Stier, das, anatomisch und heilkundlich gesehen, mit dem Hals- und Rachenraum zu tun hat. Hinzu kommt, daß Mars direkt an der VIII. Häuserspitze steht, die von der traditionellen Astrologie als todesbezüglich gesehen wird. Meine Häuserdeutung ist vorsichtiger; ich spreche von der Achse II–VIII als von der Bindungs- und Lösungsachse. Nun kann man sagen, daß die Lösung von dieser Welt auf gewaltsame Weise erfolgte. Über die Todesschüsse weiß man heute sehr gut Bescheid. Der Mörder Lee Harvey Oswald, von seiner soldatischen Ausbildung her ein ausgezeichneter Scharfschütze, traf Kennedy anscheinend zweimal. In der schon zitierten Kennedy-Biographie (117) lesen wir:

»Der erste Schuß war nicht tödlich. Er durchschlug den Nacken, streifte die rechte Lunge, verletzte die Luftröhre und brach am Kehlkopf durch, um anschließend Connally zu treffen, wenn auch nicht tödlich. Die zweite Kugel tötete Kennedy. Die Patrone riß sein Cerebellum (Kleinhirn), den unteren Teil des Gehirns, fort, ein Blutstrom ergoß sich über das Wageninnere. Jacqueline umklammerte ihren Mann, hielt sich an ihm, als wäre sie im Koma. Doch dann übernahmen die Ärzte den Toten. Offiziell war Kennedy um ein Uhr mittags texanischer Zeit – eine Stunde früher als Washington-Zeit – tot.«

Wir wollen nun sehen, wie die »kosmische Sprache« für das Jahr 1963 aussieht:

| Pluto s/Löwe X 17° 11′ | -90- | Mars/Stier Spitze VIII
Im beruflichen Bereich außergewöhnliche Energien realistisch einsetzen wollen, eventuell im Sinne überdauernder Aufgaben. Gefahr der Aggression und Brutalität.
»Hammer oder Amboß sein.« |
| | -45- | Pluto/Krebs XI
Durchbruchsphase. Gravierende Wandlungserlebnisse im Zusammenhang mit dem Zeitgeist. |

	-45-	Sonne/Saturn
		Durch außergewöhnliche Gewalt einge-
		schränkt oder getrennt werden.

Mars s/Krebs IX
2° 21′

-0- Pluto/Krebs IX
Familienpolitisch orientierte Energien von
außergewöhnlichem Ausmaß. Eventuell kollektive Kräfte wecken. Gewalt erleben.

-45- Mars/Stier Spitze VIII
Besitzorientierte und fortwirkende Kräfte
auslösen.

= Sonne/Saturn
Autoritätsfördernde Kräfte aktivieren. In
Richtung Trennung wirkende Energien.

Mondknoten s/
Wassermann V
26° 24′

-45- Mondknoten/Steinbock III
Kreativ und progressiv wirkende Beziehungen knüpfen wollen zu traditionsgebunde-
nen Gemeinschaften.

= Pluto/AS
Als machtvolle Persönlichkeit mit zukunftsorientierten Gemeinschaften Kontakte aufbauen.

-135- (Pluto/Transpluto)
Sich mit extrem kollektiven Kräften verbinden.

AS s/Schütze II
3° 56′

-45- AS/Waage
Wandlung des Persönlichkeitsbildes, Idealis-
mus und Harmonie miteinander verbinden
wollen.

-135- (Pluto/Transpluto)
Mit seinen humanitären Ideen tiefste Seelenschichten im Volkskörper ansprechen.

= Venus/Jupiter
Mit seiner Persönlichkeit auf Sympathie
und Liebe stoßen.

MC s/
Jungfrau XI
7° 42'

-90- Sonne/Zwillinge VIII
Sich darauf einrichten, auf vielseitige Weise
zu leben und seine Vitalität zu bewahren.

-45- Neptun/Mondknoten
Sich genauestens mit undurchsichtigen
Gruppen beschäftigen.

-45- MC/Krebs
Seine Lebensziele abklären und mit den familiären Ambitionen in Einklang bringen
wollen.

  = Saturn/AS
Sich zur Abklärung seiner Lebensziele zurückziehen wollen.

Saturn s/
Jungfrau XI
11° 04'

-45- Saturn/Krebs X
Introversionsphase. Über sich selbst und
sein Schicksal nachdenken.

-45- Mars/Pluto
Der Gewalt und Brutalität weichen. Todes-
gefahr. Attentat?

  = Neptun/AS
Sich von Hoffnungen und Sehnsüchten
lösen. Sich selbst trennen und auflösen.

Neptun s/
Jungfrau XI
16° 35'

-90- Venus/Zwillinge Spitze IX
Sich aus der Ordnung lösen und sich mit
vielseitiger Zärtlichkeit beschäftigen.

-45- Mond/Venus
Sehnsucht nach emotionaler Zuwendung
oder Flucht vor Partnerschaft.

 -0- Mond/Jungfrau XI
Überaus empfindsam, verletzbar, enttäusch-
bar sein.

-45- Neptun/Löwe X
Sich aus dem bürokratischen Netzwerk
lösen wollen und sich mit der Welt der Re-
präsentation auseinandersetzen.

263

-135- Merkur/Mondknoten
Sehnsucht nach intellektuellen Gruppen.

Merkur s/
Krebs IX
4° 30′

-45- Mond/MC
Fürsorgliches und emotional orientiertes
Denken.
= Venus/MC
Sich über Familie und Liebe Gedanken
machen.
= Sonne/Neptun
Sich mit körperlicher Schwäche beschäf-
tigen.
-45- Merkur/Mars
Denkarbeit. Mit der Sprache etwas errei-
chen wollen.

Jupiter s/
Krebs IX
6° 58′

-90- Pluto/Mondknoten
Sich erfolgreich auf viele Menschen und
Großgruppen einstellen.
-45- Mond/Saturn
Sich öffnen für Belastungen mit einer strengen und kalten Mutter? Sich seinen seelischen Belastungen zuwenden.
-45- Jupiter/Stier VIII
Expansionsphase. Offen sein für realisier-
bare und auf andere übertragbare Werte.
-45- Jupiter/Uranus
Streben nach Erkenntnis und deren Ver-
marktung.

Uranus s/
Widder VI
7° 38′

= Pluto/Mondknoten
Sich den Forderungen einer Vielzahl von
Menschen stellen.
-45- Jupiter/Stier VIII
Starke Antriebe zur Expansion und zur
Vermögensbildung.
= Jupiter/Uranus
Anstöße zur Erkenntnis.

Sonne s/Krebs Spitze X	-45-	AS/MC Fürsorgliche und zielorientierte Persönlichkeit.
	-90-	Neptun/Mondknoten Geschwächte Vitalität, vor allem auch im Bereich des Bindegewebes.
	-45-	Sonne/Zwillinge VIII Neue Einstellung zur eigenen Vitalität. Von der Schmetterlingshaftigkeit zur Schonung im Familienkreis.
Venus s/Löwe X 0° 39′	-135-	Mars/Mondknoten Mit ausdrucksstarker Liebe bei der Sache sein.
	-45-	Venus/Zwillinge Sp. IX Neue Einstellung zur Partnerschaft. Liebe zur Öffentlichkeit gegenüber vielseitigen Liebeskontakten.
	=	Mond/Venus Bedürfnis nach gefühlsmäßiger Zuwendung.
Mond s/ Skorpion I 1° 07′	-135-	Merkur/Mondknoten Sich emotional intellektuellen Gruppen zuwenden.
	-135-	Venus/Zwillinge Sp. IX Neigung zu emotionaler Verletzung im partnerschaftlichen Bereich.
	-90-	Mond/Venus Sich gefühlsmäßig im partnerschaftlichen Bereich öffnen wollen.
	-45-	Mond/Jungfrau IX Neigung zum Verletzen anderer, um die Angst vor der eigenen Emotionalität zu überdecken.

Wir haben uns mit den Sonnenbogendirektionen John F. Kennedys für drei seiner Lebensjahre – 1953, 1960 und 1963 – beschäftigt. Dabei zeigen sich deutlich die Zusammenhänge zwischen den Aussagen aus den

Sonnenbogendirektionen und wichtigen Lebensereignissen. Prognosen in Richtung Tod, Mord, Attentat sind gewagt und auch nicht unverfänglich, jedoch wies Reinhold Ebertin in seinen kosmopolitischen Vorträgen und den früheren Aalener »Tagungen für kosmobiologische Forschung« schon Jahre vor dem Attentat auf Kennedy auf eine solche Gefahr hin. Auch andere Forscher äußerten damals solche Befürchtungen.

Die vorstehenden Deutungen sind als Anregungen zur weiteren Arbeit zu verstehen. Empfehlenswert ist es in diesem Fall, wie auch bei der Beschäftigung mit anderen Kosmogrammen, Biographien heranzuziehen. Es läßt sich dann sehr gut erfassen, wie die Konstellationen des Himmels sich im Leben auf der Erde und bei den Menschen darstellten.

Kapitel 19

Anmerkungen zu besonderen Halbsummen-strukturen im Kosmogramm von John F. Kennedy

Wir wollen die Betrachtung des Kosmogramms von John F. Kennedy und der daraus entstandenen planetaren Rhythmik nicht verlassen, ohne noch einige Besonderheiten besprochen zu haben. An seinem Geburtsbild wird sehr deutlich, wie sich eine Reihe von Halbsummen um den Aszendenten, den Merkur, Jupiter und Uranus, Saturn, Mars und Pluto kristallisieren.

Stellen Sie im 90°-Kreis Ihre Rechenscheibe auf den Aszendent, den Merkur, Jupiter und Uranus, Saturn und letztlich auf Mars und Pluto ein. Sie erhalten dann einige markante »kosmische Strukturbilder« der Halbsummen, die die Individualität des Kosmogrammeigners noch stärker pointieren. Wir verwenden nur die im Deutungsteil genannten Schlüsselworte und ergänzen sie da und dort aus meiner *Kosmobiologischen Diagnostik*:

1. Strukturbild der Halbsummen des Aszendenten

Wenn Sie Ihre Rechenscheibe auf den Aszendenten einstellen, entsteht das folgende Bild:

Transpluto – Aszendent

Saturn	Mondknoten
Merkur, Jupiter, Uranus	Mond, Venus

Die linken und rechten Faktoren haben ungefähr gleiche Abstände von dem Nullpunkt, an dem Transpluto und Aszendent stehen. Wenn wir nun die Aspekte hinzuschreiben und daran unterscheiden, ob wir es mit direkten oder indirekten Halbsummen zu tun haben, dann entsteht folgende Aufstellung:

AS/Waage (-90- Transpluto)   =   Saturn/Mondknoten
(Orbis AS-Transpluto   -90- Mond/Merkur
nur 24'!)   -135- Merkur/Venus
                              -90- Mond/Jupiter
                             -135- Venus/Jupiter
                              -45- Mond/Uranus
                               =   Venus/Uranus

Für AS/Waage mit dem engen Quadrat zu Transpluto schlage ich als
Deutung vor: »Eine ausgeglichene, verbindliche, auf Verständigung hin
ausgerichtete Persönlichkeit von außergewöhnlicher und zeitüberdauern-
der Wirkung...

= Saturn/Mondknoten	... will Gemeinschaften der Pflicht und des Gesetzes begegnen,
-90- Mond/Merkur	... hat ein gefühlsbetontes Denken und Sprechen,
-135- Merkur/Venus	... wendet die Sprache des Charmes und der Liebe an,
-90- Mond/Jupiter	... will ihre Gefühle verschenken und ver-strömen,
-135- Venus/Jupiter	... will liebevoll Zärtlichkeit und Verwöh-nung spenden,
-45- Mond/Uranus	... neigt zu Affekten und Gefühlsausbrü-chen,
= Venus/Uranus	... liebt Spontaneität, Überraschungen in Erotik und Sexualität (Promiskuität).«

Die Qualität des Aszendenten hat mit dieser Halbsummenstruktur sicher
eine weitere Differenzierung erhalten, die nicht weiter kommentiert zu
werden braucht. Gehen wir deshalb zur nächsten Zusammenstellung
über.

2. Strukturbild der Halbsummen des Merkur

Wenn Sie als nächstes Ihre Rechenscheibe auf den Merkur des 90°-Kreises einstellen, entsteht das folgende Bild:

Merkur

Uranus, Jupiter	———	Mars
Sonne	———	Neptun
Venus, Mond	———	Saturn

Merkur im Zeichen Stier steht für folgende Interpretation (aus dem Deutungsteil): »Denkinhalte greifbar, begreifbar, realisierbar machen wollen...

= Mars/Jupiter	...zum Nutzen des Vorwärtskommens und des beruflichen Erfolgs,
-45- Mars/Uranus	...auf schnelle und technisch geschickte Weise,
-45- Sonne/Neptun	...mit hoher Körpersensibilität, aber auch Vitalitätsschwäche,
-90- Mond/MC	...gefühlsbejahend, mit gefühlsbetonten Motivationen,
-45- Venus/MC	...mit erotisch-sexuell gefärbten Motivationen und/oder künstlerischen Ambitionen,
-45- Venus/Saturn	...aber auch erotisch-sexueller Zurückhaltung. Neigung zu Verzicht. Caritas,
-90- Mond/Saturn	...seine Gefühle zurückhalten und verstecken müssen.«

Wenn man diese Deutungen durchliest, wird verständlich, daß Kennedy doch sehr oft mit seinen Gedanken in erotisch-sexuelle Überlegungen versunken gewesen sein muß. Andererseits zeigen Halbsummen wie Mond/Saturn und Venus/Saturn die Tendenz zu Liebesverzicht im Elternhaus.

3. Strukturbild der Halbsummen von Jupiter-Uranus

Die beiden Planeten bilden in Kennedys Geburtsbild ein Quadrat, wie schon besprochen wurde. Beide Faktoren stehen also im 90°-Kreis eng beieinander. Stellen wir jetzt die Rechenscheibe auf Jupiter und Uranus ein, dann entsteht das nachfolgende Strukturbild:

Uranus Jupiter

Venus, Mond	——— ┼ ———	Neptun, Saturn
Pluto	——— ┼	Mondknoten

Die Analyse dieser Struktur ergibt folgende Zusammenstellung:

Jupiter -90- Mond/Neptun   -45- Venus/Neptun -45- Venus/Saturn
Uranus =   Mond/Neptun -135- Venus/Neptun -135- Venus/Saturn

Jupiter -45- Mond/Saturn   -45- Pluto/Mondknoten
Uranus =   Mond/Saturn   -45- Pluto/Mondknoten

In solchen Fällen ist es sinnvoll, für die zwei Faktoren, die einen Aspekt miteinander bilden – in unserem Fall Jupiter und Uranus – eine zusammenfassende Deutung zu finden. Wir gehen deshalb im Deutungsteil zum Aspekt Jupiter-Uranus und schreiben heraus: »Aufgeschlossen sein für das Neue, Plötzliche, Unerwartete. Freude am Entdecken. – Neues aufnehmen und entwickeln wollen. Seine Chancen nützen wollen. Ungeduld.« Diese Lebensthematik wird noch weiter differenziert:

Mond/Neptun	Sensibilität, Abwehrschwäche.
Venus/Neptun	Sehnsucht, Wunsch nach Zuwendung.
Venus/Saturn	Erotisch-sexuelle Zurückhaltung. Neigung zu Verzicht. Caritas.
Mond/Saturn	Seine Gefühle zurückhalten, verstecken.
Pluto/Mondknoten	Großgruppe, Masse, Kollektiv.

Die Art der Halbsummen zeigt uns hier, daß der Wunsch nach dem Neuen und den Chancen des Lebens wahrscheinlich nur begrenzt genutzt werden konnte. Sehnsucht haben und verzichten müssen, dürften mit eine große Rolle gespielt haben. Man denke dabei auch an den Untertitel der mehrfach zitierten Kennedy-Biographie: *John F. Kennedy – Amerikas unerfüllte Hoffnung.*

4. Strukturbild der Halbsummen des Saturn

Die oben schon angedeuteten Tendenzen in Richtung Hoffnung, Sehnsucht, Verzicht zeigen sich auch bei der Betrachtung der Halbsummenstrukturen des Saturn:

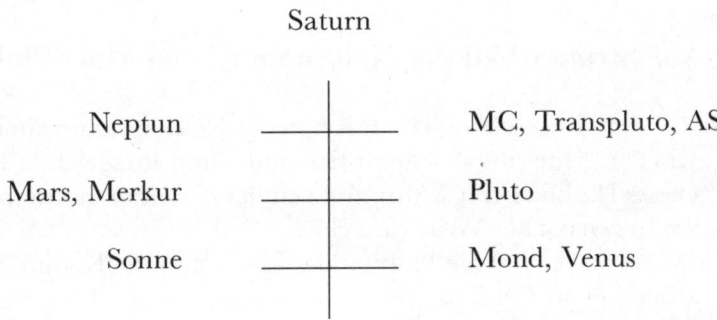

Saturn

Neptun	MC, Transpluto, AS
Mars, Merkur	Pluto
Sonne	Mond, Venus

Im Deutungsteil haben wir folgende Schlüsselworte für Saturn in Krebs: »My home is my castle« – »In der Beschränkung zeigt sich der Meister.« »Zufriedenheit mit der kleinsten Hütte.« Diese Deutungen mögen in vielen Fällen zutreffen, bei einem mehrfachen Millionär, wie es Kennedy war, jedoch kaum. Man muß hier wohl eine andere Interpretation finden. Wer sich mit der Person Kennedys beschäftigt hat, wird auf die Familie Kennedy als Clan gestoßen sein. Es gibt eine Reihe von Hinweisen darauf, daß die Erziehung der Kennedy-Kinder durch den Vater Joseph Kennedy und seine Frau sehr restriktiv gewesen sein muß. Es ist auch vorstellbar, daß die Rückenschmerzen und häufigen Krankheiten John F. Kennedys in seiner Kindheit und Jugend damit zusammenhingen, daß man ihm schon sehr früh im Elternhaus »das Kreuz brach«. Saturn in Krebs könnte deshalb mit der beengenden Erziehung im Elternhaus zu tun haben. Greifen wir nun die zu Saturn gehörenden Halb-summen heraus:

Neptun/MC können dann die blockierten Hoffnungen, Neptun/AS die geschwächte Persönlichkeit sein; Saturn -45- Mars/Pluto läßt dann auf erhebliche Hemmungen und Widerstände schließen, seine außerge-wöhnliche Energie durchzusetzen. Saturn -45- Merkur/Pluto zeigt den Wunsch, als Autorität wie auch als körperlich behinderter Mensch an-dere zu überzeugen. Saturn = Sonne/Mond -45- Sonne/Venus weist nach meiner Ansicht auf Blockaden im ehelichen und partnerschaftlichen Bereich hin, möglicherweise in dem Sinne, loszulassen und sich der Zu-wendung hinzugeben.

Nun bleibt noch die letzte, wohl sehr wichtige Halbsummenstruktur von Mars und Pluto.

5. Strukturbild der Halbsummen von Mars-Pluto

Wir haben bereits gesehen, daß in Kennedys Kosmogramm ein Halbqua-drat zwischen Mars im Zeichen Stier und Pluto im Zeichen Krebs be-steht. Dieses Halbquadrat wurde zur Zeit des Attentats als Sonnenbogen-direktion in zweifacher Weise ausgelöst:

Der Mars s erreichte die Position des Pluto, also die Konjunktion, und Pluto s bildete ein Quadrat zu Mars. Das war so, weil um die Lebens-wende die um den Sonnenbogen vorgeschobenen Faktoren zueinander Winkel der 45°-Reihe bilden: Aus der Konjunktion von zwei Faktoren wird ein Halbquadrat des vorgeschobenen zum entsprechenden Radix-faktor; aus dem Halbquadrat wird eine Quadratbeziehung, aus dem Quadrat ein Anderthalbquadrat, aus dem Anderthalbquadrat eine Op-position, aus der Opposition wiederum ein Anderthalbquadrat, aus dem Anderthalbquadrat ein Quadrat, aus dem Quadrat ein Halbquadrat und aus dem Halbquadrat eine Konjunktion. Zurück zum Beispiel Ken-nedy: Es entstand seinerzeit

Mars s -0- Pluto r und Pluto s -90- Mars r

Das heißt mit anderen Worten, daß im Jahre 1963 auch die Halbsum-menstruktur ausgelöst wurde, die wir uns jetzt noch einmal gesondert betrachten wollen.

272

Wenn Sie im 90°-Kreis den Nullpunkt der Rechenscheibe auf den Mars einstellen, sehen Sie zuerst auf der Gegenseite den Pluto, weil ja beide Planeten im Radix ein Halbquadrat zueinander bilden. Darüber hinaus entsteht das folgende Bild der Halbsummen:

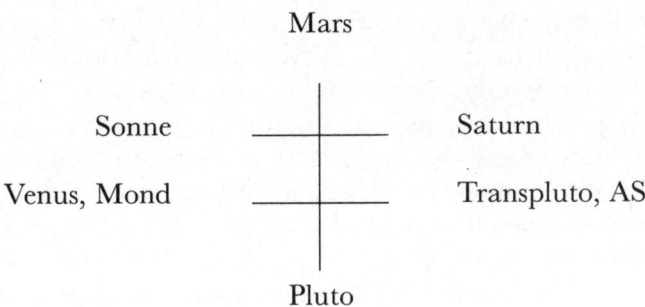

Beginnen wir zuerst wieder mit der Mars-Pluto-Aspektierung aus dem Deutungsteil: »Seine Energien ins Extrem steigern wollen. Spitzenleistungen erzwingen. Brutalität gegen sich und/oder andere.« – »Bis zum Zusammenbruch arbeiten.« Die »letzten Reserven« aktivieren. »Befehlen und/oder tyrannisieren wollen.«

Nun ist es eine Frage, in welcher Weise diese zitierten außergewöhnlichen Energien zu differenzieren sind, die wir nachfolgend nochmals zusammenstellen:

Mars	-135-	Mond/AS	-90-	Mond/Venus	-45-	Sonne/Saturn
Pluto	-90-	Mond/AS	-45-	Mond/Venus	=	Sonne/Saturn

Mars	-90-	Mond/Transpluto	-45-	Venus/Transpluto
Pluto	-45-	Mond/Transpluto	=	Venus/Transpluto

Mond/AS	Gefühlsoffene, weiblich betonte Persönlichkeit.
Mond/Venus	Gefühle der Sympathie und Zuneigung.
Sonne/Saturn	Entwicklungsverzögerung, Schlankheit, Entzug, Härte.
Mond/Transpluto	Arbeitshypothetisch: Eine die Zeit überdauernde Emotionalität.
Venus/Transpluto	Arbeitshypothetisch: Eine die Zeit überdauernde Sympathie.

Es wurde oben schon auf das Elternhaus hingewiesen, das allem Anschein nach eine die Kinder »vergewaltigende« Atmosphäre hatte. Vielleicht mußte unbewußt der Tod gesucht werden, um aus den außergewöhnlichen Belastungen herauszukommen. Der älteste Kennedy-Sohn kam als Pilot im Zweiten Weltkrieg ums Leben; John F. Kennedy und sein Bruder Robert kamen ebenfalls gewaltsam ums Leben; eine Schwester befindet sich seit vielen Jahren in einer psychiatrischen Klinik. Was mit dem letzten Sohn der Familie, dem noch lebenden Bruder Edward Kennedy, geschehen wird, muß offengelassen werden. Ich bin der Meinung, daß das Attentat auf John F. Kennedy nicht nur politisch, sondern auch von der privaten sowie unbewußten Seite her gesehen werden muß.

Die obenstehenden Halbsummen zu dem Mars-Pluto-Halbquadrat weisen darauf hin, daß wohl von frühester Kindheit an die Gefühlswelt brutal unterdrückt wurde. Wir kommen damit zu einer kosmobiologischen Sichtweise, die aus bisherigen biographischen Aufzeichnungen kaum durchbricht, es sei denn, daß man an den charakteristischen Satz des »alten Kennedy« denkt, daß es bereits ein persönliches Versagen sei, nur an zweiter und nicht an erster Stelle zu stehen.

Kapitel 20

Berechnungen

Im allgemeinen ist es üblich, an den Anfang der kosmobiologischen Arbeit die Berechnung des Kosmogramms zu stellen und dann erst zu zeigen, was alles mit einem Geburtsbild getan werden kann. Meine vieljährige Seminar- und Ausbildungstätigkeit in unserem Institut hat mich jedoch gelehrt, daß es für viele an Grenzgebieten interessierte Menschen schwer ist, sich auf die mathematisch-astronomischen Anforderungen einzustellen. Ich gehe deshalb den umgekehrten Weg: Zuerst sollen Schüler oder Leser für sich selbst herausfinden, ob sie sich mit der Kosmobiologie beschäftigen wollen; erst wenn ungefähr ein Überblick darüber besteht, warum die eine und andere Berechnung ausgeführt werden muß, ist nach meiner Ansicht die Zeit gekommen, sich mit den mehr technischen Fragen zu beschäftigen. Mit anderen Worten: Erst einmal muß man auf den »Geschmack« gekommen sein, und dann wird man auch gern die eine oder andere Mühe wie das Rechnen auf sich nehmen, denn dann ist man dazu motiviert. Auch wenn es heute sehr gute Unternehmen gibt, die durch hochwertige Computerprogramme die eigene Rechen- und Zeichenarbeit abnehmen, sollte trotzdem auch der »handwerkliche« Teil der Kosmobiologie erlernt werden, damit man auch nachvollziehen kann, warum die eine und andere Rechenarbeit geleistet werden muß.

Zur Berechnung eines Kosmogramms oder Geburtsbildes benötigen wir die Ephemeriden mit den astronomischen Positionen der Gestirne, also Sonne, Mond und Planeten einschließlich des Mondknotens. Ein Ephemeridenblatt haben wir schon eingangs kennengelernt (Abbildung 4). Wir kennen auch schon die unterschiedlichen Bewegungen der Gestirne. Mit der Sternzeit in den Ephemeriden, der Ortszeit, den Längen- und Breitengraden des Geburtsortes können wir die Sternzeit der Geburt errechnen. Mit diesem Wert können wir aus den *Häusertabellen des Geburtsortes* (117) das Medium Coeli, den Aszendenten und die Positionen der Zwischenhäuser entnehmen.

Für die Interpolation, das heißt die Errechnung der Zwischenwerte innerhalb von vierundzwanzig Stunden – die Angaben in den Ephemeriden sind für alle vierundzwanzig Stunden angegeben –, verwenden wir die *Hilfstabellen zur Berechnung der Gestirnstände* von Reinhold Ebertin (118). Zur besseren Übersicht über die Rechenvorgänge empfiehlt sich das Berechnungsformular BF (Ebertin Verlag). Es eignet sich aber auch das Berechnungsschema auf dem Formular BH 17,5.

Wir schreiten nun Schritt für Schritt zur Berechnung des Kosmogramms und verwenden hierfür das folgende Datum:

16. März 1984, Stuttgart, 18:00 Uhr MEZ (Mitteleuropäische Zeit)

Abbildung 97 zeigt uns das Ephemeridenblatt vom März 1984. Die Positionen der Gestirne werden meist nach 0 Uhr Greenwichzeit (GMT) berechnet. Es ist deshalb nötig, die jeweilige Zonenzeit – in unserem Fall ist es die Mitteleuropäische Zeit – auf Greenwichzeit umzurechnen. 18:00 Uhr MEZ entspricht 17:00 Uhr GMT. Die Zeit 17:00 Uhr GMT liegt zwischen 0:00 Uhr GMT am 16. März und 0:00 Uhr GMT am 17. März 1984. Dementsprechend benötigen wir aus der Ephemeride die Positionen für den 16. und 17. März 1984 und errechnen später die entsprechenden Zwischenwerte.

Bei den langsam laufenden Planeten wird es teilweise möglich sein, im Kopf auszurechnen, wie weit sich ein Planet innerhalb von siebzehn Stunden – von 0 Uhr bis 17 Uhr GMT – bewegt hat. Bei den schneller laufenden Planeten und bei Sonne und Mond wird es sinnvoll sein, sich der schon genannten *Hilfstabellen* zu bedienen. Wir beginnen mit einfachen Rechnungen, für die sich die langsam laufenden Planeten anbieten. Auf diese Weise wird es uns leichter möglich sein, die zunehmend etwas schwieriger werdenden Rechnungen zu verstehen.

Pluto

Position am 17. März 1984	1° 39′ Skorpion R
Position am 16. März 1984	1° 40′ Skorpion R
Bewegung in 24 Stunden	01′

Nachdem 17:00 Uhr GMT näher bei 0:00 Uhr des 17. März 1984 als bei 0:00 Uhr des 16. März 1984 liegt, tragen wir in unser Berechnungsformular (siehe Abb. 106) für die Pluto-Position 1° 39′ Skorpion R ein.

276

MARCH 1984

LONGITUDE for 0h

Day Jour		S. T. h	m	s	☉ °	'	"	☽ °	'	"	☿ °	'	♀ °	'
Th	1	10	35	55	10 ♓	35	41	21 ♒	20	28	03 ♓	59	13 ♒	19
F	2	10	39	52	11	35	54	03 ♓	12	44	05	47	14	33
Sa	3	10	43	48	12	36	06	15	04	42	07	36	15	47
Su	4	10	47	45	13	36	16	26	57	38	09	26	17	01
M	5	10	51	41	14	36	24	08 ♈	52	51	11	17	18	15
T	6	10	55	38	15	36	29	20	51	58	13	09	19	29
W	7	10	59	34	16	36	33	02 ♉	57	12	15	02	20	43
Th	8	11	03	31	17	36	35	15	11	23	16	56	21	57
F	9	11	07	28	18	36	35	27	38	03	18	51	23	11
Sa	10	11	11	24	19	36	32	10 ♊	21	16	20	47	24	25
Su	11	11	15	21	20	36	28	23	25	17	22	44	25	39
M	12	11	19	17	21	36	21	06 ♋	53	58	24	42	26	53
T	13	11	23	14	22	36	12	20	50	02	26	40	28	07
W	14	11	27	10	23	36	01	05 ♌	14	03	28	38	29	21
Th	15	11	31	07	24	35	47	20	03	30	00 ♈	37	00 ♓	35
F	16	11	35	03	25	35	31	05 ♍	12	14	02	36	01	49
Sa	17	11	39	00	26	35	14	20	30	49	04	35	03	03
Su	18	11	42	56	27	34	54	05 ♎	47	50	06	34	04	17
M	19	11	46	53	28	34	32	20	52	01	08	32	05	31
T	20	11	50	50	29	34	08	05 ♏	34	16	10	29	06	45
W	21	11	54	46	00 ♈	33	42	19	48	52	12	24	07	59
Th	22	11	58	43	01	33	15	03 ♐	33	45	14	18	09	13
F	23	12	02	39	02	32	46	16	49	55	16	10	10	27
Sa	24	12	06	36	03	32	15	29	40	32	17	59	11	41
Su	25	12	10	32	04	31	43	12 ♑	10	01	19	45	12	55
M	26	12	14	29	05	31	08	24	23	13	21	28	14	10
T	27	12	18	25	06	30	32	06 ♒	24	57	23	07	15	24
W	28	12	22	22	07	29	54	18	19	36	24	42	16	38
Th	29	12	26	19	08	29	15	00 ♓	10	53	26	12	17	52
F	30	12	30	15	09	28	33	12	01	51	27	37	19	06
Sa	31	12	34	12	10 ♈	27	49	23 ♓	54	50	28 ♈	57	20 ♓	20

Day Jour		♂ °	'	♃ °	'	♄ °	'	♅ °	'	♆ °	'	♇ °	'	☊ True °	'
Th	1	21 ♏	52	07 ♑	50	16 ♏R	22	13 ♐	26	01 ♑	08	01 ♏R	57	11 ♊R	32
F	2	22	12	08	00	16	21	13	27	01	09	01	56	11	17
Sa	3	22	31	08	09	16	20	13	28	01	10	01	55	11	02
Su	4	22	49	08	18	16	19	13	28	01	11	01	54	10	47
M	5	23	08	08	27	16	18	13	29	01	12	01	53	10	34
T	6	23	26	08	36	16	17	13	30	01	13	01	52	10	24
W	7	23	43	08	45	16	16	13	30	01	14	01	51	10	16
Th	8	24	00	08	54	16	15	13	31	01	14	01	50	10	11
F	9	24	17	09	03	16	14	13	32	01	15	01	49	10	09
Sa	10	24	33	09	11	16	12	13	32	01	16	01	48	10 D	09
Su	11	24	48	09	19	16	11	13	32	01	17	01	46	10 R	09
M	12	25	04	09	27	16	09	13	33	01	18	01	45	10	08
T	13	25	18	09	36	16	08	13	33	01	18	01	44	10	05
W	14	25	32	09	43	16	06	13	33	01	19	01	43	10	00
Th	15	25	46	09	51	16	04	13	34	01	20	01	42	09	53
F	16	25	59	09	59	16	02	13	34	01	20	01	40	09	43
Sa	17	26	12	10	06	16	00	13	34	01	21	01	39	09	32
Su	18	26	24	10	14	15	58	13	34	01	21	01	38	09	22
M	19	26	36	10	21	15	55	13 R	34	01	22	01	36	09	13
T	20	26	47	10	28	15	53	13	34	01	22	01	35	09	07
W	21	26	58	10	35	15	51	13	34	01	23	01	34	09	03
Th	22	27	08	10	42	15	48	13	33	01	23	01	32	09	01
F	23	27	17	10	49	15	46	13	33	01	24	01	31	09 D	01
Sa	24	27	26	10	55	15	43	13	33	01	24	01	29	09	02
Su	25	27	34	11	01	15	40	13	33	01	24	01	28	09 R	02
M	26	27	42	11	08	15	37	13	32	01	24	01	27	09	00
T	27	27	49	11	14	15	34	13	32	01	25	01	25	08	55
W	28	27	55	11	20	15	31	13	31	01	25	01	24	08	49
Th	29	28	01	11	25	15	28	13	31	01	25	01	22	08	40
F	30	28	06	11	31	15	25	13	30	01	25	01	21	08	29
Sa	31	28 ♏	10	11 ♑	36	15 ♏R	22	13 ♐R	30	01 ♑	25	01 ♏R	19	08 ♊R	17

DECLINATION for 0h

Tag Dia		☉ °	'	☽ °	'	☿ °	'	♀ °	'	♂ °	'
Th	1	07 S	36	18 S	49	12 S	00	17 S	20	16 S	40
F	2	07	13	14	55	11	19	17	01	16	46
Sa	3	06	50	10	28	10	36	16	42	16	51
Su	4	06	27	05	36	09	52	16	22	16	56
M	5	06	04	00	31	09	07	16	02	17	01
T	6	05	40	04 N	37	08	20	15	41	17	06
W	7	05	17	09	38	07	33	15	19	17	10
Th	8	04	54	14	21	06	44	14	58	17	15
F	9	04	30	18	34	05	54	14	36	17	20
Sa	10	04	07	22	01	05	03	14	13	17	24
Su	11	03	43	24	26	04	11	13	50	17	28
M	12	03	20	25	32	03	18	13	27	17	32
T	13	02	56	25	05	02	24	13	04	17	36
W	14	02	32	22	58	01	29	12	40	17	40
Th	15	02	09	19	17	00	34	12	15	17	44
F	16	01	45	14	15	00 N	22	11	51	17	48
Sa	17	01	21	08	17	01	18	11	26	17	51
Su	18	00	58	01	50	02	15	11	00	17	55
M	19	00	34	04 S	39	03	11	10	35	17	58
T	20	00	10	10	45	04	08	10	09	18	02
W	21	00 N	13	16	05	05	03	09	43	18	05
Th	22	00	37	20	24	05	58	09	16	18	08
F	23	01	01	23	29	06	53	08	50	18	11
Sa	24	01	24	25	14	07	46	08	23	18	13
Su	25	01	48	25	39	08	38	07	56	18	16
M	26	02	12	24	48	09	28	07	28	18	19
T	27	02	35	22	48	10	16	07	01	18	21
W	28	02	59	19	51	11	02	06	33	18	24
Th	29	03	22	16	05	11	46	06	05	18	26
F	30	03	45	11	43	12	27	05	37	18	28
Sa	31	04 N	09	06 S	53	13 N	06	05 S	09	18 S	30

Tag Dia		♃ °	'	♄ °	'	♅ °	'	♆ °	'	♇ °	'
Th	1	22 S	57	14 S	21	22 S	22	22 S	16	04 N	04
F	2	22	57	14	21	22	22	22	16	04	04
Sa	3	22	56	14	20	22	22	22	16	04	05
Su	4	22	56	14	20	22	22	22	15	04	06
M	5	22	55	14	19	22	22	22	15	04	06
T	6	22	55	14	19	22	23	22	15	04	07
W	7	22	54	14	18	22	23	22	15	04	08
Th	8	22	54	14	18	22	23	22	15	04	09
F	9	22	53	14	17	22	23	22	15	04	09
Sa	10	22	53	14	17	22	23	22	15	04	10
Su	11	22	52	14	16	22	23	22	15	04	11
M	12	22	52	14	15	22	23	22	15	04	12
T	13	22	51	14	15	22	23	22	15	04	12
W	14	22	51	14	14	22	23	22	15	04	13
Th	15	22	50	14	13	22	23	22	15	04	14
F	16	22	50	14	13	22	23	22	15	04	15
Sa	17	22	49	14	12	22	23	22	15	04	15
Su	18	22	49	14	11	22	23	22	15	04	16
M	19	22	48	14	10	22	23	22	15	04	17
T	20	22	48	14	09	22	23	22	15	04	17
W	21	22	47	14	09	22	23	22	15	04	18
Th	22	22	47	14	08	22	23	22	15	04	19
F	23	22	46	14	07	22	23	22	15	04	20
Sa	24	22	46	14	06	22	23	22	15	04	20
Su	25	22	45	14	05	22	23	22	15	04	21
M	26	22	45	14	04	22	23	22	15	04	22
T	27	22	44	14	03	22	23	22	15	04	23
W	28	22	44	14	02	22	23	22	15	04	23
Th	29	22	44	14	01	22	23	22	15	04	24
F	30	22	43	14	00	22	23	22	15	04	25
Sa	31	22 S	43	13 S	59	22 S	23	22 S	14	04 N	25

● ☽ PHASES ○ ☾

DAY	h m	PHASE	LONG.
2	18:32	●	12 ♓ 22
10	18:28	☽	20 ♊ 23
17	10:11	○	27 ♍ 01
24	07:59	☾	03 ♑ 52

LAST ASPECT ☽ INGRESS

DAY	h m		DAY	h m
1	01:06	♓	1	17:30
3	15:26	♈	4	06:08
5	20:55	♉	6	18:10
8	17:25	♊	9	04:30
11	04:26	♋	11	11:49
13	11:22	♌	13	15:22
15	09:14	♍	15	15:48
17	10:11	♎	17	14:52
18	12:19	♏	19	14:50
21	12:32	♐	21	17:42
22	22:35	♑	24	00:37
26	06:38	♒	26	11:10
28	19:34	♓	28	23:38
31	08:36	♈	31	12:15

DATA for 0h
1 MARCH 1984

JULIAN DAY	=	2445760.5
☽ ☊ MEAN	=	11° ♊ 21′
SVP	=	05° ♓ 29′ 06″
AYANAMSA	=	23° 37′ 53″
ECLIPTIC OBL.	=	23° 26′ 32″
NUTATION	=	– 14″.97

ASPECTARIAN

DAY	h m	
1	01:06	☽□♂
	02:21	♀✶♅
	10:30	☽∥♀
	13:25	☽∥♂
	19:49	☽✶♆
	21:24	☽△♇
2	03:16	☽∥♄
	06:07	☽☌☿
	09:49	☽✶♃
	15:07	♀∥♂
	18:32	☉☌☽
	20:43	☽□♅
	23:09	☽∥☿
3	02:32	☽△♄
	07:59	☿✶♃
	10:44	♀□♄
	15:26	☽△♂
	19:35	☉∥☽
	20:49	☉□♅
4	07:11	☽∥♇
	08:31	☽□♆
	23:08	☽□♃
5	09:15	☽△♅
	20:55	☽✶♀
	21:41	☽∥♇
6	04:26	☿□♅
	04:39	☉∥☽
	15:17	☽∥☿
	16:04	☉△♄
	20:35	☽△♆
	21:49	☽☍♇
7	11:33	☽△♃
	15:26	☿△♄
	23:41	☽∥♄
8	02:04	☽☍♄
	03:01	☽∥♀
	04:02	☽✶☿
	05:07	☉✶☽
	14:32	☽□♀
	16:23	☽∥♂
	17:25	☽☍♂
	17:33	☉☌☿
9	20:16	♀∥♄
	20:48	☉∥♇
10	01:54	☽∥♆
	02:57	☽∥♅
	03:09	♀□♂
	05:54	☽☍♅
	07:16	☽∥♃
	18:28	☉□☽
	22:33	☽□☿
	23:55	☿∥♇
11	04:26	☽△♀
	14:06	☽☍♆
	14:57	☽△♇
	22:16	☉∥☿
12	04:31	☽☍♃
	05:04	☿△♂
	16:00	☽△♄
13	03:13	☉△☽
	07:40	☽△♂
	11:22	☽△☿
	18:13	☽□♇
14	01:00	☽∥♃
	04:32	☽∥♅
	05:31	☽∥♆
	12:36	♀ ♓
	13:33	☽△♅
	16:28	☿ ♈
	17:36	☽□♄
15	07:53	☽∥♂
	08:34	☿□♆
	09:14	☽□♂
	14:32	♀✶♆
	17:54	☽△♆
	18:12	☽☍♀
	18:27	☽✶♇
	21:10	♀△♇
16	00:11	☽∥♄
	07:34	☽△♃
	10:49	☽∥♀
	12:16	☉△♂
	13:07	☽□♅
	16:57	☽✶♄
17	00:54	☉∥☿
	09:02	☽✶♂
	10:11	☉☍☽
	15:04	☽∥♇
	17:00	☽□♆
	22:40	☽∥☿
18	01:24	☽☍☿
	03:24	☉∥☽
	06:14	♅ R
	07:04	☽□♃
	09:40	☉∥☽
	12:19	☽✶♅
	17:34	☽∥☿
	22:35	☽∥♇
19	17:04	☽✶♆
	17:26	☽☌♇
	21:42	☽∥♀
	23:51	☿□♃
20	02:09	☽△♀
	04:19	☿∥♇
	08:14	☽✶♃
	10:25	☉ ♈
	14:49	☽∥♄
	17:15	☽☌♄
21	10:27	☽∥♂
	12:32	☽☌♂
	14:31	☿△♅
	19:55	☉□♆
	20:10	☉△☽
22	11:11	☽□♀
	13:11	☽∥♆
	14:18	☽∥♅
	17:32	☽∥♃
	18:00	☽☌♅
	22:35	☽△☿
23	07:31	♀✶♃
24	03:16	☽☌♆
	03:27	☽✶♇
	07:59	☉□☽
	11:10	☿∥♀
	21:46	☽☌♃
25	01:38	☽✶♀
	06:48	☽✶♄
	11:59	♀□♅
	17:18	☽□☿
26	06:38	☽✶♂
	14:01	☽□♇
27	00:12	☉✶☽
	00:38	☽∥♃
	03:20	♀△♄
	03:57	☽∥♅
	05:11	☽∥♆
	05:35	♆✶♇
	14:18	☽✶♅
	18:21	☽□♄
28	09:42	☽∥♂
	14:47	☽✶☿
	19:34	☽□♂
29	02:24	☽△♇
	02:30	☽✶♆
	11:46	☽∥♄
	20:38	☽∥☿
	22:57	☽✶♃
30	02:59	☽□♅
	06:49	☽△♄
	15:56	☽☌♀
31	08:36	☽△♂
	09:12	☽∥♀
	11:42	☽∥♇
	12:08	☉∥☽
	15:06	☽□♆
	17:51	☉∥♇
	20:26	☿ ♉

Abb. 97 Eine Seite aus der *Rosenkreuzer-Ephemeride 1900–2000*

Achtung! R = rückläufig muß bei den Ausrechnungen unbedingt mit angegeben werden. Diese Information ist deshalb wichtig, weil rückläufige Planeten erfahrungsgemäß stärker wirken. Auch für die Ausrechnung der Progressionen ist es nötig zu wissen, ob ein Planet direktläufig, stationär oder rückläufig ist.

Neptun

Position am 17. März 1984	1° 21′ Steinbock
Position am 16. März 1984	1° 20′ Steinbock

Bewegung in 24 Stunden	01′

Auch Neptun bewegt sich innerhalb von vierundzwanzig Stunden nur um 1′ fort. Da 17:00 Uhr GMT wiederum näher bei 0:00 Uhr des 17. März 1984 liegt, tragen wir für die Neptunposition 1° 21′ Steinbock in unser Berechnungsformular ein.

Uranus

Position am 17. März 1984	13° 34′ Schütze
Position am 16. März 1984	13° 34′ Schütze

Bewegung in 24 Stunden	00′

Der Blick auf das Ephemeridenblatt zeigt uns, daß der Uranus von der Direktläufigkeit in die Rückläufigkeit übergeht und in den Tagen um den 16. März 1984 stationär ist. Wir können deshalb 13° 34′ Schütze eintragen und schreiben ein st. (= stillstehend) dazu. Stillstehend natürlich geozentrisch gesehen. Das hängt mit der »spiraligen Schleifenbewegung« des Planeten zusammen.

Saturn

Position am 17. März 1984	16° 00′ Skorpion R
Position am 16. März 1984	16° 02′ Skorpion R

Bewegung in 24 Stunden	02′

In vierundzwanzig Stunden bewegt sich Saturn um 2′ fort, das heißt, der Saturn würde um 12 Uhr mittags GMT auf 16° 01′ Skorpion stehen. 17:00 Uhr GMT ist von 12:00 Uhr GMT fünf Stunden und von 00:00 Uhr GMT des folgenden Tages (17. März 1984) sieben Stunden entfernt. Wir werden deshalb in unser Formular als Position für den Saturn 16° 01′ Skorpion R eintragen.

Jupiter

Position am 17. März 1984	10° 06′ Steinbock
Position am 16. März 1984	9° 59′ Steinbock

Bewegung in 24 Stunden	07′

In diesem Fall können wir entweder im Kopf rechnen oder die *Hilfstabellen* verwenden. Eine Bewegung von 7′ in vierundzwanzig Stunden bedeutet, daß sich der Planet in rund drei Stunden um 1′ fortbewegt (24 : 7 = 3.43). In siebzehn Stunden liegt die Bewegung bei 4′ bis 5′.

Greifen wir als Hilfe zur obengenannten Tabelle (Abbildung 98): Auf Seite 25 der *Hilfstabellen* finden wir die Überschrift »Tabelle zur Berechnung der Planeten«. In der Kopfzeile finden wir die Bewegung in vierundzwanzig Stunden mit 7′, 8′, 9′, 10′, 15′ und 20′. Gehen wir in der Kolumne für 7′ in vierundzwanzig Stunden nach unten, bis wir ganz links auf die Angabe »17 Std.« stoßen. Wir können dann für die Bewegung in siebzehn Stunden bei einem Tagesbogen von 7′ eine Bewegung von 4′ 58″ = aufgerundet 5′ ablesen. Demnach können wir notieren:

Tabelle zur Berechnung der Planeten

	7'	8'	9'	10'	15'	20'
	1,46"	1,67"	1,89"	2,08"	3,13"	4,17"
5 Min.	1"	2"	2"	2"	3"	4"
10 Min.	3	3	4	4	6	8
15 Min.	4	5	6	6	9	13
20 Min.	6	7	8	8	13	17
25 Min.	7	8	9	10	16	21
30 Min.	9	10	11	12	19	25
35 Min.	10	12	13	15	22	29
40 Min.	12	13	15	17	25	33
45 Min.	13	15	17	19	28	38
50 Min.	15	17	19	21	31	42
55 Min.	16	18	21	23	34	46
	17,5"	20,0"	22,5"	25,0"	37,5"	50,0"
1 Std.	18"	20"	23"	25"	38"	50"
2 Std.	35	40	45	50	1'15"	1'40"
3 Std.	53	1'00"	1'08"	1'15"	1 53	2 30
4 Std.	1'10"	1 20	1 30	1 40	2 30	3 20
5 Std.	1 28	1 40	1 53	2 05	3 08	4 10
6 Std.	1 45	2 00	2 15	2 30	3 45	5 00
7 Std.	2 03	2 20	2 38	2 55	4 23	5 50
8 Std.	2 20	2 40	3 00	3 20	5 00	6 40
9 Std.	2 38	3 00	3 23	3 45	5 38	7 30
10 Std.	2 55	3 20	3 45	4 10	6 15	8 20
11 Std.	3 13	3 40	4 08	4 35	6 53	9 10
12 Std.	3 30	4 00	4 30	5 00	7 30	10 00
13 Std.	3 48	4 20	4 53	5 25	8 08	10 50
14 Std.	4 05	4 40	5 15	5 50	8 45	11 40
15 Std.	4 23	5 00	5 38	6 15	9 23	12 30
16 Std.	4 40	5 20	6 00	6 40	10 00	13 20
17 Std.	4 58	5 40	6 23	7 05	10 38	14 10
18 Std.	5 15	6 00	6 45	7 30	11 15	15 00
19 Std.	5 33	6 20	7 08	7 55	11 53	15 50
20 Std.	5 50	6 40	7 30	8 20	12 30	16 40
21 Std.	6 08	7 00	7 53	8 45	13 08	17 30
22 Std.	6 25	7 20	8 15	9 10	13 45	18 20
23 Std.	6 43	7 40	8 38	9 35	14 23	19 10
24 Std.	7 00	8 00	9 00	10 00	15 00	20 00

Abb. 98 Eine Seite aus den *Hilfstabellen zur Berechung der Gestirnstände* von Reinhold Ebertin. Die Angaben zur Berechung des Jupiter und des Mars sind eingerahmt.

280

| Position am 16. März 1984 | 9° 59′ Steinbock (0 Uhr GMT) |
| Bewegung in 17 Stunden | 0° 05′ |

| Position am 16. März 1984 | 10° 04′ Steinbock (17 Uhr GMT) |

Die folgenden Positionen werden am besten mit den *Hilfstabellen* berechnet, sofern man nicht einen Taschenrechner zur Verfügung hat.

Mars

| Position am 17. März 1984 | 26° 12′ Skorpion |
| Position am 16. März 1984 | 25° 59′ Skorpion |

| Bewegung in 24 Stunden | 13′ |

Das ist wieder ein Wert, der sich zum Kopfrechnen durchaus anbietet. Er bedeutet, daß sich der Planet alle zwei Stunden um rund 1′ weiterbewegt. Von 0:00 Uhr GMT des 16. März 1984 bis 17:00 Uhr GMT des gleichen Tages wären das rund 8½′. Wir runden auf 9′ auf und tragen in das Formular 26° 08′ Skorpion ein (25° 59′ + 9′ = 26° 08′).

Wir nehmen zur Übung auch den Weg über die Tabelle: Auf Seite 25 der *Hilfstabellen* suchen wir nach den Tagesbewegungen bei 10′ und 15′. Für siebzehn Stunden finden wir Tagesbewegungen von 7′ 05″ beziehungsweise 10′ 38″. Die Tagesbewegung von 13′ liegt zwischen diesen beiden Werten. Eine kurze Rechnung im Kopf zeigt uns, daß wir mit 9′ innerhalb von siebzehn Stunden durchaus richtig liegen.

Venus

| Position am 17. März 1984 | 3° 03′ Fische |
| Position am 16. März 1984 | 1° 49′ Fische |

| Bewegung in 24 Stunden | 1° 14′ |

Bei dieser Tagesbewegung läßt sich nicht mehr ohne weiteres im Kopf rechnen, wie weit sich die Venus innerhalb von siebzehn Stunden bewegt.

Tabelle zur Berechnung der Planeten

	55'	1°00'	1°05'	1°10'	1°15'	1°20'
	11,46"	12,50"	13,54"	14,58"	15,63"	16,67"
5 Min.	11"	13"	14"	15"	16"	17"
10 Min.	23	25	27	29	31	33
15 Min.	34	38	41	44	47	50
20 Min.	46	50	54	58	1'03"	1'07"
25 Min.	57	1'03"	1'08"	1'13"	1 18	1 23
30 Min.	1'09"	1 15	1 21	1 27	1 34	1 40
35 Min.	1 20	1 28	1 35	1 42	1 49	1 57
40 Min.	1 32	1 40	1 48	1 57	2 05	2 13
45 Min.	1 43	1 53	2 02	2 11	2 21	2 30
50 Min.	1 55	2 05	:	2 26	2 36	2 47
55 Min.	2 06	2 18	2 29	2 40	2 52	3 03
	2'17,5"	2'30,0"	2'42,5"	2'55,0"	3'07,5"	3'20,0"
1 Std.	2'18"	2'30"	2'43"	2'55"	3'08"	3'20"
2 Std.	4 35	5 00	5 25	5 50	6 15	6 40
3 Std.	6 53	7 30	8 08	8 45	9 23	10 00
4 Std.	9 10	10 00	10 50	11 40	12 30	13 20
5 Std.	11 28	12 30	13 33	14 35	15 38	16 40
6 Std.	13 45	15 00	16 15	17 30	18 45	20 00
7 Std.	16 03	17 30	18 58	20 25	21 53	23 20
8 Std.	18 20	20 00	21 40	23 20	25 00	26 40
9 Std.	20 38	22 30	24 23	26 15	28 08	30 00
10 Std.	22 55	25 00	27 05	29 10	31 15	33 20
11 Std.	25 13	27 30	29 48	32 05	34 23	36 40
12 Std.	27 30	30 00	32 30	35 00	37 30	40 00
13 Std.	29 48	32 30	35 13	37 55	40 38	43 20
14 Std.	32 05	35 00	37 55	40 50	43 45	46 40
15 Std.	34 23	37 30	40 38	43 45	46 53	50 00
16 Std.	36 40	40 00	43 20	46 40	50 00	53 20
17 Std.	38 58	42 30	46 03	49 35	53 08	56 40
18 Std.	41 15	45 00	48 55	52 30	56 15	1°00'00"
19 Std.	43 33	47 30	51 38	55 25	59 23	1 03 20
20 Std.	45 50	50 00	54 10	58 20	1°02'30"	1 06 40
21 Std.	48 08	52 30	56 53	1°01'15"	1 05 38	1 11 00
22 Std.	50 25	55 00	59 45	1 04 10	1 08 45	1 13 20
23 Std.	52 43	57 30	1°02'28"	1 07 05	1 11 53	1 16 40
24 Std.	55 00	1°00'00"	1 05 00	1 10 00	1 15 00	1 20 00

Abb. 99

Wir greifen deshalb gleich zu den *Hilfstabellen* und müssen Seite 27 aufschlagen (vergleiche Abbildung 99). In der Kopfzeile finden wir den Wert 1° 15'. Für siebzehn Stunden erhalten wir in dieser Kolumne eine Bewegung von 53' 08". Wir notieren 53' und können folgende Rechnung aufstellen:

Position am 16. März 1984	1° 49' Fische (für 0 Uhr GMT)
Bewegung in 17 Stunden	0° 53'

Position am 16. März 1984	2° 42' Fische (für 17 Uhr GMT)

Merkur

Position am 17. März 1984	4° 35' Widder
Position am 16. März 1984	2° 36' Widder

Bewegung in 24 Stunden	1° 59'

Wir arbeiten wieder mit den *Hilfstabellen* und finden auf Seite 29 in der Kopfzeile die Bewegung in vierundzwanzig Stunden mit 2° 00'. Für eine Bewegung in siebzehn Stunden stoßen wir auf den Wert von 1° 25' 00" (Abbildung 100). Wir haben wie folgt zu rechnen:

Position am 16. März 1984	2° 36' Widder (für 0 Uhr GMT)
Bewegung in 17 Stunden	1° 25'

Position am 16. März 1984	4° 01' Widder (für 17 Uhr GMT)

Tabelle zur Berechnung der Planeten

	1°55'	2°00'	2°05'	2°10'	2°15'
	23,96"	25,00"	26,04"	27,08"	28,13"
5 Min.	24"	25"	26"	27"	28"
10 Min.	48	50	52	54	56
15 Min.	1'12"	1'15"	1'18"	1'21"	1'24"
20 Min.	1 36	1 40	1 44	1 48	1 53
25 Min.	2 00	2 05	2 10	2 15	2 21
30 Min.	2 24	2 30	2 36	2 42	2 49
35 Min.	2 48	2 55	3 02	3 10	3 17
40 Min.	3 12	3 20	3 28	3 37	3 45
45 Min.	3 36	3 45	3 54	4 04	4 13
50 Min.	4 00	4 10	4 20	4 31	4 41
55 Min.	4 24	4 35	4 46	4 58	5 09
	4'47,5"	5'00,0"	5'12,5"	5'25,0"	5'37,5"
1 Std.	4'48"	5'00"	5'13"	5'25"	5'38"
2 Std.	9 35	10 00	10 25	10 50	11 15
3 Std.	14 23	15 00	15 38	16 15	16 53
4 Std.	19 10	20 00	20 50	21 40	22 30
5 Std.	23 58	25 00	26 03	27 05	28 08
6 Std.	28 45	30 00	31 15	32 30	33 45
7 Std.	33 33	35 00	36 28	37 55	39 23
8 Std.	38 20	40 00	41 40	43 20	45 00
9 Std.	43 08	45 00	46 53	48 45	50 38
10 Std.	47 55	50 00	52 05	54 10	56 15
11 Std.	52 43	55 00	57 18	59 35	1°01'53"
12 Std.	57 30	1°00'00"	1°02'30"	1°05'00"	1 07 30
13 Std..	1°02'18"	1 05 00	1 07 43	1 10 25	1 13 08
14 Std.	1 07 05	1 10 00	1 12 55	1 15 50	1 18 45
15 Std.	1 11 53	1 15 00	1 18 08	1 21 15	1 24 23
16 Std.	1 16 40	1 20 00	1 23 20	1 26 40	1 30 00
17 Std.	1 21 28	1 25 00	1 28 33	1 32 05	1 35 38
18 Std.	1 26 15	1 30 00	1 33 45	1 37 30	1 41 15
19 Std.	1 31 03	1 35 00	1 38 58	1 42 55	1 46 53
20 Std.	1 35 50	1 40 00	1 44 10	1 48 20	1 52 30
21 Std.	1 40 38	1 45 00	1 49 23	1 53 45	1 58 08
22 Std.	1 45 25	1 50 00	1 54 35	1 59 10	2 03 45
23 Std.	1 50 13	1 55 00	1 59 48	2 04 35	2 09 23
24 Std.	1 55 00	2 00 00	2 05 00	2 10 00	2 15 00

Abb. 100

Tabelle zur Berechnung der Sonnenbewegung

☉	59'35"	59'40"	59'45"	59'50"	59'55"	1°00'00"
	12,41"	12,43"	12,45"	12,47"	12,48"	12,50"
5 Min.	12"	12"	12"	12"	12"	12"
10 Min.	25	25	25	25	25	25
15 Min.	37	37	37	38	38	38
20 Min.	50	50	50	50	50	50
25 Min.	1'02"	1'02"	1'02"	1'03"	1'03"	1'03"
30 Min.	1 14	1 15	1 15	1 15	1 15	1 15
35 Min.	1 27	1 27	1 27	1 28	1 28	1 28
40 Min.	1 39	1 39	1 40	1 40	1 40	1 40
45 Min.	1 52	1 52	1 52	1 52	1 52	1 53
50 Min.	2 04	2 04	2 05	2 05	2 05	2 05
55 Min.	2 17	2 17	2 17	2 17	2 17	2 18
	2'28,96"	2'29,17"	2'29,38"	2'29,58"	2'29,79"	2'30,00"
1 Std.	2'29"	2'29"	2'29"	2'30"	2'30"	2'30"
2 Std.	4 58	4 58	4 59	4 59	5 00	5 00
3 Std.	7 27	7 28	7 28	7 29	7 29	7 30
4 Std.	9 56	9 57	9 58	9 58	9 59	10 00
5 Std.	12 25	12 26	12 27	12 28	12 29	12 30
6 Std.	14 54	14 55	14 56	14 57	14 59	15 00
7 Std.	17 23	17 24	17 26	17 27	17 29	17 30
8 Std.	19 52	19 53	19 55	19 57	19 58	20 00
9 Std.	22 21	22 23	22 24	22 26	22 28	22 30
10 Std.	24 50	24 52	24 54	24 56	24 58	25 00
11 Std.	27 19	27 21	27 23	27 25	27 28	27 30
12 Std.	29 48	29 50	29 53	29 55	29 57	30 00
13 Std.	32 16	32 19	32 22	32 25	32 27	32 30
14 Std.	34 45	34 48	34 51	34 54	34 57	35 00
15 Std.	37 14	37 18	37 21	37 24	37 24	37 30
16 Std.	39 43	39 47	39 50	39 53	39 57	40 00
17 Std.	42 12	42 16	42 19	42 23	42 26	42 30
18 Std.	44 41	44 45	44 49	44 52	44 56	45 00
19 Std.	47 10	47 14	47 18	47 22	47 26	47 30
20 Std.	49 39	49 43	49 48	49 52	49 56	50 00
21 Std.	52 08	52 13	52 17	52 21	52 26	52 30
22 Std.	54 37	54 42	54 46	54 51	54 55	55 00
23 Std.	57 06	57 11	57 16	57 20	57 25	57 30
24 Std.	59 35	59 40	59 45	59 50	59 55	1 00'00"

Abb. 101

Tabelle zur Berechnung der Mondbewegung

☽	15°15'	15°20'	15°25'	Beispiele
	3'10,625"	3'11,666"	3'12,708"	
5 Min.	3'11"	3'12"	3'13"	
10 Min.	6 21	6 23	6 25	
15 Min.	9 32	9 35	9 38	
20 Min.	12 43	12 47	12 51	
25 Min.	15 53	15 58	16 04	
30 Min.	19 04	19 10	19 16	Wo steht der Mond am 20. 3. 1940 um 3 Uhr 25 Minuten?
35 Min.	22 14	22 22	22 29	
40 Min.	25 25	25 33	25 42	Nach der Mittagsephemeride steht
45 Min.	28 36	28 45	28 54	☽ am 20. 3. 1940 = 13° 05' 49" ♌
50 Min.	31 46	31 57	32 07	19. 3. 1940 = 28° 39' 57" ♋
55 Min.	34 57	35 08	35 20	Tagesbewegung = 14° 25' 52"
	38'07,5"	38'20,0"	38'32,5"	
1 Std.	38'08"	38'20"	38'33"	☽ am 19. 3. 1940 = 28° 39' 57" ♋ laut Tabelle
2 Std.	1°16'15"	1°16'40"	1°17'05"	Spalte 14° 25"
3 Std.	1 54 23	1 55 00	1 55 38	Beweg. i. 15 Std. = 9° 00' 38"
4 Std.	2 32 30	2 33 20	2 34 10	i. 25 Min.= 15' 01"
5 Std.	3 10 38	3 11 40	3 12 43	
6 Std.	3 48 45	3 50 00	3 51 15	7° 55' 36" ♌
7 Std.	4 26 53	4 28 20	4 29 48	
8 Std.	5 05 00	5 06 40	5 08 20	Wo steht der Mond am 6. 8. 1940
9 Std.	5 43 08	5 45 00	5 46 53	um 14 Uhr 20 Minuten Weltzeit?
10 Std.	6 21 15	6 23 20	6 25 25	
11 Std.	6 59 23	7 01 40	7 03 58	☽ am 6. 8. 1940
12 Std.	7 37 30	7 40 00	7 42 30	um 0 Uhr = 12° 59' ♍
13 Std.	8 15 38	8 18 20	8 21 03	
14 Std.	8 53 45	8 56 40	8 59 35	Tagesbewegung des Mondes
15 Std.	9 31 53	9 35 00	9 38 08	= 14° 41'
16 Std.	10 10 00	10 13 20	10 16 40	Beweg. in 14 Std. = 8° 33' 20"
17 Std.	10 48 08	10 51 40	10 55 13	Beweg. in 20 Min. = 12' 13"
18 Std.	11 26 15	11 30 00	11 33 45	
19 Std.	12 04 23	12 08 20	12 12 18	21° 53' 33" ♍
20 Std.	12 42 30	12 46 40	12 50 50	
21 Std.	13 20 38	13 25 00	13 29 23	
22 Std.	13 58 45	14 03 20	14 07 55	
23 Std.	14 36 53	14 41 40	14 46 28	
24 Std.	15 15 00	15 20 00	15 25 00	

Abb. 102

Sonne

Position am 17. März 1984	26° 35′ 14″ Fische
Position am 16. März 1984	25° 35′ 31″ Fische

Bewegung in 24 Stunden	59′ 43″

Auf Seite 12 der *Hilfstabellen* finden wir die »Tabelle zur Berechnung der Sonnenbewegung« (Abbildung 101). Für die Tagesbewegung sehen wir in der Kopfleiste die Werte 59′ 40″ und 59′ 45″.

Innerhalb von siebzehn Stunden haben wir für diese beiden Tagesbewegungen Werte von 42′ 16″ beziehungsweise 42′ 19″. Für die Tagesbewegung von 59′ 43″ kommen wir auf einen Wert von 42′ 18″. Unsere Rechnung geht demnach wie folgt weiter:

Position am 16. März 1984	25° 35′ 31″ Fische (für 0 Uhr GMT)
Bewegung in 17 Stunden	0° 42′ 18″

Position am 16. März 1984	26° 17′ 49″ Fische (für 17 Uhr GMT)

Mond

Position am 17. März 1984	20° 30′ 49″ Jungfrau
Position am 16. März 1984	5° 12′ 14″ Jungfrau

Bewegung in 24 Stunden	15° 18′ 35″

Wir nehmen wieder die *Hilfstabellen* zur Hand und finden in der »Tabelle zur Berechnung der Mondbewegung« (Abbildung 102) auf Seite 23 in der Kopfleiste für die Tagesbewegungen die Werte 15° 15′ und 15° 20′. Für siebzehn Stunden erhalten wir eine Bewegung von 10° 48′ 08″ bzw. 10° 51′ 40″. Als den am nächsten an unsere Ausrechnung von oben mit 15° 18′ 35″ kommenden Wert schreiben wir uns 10° 51′ heraus und erhalten folgende Berechnung:

Position am 16. März 1984   5° 12′ 14″ Jungfrau (für 0 Uhr GMT)
Bewegung in 17 Stunden   10° 51′

Position am 16. März 1984   16° 03′ 14″ Jungfrau (für 17 Uhr GMT)

Die Sekundenwerte können wir für unsere Zwecke vernachlässigen!

Wir haben jetzt gesehen, wie mit größerem Tagesbogen die Ausrechnungen schwieriger werden. Diese Rechenvorgänge sind aber eine Frage der ständigen Übung, womit zunehmend Sicherheit gewonnen wird.

Mondknoten

In den Ephemeriden wird normalerweise der Mittlere Mondknoten angegeben (zum Beispiel *Deutsche Ephemeriden* des Otto Wilhelm Barth-Verlages). In den *Rosenkreuzer-Ephemeriden*, die wir in unseren Berechnungen zugrunde gelegt haben, finden wir den Wahren Mondknoten, der gegenüber dem Mittleren Mondknoten Schwankungen aufweist, aber exakt ist. In der *American Ephemeris* finden wir sowohl den Mittleren als auch den Wahren Mondknoten. Es wird heute mit beiden Mondknoten gearbeitet, die voneinander etwa 1½° differieren können. Viele Fachleute bevorzugen weiterhin den Mittleren Mondknoten, dessen »rückläufige« Bewegung täglich rund 3′ beträgt.

Im vorliegenden Fall haben wir für den Wahren Mondknoten der *Rosenkreuzer-Ephemeride* zwischen dem 16. und 17. März 1984 eine Bewegung von 9′ in vierundzwanzig Stunden. Für siebzehn Stunden würde dies rund 6′ bedeuten. Wir können also als Ergebnis unserer Berechnung 9° 37′ Zwillinge für den Wahren Mondknoten eintragen.

Ein Blick in die *American Ephemeris* (vergleiche Abbildung 103) würde für den Wahren Mondknoten am 16. März 1984 9° 44′ und für den 17. März 1984 9° 33′ Zwillinge ergeben. Für den Mittleren Mondknoten finden wir für den 16. März 1984 10° 34′ und am 17. März 1984 10° 30′ Zwillinge. Das ergibt für 17:00 Uhr GMT einen Mittleren Mondknoten von 10° 31′ Zwillinge.

Nachdem bisher mit dem Mittleren Mondknoten gerechnet und erst in den letzten Jahren auch der Wahre Mondknoten angegeben wurde, kann man beide Positionen in ein Geburtsbild eintragen und mit beiden Werten Erfahrungen sammeln. Für den Wahren Mondknoten sollte jedoch

MARCH 1984

LONGITUDE

DAY	SID. TIME (h m s)	☉ (° ' ")	☽ (° ' ")	☽ 12 Hour (° ' ")	MEAN ☊ (° ')	TRUE ☊ (° ')	☿ (° ')	♀ (° ')	♂ (° ')	♃ (° ')	♄ (° ')	♅ (° ')	♆ (° ')	♇ (° ')
1	10 35 55	10♓ 35 41	21♒ 20 28	27♒ 16 43	11♊ 21	11♊ 32R	3♓ 59	13♒ 19	21♏ 52	7♑ 50	16♏ 22R	13♐ 26	1♑ 8	1♏ 57R
2	10 39 52	11 35 54	3♓ 12 44	9♓ 8 41	11 18	11 18	5 47	14 33	22 12	8 0	16 21	13 27	1 9	1 56
3	10 43 48	12 36 6	15 4 43	21 0 59	11 15	11 3	7 36	15 47	22 31	8 9	16 20	13 28	1 10	1 55
4	10 47 45	13 36 15	26 57 38	2♈ 54 52	11 12	10 48	9 26	17 1	22 49	8 18	16 19	13 28	1 11	1 54
5	10 51 41	14 36 23	8♈ 52 51	14 51 48	11 9	10 35	11 17	18 15	23 8	8 27	16 18	13 29	1 12	1 53
6	10 55 38	15 36 29	20 51 59	26 53 40	11 5	10 24	13 9	19 29	23 25	8 36	16 17	13 30	1 13	1 52
7	10 59 34	16 36 33	2♉ 57 12	9♉ 2 58	11 2	10 17	15 2	20 43	23 43	8 45	16 16	13 30	1 14	1 51
8	11 3 31	17 36 35	15 11 23	21 22 55	10 59	10 12	16 56	21 57	24 0	8 54	16 15	13 31	1 15	1 50
9	11 7 27	18 36 34	27 38 4	3♊ 57 20	10 56	10 10D	18 51	23 11	24 17	9 2	16 14	13 32	1 15	1 49
10	11 11 24	19 36 32	10♊ 21 16	16 50 25	10 53	10 10R	20 47	24 25	24 33	9 11	16 12	13 32	1 16	1 48
11	11 15 21	20 36 27	23 25 17	0♋ 6 20	10 50	10 10	22 44	25 39	24 48	9 19	16 11	13 32	1 17	1 47
12	11 19 17	21 36 21	6♋ 53 58	13 48 28	10 46	10 9	24 42	26 53	25 3	9 27	16 9	13 33	1 18	1 46
13	11 23 14	22 36 12	20 50 2	27 58 37	10 43	10 7	26 40	28 7	25 18	9 36	16 8	13 33	1 18	1 44
14	11 27 10	23 36 1	5♌ 14 3	12♌ 35 54	10 40	10 2	28 38	29 21	25 32	9 43	16 6	13 33	1 19	1 43
15	11 31 7	24 35 47	20 3 30	27 35 59	10 37	9 54	0♈ 37	0♓ 35	25 46	9 51	16 4	13 34	1 20	1 42
16	11 35 3	25 35 31	5♍ 12 15	12♍ 50 59	10 34	9 44	2 36	1 49	25 59	9 59	16 2	13 34	1 20	1 41
17	11 39 0	26 35 13	20 30 49	28 10 15	10 30	9 33	4 35	3 3	26 12	10 6	16 0	13 34	1 21	1 39
18	11 42 56	27 34 53	5♎ 47 50	13♎ 22 10	10 27	9 23	6 34	4 17	26 24	10 14	15 58	13 34R	1 21	1 38
19	11 46 53	28 34 31	20 52 1	28 16 20	10 24	9 14	8 32	5 31	26 36	10 21	15 55	13 34	1 22	1 37
20	11 50 50	29 34 7	5♏ 34 16	12♏ 45 14	10 21	9 7	10 29	6 45	26 47	10 28	15 53	13 34	1 22	1 35
21	11 54 46	0♈ 33 42	19 48 52	26 45 2	10 18	9 3	12 24	7 59	26 58	10 35	15 51	13 34	1 23	1 34
22	11 58 43	1 33 15	3♐ 33 45	10♐ 15 16	10 15	9 2D	14 18	9 13	27 8	10 42	15 48	13 33	1 23	1 33
23	12 2 39	2 32 46	16 49 55	23 18 10	10 11	9 2	16 10	10 27	27 17	10 49	15 45	13 33	1 24	1 31
24	12 6 36	3 32 15	29 40 32	5♑ 57 37	10 8	9 2R	17 59	11 41	27 26	10 55	15 43	13 33	1 24	1 30
25	12 10 32	4 31 42	12♑ 10 1	18 18 20	10 5	9 2	19 45	12 55	27 34	11 1	15 40	13 33	1 24	1 28
26	12 14 29	5 31 8	24 23 13	0♒ 25 14	10 2	9 0	21 28	14 10	27 42	11 8	15 37	13 32	1 25	1 27
27	12 18 25	6 30 32	6♒ 24 57	12 22 55	9 59	8 56	23 7	15 24	27 49	11 14	15 34	13 32	1 25	1 25
28	12 22 22	7 29 54	18 19 36	24 15 27	9 56	8 49	24 42	16 38	27 55	11 20	15 31	13 31	1 25	1 24
29	12 26 19	8 29 14	0♓ 10 53	6♓ 6 15	9 52	8 40	26 12	17 52	28 1	11 25	15 28	13 31	1 25	1 22
30	12 30 15	9 28 33	12 1 51	17 57 58	9 49	8 30	27 37	19 6	28 6	11 31	15 25	13 30	1 25	1 21
31	12 34 12	10♈ 27 49	23♓ 54 50	29♓ 52 39	9♊ 46	8♊ 18	28♈ 57	20♓ 20	28♏ 10	11♑ 36	15♏ 22	13♐ 30	1♑ 25	1♏ 19

Abb. 103

dann als Indexzeichen ein w und für den Mittleren Mondknoten ein m dem Mondknotensymbol beigefügt werden.

Nun kommen noch einige schwierigere Überlegungen für die Berechnung eines Kosmogramms. Wir haben jetzt noch das Medium Coeli, den Aszendenten und die Zwischenhäuser nach dem GOH-System zu berechnen. Dazu benötigen wir die Ortszeit.

2. Die Berechnung der Ortszeit

Rund um die Erde gibt es ein Netz von Zonenzeiten. Die für Deutschland maßgebende Zonenzeit ist die Mitteleuropäische Zeit (MEZ). Für das europäische Rußland gilt die Osteuropäische Zeit (OEZ), für Großbritannien die Westeuropäische Zeit (WEZ) oder Greenwichzeit (GMT). Für New York gilt die Eastern Standard Time (EST), die sich nach dem westlichen 75. Längengrad richtet.

Von der Greenwichzeit, die auf den 0. Längengrad bezogen ist, ergibt sich zur Mitteleuropäischen Zeit, die sich nach dem östlichen 15. Längengrad – der durch Stargard und Görlitz verläuft – richtet, eine Differenz von einer Stunde. Wenn es beispielsweise auf dem 15. östlichen Längengrad zwölf Uhr mittags ist, ist es auf dem 0. Längengrad erst elf Uhr, also eine Stunde vor Mittag. Dagegen ist es in Leningrad, für das die osteuropäische Zeit gilt, da es sich auf dem 30. östlichen Längengrad befindet, bereits dreizehn Uhr.

Wenn es in Deutschland zwölf Uhr und in London elf Uhr ist, haben wir zwischen der Greenwichzeit und der Zeit für New York (EST, 75. westlicher Längengrad) eine Differenz von fünf Stunden; in New York ist es dann erst sechs Uhr früh.

Wie ergeben sich diese Zeitdifferenzen? Von der Erde aus gesehen bewegt sich die Sonne von Osten nach Westen. Um von einem Längengrad zum nächsten auf der Erde fortzuschreiten, benötigt die Sonne vier Minuten. Innerhalb einer Stunde bewegt sich die Sonne über 15 Längengrade hinweg (4 Zeitminuten × 15 Längengrade = 60 Zeitminuten oder eine Stunde). Alle 15 Längengrade ergibt sich eine Differenz von einer Stunde von der einen Zonenzeit zur nächsten.

Um bei unserem obigen Beispiel zu bleiben: Je weiter wir nach Osten kommen, desto früher geht die Sonne auf, je weiter wir nach Westen gehen, desto später geht die Sonne auf. Beim 180. Längengrad – im

Pazifik liegend – haben wir die Datumsgrenze. Vom 0. Längengrad nach Westen gehend bis zum 180. Längengrad haben wir einen Zeitunterschied von zwölf Stunden. Um 12 Uhr Greenwichzeit hätten wir erst 0 Uhr des gleichen Tages auf dem 180. Längengrad. Anders herum gerechnet: Wenn es nach Greenwichzeit 12 Uhr ist, haben wir – nach Osten gehend – an der Datumsgrenze des 180. Längengrades bereits 24 Uhr oder 0 Uhr des folgenden Tages.

Bei unseren Berechnungen haben wir es mit drei Zeiten zu tun:

1. Zonenzeit (zum Beispiel MEZ, GMT, OEZ);
2. Greenwichzeit oder GMT (für die Gestirnberechnungen);
3. Ortszeit (für die Berechnung von Medium Coeli, Aszendent, Zwischenhäuser).

Wie ergibt sich die Ortszeit? Wir richten uns in Deutschland und in den skandinavischen Ländern (außer Finnland), in der Schweiz, in Österreich, in Italien und Jugoslawien nach MEZ. Wenn es bei uns in Deutschland zwölf Uhr Mittag schlägt, ist es nur auf dem 15. Längengrad, nach dem sich die MEZ richtet, tatsächlich auch zwölf Uhr Mittag. Wenn die Sonne den 15. Längengrad erreicht hat, ist sie aber noch nicht auf der Länge von Berlin (13° 30′ östliche Länge) oder von Stuttgart (9° 10′ östliche Länge) oder von Frankfurt/Main (8° 41′ östliche Länge) oder von Köln (7° östliche Länge).

Mit anderen Worten: Wenn es in ganz Deutschland zwölf Uhr Mittag schlägt gemäß Mitteleuropäischer Zeit, ist es in Berlin noch sechs Minuten früher, weil Berlin ja auf 13° 30′ östlicher Länge liegt, also $1\frac{1}{2}$° westlich des 15. Längengrades. Das entspricht einer zeitlichen Differenz von vier Minuten für einen Längengrad und zwei Minuten für einen halben Längengrad = sechs Minuten. Die Ortszeit für Berlin beträgt also 11 Uhr 54 Minuten.

In Stuttgart ist es nach Ortszeit noch später »wahrer« Mittag. Die Differenz beträgt fünfmal vier Minuten = zwanzig Minuten und dreiviertel mal vier Minuten – rund gerechnet; insgesamt dreiundzwanzig Minuten Differenz. Mit Schlag zwölf Uhr ist es damit erst 11 Uhr 37 Minuten Ortszeit.

Die Zeitdifferenz zwischen MEZ und Ortszeit in Frankfurt beträgt fünfundzwanzig Minuten; wir haben dann erst 11 Uhr 35 Minuten Ortszeit. Wenn wir noch Köln hinzunehmen, dann ist die Differenz zwischen dem 15. und dem 7. Längengrad acht Längengrade = 8 × 4 Minuten = 32 Minuten. Also ist es in Köln um zwölf Uhr MEZ erst 11 Uhr 28 Minuten Ortszeit.

Astronomisch exakt können wir erst von zwölf Uhr Mittag sprechen, wenn die Sonne über einem Ort kulminiert, also den höchsten Stand des Tagesbogens erreicht hat. Die Sonne benötigt vier Zeitminuten von einem Längengrad zum anderen; sie durchläuft in einer Stunde fünfzehn Längengrade.

Wir haben bis jetzt von der Mitteleuropäischen Zeit unsere Berechnung vorgenommen. Man kann aber auch von der Greenwichzeit aus rechnen. Wir wollen jetzt beide Möglichkeiten einmal durchspielen.

Berechnung von der GMT aus

Die Greenwichzeit beträgt in unserem Beispiel 17:00 Uhr. 9° 10′ entspricht, in Zeit umgerechnet, neunmal vier Zeitminuten = 36 Zeit-Minuten, und 10′ = rund eine Zeitminute (exakt gerechnet entsprechen 15′ einer Zeitminute). 36 Minuten + 1 Minute = 37 Minuten. Was machen wir mit diesem Wert?

Stuttgart liegt östlich von Greenwich; es muß also dort schon später als 17.00 Uhr GMT sein. Deshalb müssen wir wie folgt rechnen:

Greenwichzeit (GMT)	17:00 Uhr
+ östl. Länge von Greenwich 9° 10′	0:37
Ortszeit	17:37 Uhr

Die Berechnung von der MEZ aus

Die Differenz der Längengrade von 15° östlicher Länge zu 9° 10′ östlicher Länge beträgt 5° 50′. Fünf Längengrade entsprechen fünfmal vier Zeitminuten = zwanzig Zeitminuten. 50′ entsprechen rund drei Zeitminuten (exakter Wert wäre, daß 45′ drei Zeitminuten entsprechen). Wir müssen jetzt wie folgt rechnen:

Mitteleuropäische Zeit	18:00 Uhr
(nach 15. östlicher Länge) Differenz von	− 0:23
MEZ zum Ort 9° 10′	

| Ortszeit | = 17:37 Uhr |

In beiden Fällen kommen wir zum gleichen Ergebnis. Man muß sich nur jeweils darüber klar werden, ob man addieren oder subtrahieren muß!

Die Sommerzeiten

Hätten wir statt 18:00 Uhr MEZ 18:00 Uhr Deutscher Sommerzeit gehabt, betrüge die Differenz zur Greenwichzeit zwei Stunden. In Greenwich wäre es dann erst 16:00 Uhr gewesen.

Man beachte, daß auch das Ausland, unabhängig von Deutschland, Sommerzeiten haben kann. In solchen Fällen ist immer darauf zu achten, daß man diese Sommerzeiten in die richtige Greenwichzeit beziehungsweise die richtige Ortszeit umrechnet. Angaben über die Sommerzeiten in Deutschland finden Sie in den *Geographischen Positionen Europas* (119).

3. Die Sternzeit der Geburt

Aus den Ephemeriden können wir die Sternzeit für jeden Tag entnehmen, sei es für 0 Uhr GMT oder für 12 Uhr GMT. Meistens wird sie für 0 Uhr GMT angegeben, auch in der von uns verwendeten *Rosenkreuzer-Ephemeride*.

Die Erde hat während des Jahres zwei Bewegungsformen. Sie bewegt sich einmal durch den Tierkreis und zum anderen während des Jahres einmal um ihre eigene Achse. Die Sternzeit mißt die Zeit einer Erdumdrehung um die eigene Achse. Die Sternzeit ist also kein Zeitmaß, sondern ein Raummaß! Für die tägliche Bewegung der Erde um ihre eigene Achse muß für alle vierundzwanzig Stunden eine kleine Korrektur vorgenommen werden, die wir in der folgenden Formel eingesetzt haben. Um die Sternzeit der Geburt zu erhalten, müssen wir folgende Formel anwenden:

Sternzeit des Tages	0:00 Uhr GMT
+ Ortszeit	
+ Korrektur für die Ortszeit	

= Sternzeit der Geburt

Für unser Berechnungsbeispiel vom 16. März 1984 finden wir in der Ephemeride eine Sternzeit von 11 h 35 m 03 s. Die Ortszeit beträgt 17 h 37 m und wird zur Sternzeit addiert. Für die Sternzeit muß noch eine Korrektur vorgenommen werden, die man aus den *Hilfstabellen* Seite 6 entnehmen kann (vergleiche Abbildung 104).

Sonnenzeit	=	Sternzeit		Sonnenzeit	=	Sternzeit	
1 h	=	1 m	10 s	4 m	=	00 m	01 s
2			20	5			01
3			30	6			01
4			39	7			01
5			49	8			01
6			59	9			01
7		1	09	10			02
8		1	19	20			03
9		1	29	30			05
10		1	39	40			07
11		1	48	50			08
12		1	58				
13		2	08				
14		2	18				
15		2	28				
16		2	38				
17		2	48				
18		2	57				
19		3	07				
20		3	17				
21		3	27				
22		3	37				
23		3	47				
24		3	57				

Abb. 104

294

Für siebzehn Stunden finden wir hier eine Korrektur von 2 h 48 s, und für 37 m können wir eine Korrektur von 6 s einsetzen. Das gibt zusammen eine Korrektur von 2 m 54 s. Unsere Berechnung lautet:

Sternzeit 0:00 Uhr GMT	11 h 35 m 03 s
+ Ortszeit	17 h 37 m
+ Korrektur	2 m 54 s

Sternzeit der Geburt	28 h 74 m 57 s
abzüglich 24 h	5 h 14 m 57 s

Man beachte, daß 60' eine Stunde ergeben. 35 m + 37 m + 2 m = 74 m oder 1 h 14 m. 11 h + 17 h + 1 h ergibt 29 h. Da ein Wert über 24 h nicht möglich ist, müssen 24 h abgezogen werden; wir kommen dann auf die genannte Sternzeit von 5 h 14 m 57 s.

Mit dem Wert der Sternzeit der Geburt, in unserem Beispiel sind es 5 h 14 m 35 s, gehen wir in die *Häusertabellen des Geburtsortes* (Abbildung 105). Auf Seite 45 finden wir oben 5 h 16 m 29 s angegeben, einen Wert, der unserer Sternzeit der Geburt am nächsten kommt. Wir können nun interpolieren – den Zwischenwert ausrechnen – zwischen diesem und dem vorhergehenden Wert (Seite 44), der bei 5 h 12 m 09 s liegt. Der Einfachheit halber wollen wir jedoch hier den aufgerundeten Wert nehmen.

4. Das Medium Coeli

Wir finden für eine Sternzeit der Geburt von 5 h 16 m 29 s einen Wert für das Medium Coeli von 20° Zwillinge und tragen ihn in unser Formular ein.

N LAT	XI	XII	A	II	III	XI	XII	A	II	III	N LAT
	5ʰ 12ᵐ 09ˢ		**78° 02' 14"**			**5ʰ 16ᵐ 29ˢ**		**79° 07' 13"**			
		M 19° ♊						M 20° ♊			
0°	♋16 38	♌15 34	♍17 00	♎19 33	♏20 29	♋17 39	♌16 40	♍18 10	♎20 42	♏21 33	0°
5°	17 13	16 18	17 28	19 35	20 17	18 13	17 22	18 36	20 42	21 20	5°
10°	17 49	17 00	17 55	19 37	20 06	18 48	18 02	19 00	20 42	21 08	10°
15°	18 26	17 41	18 20	19 39	19 55	19 23	18 41	19 23	20 42	20 56	15°
20°	19 02	18 22	18 45	19 41	19 45	19 59	19 20	19 46	20 43	20 44	20°
21°	19 10	18 30	18 50	19 42	19 43	20 06	19 28	19 50	20 43	20 42	21°
22°	19 17	18 38	18 55	19 42	19 41	20 13	19 35	19 55	20 43	20 39	22°
23°	19 25	18 46	19 00	19 43	19 39	20 21	19 43	20 00	20 43	20 37	23°
24°	19 33	18 54	19 05	19 44	19 36	20 28	19 51	20 04	20 43	20 35	24°
25°	19 41	19 03	19 10	19 44	19 34	20 36	19 59	20 09	20 43	20 32	25°
26°	19 49	19 11	19 15	19 45	19 32	20 43	20 07	20 13	20 43	20 30	26°
27°	19 56	19 19	19 20	19 45	19 30	20 50	20 15	20 18	20 43	20 28	27°
28°	20 04	19 28	19 25	19 45	19 28	20 58	20 23	20 22	20 43	20 25	28°
29°	20 13	19 36	19 30	19 46	19 26	21 07	20 30	20 27	20 44	20 23	29°
30°	20 21	19 44	19 35	19 47	19 24	21 15	20 38	20 31	20 44	20 21	30°
31°	20 29	19 52	19 40	19 48	19 22	21 23	20 46	20 36	20 44	20 19	31°
32°	20 38	20 01	19 45	19 49	19 20	21 31	20 54	20 41	20 45	20 16	32°
33°	20 46	20 09	19 50	19 49	19 18	21 39	21 02	20 45	20 45	20 14	33°
34°	20 55	20 18	19 55	19 50	19 16	21 47	21 10	20 50	20 45	20 12	34°
35°	21 04	20 27	20 00	19 51	19 14	21 56	21 19	20 55	20 46	20 09	35°
36°	21 13	20 35	20 05	19 52	19 12	22 05	21 27	20 59	20 46	20 07	36°
37°	21 22	20 44	20 11	19 52	19 10	22 14	21 35	21 04	20 47	20 04	37°
38°	21 32	20 53	20 16	19 53	19 08	22 23	21 44	21 09	20 47	20 02	38°
39°	21 41	21 02	20 21	19 54	19 06	22 32	21 52	21 14	20 48	20 00	39°
40°	21 51	21 11	20 27	19 55	19 04	22 41	22 00	21 19	20 48	19 58	40°
41°	22 01	21 20	20 32	19 57	19 02	22 51	22 09	21 23	20 49	19 55	41°
42°	22 11	21 29	20 38	19 58	19 00	23 01	22 18	21 28	20 50	19 53	42°
43°	22 22	21 38	20 43	19 59	18 58	23 11	22 27	21 34	20 51	19 51	43°
44°	22 33	21 48	20 49	20 01	18 56	23 21	22 36	21 39	20 52	19 49	44°
45°	22 43	21 57	20 55	20 02	18 55	23 31	22 44	21 44	20 53	19 47	45°
46°	22 54	22 06	21 00	20 04	18 53	23 42	22 53	21 49	20 54	19 45	46°
47°	23 06	22 16	21 06	20 06	18 51	23 53	23 02	21 54	20 55	19 43	47°
48°	23 17	22 25	21 12	20 08	18 50	24 04	23 11	22 00	20 57	19 41	48°
49°	23 29	22 35	21 18	20 10	18 48	24 15	23 21	22 05	20 58	19 39	49°
50°	23 42	22 45	21 24	20 12	18 47	24 27	23 30	22 11	21 00	19 38	50°
51°	23 55	22 55	21 31	20 14	18 46	24 39	23 39	22 17	21 02	19 36	51°
52°	24 08	23 05	21 37	20 17	18 46	24 51	23 48	22 22	21 04	19 35	52°
53°	24 21	23 15	21 43	20 20	18 45	25 04	23 58	22 28	21 07	19 34	53°
54°	24 35	23 25	21 50	20 24	18 45	25 17	24 07	22 34	21 10	19 34	54°
55°	24 49	23 35	21 57	20 28	18 46	25 30	24 16	22 40	21 14	19 34	55°
56°	25 03	23 45	22 04	20 32	18 46	25 44	24 25	22 47	21 17	19 34	56°
57°	25 18	23 55	22 11	20 37	18 48	25 57	24 34	22 54	21 22	19 35	57°
58°	25 33	24 04	22 19	20 43	18 51	26 11	24 43	23 01	21 27	19 37	58°
59°	25 48	24 13	22 26	20 50	18 54	26 25	24 51	23 07	21 34	19 40	59°
60°	♋26 02	♌24 22	♍22 33	♎20 58	♏18 59	♋26 38	♌24 59	♍23 14	♎21 41	♏19 45	60°

Abb. 105 Eine Seite aus den *Häusertabellen des Geburtsorts* für 0° bis 60° nördliche Breite. Von Walter A. Koch und E. Schäck.

5. Der Aszendent und die Zwischenhäuser

Der Aszendent und die Zwischenhäuser sind abhängig von der geographischen Breite. Bei unserer Berechnung beträgt die geographische Breite 48° 46′ nördlich. Sie muß beim Ablesen aus der Häusertabelle berücksichtigt werden. Stuttgart liegt näher beim 49. Breitengrad, weshalb dieser zugrunde gelegt wird.

In der Mitte der Tabelle finden wir eine Kolumne mit der Überschrift N/LAT, gemeint ist damit die nördliche Breite. Gehen wir in dieser Kolumne nach unten bis zum 49. Breitengrad, dann können wir die Positionen des Aszendenten und der Zwischenfelder ablesen. Wir erhalten die Werte:

Aszendent	22° 05′ Jungfrau
XI. Häuserspitze	24° 15′ Krebs
XII. Häuserspitze	23° 21′ Löwe
II. Häuserspitze	20° 58′ Waage
III. Häuserspitze	19° 39′ Skorpion

Der XI. Häuserspitze liegt die V., der XII. die VI., der II. die VIII. und der III. die IX. Häuserspitze gegenüber. Deshalb werden diese Werte nicht angegeben, denn sie ergeben sich zwangsläufig.

6. Ergänzende Berechnungen

Es werden heute in der Kosmobiologie noch einige andere Gestirne in die Betrachtung einbezogen. Dazu gehören Transpluto, Cheiron, Vesta, Pallas, Juno und Ceres. In meiner Praxis verwende ich Transpluto, Cheiron und Vesta und habe mit diesen drei Faktoren erste Arbeitsergebnisse. Die anderen drei Planetoiden werde ich noch prüfen, weshalb ich sie in diesem Buch noch nicht verwende.

Wer mit diesen zusätzlichen Gestirnen arbeiten will, sei auf die *Ephemeriden 1850–2050 der Asteroiden Ceres, Pallas, Juno, Vesta und von Cheiron, Isis* des Astron-Verlags (120) hingewiesen. Der Name Isis wird statt Transpluto verwendet. (Es ist eine große Frage, ob man den mathematisch-astronomisch errechneten, aber noch nicht fotografisch gesichteten

Transpluto mit dem mythologischen Namen Isis benennen kann, nachdem über ihn noch nicht genügend Forschungsmaterial vorliegt.)

Wer die obengenannten Asteroiden, Cheiron und Transpluto in seine Beobachtungen mit einbeziehen will, muß eine weitere Interpolation lernen, da die Angaben in der Ephemeride des Astron-Verlages sechstägig sind. Nachstehend dazu einige Rechenhilfen zu den in der Ephemeride gegebenen Positionen, wobei wir unser Übungsdatum 16. März 1984, 17:00 Uhr GMT, verwenden.

März 1984	Ceres	Pallas	Juno	Vesta	Chiron	Transpluto
13. 3.	28° 45′ PI	28° 49′ AQ	1° 38′ GE	20° 44′ GE	28° 10′ TA	19° 07′ LE R
19. 3.	1° 07′ AR	0° 44′ PI	4° 38′	22° 11′	28° 25′	19° 05′

Bewegung						
in sechs Tagen	2° 22′	1° 55′	3° 00′	1° 27′	15′	02′
in 24 h	24′	19′	30′	14′	2.5′	0.33′

Ein Blick in die *Hilfstabellen* ergibt bei einer Bewegung in vierundzwanzig Stunden für siebzehn Stunden folgende Werte:

in 17 h	17′	15′	21′	10′	2′	0′

Wir erhalten dann die folgenden Rechnungen:

13. März	28° 45′ PI	28° 49′ AQ	1° 38′ GE	20° 44′ GE	28° 10′ TA	19° 07′ LE R

Bewegung						
in drei Tagen	1° 12′	57′	1° 30′	42′	7.5′	1′
in siebzehn Stunden	17′	15	21	10	2′	0

Position 16. März um 17 h	0° 14′ AR	0° 01′ PI	3° 29′ GE	21° 36′ GE	28° 19′	19° 06′ LE R

PI = Pisces = Fische; AQ = Aquarius = Wassermann; GE = Gemini = Zwillinge; TA = Taurus = Stier; LE = Leo = Löwe.

Name .... *Berechnungs-Beispiel*

Geb.-Datum	16.03.1984	Stunde — 18 h 00 m s
Geb.-Ort	Stuttgart	Ortszeit — 17 h 37 m s
Länge	9°10' ö.L.	Greenw.-Zeit 17 h 00 m s
Breite	48°46' n.Br.	

Sternzeit 0 h /12 h ——— 11 h 35 m 03 s
+ / — Ortszeit ——— 17 h 37 m s
+ / — Korrektur ——— 2 m 54 s
Sternzeit der Geburt ——— 5 h 14 m 57 s

M.C. = 20° 0 ♊
11. Hs. = 24° 0 15' ♋
12. Hs. = 23° 0 21' ♌
Asc. = 22° 0 05' ♍
2. Hs. = 20° 0 58' ♎
3. Hs. = 19° 0 39' ♏

Bearbeitet am .... durch ....

⊙ = 26° 17' 49" ♓
☽ = 16° 03' ♍
♆ = 1° 21' ♑
♅ = 13° 34' ♐ st.
♇ = 16° 01' ♏
♄ = 10° 04' ♑
♃ = 26° 08' ♏
♂ = 2° 42' ♓
☿ = 4° 01' ♈
☿ = 9° 37' ♊
☊ = 1° 39' ♏
⚸ = 10° 31' ♊
☊ w

Abb. 106

299

Die vorstehenden Berechnungen sind als eine Einführung in die kosmo-biologische Berechnungsarbeit zu verstehen. Weitere Berechnungen, wie zum Beispiel die Deklinationen, gehören meines Erachtens noch nicht in ein Einführungsbuch. Deshalb verzichte ich hier darauf.

Die Berechnung der Halbsummen wird auf den Seiten 184 ff gezeigt.

Beispiele für die Berechnung der Sonnenbogendirektionen werden bei der Abhandlung über Präsident John F. Kennedy, Seite 236 ff erarbeitet.

Das Formular BF auf Abbildung 106 zeigt die Eintragung aller oben vorgenommenen Berechnungen.

7. Eintragung der errechneten Positionen in ein Tierkreisformular

In der kosmobiologischen Arbeit verwenden wir Formulare mit einer Kombination aus Tierkreis und 90°-Kreis. Wir verbinden damit die Er-fahrungen aus der traditionellen Astrologie mit der modernen Kosmobio-logie. In der traditionellen Astrologie wird grundsätzlich die Linie Aszen-dent-Deszendent waagrecht eingezeichnet, so daß im individuellen Kos-mogramm auf der linken Seite das Tierkreiszeichen steht, in dem sich der Aszendent befindet.

In der kosmobiologischen Praxis wird häufig bis zum heutigen Tage ohne Häusereinteilung, nur mit den Achsen Aszendent-Deszendent und Medium Coeli-Imum Coeli gearbeitet. Diese Arbeitsweise geht auf Rein-hold Ebertin zurück und hat noch mit der Zeit zu tun, als den tradierten Häuserdeutungen und der Vielfalt ihrer ungeklärten Methoden gegen-über noch erhebliche Vorsicht angebracht war. Nach meiner Ansicht sollte man heute die Zwischenhäuser in die Beobachtung einbeziehen, nachdem psychologisch vertretbare Interpretationen für die Häuserspit-zen vorliegen. Entsprechende Schlüsselworte sind im Deutungsteil ent-halten.

In der kosmobiologischen Schule hat es sich in Jahrzehnten eingebür-gert, daß die Eintragungen in die Formulare grundsätzlich immer in gleicher Lage vorgenommen werden; dabei steht dann das Tierkreiszei-chen Widder, vom Betrachter aus gesehen, rechts, das Zeichen Krebs oben in der Mitte, Waage links und Steinbock unten. Denkhilfe hierzu: Es steht das Zeichen oben, an dem auch die Sonne während des Jahres am höchsten steht; das ist das Zeichen Krebs.

Der Nullpunkt für den 90°-Kreis ist stets oben an der Spitze des Formulars, da, wo im Tierkreis 0° Krebs liegt. Von diesem Nullpunkt aus, für den meistens das Widderzeichen verwendet wird, ist der 90°-Kreis um den Tierkreis herumgelegt. Vergleichen Sie dazu die Formulare K2 und K3d auf den Abbildungen 7 und 8.

Bei den Kosmogrammzeichnungen in diesem Buch finden Sie die Häusereinteilung nach dem GOH-System; die Aszendent-Deszendent-Achse liegt grundsätzlich waagrecht, wie es auch raumsymbolisch richtig ist. Das hat den Nachteil, daß der Nullpunkt des 90°-Kreises auf jeder Seite des Formulars stehen kann. Der Vorteil dieser Gestaltung des Kosmogramms liegt darin, daß die Zeichenbesetzung, die Aspekte, Aspektstrukturen und Halbsummen im Tierkreis raumsymbolisch richtig erfaßt werden können; wenn man dann mit dem 90°-Kreis arbeitet, kann man ihn immer so stellen, daß der mit der Rechenscheibe eingestellte Faktor oben steht und nach rechts und links von der Rechenscheibe die Halbsummen und Halbsummenstrukturen schnell erfaßt werden können.

Wenn die einzelnen Faktoren in das Tierkreisformular eingetragen werden, dann sollte man zur optimalen Übersicht eine Reihe von Punkten beachten, die auch aus der Beispielzeichnung Abbildung 107 entnommen werden können:

1. Legen Sie das Formular so, daß das Tierkreiszeichen für den Aszendenten links liegt. Ziehen Sie die Aszendent-Deszendent-Linie voll durch, am besten etwas verstärkt gegenüber den später zu ziehenden anderen Linien der Häuserachsen.

2. Ziehen Sie die Linien für die Häuser nach dem GOH-System, allerdings nur bis zu dem inneren Kreis.

3. Die Linie für die Achse Medium Coeli-Imum Coeli ziehen Sie bitte auch verstärkt, jedoch auch nur bis zum inneren Kreis.
Wenn Sie so vorgehen, markieren Sie die Raumsymbolik: Sie erhalten durch die Aszendent-Deszendent-Linie oben die Tageshälfte und unten die Nachthälfte des Tierkreises, können also feststellen, welche Gestirne auf der Tagseite beziehungsweise auf der Nachtseite ihre Position haben.
Weiterhin können Sie die Osthälfte von der Westhälfte unterscheiden. Die Osthälfte haben wir auf der Aszendentenseite bis zur Achse Me-

301

dium Coeli-Imum-Coeli, die Westhälfte auf der Seite des Deszendenten bis zur Achse MC-IC.
Die sogenannten Zwischenhäuser mit den Achsen II–VIII, III–IX, V–XI, VI–XII treten optisch zurück.

4. Markieren Sie zunächst mit einem kleinen Strich die Positionen für Sonne, Mond, Planeten, Mondknoten und eventuell Cheiron, Vesta, Transpluto, damit Sie die Verteilung im Tierkreis sehen können, bevor Sie die endgültige Eintragung mit Symbolen und Zahlen vornehmen. Auf diese Weise erreichen Sie, daß Sie genügend Platz einplanen können, wenn mehrere Faktoren einmal eng beisammenstehen sollten. Dann tragen Sie Sonne, Mond und so weiter ein.

5. Die einzelnen Deutungsfaktoren werden so eingetragen, daß sie ohne Drehen des Formulars, mit der Aszendent-Deszendent-Linie waagrecht liegend, abgelesen werden können.

6. Die Eintragung der Grade, Minuten und eventuell Sekunden erfolgt jeweils auf der rechten Seite des Formulars von innen nach außen, auf der linken Seite von außen nach innen. Wenn Sie so vorgehen, werden Sie in Ihren Zeichnungen optimale Übersichtlichkeit erreichen.

7. Die Eintragungen in den 90°-Kreis erfolgen am besten so, daß die Deutungsfaktoren mit einem kleinen Strich für die richtige Position markiert werden und dieser Strich gleichsam als Achse genommen wird, auf der der Faktor steht. Auch das sichert eine optimale Übersicht.
Wenn man die Faktoren im 90°-Kreis zum Beispiel an der AS-DS-Linie orientieren würde, dann wären mehrere Faktoren am Ende schräg gezeichnet. Das beeinträchtigt die genauen Eintragungen und die übersichtliche Arbeit, wenn die 90°-Scheiben zur Betrachtung der Sonnenbogendirektionen gedreht werden.
Gerade wenn man mit der Zweischeibentechnik (vergleiche Seite 241) die Sonnenbogendirektionen erfaßt, ist optimale Genauigkeit der Eintragung geboten.

8. Wer sich davon überzeugt hat, daß es sinnvoll ist, die Aspektstrukturen zu erfassen, wird schnell merken, daß er mit den Formularen

302

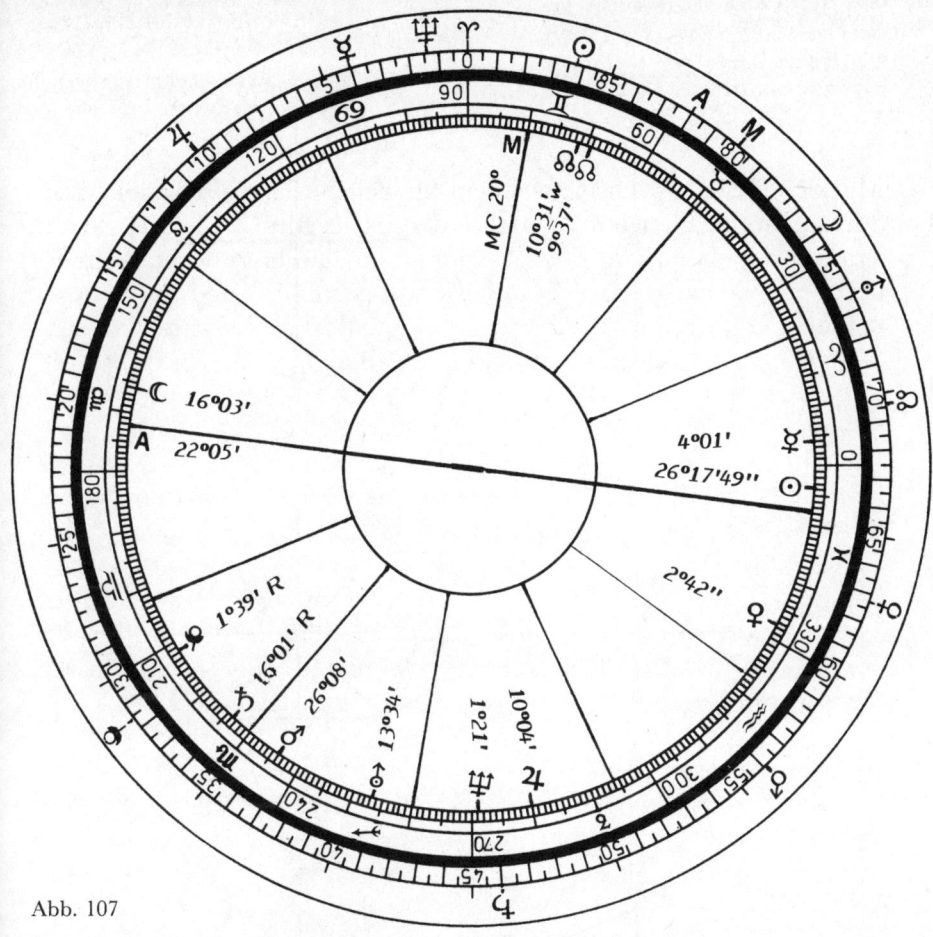

Abb. 107

AST/1a und AST/1b jeden Faktor aus seiner Position heraus und im Zusammenspiel mit den anderen Faktoren optimal erfassen und interpretieren kann.

Auf Abbildung 108 sind die Aspektstrukturen für das Übungsbeispiel 16. März 1984 aufgezeichnet. Dafür gelten folgende Grundsätze:

a) Nur mehr als zwei Faktoren ergeben eine Struktur. Deshalb wird ein Aspekt zwischen zwei Faktoren mit einem offenen Schenkel gezeichnet.

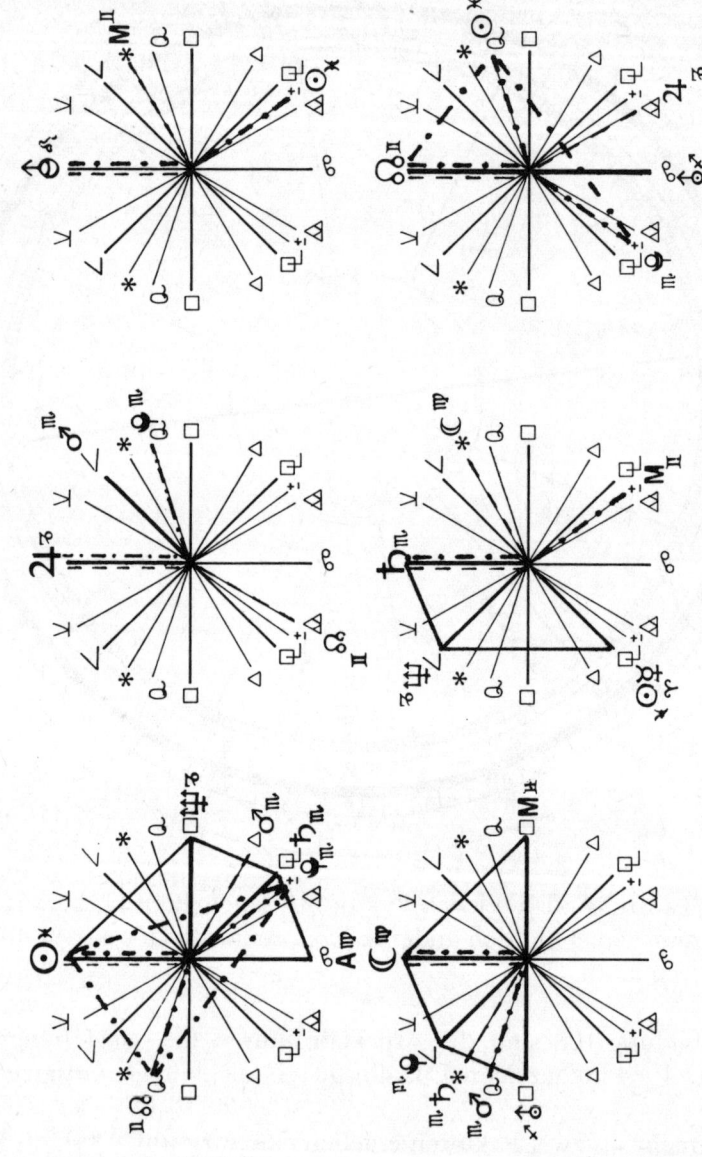

Name

Abb. 108

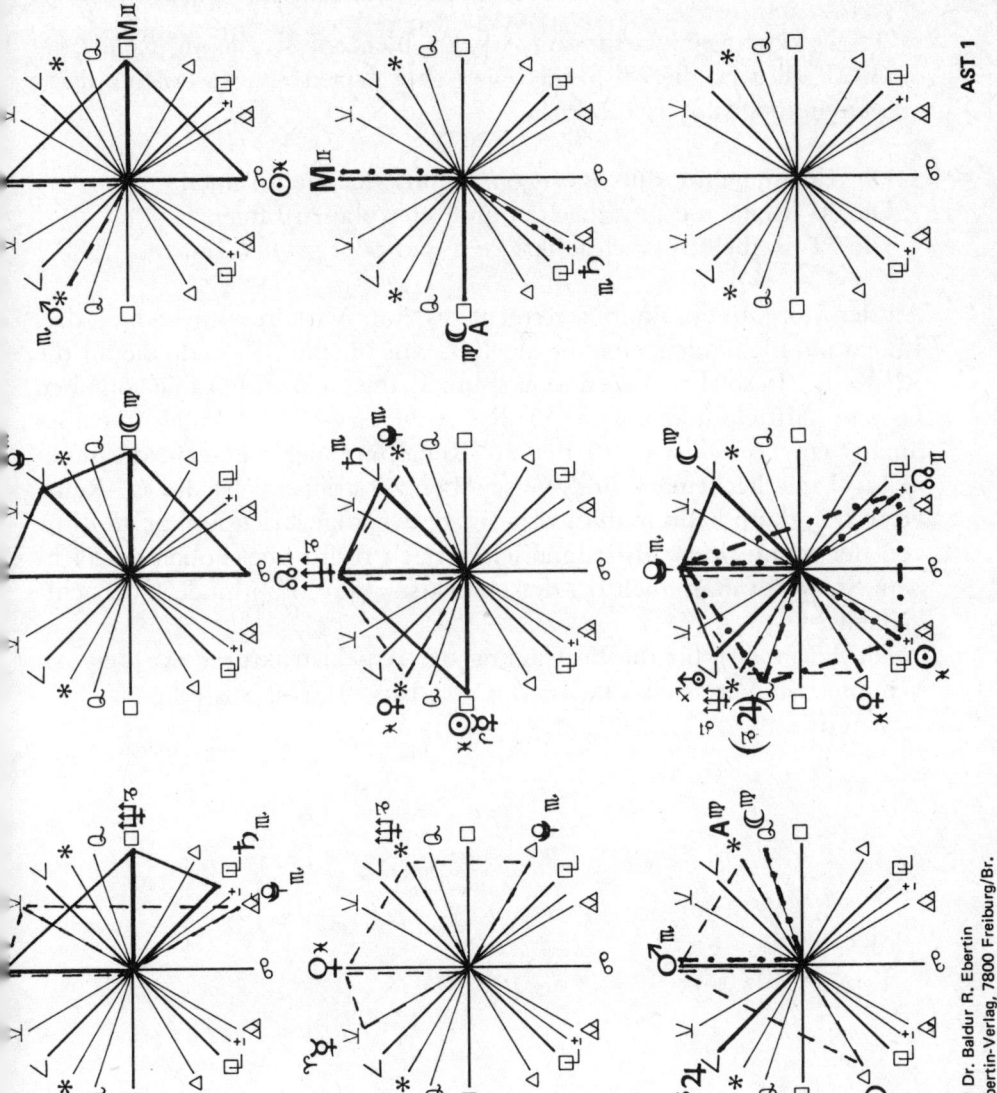

b) Wenn sich drei und mehr Faktoren zu einer Aspektstruktur zusammenfinden, werden sie miteinander verbunden.

c) Es werden gegenwärtig drei Aspektreihen erfaßt: die 45°-Reihe, die 30°-Reihe und die 72°-Reihe. Diese drei Aspektreihen werden optisch voneinander unterschieden:

Die 45°-Reihe mit durchgezogenen und/oder roten Linien.
Die 30°-Reihe mit gestrichelten und/oder blauen Linien.
Die 72°-Reihe mit strichpunktierten und/oder grünen Linien.

An der Konjunktionslinie (senkrecht bis zum Mittelpunkt) können drei Linien parallel laufen, eine für die 45°-, eine für die 30°- und eine für die 72°-Reihe. In solchen Fällen ist es sinnvoll, die senkrechte Linie von oben bis zum Mittelpunkt für die 45°-Reihe zu verwenden. Besteht darüber hinaus eine Aspektstruktur der 30°-Reihe, empfiehlt es sich, die senkrechte Linie leicht nach links verschoben zu stricheln. Ist die 72°-Reihe vertreten, dann kann man die hierfür notwendige strichpunktierte Linie von der senkrechten Mittellinie leicht nach rechts verschoben einzeichnen. So erhält man auch bei den Aspektstrukturen optimale Übersichtlichkeit.

Die Formulare für die Eintragung der Aspektstrukturen AST eignen sich auch für Vergleichsanalysen und statistische Untersuchungen.

Kapitel 21

Deutungen

Gedanken zu den Schlüsselworten für die Deutung

Ein Symbol in seiner Ganzheit zu erfassen, ist kaum möglich. Die Sprache reicht im allgemeinen nicht aus, um die reichhaltige Bilderwelt, die sich in Symbolen ausdrückt, zu erfassen. Die auf den nächsten Seiten vorgetragenen Bedeutungen können deshalb nur Teile des gesamten Gehaltes erfassen. Die auf den folgenden Seiten angebotenen Schlüsselworte sind so gewählt, daß sie das wesentliche der in der Kosmobiologie verwendeten Symbolsprache erfassen.

Es gibt zahlreiche Bücher mit seitenlangen Abhandlungen darüber, was der eine und andere Planet bedeutet, wenn er in dem und dem Zeichen steht und den einen oder anderen Aspekt bildet. So umfassend diese Bücher sein mögen, sie verbauen oft dem Leser den eigenen Weg, die »kosmische Sprache« zu erfassen. Wer kennt nicht die Redewendung »den Wald vor lauter Bäumen nicht mehr sehen«. Gemeint ist die Gefahr, sich zu verzetteln und das Grundsätzliche nicht mehr zu erkennen.

Der Weg, an den ich für Sie gedachte habe, ist der, daß ich für Sie eine Reihe von »Bäumen pflanzen« wollte, aus denen der eine oder andere »Wald entstehen« kann. Die Ihnen vorgeschlagenen Schlüsselworte sollen Sie begleiten, wenn Sie einen kosmobiologisch orientierten Weg einschlagen wollen.

Mehrfach wurde darauf hingewiesen, daß sich die kosmische Symbolsprache erst voll erschließen kann, wenn man von einem Menschen die bisherige Lebens- und Krankengeschichte und seinen gegenwärtigen Reifungsstand kennt. Je mehr man über einen Menschen, einschließlich der eigenen Person, weiß, desto mehr Leuchtkraft und Farbe bekommen der Inhalt des Kosmogramms und die aus ihm entnommenen Details.

Der Deutungsteil enthält folgenden Aufbau für die Arbeit im Buch und für Ihre eigenen Überlegungen:

A. Die kosmischen Symbole und ihre Grundbedeutung.
B. Schlüsselworte für die zwölf Tierkreiszeichen. Diese sind gut verwendbar, wenn Sie sich in Aspektqualitäten hineindenken wollen.
C. Sonne, Mond, Planeten, Mondknoten, Aszendent und Medium Coeli in den zwölf Tierkreiszeichen unter Verwendung von jeweils einem Oberbegriff.
D. Schlüsselworte für die Bedeutung der Häuserspitzen und deren Polarität.
E. Die Schlüsselworte für die Aspekte. Der Aufbau ist ebenfalls polar, also aufgebaut von Faktor A zu Faktor B und umgekehrt von Faktor B zu Faktor A. Dieser Aufbau ist durch Pfeile markiert.
F. Die Schlüsselworte für die Halbsummen. Die Grunddeutung für Faktor A, B, C und so weiter sollte aus Teil C (siehe oben) entnommen werden. Die Kombination A/B für die Halbsummen wird dann ohne Zeichenqualität getroffen.

Eine weitere Differenzierung ist natürlich möglich und auch erwünscht, sie sprengt jedoch den Rahmen dieser einführenden Arbeit. Wer heilkundlich, tiefenpsychologisch, psychosomatisch wie auch neurosenpsychologisch engagiert ist, sei auf meine *Kosmobiologische Diagnostik*, ein Lose-Blatt-Deutungswerk mit über 850 Blättern, hingewiesen.

Die kosmischen Symbole und ihre Bedeutung

Diese Bedeutung wollen wir auf drei Ebenen erfassen, von der somatischen – körperlichen –, der psychischen – seelischen –, und der soziologischen, rollenspezifischen Seite her:

Symbol	Somatisch	Psychisch	Soziologisch
Sonne	Körper, Konstitution, Herz, Kreislauf	Vitalität, Geist	Vater, Mann, Partner

Symbol	Somatisch	Psychisch	Soziologisch
Mond	Lymphsystem, Lymphdrüsen, Gewebsflüssigkeit	Seele, Gefühlswelt, Emotionalität	Mutter, Frau, Partnerin
Merkur	Zentrales und peripheres Nervensystem, Autonomes Nervensystem	Verstand, Intellekt, Vermittlung	Schüler, junge Menschen, Wissensvermittler
Venus	Drüsen- und Hormon-System, weibliche Keimdrüsen, Uterus	Zärtlichkeit, Liebe, weibliche Erotik und Sexualität	Das Kind, Die Liebende, Die Geliebte
Mars	Muskelsystem, männliche Keimdrüsen, Hoden	Wille, Arbeit, Leistung, männliche Erotik und Sexualität	Der Arbeitende, Der Werktätige, Der Liebende, Der Geliebte
Jupiter	Stoffwechsel, Verdauungssäfte, Leber und Galle	Sittlichkeit, Religion, Recht, Ethik, Extraversion	Die Vertreter von Religion, Recht und Gesetz
Saturn	Knochen- und Skelettsystem, Knorpel, Verhärtung	Pflicht, Joch, Schicksal, Introversion	Autoritätsperson, Die Vertreter der Pflicht, der Moral, des Alters
Uranus	Kleinhirnfunktionen, Motorik, Reflexe, vegetatives Nervensystem	Individueller Lebensrhythmus, Anfang, Aufschwung, Initiative	Neuerer, Reformer, Techniker, Revolutionär

Symbol	Somatisch	Psychisch	Soziologisch
Neptun	Hirnstamm, Körpergefühl, Sensitivität	Phantasie, Intuition, das persönliche Unbewußte, Meditation	Der Träumer, Der Idealist, Der Phantast
Pluto	Regenerationsfähigkeit, Instinkte	Langfristig ablaufende Wandlungsphasen. Kollektives Unbewußtes	Die Massen, das Kollektiv, die Staatsgewalt, die Höhere Macht
Mondknoten	Haut, Körpergrenze, Bindegewebe, Aura	Zwischenmenschlicher Kontakt	Die Gruppe, die Gemeinschaft, das Team
Aszendent	Körperlicher Ausdruck, Haltung	Die Persona (C. G. Jung), das Verhalten in der Mitwelt (Animus- und Anima-Projektionen (C. G. Jung), das Auftreten	Die Rolle in der Gemeinschaft
Medium Coeli	Blick, Blickrichtung	Das Ich, das Ego, das Lebensziel	Die eigene Person

Diese Bedeutungen entstammen der *Kosmobiologischen Diagnostik* und sollen einen ersten Einstieg in eine mehrdimensionale Interpretation kosmischer Symbolik im Kosmogramm darstellen. Für ein tieferes Verständnis sind natürlich weitere Dimensionen der kosmischen Symbolik nötig.

Schlüsselworte für die zwölf Tierkreiszeichen

Widder	Antrieb, Anstoß, Beginn, »Zeichen setzen«.
Stier	Grundlegung, Verwurzelung, Sicherung, Beständigkeit. »Der Erde verbunden sein.«
Zwillinge	Aufnahme, Aufgliederung. Vielfalt, Bewegung, Variation.
Krebs	Geborgenheit, Reifung, Schutz, Familie. Heimat.
Löwe	Öffnung, Darstellung, Anspruch. Raumgewinnung.
Jungfrau	Sammlung, Ernte, Ordnung, Verwendung.
Waage	Einklang, Ausgleich, Harmonie, Vorläufigkeit. Unentschiedenheit.
Skorpion	Vertiefung, Verarbeitung, Durchdringung. Eigenschöpfung.
Schütze	Ideal, »Höhere Macht«, Humanität. »Die gute Sache.«
Steinbock	Form, Gestalt, Tradition, Kultur, Erbe.
Wassermann	Zukunft. »Der Blick nach vorn.« Idee, Erfindung, Projektion.
Fische	Vergangenheit. »Der Blick zurück.« Opfer, Religion, Meditation.

Die Sonne als Faktor der Vitalität

Sonne/Widder	Lebenskraft ausstrahlen. »Hier bin ich!«
Sonne/Stier	Für den Tag leben. Sich seines Lebens freuen.
Sonne/Zwillinge	Seine Vitalität in Bewegung umsetzen wollen. Ein Leben mit Vielseitigkeit und Offenheit.
Sonne/Krebs	Für Familie, Heim, Hof, Garten leben wollen. Verbundenheit mit der eigenen Scholle.
Sonne/Löwe	Zeigen wollen, wie gut es einem geht. Leben demonstrieren.
Sonne/Jungfrau	Mit seiner Lebenskraft haushalten. Sich nicht verschwenden wollen.
Sonne/Waage	Ein Leben voller Harmonie und Ausgeglichenheit wünschen. Sessel, Couch, Liegestuhl hoch einschätzen!
Sonne/Skorpion	Das Leben als Spannung, Auseinandersetzung, Kampf erleben.
Sonne/Schütze	Für Ideen und Ideale leben. Den hohen ethischen Werten zustreben.
Sonne/Steinbock	Bis ins hohe Alter gesund bleiben wollen. Die Vergangenheit lebendig erhalten wollen.
Sonne/Wassermann	Für die Zukunft und die künftigen Aufgaben leben wollen.
Sonne/Fische	Die Vergangenheit beleben wollen. Die verborgenen Quellen ans Licht heben wollen.

Der Mond als Faktor der Emotionalität

Mond/Widder	Lebhafte Mimik. Die Gefühle als starke Antriebskraft.
Mond/Stier	Seine Gefühle annehmen und leben können.
Mond/Zwillinge	Das Auf und Ab, Hin und Her der Gefühle. Offenheit und Flexibilität.
Mond/Krebs	Weichherzig und warm, väterlich/mütterlich bergen wollen.
Mond/Löwe	Gefühle und Stimmungen zeigen und darstellen wollen.
Mond/Jungfrau	Seine Emotionalität klären, bewußt machen wollen.
Mond/Waage	Sich seiner Gefühle freuen können. Ausgeglichenheit erleben.
Mond/Skorpion	Gefühlstiefe. Leicht verletzbar sein oder andere verletzen.
Mond/Schütze	Schwärmen, begeistern, idealisieren. Gefühlskräfte für hohe Ziele einsetzen wollen.
Mond/Steinbock	Seine Gefühle bewahren und verstecken wollen. Maskenhafte Mimik.
Mond/Wassermann	Offen, ansprechbar, motivierbar für das Neue.
Mond/Fische	»Stille Wasser sind tief.« Der Gang »zu den Müttern«. »Das Leben – ein Traum.«

Der Merkur als Faktor des Denkens und der Intelligenz

Merkur/Widder	Denkanstöße setzen. Initiativen entwickeln.
Merkur/Stier	Denkinhalte greifbar, begreifbar, realisierbar machen wollen.
Merkur/Zwillinge	Geistig-intellektuelle Beweglichkeit. Alternativen entwickeln wollen.
Merkur/Krebs	Zuhören und verstehen können. Sich mit anderen identifizieren können.
Merkur/Löwe	Die großen Zusammenhänge erfassen wollen, die repräsentativen Objekte in den Griff bekommen wollen.
Merkur/Jungfrau	Klare Planung und Übersicht. Blick für das Detail.
Merkur/Waage	Ausgewogenheit erstreben, Einseitigkeit meiden wollen.
Merkur/Skorpion	Scharfsinnig, kompromißlos, pointiert im intellektuellen Anspruch.
Merkur/Schütze	Ideen durchdenken wollen. Geistesgut erfassen wollen.
Merkur/Steinbock	Tradition und Erfahrung hoch einschätzen. Das Wesentliche, die Quintessenz erfassen wollen.
Merkur/Wassermann	Bereitschaft zur Neuorientierung, Umgestaltung, Umformung, Erneuerung.
Merkur/Fische	Gespür, Ahnung, Intuition. Warten können auf Einfälle.

Die Venus als Faktor der Zuneigung und Abneigung

Venus/Widder	Die Personen/Gegenstände der Sympathie ergreifen, erfassen, erobern wollen.
Venus/Stier	Die Objekte seiner Sympathie besitzen, genießen wollen. Besitz- und Hergabe-Problematik.
Venus/Zwillinge	Wechselnde Neigungen. »Auf mehreren Hochzeiten tanzen wollen.«
Venus/Krebs	Gemütlichkeit, Heimeligkeit erstreben. Haus und Heim pflegen.
Venus/Löwe	Der vorzeigbare gute Geschmack. Freude an der Ästhetik bei Personen und Gegenständen.
Venus/Jungfrau	Pflege und Ordnung. Freude an der Vorratshaltung. Die wohlgefüllten Schränke.
Venus/Waage	Die schöne, ausgeglichene, gelungene Form- und Farbgebung. Die harmonische Gestaltung.
Venus/Skorpion	Kompromißlose Sympathien und Antipathien. Konsequent »das Eine« lieben.
Venus/Schütze	Sympathie für Ideen, Ideale, Idole. Freude an ästhetischen Sportarten: Tanz, Eislauf, Reiten.
Venus/Steinbock	Tradition und Kultur pflegen und bewahren wollen. (Bauernmalerei).
Venus/Wassermann	Neue Formen der Partnerschaft. Avantgardistische Designs in Kunst, Architektur, Mode.
Venus/Fische	Die caritative, religiös orientierte Liebe. Die Zuwendung zu Vergangenheit, Archäologie, Antike. Nostalgie.

Der Mars als Faktor des Willens und der Leistung

Mars/Widder	Tatendrang, Initiative ergreifen wollen. Da und dort über das Ziel hinausschießen.
Mars/Stier	Realistisch zupacken. »Den Stier bei den Hörnern fassen.« Ausdauer.
Mars/Zwillinge	Abwechslungsreiche, vielseitige Arbeit bevorzugen. Mehreres gleichzeitig tun wollen.
Mars/Krebs	Arbeitsaufgaben im Rahmen von Haus, Hof, Wohnung, Heim, Mobiliar, Familie.
Mars/Löwe	Arbeit in der Öffentlichkeit. Prestigeträchtige Objekte.
Mars/Jungfrau	Klare, überschaubare, methodische Arbeit. Arbeitsvorbereitung, Arbeitskontrolle.
Mars/Waage	Ausgewogener Arbeitsstil. Elegante Lösungen erstreben.
Mars/Skorpion	Tiefschürfender Arbeitsstil. Mit Verbissenheit tätig sein.
Mars/Schütze	Sich für Ideale, Ideen, »höhere Erkenntnisse« einsetzen. Sportliche Tätigkeiten.
Mars/Steinbock	Intensiver, kontinuierlicher, beharrlicher Einsatz.
Mars/Wassermann	Freude an neuen Konzepten, Methoden, Aufgaben, Experimenten.
Mars/Fische	Arbeit in der Zurückgezogenheit, in der Einsamkeit, aus der Distanz. »Graue Eminenz« im Hintergrund sein.

Der Jupiter als Faktor der Extraversion und Expansion

Jupiter/Widder	Gleich »in die Vollen gehen«. »Nicht kleckern, sondern klotzen.«
Jupiter/Stier	Gelegenheiten nützen. »Das Geld riechen.« Das wohlgepolsterte Bankkonto. Sich gut »verkaufen« können.
Jupiter/Zwillinge	Weitreichende Kommunikation. Das Publikum, die Welt erreichen wollen. Seine Wohltätigkeit unter die Leute bringen können.
Jupiter/Krebs	Die große Familie. Freude an der Verwöhnung. »Eigener Herd ist Goldes wert.«
Jupiter/Löwe	Erfolg, Prestige, Besitz »groß schreiben.« Das Gigantische erstreben.
Jupiter/Jungfrau	Erwerben – besitzen – sammeln. Der gefüllte Sparstrumpf.
Jupiter/Waage	Freude an Wohltätigkeit, Verwöhnung, gepflegter Atmosphäre. Gerechtigkeitssinn.
Jupiter/Skorpion	»Alles auf eine Karte setzen.« Für die gute und gerechte Sache kämpfen.
Jupiter/Schütze	Für humanitäre, soziale, ethische Ideen eintreten. Die hohen Werte schützen wollen.
Jupiter/Steinbock	Tradition, Kulturgut, Erbe pflegen und aufwerten.
Jupiter/Wassermann	In die Zukunft weisende Projekte protegieren. Optimismus als Lebensphilosophie.
Jupiter/Fische	In der Vergangenheit fündig werden wollen. In Altruismus und Opfer seine Erfüllung finden wollen.

Der Saturn als Faktor der Stabilität und Introversion

Saturn/Widder	Verschlossene Mimik. Seinen Antrieb bremsen. »Gut Ding will Weile haben.«
Saturn/Stier	Mit wenig zufrieden sein. »Der Spatz in der Hand ist besser als die Taube auf dem Dach.«
Saturn/Zwillinge	Verhaltene Gesten. Sich bewußt begrenzen. Angst vor Vielfalt und Zersplitterung.
Saturn/Krebs	»My home is my castle.« »In der Beschränkung zeigt sich der Meister.« Zufriedenheit mit der kleinsten Hütte.
Saturn/Löwe	Unnahbar sein wollen. Sich zu »alten Klamotten« und vergangener Würde hingezogen fühlen. Gute Beziehung zu wertvollen Antiquitäten.
Saturn/Jungfrau	Ordnung und Sauberkeit zur Perfektion treiben. Pedanterie als wichtiger Lebensinhalt.
Saturn/Waage	Nicht aus dem Gleichgewicht geraten wollen. Stets ein gutes Gewissen haben wollen.
Saturn/Skorpion	Extreme Beharrlichkeit. Die tiefsten Tiefen erreichen wollen.
Saturn/Schütze	Moral, Recht und Gesetz vertreten wollen. Sich übergeordneten Grundsätzen beugen.
Saturn/Steinbock	Sich durch Isolation schützen, sich einigeln, einbunkern.
Saturn/Wassermann	Aus alten Quellen Neues schöpfen. Sich mit Bedacht auf neue Dimensionen einstellen.
Saturn/Fische	Gewachsene religiöse Formen, Riten, Dogmen in sein Leben integrieren.

Der Uranus als Faktor der Lebensdynamik

Uranus/Widder   Der Sprinter. »Auf und davon.« Sofortlösungen erstreben.

Uranus/Stier   Sich von Bequemlichkeit und Besitz lösen, örtlich frei und ungebunden sein wollen.

Uranus/Zwillinge   »Quecksilber.« Ständig neue Eindrücke gewinnen wollen. Tendenz zur Verzettelung.

Uranus/Krebs   Das in ständiger Veränderung befindliche Heim. In seinen vier Wänden nur schwer zur Ruhe und Entspannung kommen. (Heimtrainer!)

Uranus/Löwe   Der Beste, Fleißigste, Schnellste sein wollen. Sich ständig fordern, Unruhegeist.

Uranus/Jungfrau   Jeden Rahmen sprengen wollen. Sich über Kleinkram aufregen.

Uranus/Waage   Überschaubares riskieren. Sich von Lethargie befreien wollen.

Uranus/Skorpion   Die maximale Leistung erstreben. Ehrgeizige und einzigartige Projekte realisieren wollen.

Uranus/Schütze   Die leistungsbetonte, sportliche Bewegung. Intensiver Einsatz für humanitäre, ideelle Ziele.

Uranus/Steinbock   Konventionen, Brauchtum, Vorurteile einreißen wollen.

Uranus/Wassermann   Ein Leben mit Unruhe, Überraschungen, futuristischen Ideen.

Uranus/Fische   Vorstoß in die Vergangenheit. Altes Wissen neu beleben.

Der Neptun als Faktor der Sensibilität und Imagination

Neptun/Widder   Aus seiner Innenwelt heraus den richtigen Anfang finden wollen. Aktivität ersehnen. Erst träumen, dann realisieren.

Neptun/Stier   Sich von irdischem Besitz lösen wollen. Hinter der Realität die Transzendenz suchen.

Neptun/Zwillinge   Sich in Träumereien verlieren. Vor der Vielfalt den Überblick verlieren.

Neptun/Krebs   Filterloses Gespür. Geringe Abwehrkraft gegenüber dem Leid anderer.

Neptun/Löwe   Neigung zum Beschönigen, zum Sichverlieren in überdimensionierten Objekten.

Neptun/Jungfrau   Die Ernte seiner Anstrengungen vernachlässigen. Den verborgenen Sinn suchen.

Neptun/Waage   »Fünfe gerade sein lassen.« Sich eine heile Welt vorgaukeln. Filterloses Ausgeliefertsein gegenüber der Umwelt.

Neptun/Skorpion   Geheimnisse ergründen wollen. Den Sinn von Symbolen, Bildern, Träumen erspüren wollen.

Neptun/Schütze   Für die bessere und idealere Welt schwärmen. »Über den Wolken leben.«

Neptun/Steinbock   Der Konvention entfliehen wollen. In der Zurückgezogenheit die Transzendenz erfahren wollen.

Neptun/Wassermann   Der Zeit voraus sein. Utopische Ideen. Science Fiction.

Neptun/Fische   Erlösung suchen. Der religiösen Bilderwelt sehr nahe sein.

Pluto als Faktor der kollektiven Kräfte und der tiefgreifenden völkergeschichtlichen Perioden

Vorbemerkung:
Pluto wurde am 21. Januar 1930 entdeckt. Seine siderische Umlaufbahn beträgt 249,17 Jahre. Pluto braucht deshalb rund einundzwanzig Jahre, um ein Tierkreiszeichen zu durchlaufen. Im Jahre 1900 befand sich Pluto im Zeichen Zwillinge, in das er um 1886 eingetreten war. Ebenso wie in der *Kosmobiologischen Diagnostik* wird hier der Versuch einer Interpretation von Pluto in den Tierkreiszeichen vorgenommen mit sicher noch zu differenzierenden Aussagen.

Darüber hinaus ist darauf hinzuweisen, daß Pluto seine individuelle Färbung erst erhält, wenn er in einem Geburtsbild im Zusammenhang mit Aspekten, Aspektstrukturen, Halbsummen und Halbsummenstrukturen gesehen wird. Er kann dann häufig interpretiert werden im Sinne des »über-« und »mehr als«: Sich übernehmen, sich überfordern, überhasten, übereilen, sich zuviel zumuten, »bis zum Zusammenbruch« tätig sein, überschießende Reaktionen, Übertreibungen.

Es wird empfohlen, anhand von historischen Kosmogrammen sich an die für Menschen früherer Generationen geltenden Plutoentsprechungen heranzutasten.

Pluto/Widder	Macht und Herrschaft ausüben wollen beziehungsweise in Vormacht eingebunden sein. Unterdrücken oder unterdrückt werden.
Pluto/Stier	In großem Maß Besitz ergreifen. Weitflächige Landeinnahme. Kolonialismus.
Pluto/Zwillinge	Weltweite Kommunikation. Teilhabe an Welthandel, Weltwirtschaft, Kommunikation (Telefon!).
Pluto/Krebs	Die Entdeckung der Familie als politischer Kraft.
Pluto/Löwe	Überbetonung von Repräsentation, Verschwendung, Äußerlichkeiten.
Pluto/Jungfrau	Detaillierte Massen-Information. Die zunehmende Bedeutung der Ausbildung, Fortbildung, Arbeitsvorbereitung, Informatik, EDV.

Pluto/Waage	Weltweites Streben nach sozialer und machtpolitischer Ausgeglichenheit. Sozialstaaten.
Pluto/Skorpion	Ausbrüche aus dem Kollektiv. Befreiungsprozesse in Form von sexueller Überbetonung, revolutionären bis terroristischen Verhaltensweisen.
Pluto/Schütze	Weltweites Aufbrechen humanistischer Ideen, neue Ideale, Ideologien, Religionen.
Pluto/Steinbock	Überbetonung der neu entdeckten alten Verhaltensmuster, extremer Konservatismus oder »Keinen Stein auf dem anderen lassen« wollen.
Pluto/Wassermann	Außerordentliche Zukunftsbetonung. Futuristische Projekte mit weltweiter Auswirkung.
Pluto/Fische	Glaubensgemeinschaften im Umbruch. Gravierende Veränderungen in den Religionen.

Der Mondknoten als Faktor der Bindung und Lösung

Mondknoten/ Widder	An der Spitze von Gemeinschaften stehen wollen. Gruppenleiter, Vorstand.
Mondknoten/ Stier	Sich zu anderen Menschen hingezogen fühlen. Tischgespräche bevorzugen.
Mondknoten/ Zwillinge	Freude an der Kommunikation. »Man muß miteinander reden.« Lehr- und Lerngemeinschaften (Schule, Internat, Universität).
Mondknoten/ Krebs	Kollegialen/familiären Umgang miteinander suchen. Andere Menschen in sein Haus holen wollen.
Mondknoten/ Löwe	Zugang zu exklusiven Gesellschaften suchen. Freude an Clubatmosphäre.
Mondknoten/ Jungfrau	Verwaltungsaufgaben für die Gemeinschaft bevorzugen. Sammlergemeinschaften.
Mondknoten/ Waage	Verständigung, Begegnung, Gemeinschaftsgeist fördern.
Mondknoten/ Skorpion	Für gemeinsame Aufgaben und Ziele kämpfen. Zur erprobten Elite gehören wollen.
Mondknoten/ Schütze	Gemeinsamen Ideen und Idealen verbunden sein. Sportgemeinschaften.
Mondknoten/ Steinbock	Konservative, traditionsverbundene Gemeinschaften. Gemeinsame Abwehr von Neuerungen.
Mondknoten/ Wassermann	Gemeinschaften mit Entwicklungsaufgaben. Brainstorming, Braintrust, High Technology.
Mondknoten/ Fische	Religiös orientierte Gemeinschaften. Sich Randgruppen zugehörig fühlen.

Der Aszendent als Faktor der Persönlichkeit und Haltung

Aszendent/Widder	Der Führer. Vorstürmen, »das Banner schwingen«.
Aszendent/Stier	Der Realist. »Was man hat, das hat man.«
Aszendent/Zwillinge	Der Sprecher, Redner. Wortführer sein wollen.
Aszendent/Krebs	Fürsorgliche Persönlichkeit. Familienvater/Familienmutter. Weitgehendes Verständnis.
Aszendent/Löwe	Der »Salonlöwe«. Zur Oberschicht gehören wollen.
Aszendent/Jungfrau	Der Korrekte. Ordnung, Genauigkeit, Pflichtbewußtsein verkörpern.
Aszendent/Waage	Ausgeglichene Persönlichkeit. Der Höfliche. Durch sympathisches Auftreten überzeugen.
Aszendent/Skorpion	Der Eigenständige. Sich auf sich selbst stellen. Sich nur auf sich selbst verlassen.
Aszendent/Schütze	Der Idealist. Die »Höhere Ordnung« suchen. Begeisterungsfähige, sportliche Persönlichkeit.
Aszendent/Steinbock	Der Konservative. Pflegen, erhalten, bewahren wollen.
Aszendent/Wassermann	Der Avantgardist. Der Zeit voraus sein wollen.
Aszendent/Fische	Der Zeit entfliehen wollen. Der Vergangenheit nachtrauern.

Das Medium Coeli als Faktor der Motivation und Berufung

Medium Coeli/ Widder	Initiativ sein. Risiken eingehen. Der geistige Kopf sein wollen.
Medium Coeli/ Stier	Ökonomische, betriebswirtschaftlich vertretbare Ziele. Lebenspraxis bevorzugen.
Medium Coeli/ Zwillinge	Vielseitig und beweglich orientiert sein. Alternativen aufstellen.
Medium Coeli/ Krebs	Haus, Heimat, Geborgenheit, Familie schaffen wollen. Sorgen, schützen. (Kochkunst, Heimwerker).
Medium Coeli/ Löwe	Die Repräsentation. Die gigantischen Projekte. Die Prestigeobjekte.
Medium Coeli/ Jungfrau	Die Vorbereitung. Der Plan. Die detaillierte Ausarbeitung.
Medium Coeli/ Waage	Die Balance. Das diplomatische Geschick. Der Puffer der Höflichkeit.
Medium Coeli/ Skorpion	Der Tiefgang. Die Grenzüberschreitung. Die Einzigartigkeit der Zielsetzung.
Medium Coeli/ Schütze	Ideen, Ideale, Idole schöpfen wollen. Humanistische, übernationale, sportliche Ziele entwickeln und dafür eintreten.
Medium Coeli/ Steinbock	Den Generationen und deren Werk verbunden sein. Die Pflege der Kultur.
Medium Coeli/ Wassermann	Einsatz für die neue Welt, die neuen Generationen, die Zukunftsbewältigung. Futurologie.
Medium Coeli/ Fische	Die Vergangenheit, die alten Kulturen und Religionen verstehen und in sich aufnehmen wollen. Gebet und Meditation suchen.

Schlüsselworte für die Bedeutung der Häuserachsen

In den letzten Jahrzehnten wurde immer wieder um die Bedeutung der Häuser und Häuserspitzen gerungen. Bei über einem Dutzend verschiedener Häusermethoden mit sehr traditionsgebundenem und fatalistischem Einschlag der Interpretationen (Geldhaus, Todeshaus und so weiter) schlugen die Wellen der Auseinandersetzung zeitweise sehr hoch. Bis zum heutigen Tage sind etwa fünf bis sechs Häusermethoden übriggeblieben, deren Vertreter sich mehr oder weniger tolerieren.

Reinhold Ebertin lehnte die Häuserdeutungen grundsätzlich ab, weil sie ihm zu wahrsagerisch erschienen. Nach meiner Ansicht sollten wir uns jedoch im Sinne der Arbeitshypothese der Beachtung der Häuserachsen nähern und damit Erfahrungen gewinnen.

Anfang der achtziger Jahre legte ich einen Vorschlag zu einer psychologischen Interpretation vor, wobei speziell die Häuserspitzen mit einem Orbis von einem bis drei Grad beachtet werden. Es wurde eine polar orientierte Darstellungsweise für richtig befunden. Nachfolgend nun die Schlüsselworte für die Häuserachsen.

1. Die Achse Aszendent-Deszendent I–VII: Die Begegnungsachse
   Die Begegnung von Ich und Du, Person und Partner, Individuum und Mitwelt.

2. Die Achse II–VIII: Die Bindungs- und Lösungs-Achse
   Das Annehmen und Abgeben. Das Erwerben und Weitergeben. Das Besitzen und Hergeben.

3. Die Achse III–IX: Die Milieu- und Niveau-Achse
   Der Erfahrungsschatz aus dem Elternhaus und die Verarbeitung zur eigenen Schau in die Welt. Das in der frühen Kindheit Erlebte und das im Leben daraus Gestaltete.

4. Die Achse IC-MC IV–X: Die Wunsch- und Erfüllungs-Achse
   Die in der Kindheit entstandenen Antriebe, Wünsche, Leitbilder und die daraus zu gewinnenden Motivationen zu Beruf und Berufung.

5. Die Achse V–XI: Die Kreativitäts- und Darstellungs-Achse
   Die eigene Schöpfungskraft und die sich aus ihr ergebenden Kräfte
   der Realisierung in der Welt mit den damit verbundenen zwischen-
   menschlichen Begegnungen.

6. Die Achse VI–XII: Die Extraversions- und Introversions-Achse
   Der Gang in die Welt und aus der Welt. Die Arbeit, Kraft, Leistung in
   der und für die Gemeinschaft und die Beschäftigung mit sich selbst,
   die Besinnung auf sich selbst. Das Zusammensein und das Alleinsein.

Die Erfahrung zeigt, daß die Position eines Gestirns oder sonstigen anderen Deutungsfaktors mit einem Orbis von rund einem bis drei Grad an
einer Häuserachse eine deutliche Verstärkung und Präzisierung erfährt.

Häuserachsen und 90°-Kreis

Der kosmobiologische Zugang zu den Häuserachsen im Sinne der obengenannten Arbeitshypothese ergibt sich, wenn man die Achsen versuchs-
weise im 90°-Kreis einträgt und darauf achtet, welche Aspekt- und Halb-
summenbeziehungen sich mit ihnen ergeben.

Die von mir entwickelten Formulare AST/1a und AST/1b ermöglichen es, nicht nur die Aspektstrukturen der 45°-, 30°- und 72°-Reihe zu
erfassen, sondern auch den »kosmischen Zustand« der Häuserachsen.

Häuserachsen und 45°-Ephemeriden

Wer mit den in nunmehr über vierzig Jahren bewährten Graphischen
45°-Ephemeriden arbeitet, kann mit den Häuserachsen experimentieren,
indem er sie wie einen Deutungsfaktor – am besten in einer weiteren
Farbe – in das graphische System mit einträgt und damit Erfahrungen
sammelt. Die sich dann ergebenden Kreuzungspunkte zwischen Planetenbahnen einerseits und den eingetragenen Häuserspitzen andererseits
können mit wichtigen Ereignissen während des Jahres zusammenhängen.

Die Deutung der Aspekte in Schlüsselworten

Die Deutung der Aspekte wird von zwei Seiten her aufgebaut, also A →
B und B → A. Ich folge damit der Erfahrung, daß im praktischen Leben
mehr die eine oder mehr die andere Seite gelebt wird.

Die Aspekte der Sonne

Sonne → Mond Seine Gefühle leben, beleben wollen.	Mond → Sonne Ein Gefühl für das Leben entwikkeln wollen.
Sonne → Merkur Seinen Verstand beleben wollen.	Merkur → Sonne Sich über seine Lebenskraft und das Leben an sich Gedanken machen.
Sonne → Venus Das Leben lieben. Seinem Leben einen ästhetischen Anstrich geben.	Venus → Sonne Die Liebe zum eigenen Körper. Zu seinem Körper zärtlich sein.
Sonne → Mars Lebenskraft. Die Vitalität in die Arbeit einfließen lassen.	Mars → Sonne Tatkraft. Sich für das Leben einsetzen.
Sonne → Jupiter Seine Vitalität erweitern wollen, mehr aus ihr machen. Bodybuilding.	Jupiter → Sonne Darstellen wollen, was man an Lebenskraft in sich trägt. Sunnyboy.
Sonne → Saturn Seine Lebenskraft schützen, begrenzen, einengen.	Saturn → Sonne Seine Vitalität zurückhalten. Vorsicht vor dem Leben.
Sonne → Uranus Mit seiner Lebenskraft sprungbereit sein. Sich schnell erschöpfen.	Uranus → Sonne Unruhiges Leben. Schnellebig. Streß gehört zum Leben.

Sonne → Neptun
Mit seiner Lebenskraft Schwächephasen überwinden wollen.

Neptun → Sonne
Empfindsamkeit für körperliche Vorgänge. Durchlässigkeit und/oder Empfindlichkeit.

Sonne → Pluto
Seine Kräfte in außergewöhnliche, großartige, weitreichende Projekte investieren wollen.

Pluto → Sonne
Außergewöhnliche Vitalität entwickeln wollen. Überanspannung. Dauerstreß.

Sonne → Mondknoten
Seine ganze Kraft für Gruppen, Gemeinschaften einsetzen.

Mondknoten → Sonne
Sein Bedürfnis nach zwischenmenschlicher Bindung leben wollen.

Sonne → Aszendent
Vitale Persönlichkeit. Ausstrahlungskraft.

Aszendent → Sonne
Als lebensvolle Persönlichkeit gelten wollen. »Sonne im Herzen.«

Sonne → Medium Coeli
Seine Kraft für seine Lebensaufgaben einsetzen. Lebensvolle Motivationen.

Medium Coeli → Sonne
Sich berufen fühlen, sich für das Leben einsetzen.

Die Aspekte des Mondes

Mond → Merkur
Gefühlvoll reden, sprechen, sich mitteilen wollen. Sprachgefühl.

Merkur → Mond
Mit dem Verstand seine Gefühle kontrollieren. Gedanken »lesen« können.

Mond → Venus
Seine Gefühlskräfte in Formen der Zärtlichkeit ausdrücken wollen. Warmherzig sein.

Venus → Mond
Sympathie und Antipathie über seine Gefühle ausdrücken. »Atmosphäre schaffen« können.

Mond → Mars
Mit seinen Gefühlen bei der Arbeit sein. Zeitweise stimmungsabhängig sein.

Mars → Mond
Mit seinem Willen seine Gefühle dominieren wollen. Seine Affekte herauslassen müssen.

Mond → Jupiter Seine Gefühle zeigen wollen. »Offenherzig«, überschwenglich sein.	Jupiter → Mond Sich selbst und andere verwöhnen. Sich optimistisch fühlen.
Mond → Saturn Mit seinen Gefühlen auf Wider- stände, Blockaden stoßen, sie unter Konvention, Moral stellen.	Saturn → Mond Seine Gefühle zurückhalten. »Eine Mauer um sich bauen.« Erfüllung in Pflicht, Opfer, »Caritas« suchen.
Mond → Uranus Spontane Gefühlsäußerungen. Durch Impulsivität andere er- schrecken, brüskieren, verletzen.	Uranus → Mond Unruhige, »nervöse« Gefühlswelt. Unruhe, Affekte. Unberechenbare Gefühlsäußerungen.
Mond → Neptun Empfindsam, empfindlich, ge- spürig sein.	Neptun → Mond Wünschen, hoffen, sehnen. Beein- druckbar, beeinflußbar sein.
Mond → Pluto Außergewöhnliche Gefühlstiefe, emotionaler Zugang zu den tief- sten Seelenschichten.	Pluto → Mond Überschäumende, extreme Gefühle (gekränkte Ehre, Eifersucht, Hyste- rie).
Mond → Mondknoten Emotionaler Zugang zu Grup- pen. Sich in Gemeinschaften ein- fühlen können.	Mondknoten → Mond Sich in der Gemeinschaft emotional öffnen können. Gruppenmutter sein.
Mond → Aszendent »Gefühlstyp«. Eher weiblich ge- stimmt sein.	Aszendent → Mond Den weiblichen Seelenteil in sich darstellen wollen. Sich zu seinen Gefühlen bekennen wollen.
Mond → Medium Coeli Seine Gefühle in seine Lebens- ziele einbringen. Emotional be- tonte Lebensziele.	Medium Coeli → Mond Motiviert sein, seine Gefühle anzu- nehmen und zu leben. Sich auf »das Weibliche« einstellen.

Die Aspekte des Merkur

Merkur → Venus
Gern über Zärtlichkeit, Liebe, Kunst sprechen. Verstandesbetonte Erotik. Mit der Sprache »malen« wollen.

Venus → Merkur
Auf die Schönheit der Sprache achten. Miteinander liebevoll umgehen. Schöngeistige Literatur.

Merkur → Mars
Intellektuelle, durchdachte Arbeit. Treffend formulieren. Sprache und Schrift als Beruf.

Mars → Merkur
Seinen Willen in sprachliche oder schriftliche Form bringen wollen. Pointen finden, Akzente setzen.

Merkur → Jupiter
Mit seinem Verstand in die Breite wirken wollen. Großer Wortschatz. Erfolgsorientiert denken.

Jupiter → Merkur
Offen sein für Sprache und Kommunikation. In seinen Äußerungen für Sinnhaftigkeit, allgemeine Wohlfahrt und Ethik eintreten.

Merkur → Saturn
In seinem Denken und Verstehen auf Widerstände und Hemmungen stoßen. Sich wenig und/oder ungern äußern. Knapp formulieren.

Saturn → Merkur
Sich genau überlegen, was man aussprechen, ausdrücken will. Konzentriertes Denken. Logik. Methodik.

Merkur → Uranus
Durchdachter Impetus. Schlagfertigkeit, Improvisation, Blitzentscheidungen.

Uranus → Merkur
Schnell auffassen und reagieren, ständig »auf dem Qui vive sein«. Unruhegeist.

Merkur → Neptun
Die Sprache der Phantasie und Phantastik wie auch der Träume. Sich gedanklich mit der Transzendenz auseinandersetzen.

Neptun → Merkur
Sich von Träumen, Phantasien, Hypothesen, Projektionen leiten lassen. Erspürtes in Worte kleiden wollen.

Merkur → Pluto
Mit seiner Sprache, seinen Worten eine Vielzahl von Menschen ansprechen wollen. Bewußt suggestiv wirken wollen.

Pluto → Merkur
Urerfahrung, Wissen aus dem »Kollektiven Unbewußten« in sprachliche Formen kleiden wollen. Überschießende Äußerungen.

Merkur → Mondknoten
Gedankenaustausch fördern. Lehr- und Lerngemeinschaften. Seine Gedanken in Gruppen einbringen wollen.

Mondknoten → Merkur
Gemeinschaftsaufgaben durchdenken. Gemeinsame Interessen wahrnehmen und diskutieren.

Merkur → Aszendent
»Verstandesmensch.« Der Intellektuelle. Gern denken, schreiben, sprechen.

Aszendent → Merkur
Durch seine Haltung geschickt verhandeln und vermitteln wollen.

Merkur → Medium Coeli
Durchdachte Motivationen und Zielvorstellungen. Sich vorbereiten auf das, was man will.

Medium Coeli → Merkur
Seine Lebensziele formulieren wollen. Vordenker sein. Motivationen schaffen.

Die Aspekte der Venus

Venus → Mars
Von Ästhetik bestimmter Arbeitsstil. Mit Liebe bei der Sache sein. Freude an Flirt und Sexualität.

Mars → Venus
Der Wille zur Zärtlichkeit und Sexualität. Schönes gestalten wollen. Künstlerisch tätig sein wollen.

Venus → Jupiter
Liebe zu harmonischer und luxuriöser Umwelt. Aus vollen Zügen genießen wollen. Die Welt der Eleganz lieben.

Jupiter → Venus
Charme entwickeln wollen. Seinen Körper gern zeigen wollen. Lebensfreude und Harmonie mit Erotik und Sexualität verbinden wollen.

Venus → Saturn
»Dornröschen«, Spätentwickler. Seine Bedürfnisse nach Zärtlichkeit und Zuwendung verstecken und/oder verdrängen.

Saturn → Venus
Pflicht geht vor Lebensfreude. Seine Bedürfnisse nach Zärtlichkeit unterschätzen. Treue. Caritative Formen der Zuwendung und Liebe.

Venus → Uranus
Liebe zur Abwechslung und Ungebundenheit. Heitere Unverbindlichkeit. Zuwendung ohne Verpflichtung.

Uranus → Venus
»Varietas delectat«. Freude an der Abwechslung. Neigung zu Seitensprüngen. Tanz, Rhythmik, Ballett.

Venus → Neptun
Zuwendung und Liebe wünschen, ersehnen, erträumen. Romantik. Illusion.

Neptun → Venus
Zerfließen in Hoffnungen und Vorstellungen. Sich selbst etwas vormachen. Theater, Film, Fernsehen.

Venus → Pluto
Die Liebe zum Exzeß, erotisch-sexuell und/oder künstlerisch. Nicht genug bekommen. Extreme Zuwendung fordern. Auspowern.

Pluto → Venus
Außergewöhnliche, überschießende Formen der Erotik und Sexualität. Sich ständig selbst überfordernder künstlerischer Schaffensdrang. Neigung zur Prostitution.

Venus → Mondknoten
Wunsch nach Kontakt, Gemeinschaft, Gruppenerlebnissen. Der Liebling der Gruppe sein wollen. Feministische Gemeinschaften.

Mondknoten → Venus
In der Gemeinschaft für Zärtlichkeit, Verständnis, Liebe eintreten. Künstlerische Gemeinschaften. Gemeinsame Hobbypflege.

Venus → Aszendent
Sich gern sympathisch geben, schmuckvolles Äußeres. Als sympathisch gelten wollen. Charmeur. Freude am Flirt.

Aszendent → Venus
Als Persönlichkeit liebevolle Aufmerksamkeit finden wollen. Der Ästhet. Erotisch-sexuelle Ausstrahlung haben.

Venus → Medium Coeli
Ästhetik als starke Motivation. Mäzenatentum für Kunst und Kultur.

Medium Coeli → Venus
Seine Motivationen und Ziele in schöne und ansprechende Formen kleiden wollen.

Mars → Jupiter
Alle Kräfte einsetzen, um nach außen zu wirken und erfolgreich zu sein. Streben nach Wettbewerb und Expansion.

Jupiter → Mars
Ertrag und Gewinn erstreben. »Aus dem Vollen schöpfen« wollen. Großprojekte in die Tat umsetzen wollen.

Mars → Saturn
Mit seinem Willen Widerstände überwinden wollen. Resignieren oder »nun erst recht!«

Saturn → Mars
Bewahren, festigen, erhalten wollen. Seine Energien zurückhalten. Angst vor der Aufgabe.

Mars → Uranus
Anstöße geben, etwas in Bewegung setzen wollen. Drängen, überstürzen.

Uranus → Mars
Veränderungen erzwingen wollen. »Auf Biegen oder Brechen« etwas erreichen wollen. Aggressionen wecken oder herauslassen.

Mars → Neptun
Wunschbilder, Scheinwelt aufbauen. Projektionen und Ideen entwickeln. Flucht vor der Aufgabe.

Neptun → Mars
»In den Wolken schweben.« Entrinnen wollen. Vor der Realität fliehen wollen.

Mars → Pluto
Seine Energien ins Extrem steigern wollen. Spitzenleistungen erzwingen. Brutalität gegen sich und/oder andere.

Pluto → Mars
»Bis zum Zusammenbruch arbeiten.« Die »letzten Reserven« aktivieren. Befehlen und/oder tyrannisieren wollen.

Mars → Mondknoten
Seine Kraft für die Gemeinschaft einsetzen. Kameradschaft erstreben. Führen wollen.

Mondknoten → Mars
Die Gruppe, die Gemeinschaft aktivieren wollen. Gemeinsame Aufgaben schaffen.

Mars → Aszendent
»Willenstyp.« Energiegeladene
Persönlichkeit.

Aszendent → Mars
Seine persönliche Karriere aufbauen wollen. Fachliche Kompe-
tenz erstreben.

Mars → Medium Coeli
Arbeit und Leistung als ausschließliches Lebensziel. »Mit
seinem Beruf verheiratet sein.«
»Workaholic.«

Medium Coeli → Mars
Zu Arbeit und Leistung motivieren.
Zielvorgaben entwickeln. Vorbild
sein wollen.

Die Aspekte des Jupiter

Jupiter → Saturn
»Alles« tun wollen, um der
Pflicht, dem Schicksal, den Aufgaben des Lebens Genüge zu
tun. Sich bis an seine Grenzen
ausdehnen wollen.

Saturn → Jupiter
»Erst die Pflicht und dann das Ver-
gnügen!« Mit Geduld seine Ziele
erreichen wollen. Chancen verstreichen lassen.

Jupiter → Uranus
Aufgeschlossen sein für das Neue,
Plötzliche, Unerwartete. Freude
am Entdecken.

Uranus → Jupiter
Neues aufnehmen und entwickeln
wollen. Seine Chancen nützen wollen. Ungeduld.

Jupiter → Neptun
Phantasie, Phantastik, Fülle an
Ideen bis zur Uferlosigkeit erle-
ben. Offenheit für Träume und
Transzendenz.

Neptun → Jupiter
Sich Hoffnungen hingeben. Gefahr
der Bodenlosigkeit und Spekulation. Seine Möglichkeiten verschleudern.

Jupiter → Pluto
Außergewöhnlichen Erfolg, Prestige, Vormacht erstreben. Führertyp.

Pluto → Jupiter
»Aus der Fülle schöpfen« wollen.
Großprojekte entwickeln wollen.
Anziehungskraft entfalten wollen.

Jupiter → Mondknoten
Zur »besseren Gesellschaft« gehören wollen. In der Gemeinschaft Gewicht, Ansehen gewinnen wollen.

Mondknoten → Jupiter
Mit und in der Gemeinschaft für
finanzielle Sicherheit, Wohlstand,
Wohlfahrt eintreten.

Jupiter → Aszendent
Beschützer, »Glückspilz«, Mäzen
sein wollen. Ansehen und Ehre
genießen.

Aszendent → Jupiter
Erfolg und Wohlstand ausstrahlende Persönlichkeit. Gönnerhaft
wirken wollen.

Jupiter → Medium Coeli
Sich auf Erfolg und Expansion
programmieren. Seine Ein-
flußsphäre ausdehnen wollen.

Medium Coeli → Jupiter
Motivationen schaffen wollen, die
Zufriedenheit, Gesundheit, Glück,
Wohlstand versprechen.

Die Aspekte des Saturn

Saturn → Uranus
Sich von Experimenten, Unruhe,
Streß fernhalten wollen. Auseinandersetzungen meiden. Sich
»überrollen« lassen.

Uranus → Saturn
Sich befreien wollen von Tradition,
Bürde, Last, Autorität. »Ketten
zerbrechen« wollen. Zerreißproben
riskieren.

Saturn → Neptun
Alles meiden wollen, was un-
durchsichtig, unbegreifbar ist
und an Transzendenz erinnert.
Traumblockade.

Neptun → Saturn
Davonlaufenwollen vor Hemmungen, Widerständen. Stellungnahme
vermeiden. Stabilitätsverlust.

Saturn → Pluto
Tradition, Autorität, Pflicht,
Moral, Dogma in sich über-
mächtig werden lassen. Dadurch
Neigung zu Opfer, Selbstver-
leugnung, Märtyrertum.

Pluto → Saturn
Mit außergewöhnlicher Kraft sich
auflehnen gegen Einschränkung,
Gesetz, Verbot, Tabu. Härte gegen
sich und andere.

336

Saturn → Mondknoten
Sich binden an ältere, autoritäre, vom Schicksal geprägte Menschen. Die »Alten«, »Kranken«, »Trauernden«. Sich auch Toten verbunden fühlen.

Mondknoten → Saturn
In der Gemeinschaft Halt, Sicherheit, Autorität suchen. Mit anderen »auf das Ende warten«. Geriatrie, Gerontologie.

Saturn → Aszendent
Einsame Autorität. Sich selbst genug sein. »Einsiedler.« Neigung zum vorzeitigen Verknöchern.

Aszendent → Saturn
Sich »wie ein alter Mann«, »eine alte Frau« verhalten, unabhängig vom individuellen Alter. Schon als junger Mensch alt wirken.

Saturn → Medium Coeli
Scharf begrenzte Lebensziele. »Eins und das richtig!« Die Würde des Amtes oder des Alters tragen.

Medium Coeli → Saturn
Konzentriert, punktuell ausgerichtet sein. Sich auf Form, Tradition, das Konservieren der Vergangenheit hin ausrichten.

Die Aspekte des Uranus

Uranus → Neptun
Aufbruch in das Unbekannte, Undurchsichtige. Das Transzendente erforschen wollen.

Neptun → Uranus
In der Phantasie Grenzen überschreiten wollen. Gefahr der Orientierungslosigkeit. Die Kontrolle verlieren.

Uranus → Pluto
Sich mit seinen Energien überschlagen. Eruptiv freiwerdende Kräfte. Ins Uferlose hineinstürzen.

Pluto → Uranus
Vulkanartig ausbrechende Energien. Mitgerissen werden. Völlig außer Balance geraten bis zu Krampfzuständen.

Uranus → Mondknoten
In Gruppen und Gemeinschaften Initiativen entwickeln. Unbequem sein, als Störenfried erlebt werden.

Mondknoten → Uranus
In der Gemeinschaft mit anderen Anstöße setzen, Reformen durchführen wollen. Sich zu Bürgerinitiativen zusammenfinden.

Uranus → Aszendent
Initiator, »Dynamo«. »In Aufbruchstimmung« sein. Vorkämpfer.

Aszendent → Uranus
Sich mit seiner ganzen Persönlichkeit für neue Aufgaben einsetzen. Als unbequem, unruhig, revolutionär gelten.

Uranus → Medium Coeli
In seinen Lebenszielen beweglich, ausgefallen, wechselnd sein, fortschrittlich sein.

Medium Coeli → Uranus
Seinen Konzepten Stoßkraft verleihen. Seine Aufgaben schnell vollbringen wollen.

Die Aspekte des Neptun

Neptun → Pluto
Mit Phantasie, Imaginationsfähigkeit, Meditation oder Drogen an die tiefsten Seelenschichten und Urerfahrungen herankommen wollen. »Zu den Müttern« entfliehen wollen.

Pluto → Neptun
Überflutet werden mit der Bilderwelt des Unbewußten. Grenzenlosigkeit erleben. Sich in der Transzendenz verlieren können.

Neptun → Mondknoten
Mit seinen Hoffnungen, Wünschen und Sehnsüchten in die Gruppen gehen. Seine Individualität in der Gemeinschaft verlieren können. Gruppenabhängigkeit.

Mondknoten → Neptun
In der Gemeinschaft seinen Phantasien, imaginativen Kräften, okkulten Phänomenen begegnen wollen. Sich zu Randgruppen hingezogen fühlen.

Neptun → Aszendent
Schauspieler. »Schaumschläger.« Undurchsichtige Persönlichkeit. »Aus dem Rahmen fallen.«

Aszendent → Neptun
Als Persönlichkeit das Diffuse erkennen, Transzendenz erfassen wollen. Von anderen als aalglatt, unfaßbar erlebt werden.

Neptun → Medium Coeli
Diffuse, illusorische, irreale Ziele. Sich nicht festlegen wollen.

Medium Coeli → Neptun
Sich der Grenzenlosigkeit zuwenden wollen. Höheren Bewußtseinszuständen nahekommen wollen.

Die Aspekte des Pluto

Pluto → Mondknoten
Mit großen Gruppen, Gemeinschaften, Verbänden, Massenor-
ganisationen verbunden sein.
Massenwirkungen erzielen wollen.

Mondknoten → Pluto
Die Masse, die Kollektiv-Seele erleben wollen. Einbezogen sein in kollektive Vorgänge. In Ansammlun-
gen Schutz suchen wollen.

Pluto → Aszendent
Vorherrschaft und Macht ausüben wollen. Magische Kräfte
entfalten können.

Aszendent → Pluto
Als Persönlichkeit die Kollektiv-
Seele ansprechen und ihr diktieren
oder ihr ausgeliefert sein und der
»Amboß« werden.

Pluto → Medium Coeli
Außergewöhnliche Berufs- und
Lebensziele. »Der Größte« sein
und Macht ex cathedra ausüben
wollen.

Medium Coeli → Pluto
Alle Motivationen bündeln zu
einem großen unnachahmlichen,
einmaligen Ziel. Sich unsterblich
machen wollen.

Die Aspekte des Mondknoten

Mondknoten → Aszendent
Sich in der Gemeinschaft als un-
verwechselbare Persönlichkeit erleben wollen.

Aszendent → Mondknoten
Mit seiner Persönlichkeit in die Gemeinschaft hineinwirken wollen.

Mondknoten → Medium Coeli
Sich in der Gemeinschaft als Individuum und mit seinen Lebenszielen respektiert fühlen wollen.

Medium Coeli → Mondknoten
Seine individuellen Lebensziele mit
der Gemeinschaft und Aufgaben in
ihr verknüpfen wollen.

Aszendent → Medium Coeli	Medium Coeli → Aszendent
Sich als Persönlichkeit mit seinen Lebenszielen identifizieren wollen.	Die Art der Lebensziele formt die Persönlichkeit.

Achtung! Bei Aszendent und Medium Coeli spielt das Tierkreiszeichen, in dem beide stehen, eine große Rolle. Es darf auf Deutungsteil Seite 324f verwiesen werden.

Nachwort

Die vorstehenden Deutungen sind als Schlüsselworte und damit als Kurzform für das ganze Kolorit der Interpretationsmöglichkeiten zu verstehen. Sie sollen zeigen, wie man über das Kosmogramm einen Einstieg ins bessere Verständnis gewinnen kann. Wer sich noch weiter einarbeiten will, sei auf die entsprechende Fachliteratur verwiesen. Die *Kosmobiologische Diagnostik* des Verfassers zeigt, daß mindestens zehn Persönlichkeitsbereiche aus dem Geburtsbild herausgearbeitet werden können.

7. Zum Umgang mit den Schlüsselworten

Die nachfolgenden Schlüsselworte für die Halbsummen bauen auf der Symbolkombination auf. Es sind darin keine Differenzierungen durch die Tierkreiszeichenbesetzung enthalten. Die Färbung aus den Tierkreiszeichen ergibt sich aus den Schlüsselworten für die dreizehn Faktoren von Sonne bis Medium Coeli. Weitere Differenzierungen sind möglich. Es darf auf die *Kosmobiologische Diagnostik* verwiesen werden. Dort ist eine Differenzierung nach zehn Dimensionen erarbeitet. Einige Seiten aus der »Diagnostik« sind auf den Abbildungen 13 bis 16 verkleinert abgebildet.

Der Weg zur sinnvollen Interpretation muß wie folgt aussehen:

1. Grundwissen über die Bedeutung der Symbole und der Tierkreiszeichen wie angegeben in »Grunddeutungen der Symbole« und »Grunddeutungen der Tierkreiszeichen«.

2. Schlüsselworte für Sonne, Mond, Planeten, Mondknoten, Aszendent und Medium Coeli.
3. Schlüsselworte für die polar angeordneten Aspektdeutungen.
4. Schlüsselworte für die Häuserspitzen nach dem GOH-System.
5. Schlüsselworte für die Halbsummen.

8. Schlüsselworte für die Halbsummen

1.	Sonne/Mond	Mann, Frau, Partnerschaft, Ehe.
2.	Sonne/Merkur	Praktisches Leben. »Gesunder Menschenverstand.«
3.	Sonne/Venus	Körperliche Anziehungskraft. Ästhetik.
4.	Sonne/Mars	Lebenswille, Tatkraft.
5.	Sonne/Jupiter	Entwicklungsbeschleunigung. Körperfülle, Verwöhnung.
6.	Sonne/Saturn	Entwicklungsverzögerung, Schlankheit, Entzug, Härte.
7.	Sonne/Uranus	Lebensdynamik. Forderung an das Leben. Unruhe.
8.	Sonne/Neptun	Körpersensibilität. Vitalitätsschwäche.
9.	Sonne/Pluto	Überschäumende Lebenskraft. Dauerstreß, Überforderung.
10.	Sonne/Mondknoten	Lebensbejahende, vitale Gruppen. Männliche Gemeinschaften.
11.	Sonne/Aszendent	Vitale, männlich betonte Persönlichkeit.
12.	Sonne/Medium Coeli	Lebensbejahung. Lebensziele haben.
13.	Mond/Merkur	Gefühlsbetontes Denken und Sprechen.
14.	Mond/Venus	Gefühle der Sympathie und Zuneigung.
15.	Mond/Mars	Gefühlsbetont in Wille und Leistung.
16.	Mond/Jupiter	Seine Gefühle verschenken, verströmen.
17.	Mond/Saturn	Seine Gefühle zurückhalten, verstecken.
18.	Mond/Uranus	Affekte, Gefühlsausbrüche.
19.	Mond/Neptun	Sensibilität. Abwehrschwäche.
20.	Mond/Pluto	Eruptiv ausbrechende Gefühle. Emotional unkontrolliert.
21.	Mond/Mondknoten	Gemeinschaftsgefühl. Weibliche Gruppen.
22.	Mond/Aszendent	Gefühlsoffene, weiblich betonte Persönlichkeit.

341

23. Mond/Medium Coeli	Gefühlsbejahung. Gefühlsbetonte Motivationen.
24. Merkur/Venus	Die Sprache des Charmes und der Liebe.
25. Merkur/Mars	Sprache als Beruf. Wille zur Äußerung.
26. Merkur/Jupiter	Erfolgsorientiertes Denken.
27. Merkur/Saturn	Die Konzentration auf das Wesentliche.
28. Merkur/Uranus	Intellektuelle Schlagfertigkeit. Pointen setzen.
29. Merkur/Neptun	»Anderen etwas vormachen«, Bluff.
30. Merkur/Pluto	Überzeugen, überreden.
31. Merkur/Mondknoten	Die Sprachgruppe, Lerngemeinschaft, Schule.
32. Merkur/Aszendent	Intellektuelle Persönlichkeit. Kaufmann. Contacter.
33. Merkur/Medium Coeli	Verstandesbetonte Motivationen, intellektuelle Ziele.
34. Venus/Mars	Zärtlichkeit, Erotik und Sexualität.
35. Venus/Jupiter	Liebevolle Zärtlichkeit und Verwöhnung.
36. Venus/Saturn	Erotisch-sexuelle Zurückhaltung. Neigung zu Verzicht. Caritas.
37. Venus/Uranus	Spontaneität, Überraschungen in Erotik und Sexualität. (Promiskuität).
38. Venus/Neptun	Sehnsucht, Wunsch nach Zuwendung.
39. Venus/Pluto	Neigung zu erotisch-sexueller Überforderung. Exzessive Zuwendung.
40. Venus/Mondknoten	Liebe zur Gemeinschaft, zur Gruppenbildung. Künstlerische Gemeinschaften.
41. Venus/Aszendent	Die charmante, anziehende Persönlichkeit.
42. Venus/Medium Coeli	Erotisch-sexuell gefärbte Motivationen. Künstlerische Ambitionen.
43. Mars/Jupiter	Vorwärtskommen. Beruflicher Erfolg.
44. Mars/Saturn	Begrenzte Aufgaben. Blockaden.
45. Mars/Uranus	Geschwindigkeit. Technik. Maschinen.
46. Mars/Neptun	Beruflicher Umgang mit Flüssigkeiten, Gasen, Giften, Farben.
47. Mars/Pluto	Außergewöhnlicher Arbeitsstil. Übertreibung.

48. Mars/Mondknoten	Arbeitsgemeinschaft. Team.
49. Mars/Aszendent	Der Berufstätige. Willenstyp.
50. Mars/Medium Coeli	Das Berufsbild. Berufsziele.
51. Jupiter/Saturn	»Das Für und Wider.« »Das Auf und Ab.« Streben nach Ausgleich und Balance.
52. Jupiter/Uranus	Freiheit, Unabhängigkeit. Ausgriff in die Welt.
53. Jupiter/Neptun	Phantasie. Traum. Projektion. Spekulation.
54. Jupiter/Pluto	Optimale Position. Prestige.
55. Jupiter/Mondknoten	»Die bessere Gesellschaft.« Publikumserfolg.
56. Jupiter/Aszendent	Erfolgreiche Persönlichkeit. Ansehen.
57. Jupiter/Medium Coeli	»Der Weg nach oben.« Karriere.
58. Saturn/Uranus	Konfliktspannungen. Zerreißproben.
59. Saturn/Neptun	Haltlosigkeit, Stabilitäts-Verlust. Krankheit.
60. Saturn/Pluto	Härte, Zwang, Verzicht.
61. Saturn/Mondknoten	Gemeinschaften der Pflicht, der Begrenzung, des Alters.
62. Saturn/Aszendent	Autoritäre, pflichtbewußte Persönlichkeit.
63. Saturn/Medium Coeli	Form, Stabilität, Grenzen setzende Ziele. »Bis hierher und nicht weiter!«
64. Uranus/Neptun	Durchstoß zum Unbekannten. Transzendenz. Orientierungsverlust.
65. Uranus/Pluto	Überschießende Energien. Die Eruption.
66. Uranus/Mondknoten	Progressive, unruhige, revolutionäre Gemeinschaften.
67. Uranus/Aszendent	Initiator, Vorreiter, Vorkämpfer.
68. Uranus/Medium Coeli	Wechselnde Motivationen. Originalität.
69. Neptun/Pluto	Bewußtseinserweiterung. Entgrenzung. Uferlosigkeit. Massenschau, Massenspektakel.
70. Neptun/Mondknoten	Gemeinschaften des Hoffens, Träumens, der Illusion, der Sucht, der Drogen.
71. Neptun/Aszendent	Schauspielernde, realitätsferne Persönlichkeit. »Seiltänzer.«

72.	Neptun/Medium Coeli	Unverbindlichkeit. Irrealität. Ziellosigkeit.
73.	Pluto/Mondknoten	Großgruppe, Masse, Kollektiv.
74.	Pluto/Aszendent	Machtmensch. Führernatur.
75.	Pluto/Medium Coeli	Berufung. Charismatische Motivationen.
76.	Mondknoten/Aszendent	Gruppen-, Vereins-, Verbandsmitglied.
77.	Mondknoten/Medium Coeli	Gemeinschaftsbestrebungen.
78.	Aszendent/Medium Coeli	Die persönliche Identität.

Kapitel 22

Rückblick

Wir haben eine lange Wanderung durch das Gebiet der Kosmobiologie hinter uns. Da und dort haben wir, gleichsam von der Höhe eines Bergweges, in dieses und jenes Tal geschaut, haben jedoch noch nicht den Abstieg vollzogen, um »alles« genau zu betrachten.

Das vor Ihnen, verehrte Leserinnen und Leser, liegende ABC der Kosmobiologie sollte Ihnen einen ersten Einblick in eine Sichtweise geben, die schon jahrtausendelang die Menschheit beschäftigt hat. Nun wird es an Ihnen liegen, ob Sie in die Kosmobiologie weiter eindringen wollen oder ob es für Sie andere Bereiche des Wissens gibt, die Ihr Interesse noch mehr anregen.

Ein besonders tief gehendes Verständnis für die kosmo-biologischen Zusammenhänge entsteht,wenn es möglich ist, in Beratungsgesprächen oder in Seminaren die ganz individuelle Symbolqualität im eigenen Geburtsbild für sich selbst zu erfahren.Wir können heute davon ausgehen, daß wir in der Kosmobiologie einmal mit naturwissenschaftlichen Elementen umgehen, wenn wir Berechnungen vornehmen, Winkel messen und zu Aspekt-Strukturen zusammenfassen, die planetaren Rhythmen auf ein Geburtsbild hin untersuchen. Zum anderen entsteht aus der Betrachtung eines Geburtsbildes und dem Gespräch mit dem Kosmogramm-Eigner eine Art Gespürigkeit und Feinfühligkeit für die Besonderheit des eigenen Kosmogramms und seine vielschichtigen Aussagemöglichkeiten.

Aber nicht nur das eigene Geburtsbild sollte Gegenstand der Überlegungen sein. Die Betrachtung der Kosmogramme von Eltern, Kindern, Geschwistern, Freunden und Partnern, Vorgesetzten und Kolleginnen und Kollegen, Politikern, Persönlichkeiten aus Wirtschaft, Kultur und Kunst, von Staaten und wichtigen Ereignissen ermöglichen sehr weitgehende Erkentnisse und Verständnis für andere Menschen bis hin zu übergeordneten Gedankengängen auf internationaler Ebene. So ist es beispielsweise auch möglich, das Auf und Ab der verschiedenen Währungen zu verfolgen, wenn man deren »Geburtsdaten« verfügbar hat.

In unserem »Institut für Ausdrucks- und Charakterkunde« in Wildbad im nördlichen Schwarzwald veranstalten wir unter anderem Seminare, die die Erkenntnisse der Kosmobiologie sinnvoll in das Leben integrieren helfen sollen. Der in diesem »ABC« gebotene Stoff wird dabei vertieft.

Für das vorliegende Buch erhielt ich eine Reihe von Kosmogramm-Berechnungen und Kosmogramm-Zeichnungen der Firma Sesam, Gerhard Vehns, in Karlsruhe. Dieses noch junge Unternehmen liefert eine hochqualifizierte, aber übersichtliche Software für Astrologen und Kosmobiologen. Die veröffentlichten Abbildungen stellen nur einen kleinen Ausschnitt aus dem vielseitigen Angebot dar. Ich danke an dieser Stelle bei Herrn Vehns für die gute Zusammenarbeit.

Hingewiesen werden darf auch auf die Fa. Astron, Klaus Bohnert, in Hamburg. Dieses Unternehmen liefert Software und dazu passende preisgünstige Rechner. Wer aktuelle kosmobiologische Beiträge lesen will, sei auf die Zeitschrift *Meridian* hingewiesen, die zweimonatlich im Ebertin-Verlag in Freiburg erscheint.

Wer an der kosmobiologischen Forschung interessiert ist, darf auf die »Kosmobiologische Akademie Aalen«, Am Schattwald 37, 7000 Stuttgart 80, hingewiesen werden.

Die Kosmobiologie hat heute einen Stand erreicht, der sie in der psychologischen und psychotherapeutischen Arbeit, vor allem in der psychosomatisch orientierten Heilkunde, zu einem wertvollen Instrumentarium der Diagnostik und Behandlung werden läßt. Dieses Wissensgebiet dient der ganzheitlichen Betrachtung der gesamten belebten Natur.

Auf dem vorliegenden »ABC« werden weitere Bücher zur praktischen Kosmobiologie aufbauen. Der nächste Band wird vor allem die Dynamik im Sinne der Transite, Sonnenbogendirektionen und Progressionen zum Thema haben. Im Verlagskatalog des Ebertin-Verlags und Verlags Hermann Bauer findet der Interessent ein reichhaltiges Sortiment astrologischer und kosmobiologischer Literatur und der dazugehörigen Arbeitsmittel.

Zum Schluß danke ich Ihnen, verehrte Leserinen und Leser, für Ihr Interesse am ABC der Kosmobiologie. Falls Sie Anregungen, Fragen, Kritik haben sollten, bin ich dafür offen und erwarte gern Post von Ihnen. Möge der Blick in die Kosmobiologie für Sie fruchtbar sein und Sie bei Ihrer weiteren Lebensgestaltung bereichern.

Literaturverzeichnis

1 Reich, H.: *Seelenbilder*. Lehrbuch des TUA-Testverfahrens und einer experimentellen Malerei. Zürich 1960.

2 Le Clercq, G.: »Eine globale kosmobiologische Theorie auf Grund der systematischen Untersuchung kosmischer Zwillinge.« in: Ebertin (Hrsg): *45. Kosmobiologisches Jahrbuch 1974,* Aalen 1973. S. 161 ff.

3 Gauquelin, M.: *Planetare Einflüsse auf Persönlichkeit und Lebensweg.* Freiburg 1986. S. 11 ff.

4 Feerhow, Fr.: *Die medizinische Astrologie.* Leipzig 1914. S. 1.

5 aaO., Vorwort S. 1.

6 aaO., S. 4 f.

7 Winkel, M.E.: »Kosmobiologie und Astrologie« (mit Darlegungen zum Problem der Zwillingsgeburten) in: Strauß, H.A. (Hrsg.): *Jahrbuch für kosmobiologische Forschung.* Bd. 2, Augsburg 1929. S. 98 f.

8 Krafft, K.E.: »Kosmobiologische Biographie« in: Strauß, H.A. (Hrsg.): *Jahrbuch für kosmobiologische Forschung,* aaO., S. 131 ff.

9 Reinhold Ebertin, geboren am 16. Februar 1901, gestorben am 14. März 1988, gilt als einer der herausragenden Pioniere der modernen Kosmobiologie. Er gründete am 1. Oktober 1928 in Erfurt den Ebertin-Verlag Reinhold Ebertin. Nach dem zweiten Weltkrieg wurde die Verlagsarbeit in Aalen/Württ. fortgesetzt. Nach dem 50. Verlagsjubiläum 1978 wurde der Ebertin-Verlag ein Tochter-Unternehmen des Verlags Herrmann Bauer, Freiburg im Breisgau. Dort erscheinen die Bücher Reinhold Ebertins weiterhin sowie zahlreiche der von ihm entwickelten kosmobiologischen Arbeitsmittel, Tabellenwerke, Graphischen Ephemeriden.

10 Tomaschek, R.: *Kosmische Kraftfelder und astrale Einflüsse.* Aalen 1971.

11 Landscheidt, Th.: *Fixsterne-Aspekte und galaktische Strukturen.* Aalen 1965.

12 Landscheidt, Th.: »Der Kosmos als gesteuerter Organismus« in Ebertin, R. (Hrsg.): *41. Kosmobiologisches Jahrbuch 1970.* Aalen 1969. S. 34 ff.

13 Gauquelin, M.: *L'Influence des Astres. Etude critique et Experimentale.* Paris 1955. (Deutsche Ausgabe: *Kosmische Einflüsse auf menschliches Verhalten.* Freiburg 1983).

14 Gauquelin, M.: »Die Beziehungen zwischen der Geburtszeit und den Tagesbewegungen des Mondes und der nahen Planeten« in Ebertin, R. (Hrsg.): *42. Kosmobiologisches Jahrbuch 1971.* Aalen 1970. S. 73 ff.

15 Reich *Seelenbilder.* aaO.

16 F.G.Goerner war Psychotherapeut in Mannheim. Während des Zweiten Weltkriegs war er zusammen mit dem Schweizer Statistiker und Kosmobiologen K.E. Krafft von der Gestapo in Berlin verhaftet. Goerner hat die Kosmobiologie wesentlich durch seine tiefenpsychologischen Beiträge auf den ersten »Kosmobiologischen Tagungen« in Aalen bereichert, die von dem Verleger und Fachschriftsteller Reinhold Ebertin 1949 begründet wurden.

17 Ebertin, B.R.: »Vergleiche zwischen Kosmogramm und Psychotest« in Ebertin, R. (Hrsg.): *26. Kosmobiologisches Jahrbuch 1955.* Aalen 1954. S. 68 ff.

18 Ebertin, B.R.: »Die Hilfe der Kosmobiologie in der Erziehung und Betreuung von Kindern« in Ebertin, R. (Hrsg.): *29. Kosmobiologisches Jahrbuch 1958.* Aalen 1957. S. 53 ff.

19 Ebertin, R., und Ebertin, B.R.: *Die kosmischen Grundlagen unseres Lebens.* 2 Bände. Aalen 1955/56.

20 Ebertin, R.: *Kosmopsychologie.* 6. A., Freiburg 1984.

21 Ebertin, B.R.: *Reinkarnation und neues Bewußtsein.* Freiburg 1987. 2. erweiterte Aufl. 1989.

22 *The Rosicrucian Ephemeris 1900–2000.* International Edition. Oceanside/California 1983. Deutscher Vertrieb: Verlag Herrmann Bauer, Freiburg.

23 Ebertin, R.: *Das Doppelgesicht des Kosmos.* Aalen 1962.

24 Jung, C.G.: »Synchronizität als Prinzip akausaler Zusammenhänge« in *Naturerklärung und Psyche.* Ges.Werke VIII, S. 500.

25 *Encyclopedia Americana.* New York 1975. Bd 27, S. 297 ff.

26 Gorbatschow, M.: *Perestroika. Die zweite russische Revolution.* München 1987.

27 aaO., S. 17.

28 aaO., S. 32.

29 aaO., S. 32.

30 aaO., S. 33.

31 Wickert, J.: *Einstein mit Selbstzeugnissen und Bilddokumenten.* rororo-Bildmonographien Nr. 162. 63.–67. Tsd. Reinbek bei Hamburg. 1983. S. 143.

32 Gebser, J.: *Gesamtausgabe.* Schaffhausen 1986. Bd 1: »Abendländische Wandlung«, S. 184f.

33 *Encyclopedia Americana,* aaO., Bd 20, S. 357ff.

34 Scott, C.: *Musik – Ihr geheimer Einfluß durch die Jahrhunderte.* München 1985

35 aaO., S. 46f.

36 aaO., S. 49.

37 aaO., S. 49.

38 Ebertin, B.R.: »Die Mundankonstellationen Uranus-Pluto ab 1900« in Zeitschrift *Meridian* 2/1987, Freiburg. S. 42.

39 *Aktuell'89. Das Lexikon der Gegenwart.* Dortmund 1988. S. 177.

40 aaO. S. 70f.

41 Ebertin, R.: »Kosmos–Erde–Mensch« in *Kosmobiologisches Jahrbuch 1939.* Erfurt 1938. S. 14ff.

42 Hellpach, W.: *Geopsyche. Die Menschenseele unterm Einfluß von Wetter und Klima, Boden und Landschaft.* Leipzig 1935.

43 Bürgel, B.H.: »Astrologie und Höhenstrahlung« in Zeitschrift *Mensch im All.* Erfurt 1938.

44 Missenard, A.: *Der Mensch und seine klimatische Umwelt.* Stuttgart.

45 Ebertin, R., und Ebertin, B.R.: *Die kosmischen Grundlagen unseres Lebens,* aaO., Bd 1, S. 5.

46 Ebertin, B.R.: *Kosmobiologische Diagnostik. Die kosmischen Symbole, Strukturen und Rhythmen in uns.* 3 Bände im Lose-Blatt-System. Aalen/Freiburg 1978/1984.

47 Schottlaender, F.: *Die Mutter als Schicksal.* Stuttgart 1946. S. 48.

48 Jung, C.G.: »Die Bedeutung des Vaters für das Schicksal des Einzelnen« in *Studienausgabe* bei Walter. Olten 1971.

49 Mitscherlich, A.: *Auf dem Weg zur vaterlosen Gesellschaft.–Ideen zur Sozialpsychologie.* 32.–40. Tsd. München 1969.

50 aaO., S. 178.

51 Miller, A.: *Das Drama des begabten Kindes und die Suche nach dem wahren Selbst.* Suhrkamp-Taschenbuch Nr. 950. Frankfurt/M 1983.

52 Miller, A.: *Am Anfang war Erziehung.* Frankfurt/M. 1980.

53 aaO., S. 77.

54 aaO., S. 78.

55 Mitscherlich, aaO., S. 12.

56 aaO., S. 13.

57 Ebertin, B.R.: *Kinder wollen spielen. Ein Büchlein für Eltern und Kinderfreude.* Aalen 1965.

58 Zulliger, H.: *Vom Umgang mit dem kindlichen Gewissen.* 5. A., Stuttgart 1968.

59 Haendler, O.: »Unbewußte Projektionen auf das christliche Gottvater-Bild und ihre seelsorgerliche Behandlung« in *Vorträge über das Vaterproblem in Psychotherapie, Religion und Gesellschaft.* 2. A., Stuttgart 1958. S. 187 ff.

60 Ebertin, B.R.: *Kosmobiologische Diagnostik.* aaO., Teil D, Blatt 61–84.

61 Angermeyer, W., Referent auf den »Arbeitstagungen für kosmobiologische Forschung«. Er zeichnet sich durch seine fundierten Beiträge über Zusammenhänge zwischen geschichtlichen Perioden und planetaren Rhythmen aus.

62 Witte, A.: *Regelwerk der Planetenbilder.* 4. A., Hamburg 1946.

63 Walter, H.J.: *Entschlüsselte Aspektfiguren. Ein neuentdeckter kosmischer Code und seine praktische Auswertung bei der astrologischen Charakter und Schicksalsdeutung.* Freiburg. 1981.

64 Andrews, E.: »Moon Talk. The cyclic Periodicity of postoperative Hemorrhage« in *Journal of the Florida Medical Association.* 1960.

65 *Graphische Ephemeriden.* Ebertin-Verlag Freiburg. Jährliche Ausgaben. Vgl. Verlagsverzeichnisse.

66 Wickes, Fr.: *Die innere Welt des Menschen.* Zürich 1953.

67 Frey-Rohn, L.: *Von Freud zu Jung.* 2. A., Zürich 1969. S. 347.

68 aaO. S. 350.

69 Zit. nach Peltzer, K.: *Das treffende Zitat.* 4. A., München 1957. S. 647.

70 Wickert, J.: *Einstein.* aaO. S. 70.

71 aaO., S. 113.

72 aaO., S. 117.

73 aaO., S. 117.

74 aaO., S. 84.

75 aaO. S. 8.

76 aaO. S. 144.

77 Lersch, Ph.: *Aufbau der Person.* 6. A., München 1954, S. 11 ff.

78 Ebertin, B.R., *Kosmobiologische Diagnostik.* aaO. Teil G.

79 Lersch, Ph., aaO., S. 11 ff.
80 Lersch, Ph., aaO., S. 11. ff.
81 Schwegler, A.: *Geschichte der Philosophie im Umriß*. 17. A., durchgesehen und ergänzt von Prof. Dr. Hermann Glockner. Stuttgart 1950. S. 72.
82 Freud, S.: *Die Traumdeutung*. 8. A., 191.–197. Tsd. Frankfurt 1983. Fischer-Taschenbuch.
83 Jung, C.G.: *Über psychische Energetik und das Wesen der Träume*. Olten/ Freiburg 1971.
84 Szondi, L.: *Schicksals-Analyse*. Basel 1948. S. 20.
85 Roberts, J.: *Gespräche mit Seth*. 2. A., Genf 1982.
86 Ebertin, B.R.: *Reinkarnation und neues Bewußtsein*. aaO.
87 Jung, C.G.: *Die Beziehungen zwischen dem Ich und dem Unbewußten*. 9. A., Olten S. 1972. S. 81 ff.
88 Clauser, G.: *Lehrbuch der biographischen Analyse*. Stuttgart 1963. S. 123 ff.
89 aaO., S. 125.
90 Scott, C., *Musik*. aaO., S. 68.
91 aaO., S. 68 f.
92 Schweitzer, A.: *Geschichte der Leben-Jesu-Forschung*. 6. A., Tübingen 1951.
93 *Lebensbilder großer Deutscher*. 2. A., Stuttgart 1973. S. 351 f.
94 Ebertin, R.: *Kombination der Gestirneinflüsse*. 13. A., Freiburg 1986, S. 173.
95 Ebertin, B.R.: *Kosmobiologische Diagnostik*. aaO., Teil J, Blatt 19.
96 Ebertin, B.R.: *Kosmobiologische Diagnostik*. aaO., S. Teil J., Blatt 6.
97 Ebertin, B.R.: *Reinkarnation*, aaO., S. 70 ff.
98 Mannoni, O.: *Sigmund Freud in Selbstzeugnissen und Bilddokumenten*. 72.–76. Tsd. Reinbek 1982. Rowohlt Taschenbuch Nr. 178. S. 163.
99 aaO., S. 164.
100 aaO., S. 56.
101 Ebertin, R.: *Kombination der Gestirneinflüsse*. aaO. Zu beachten sind die Deutungen von Aspekten des Pluto zu Sonne, Mond, Merkur, Venus, Mars, Jupiter usw. Besonders hingewiesen werden muß auch auf das Buch *Pluto-Entsprechungen* (2. A., Freiburg 1985), mit jeweils zwölf Kosmogrammbeispielen zu jedem Plutoaspekt.
102 Ebertin, B.R.: *Kosmobiologische Diagnostik*. aaO. Teil J., Blatt 6.
103 Zweig, St.: *Sternstunden der Menschheit*. 10. A., Frankfurt/M. 1981.

104 Ebertin, B.R.: *Kosmobiologische Diagnostik.* aaO., Teil J, Blatt 19.
105 Mannoni, O.: *Sigmund Freud in Selbstzeugnissen und Bilddokumenten.* aaO., S. 165.
106 Borch, H. von: *John F. Kennedy. Amerikas unerfüllte Hoffnung.* München 1986. Serie Piper Portrait. S. 46.
107 aaO., S. 15.
108 Die dreifarbigen Deklinations-Ephemeriden umfassen jeweils sechs Jahre (zum Beispiel 1979–1984, 1985–1990) mit nördlichen und südlichen Deklinationen einschließlich der Deklinations-Halbsummen. Sie erscheinen im Ebertin-Verlag, Freiburg.
109 Ebertin, R., *Deklinations-Parallelen im Geburtsbild.* 2. A. Freiburg 1979.
110 Borch, H. von: *John F. Kennedy. Amerikas unerfüllte Hoffnung.* aaO. S. 109f.
111 Bush, G.: *Blick nach vorn.* 2. A., München 1988.
112 Ebertin, R.: *Das Jahresdiagramm als Lebenshilfe.* 3. A., Freiburg 1988.
113 Ebertin, B.R.: *Kosmobiologische Diagnostik.* aaO., Teil J, Blatt 1 ff.
114 Deutungsbücher wie *Kombination der Gestirneinflüsse* oder *Kosmobiologische Diagnostik* können eine Richtung der Deutungsdimensionen angeben. Man wird jedoch im einzelnen Fall die individuellen Möglichkeiten aus der Charakterstruktur eines Menschen erschließen müssen.
115 Ebertin, B.R.: *Kosmobiologische Diagnostik.* aaO., Dreierstruktur Mars-Saturn-Pluto, Teil F, Blatt 212.
116 Borch, H. von: *John F. Kennedy. Amerikas unerfüllte Hoffnung.* aaO., S. 133.
117 aaO., S. 139.
118 Koch, W., und Schäck, E.: *Häusertabellen des Geburtsortes für 0°–60° nördlicher Breite* (GOH-System). Neunkirchen/Saar.
119 Ebertin, R.: *Hilfstabellen zur Berechnung der Gestirnstände.* 12. A., Freiburg 1986.
120 Michelsen, N.F.: *The American Ephemeris 1981–1990.* Pelham, New York 10803, 1976.
121 Grimm/Hoffmann/Ebertin, R.: *Die geographischen Positionen Europas.* 9. A., Freiburg 1987.
122 *Ephemeriden 1850–2050 der Asteroiden Ceres, Pallas, Juno, Vesta und Cheiron.* Isis.2. A., Hamburg 1988.